Travel Management Analysis for
Automated Driving

自动驾驶出行
管理分析

徐 猛◇等著

人民交通出版社股份有限公司
北 京

内 容 提 要

本书围绕自动驾驶出行管理，结合当前和未来自动驾驶汽车的发展需求，研究了自动驾驶出行管理所面临的基础科学问题，提出了相关的建模分析方法。具体包括面向自动驾驶汽车的风险治理、共享自动驾驶出行均衡分析、自动驾驶车辆专用道收费方案设计以及面向自动驾驶不同阶段的城市共享停车优化问题等。

本书可以作为城市交通管理部门决策者和科研人员的参考用书，也可以作为高等学校城市交通、运输规划与管理、智慧交通、系统科学等相关专业的研究生和高年级本科生参考用书。

图书在版编目(CIP)数据

自动驾驶出行管理分析 / 徐猛著. —北京：人民交通出版社股份有限公司, 2023.12
ISBN 978-7-114-19394-1

Ⅰ.①自… Ⅱ.①徐… Ⅲ.①汽车驾驶—自动驾驶系统—交通分析 Ⅳ.①U463.61

中国国家版本馆 CIP 数据核字(2024)第 025717 号

Zidong Jiashi Chuxing Guanli Fenxi

书　名：	自动驾驶出行管理分析
著 作 者：	徐　猛　等
责任编辑：	董　倩
责任校对：	赵媛媛
责任印制：	刘高彤
出版发行：	人民交通出版社股份有限公司
地　　址：	(100011)北京市朝阳区安定门外外馆斜街 3 号
网　　址：	http://www.ccpcl.com.cn
销售电话：	(010)59757973
总 经 销：	人民交通出版社股份有限公司发行部
经　　销：	各地新华书店
印　　刷：	北京印匠彩色印刷有限公司
开　　本：	787×1092　1/16
印　　张：	18.75
字　　数：	430 千
版　　次：	2023 年 12 月　第 1 版
印　　次：	2023 年 12 月　第 1 次印刷
书　　号：	ISBN 978-7-114-19394-1
定　　价：	128.00 元

(有印刷、装订质量问题的图书,由本公司负责调换)

前言
PREFACE

城市交通不仅是交通工具的移动,关键在于服务公众的出行需求和支撑城市的高效可持续运行。信息、传感、移动互联、大数据、人工智能等技术的快速发展及其在城市交通系统中的应用,带动了车联网、自动驾驶、共享出行、新型公共交通方式等新一代智慧交通模式,推动了城市交通运营智慧化与出行服务多样化,城市交通正面临创新发展。现阶段城市交通系统已从满足基本出行需求,逐步转向快捷出行和交通出行服务品质提升的层面,由单一、固定、有效的交通供给模式逐步转向多元、定制、韧性的供给模式。人们的出行需求和出行行为,更加强调即时性、开放性和体验性。

新一代交通技术的创新将为未来城市发展注入源源不断的动力。未来城市交通将呈现自动驾驶、汽车电气化、共享移动性、新型公共交通、可再生能源、新型基础设施等趋势,朝着智能化、高速化、绿色化、共享化方向发展。未来城市和交通系统将以万物互联和全息感知为基础,以城市的精细化治理和人的出行行为为核心打造可持续出行服务,交通模式将出现系统转变,包括更大的流动性、新的工作模式、可持续的移动解决方案、车辆使用能力的提高等。同时,不断涌现出新的出行模式,城市居民的出行服务更加多样化,重塑交通个体微观选择行为与交通需求宏观时空分布规律。因此,新一代交通技术革命正逐渐从环境构成、组织结构、出行服务等各方面融入现有城市交通系统管理,并产生了深刻影响。当前,城市智慧交通正处于萌芽与快速成长期,尽管在城市交通系统管理与应用方面仍然面临诸多挑战,但已逐渐显现出未来城市交通发展的基本态势。

新一轮科技革命和产业变革为城市交通管理智慧化提供了重要契机,为了实现建设交通强国战略目标,必须抓住新一轮科技革命带来的机遇,推动自动驾驶、新能源、新设施和新一代信息技术在交通领域的集成创新应用,加快安全、便捷、高效、绿色、经济的城市综合交通系统建设,加快城市综合交通网络结构调整,实现多方式融合协同发展;加强互联网、大数据、人工智能等新技术在城市交通领域的应用,推动车路协同、共享预约、出行即服务(MaaS)等新型服务模式发展,提升城市综合交通的智慧化管控水平。

自动驾驶汽车是通过微机系统实现无人驾驶的智能汽车。它代表了未来汽车行业的重点发展方向。为了抢占技术与产业制高点,自动驾驶已被一些国家提升到国家战略高度。为促进自动驾驶汽车及其相关产业的发展,我国出台了一系列政策和发展规划,并成为国家战略规划的重要内容。例如,《中国制造2025》计划对智能网联汽车的发展作出重要规划。随后发布的《汽车产业中长期发展规划》,对自动驾驶汽车渗透应用作出规划。2018年工业和信息化部等部门出台《智能网联汽车道路测试管理规范(试行)》,对测试主体、测试驾驶人、测试车辆等提出要求,进一步规范化自动驾驶汽车测试,促进行业有序发展。2020年国家发展和改革委员会等11个部门联合印发《智能汽车创新发展战略》,提出到2025年中国标准智能汽车的技术创新、产业生态、基础设施、法规标准、产品监管和网络安全体系基本形成,并实现自动驾驶汽车规模化生产。

随着自动驾驶汽车的不断普及,自动驾驶出行管理问题正受到广泛关注。但其相关的问题研究,无论是基础科学问题还是面向应用的管理问题,都有待进一步展开。本书从自动驾驶出行的基础科学问题展开,有利于推进自动驾驶出行管理研究的进一步发展,且对面向自动驾驶汽车的出行管理、促进未来城市交通的可持续发展、推动个性化的出行方案等都具有重要意义。

本书结合当前备受关注的自动驾驶出行管理问题,基于作者及其科研团队近年来开展的科研实践撰写而成。全书共分15章,内容包括:概述、基于多层次视角的自动驾驶出租汽车服务治理、基于认知风格理论的自动驾驶风险治理、混合驾驶环境下的早高峰出行均衡分析、自动驾驶与有人驾驶混合交通流网络均衡分析、共享自动驾驶出行者的早高峰均衡分析、混合驾驶环境下的早高峰路票方案设计、固定需求下的自动驾驶车辆专用道收费方案设计、考虑异质用户出行选择的自动驾驶车辆专用道收费方案设计、面向辅助自动驾驶阶段的城市共享停车优化、面向自动驾驶过渡阶段的城市共享停车优化、面向完全自动驾驶阶段的城市共享停车优化、自动驾驶汽车路内停车行为及建模分析、面向自动驾驶汽车的停车管理策略分析以及自动驾驶治理的影响调查等。

本书作者长期从事城市交通管理政策分析,书中内容反映了作者及其科研团队近年来围绕未来城市交通管理的主要研究成果。在编写过程中,作者详细查阅了大量的参考文献,分析总结了近年来该领域的国内外研究现状,特别是我国在自动驾驶出行管理方面的努力和探索,力图通过科学的分析,阐述自动驾驶出行管理方面的研究成果。

本书的科研工作得到了国家自然科学基金基础科学中心项目"未来城市交通管理"(72288101)、国家自然科学基金重大项目课题"韧性城市交通枢纽安全风险防控与管理"(72091513)、中欧合作研究项目"城市公共管理与服务革新:新型的城市移动管理与政策(U-PASS,71961137005)"等资助。在本书内容的组织过程中,课题组成员薛秋菊、田童心、张佳翠、廉天翔等均参加了本书的撰写和整理,并与英国利兹大学交通研究所Simon Peter Shepherd教授、Susan Grant-Muller教授、Caroline Mullen博士、Gillian Harrison博士等开展了密切合作和交流,在此表示诚挚谢意!

由于本书研究内容围绕当前城市交通出行管理的前沿科学热点问题,加之作者研究水平有限,书中一定存在疏漏和不妥之处,恳请广大读者批评指正。

徐 猛
2023年3月于北京市海淀区上园村3号

目录

第1章 概述 ……………………………………………………………… 001
1.1 自动驾驶汽车的发展及影响 ……………………………………… 003
1.2 自动驾驶等级划分 ………………………………………………… 004
1.3 自动驾驶出行管理 ………………………………………………… 006
1.4 自动驾驶出行研究综述 …………………………………………… 007
1.5 文献述评 …………………………………………………………… 009
本章参考文献 …………………………………………………………… 011

第2章 基于多层次视角的自动驾驶出租汽车服务治理 ……………… 017
2.1 社会技术转型多层次视角理论 …………………………………… 019
2.2 面向自动驾驶的出行服务体制转型阶段划分 …………………… 020
2.3 转型治理政策建议 ………………………………………………… 030
2.4 转型过程中出行服务模式的转变 ………………………………… 032
2.5 本章小结 …………………………………………………………… 033
本章参考文献 …………………………………………………………… 033

第3章 基于认知风格理论的自动驾驶风险治理 ……………………… 037
3.1 政府视角的自动驾驶风险治理分析方法 ………………………… 039
3.2 基于政策调研的自动驾驶风险治理措施分析 …………………… 042
3.3 政府视角的自动驾驶风险认知风格分析 ………………………… 047
3.4 自动驾驶风险治理政策意见 ……………………………………… 049
3.5 本章小结 …………………………………………………………… 050
本章参考文献 …………………………………………………………… 050

第4章 混合驾驶环境下的早高峰出行均衡分析 ……………………… 055
4.1 场景构建 …………………………………………………………… 057
4.2 效用函数构建 ……………………………………………………… 058

  4.3 通勤者混合出行 ·········· 059
  4.4 场景分析 ·········· 065
  4.5 本章小结 ·········· 079
  本章参考文献 ·········· 080

第5章　自动驾驶与有人驾驶混合交通流网络均衡分析 ·········· 081

  5.1 混合交通流下的路段通行能力分析 ·········· 083
  5.2 混合交通均衡模型构建 ·········· 085
  5.3 求解算法 ·········· 089
  5.4 数值算例 ·········· 090
  5.5 本章小结 ·········· 095
  本章参考文献 ·········· 095

第6章　共享自动驾驶出行者的早高峰均衡分析 ·········· 097

  6.1 场景构建 ·········· 099
  6.2 效用函数构建 ·········· 099
  6.3 两种特殊场景 ·········· 101
  6.4 通勤者混合出行场景 ·········· 103
  6.5 场景分析 ·········· 108
  6.6 本章小结 ·········· 117
  本章参考文献 ·········· 117

第7章　混合驾驶环境下的早高峰路票方案设计 ·········· 119

  7.1 基本概念 ·········· 121
  7.2 可交易出行路票方案 ·········· 121
  7.3 场景分析 ·········· 125
  7.4 本章小结 ·········· 129
  本章参考文献 ·········· 129

第8章　固定需求下的自动驾驶车辆专用道收费方案设计 ·········· 131

  8.1 问题描述 ·········· 133
  8.2 给定CAVs外生需求的双层规划模型构建 ·········· 135
  8.3 求解算法 ·········· 137

8.4　数值算例 …………………………………………………………… 140
　　8.5　本章小结 …………………………………………………………… 149
　　本章参考文献 …………………………………………………………… 149

第9章　考虑异质用户出行选择的自动驾驶车辆专用道收费方案设计 …………………………………… 151

　　9.1　问题描述 …………………………………………………………… 153
　　9.2　考虑异质用户出行选择的双层规划模型构建 ……………………… 154
　　9.3　考虑异质用户出行选择的双层规划模型求解算法 ………………… 157
　　9.4　数值算例 …………………………………………………………… 158
　　9.5　本章小结 …………………………………………………………… 165
　　本章参考文献 …………………………………………………………… 165

第10章　面向辅助自动驾驶阶段的城市共享停车优化 ………… 167

　　10.1　问题描述与模型假设 ……………………………………………… 169
　　10.2　模型参数及变量定义 ……………………………………………… 170
　　10.3　模型构建 …………………………………………………………… 172
　　10.4　模型评价指标 ……………………………………………………… 173
　　10.5　基于遗传算法的模型求解 ………………………………………… 174
　　10.6　算例分析 …………………………………………………………… 176
　　10.7　本章小结 …………………………………………………………… 183
　　本章参考文献 …………………………………………………………… 183

第11章　面向自动驾驶过渡阶段的城市共享停车优化 ………… 185

　　11.1　问题描述与模型假设 ……………………………………………… 187
　　11.2　模型参数及变量定义 ……………………………………………… 188
　　11.3　模型构建 …………………………………………………………… 189
　　11.4　模型评价指标 ……………………………………………………… 190
　　11.5　算例分析 …………………………………………………………… 190
　　11.6　本章小结 …………………………………………………………… 195
　　本章参考文献 …………………………………………………………… 196

第12章　面向完全自动驾驶阶段的城市共享停车优化 ………… 197

　　12.1　问题描述 …………………………………………………………… 199

12.2 模型参数及变量定义 ………………………………………… 200
12.3 模型构建 ……………………………………………………… 201
12.4 模型评价指标 ………………………………………………… 202
12.5 基于模拟退火算法的模型求解 ……………………………… 202
12.6 算例分析 ……………………………………………………… 204
12.7 本章小结 ……………………………………………………… 207
本章参考文献 ……………………………………………………… 207

第13章 自动驾驶汽车路内停车行为与建模分析 …………… 209

13.1 自动驾驶汽车路内停车行为分析 …………………………… 211
13.2 考虑道路拥堵效应的自动驾驶路内停车行为建模 ………… 218
13.3 本章小结 ……………………………………………………… 231
本章参考文献 ……………………………………………………… 231

第14章 面向自动驾驶汽车的停车管理策略分析 …………… 233

14.1 面向自动驾驶汽车的城市中心路内停车管理策略优化模型 …… 235
14.2 求解算法 ……………………………………………………… 242
14.3 算例分析 ……………………………………………………… 244
14.4 本章小结 ……………………………………………………… 248
本章参考文献 ……………………………………………………… 248

第15章 自动驾驶治理的影响调查 …………………………… 249

15.1 调查对象及方法 ……………………………………………… 251
15.2 调查结果 ……………………………………………………… 251
15.3 政府对自动驾驶的监管措施 ………………………………… 251
15.4 未来自动驾驶发展情况 ……………………………………… 254
15.5 未来自动驾驶产业的监管建议 ……………………………… 255

附录 ……………………………………………………………… 257

附录1 政府与企业就自动驾驶汽车出台的合作治理措施 ……… 259
附录2 考虑拥挤效应的自动驾驶路内停车行为模型
      均衡解存在性证明 ………………………………………… 260
附录3 关于中国自动驾驶治理及可持续出行的专家调研 ……… 263

CHAPTER 1 | 第 1 章

概 述

第1章 概述

随着自动驾驶技术、人工智能、云计算、5G 等新技术的快速发展,传统基于人工驾驶的汽车逐步向自动化、智能化、网联化和有害物质零排放的汽车转变。一方面,随着自动驾驶车辆技术和车联网的发展,可以通过车车通信进行网联以及车载检测系统对周围行驶车辆以及道路环境进行检测,从而获取实时、准确的车辆运行信息。自动驾驶汽车在提高道路通行能力、减少交通事故、降低车辆有害物质排放、为残疾人以及老年人等特殊人群提供出行便利等方面具有诸多潜在优势。另一方面,面向自动驾驶汽车在不同的发展阶段,如何有效进行出行管理,成为未来城市交通可持续发展的关键问题之一。本章将对自动驾驶汽车的发展和出行管理进行分析,并对产生的相关科学问题进行文献综述分析,为本书后续章节的内容打下基础。

1.1 自动驾驶汽车的发展及影响

自动驾驶汽车是基于自动驾驶系统实现无人驾驶的智能汽车。它融合了汽车自动驾驶技术、5G 通信技术、人工智能、云技术等新兴技术,是未来汽车行业的重点发展方向,也是公众出行的重要载体。区别于传统汽车的驾驶模式,自动驾驶汽车具有自主感知、决策、行为能力,可实现车与人、车、路、云端等环境的信息交换与共享服务,在没有驾驶员的状态下,通过车载摄像机、激光雷达、超声波等传感器探测道路环境,并按照用户出行需求智能生成行驶路线、控制车辆机件执行相应指令,从而完成空间距离的转移。

从第一批自动驾驶汽车原型的成功研发,到当前自动网联驾驶汽车的实际道路测试以及初步应用,自动驾驶汽车的发展受到广泛关注。美国于 2015 颁布《智能交通系统战略规划》,将自动驾驶汽车的应用作为智能交通系统建设的重点,随后出台《自动驾驶汽车 3.0》,制定了关于自动驾驶汽车的五项发展战略和六大发展原则。欧盟自 2010 年起发布了《欧盟 2020 战略》《地平线 2020 计划》等一系列相关政策文件,目前已形成相对先进的智能交通发展战略体系。日本于 2013 年开展自动驾驶汽车系统研发计划,明确了到 2030 年实现全面自动驾驶的目标。

随着自动驾驶技术的出现,我国也一直高度重视自动驾驶汽车产业的发展,国务院在国家行动纲领《中国制造 2025》中已强调,汽车"智能化"是汽车行业四大发展方向之一。目前,为了支持自动驾驶汽车的发展,我国已在道路测试及示范应用、数据保护、车辆产品生产准入以及道路交通等方面出台了相应的政策文件和管理规范。据中国汽车工业协会估计,2020—2025 年我国将在停车功能以及低速环境下实现自动驾驶,2025—2030 年我国将在复杂环境下实现自动驾驶,至 2040 年自动驾驶汽车比例将达到 0.7。因此,在未来的过渡时期,道路上将会形成由有人驾驶汽车和自动驾驶汽车组成的混合交通流。

从产业发展角度来看,推动自动驾驶汽车的发展和应用是汽车产业颠覆性变革的体现,是展现国家工业综合实力、科技实力和竞争力的强有力手段之一,与国民经济发展密切相关。从社会发展角度而言,作为未来交通出行的重要载体,自动驾驶汽车的落地运营在提高交通系统安全水平、降低城市交通拥挤、减少能源消耗及温室气体排放等方面将发挥积极作用。同时,从交通管理的角度来看,自动驾驶汽车的应用对于现行的交通管理体系带来了挑战。例如,驾驶主体的转换(由驾驶员转变为驾驶系统)将影响现行道路交通法规的实施;自动驾驶汽车发展将影响城市停车管理。从运行的角度来看,自动驾驶汽车行驶可保持较小的车头时距,有助于提高现有的道路通行能力。但同时,自动驾驶汽车也可能诱发更多的交通出行需求。因此,未来的自动驾驶汽车可能不仅是交通工具,也可能成为移动的休闲或者办公载体。

目前,自动驾驶汽车带来的一系列管理和治理问题,也受到政府管理部门的重视,而为制定自动驾驶汽车风险管理方案,亟须弄清自动驾驶汽车带来的不确定性风险及其治理措施。近年来,一些学者和机构对于自动驾驶汽车带来的影响进行了探索性分析。例如,Guerra 强调了自动驾驶汽车的发展对社会各行业的影响。Fraedrich 等指出自动驾驶汽车对城市土地利用总体规划和城市环境规划产生的影响,需制定合理规划以应对未来发展需求。为提高公众对自动驾驶发展影响的了解,Clements 和 Kockelman 评估了自动驾驶汽车对包括汽车产业、电子和软件技术产业、货运行业、汽车维修行业、医疗行业、保险行业等 13 个领域的经济影响,并基于美国市场实际数据,通过量化分析得出,如果自动驾驶汽车最终占据较大的汽车市场份额,其每年将为美国带来 1.2 万亿美元的经济收入。Milakis 等基于物理学中的"涟漪效应"原理,回顾、总结了自动驾驶汽车对人类社会政策制定的影响。其研究结果表明,自动驾驶的一级影响因素包括乘客出行成本、出行时间价值、城市道路和交叉路口通行能力、交通需求量;二级影响因素包括车辆所有权、土地利用规划和交通基础设施建设;三级影响因素包括能源消耗、空气污染、交通安全、社会公平、经济发展和居民健康。Martinez-Diaz 等从全球化发展视角归纳了 6 个自动驾驶汽车发展的影响范畴,包括技术研发问题(例如道路测试基础设施建设需求)、移动出行服务问题(例如汽车共享出行模式、交通需求量、交通管理与安全评价方法)、社会问题(例如用户接受度和经济竞争力)、土地利用问题、环境问题和伦理道德困境问题。

1.2 自动驾驶等级划分

目前,自动驾驶分级标准主要包括美国国家交通安全管理局(NHTSA)和美国汽车工程师学会(SAE)制定的两套标准,分别对应 5 个等级和 6 个等级。鉴于 SAE 的划分标准更为详细,在对自动驾驶相关问题展开研究时通常采用 SAE 制定的分级标准。结合我国自动驾驶汽车的发展现状,工业和信息化部于 2021 年正式发布《汽车驾驶自动化分级》(GB/T 40429—2021),将自动驾驶水平划分为 L0~L5 共 6 个等级,其具体的等级划分规则和定义如下。

1) L0 级自动驾驶应急辅助

在 L0 级自动驾驶等级,车辆需要由驾驶员完全人工控制加速、制动和转向等操作,该等级可以理解为完全人工驾驶等级。但是,车辆具备一定的辅助操作系统,在行驶过程中车辆设备可以进行一些驾驶辅助,例如倒车影像、雷达盲点监测等。

第 1 章 概述

2) L1 级自动驾驶部分驾驶辅助

在 L1 级自动驾驶等级,车辆在特定环境和特定情况下具备一些特定功能的辅助驾驶功能,如行车系统可在车辆的运行过程中进行一些适时辅助操作,但是驾驶员仍为车辆的主要操控者。

目前市场中发布的燃油车型,基本上都是 L1 级别的辅助驾驶。在 L1 级别下,车辆自动驾驶系统允许驾驶员对车辆的行驶速度进行设定,使车辆在环境允许的情况下保持设定的速度行驶,即定速巡航状态;此外,自动驾驶系统可以在车辆行进过程中对车辆的运行安全进行监测,实时监测道路前方的交通状况,在危险情况下实现自动紧急制动,即紧急制动系统。因此,该级别的自动驾驶仅仅起到辅助作用,驾驶员仍需要对周围环境进行监测,对外部环境的变动做出相应的驾驶操作。

3) L2 级自动驾驶组合驾驶辅助

该级别的自动驾驶也称为半自动驾驶或部分自动驾驶。车辆的行车电脑不仅可以控制车辆的行驶速度和转向,并且能够简单监测车辆周围的环境,在行驶的过程中保证车辆的运行安全。

目前市场中推广的具备自动驾驶功能的新能源汽车,主要是 L2 级别的半自动驾驶汽车。该级别的自动驾驶车辆具备复合自动驾驶功能,常见的功能有 ACC 自适应巡航功能和 ACC 附加功能,如变道辅助功能、自适应跟车功能、车道保持功能和自动停车功能等。根据周围车辆的行驶状态,车辆的行车电脑能够实现动态控制车辆的行驶速度和方向。

4) L3 级自动驾驶有条件自动驾驶

L3 级别自动驾驶也称为有条件自动化,具备该级别自动驾驶水平的车辆可以完全自动监测车辆周围的路况环境,在特定的交通场景下完全由车辆的行车电脑自动控制车辆的运行。而对于较为复杂的路况环境,行车系统会与驾驶员进行交互,驾驶员完成相应的决策后系统会自动进行车辆的操控。在以上过程中,车辆的主要操控者为自动驾驶行车系统。在现有的自动驾驶车辆中,特斯拉的 Autopilot 系统可以实现 L3 级别的自动驾驶。

5) L4 级自动驾驶高度自动驾驶

L4 级别的自动驾驶车辆具备更高的人类意识,可以自动监测和判断车辆周边的外部复杂环境,完全自主地对车辆进行操控。该级别的自动驾驶能够自主应对绝大部分场景和道路状况,驾驶员和车内乘坐人员只需要输入目的地并选择行驶路线信息,系统会自动接管车辆的驾驶任务。与上述不同等级的自动驾驶相比,该等级能够在特定场景下不需要驾驶员的人工操作。

6) L5 级自动驾驶完全自动驾驶

L5 级别的自动驾驶即为完全自动驾驶,在任何场景下都不需要驾驶员的操作,车辆内部人员均为乘客。自动驾驶系统全程实时监测车辆周围的道路环境,系统自动接管车辆的全部驾驶职责,乘客只需要提供目的地信息,系统自动规划车辆的行进路线。乘客可在车内进行工作、娱乐等活动。

根据上述自动驾驶等级的划分规则,按照不同等级下车辆的运动控制主体、目标和事件的探测与响应责任、动态驾驶任务的接管对象以及应用场景,表 1-1 总结了自动驾驶各个等级的特点。

自动驾驶出行管理分析
Travel management analysis for automated driving

自动驾驶等级划分表　　　　　　　　　　　　　　　　　　　　　　表1-1

自动驾驶等级	名称	车辆持续运动控制	目标和事件探测与响应	动态驾驶任务接管	应用场景
L0	应急辅助	驾驶员	驾驶员和系统	驾驶员	限定场景
L1	部分驾驶辅助	驾驶员和系统	驾驶员和系统	驾驶员	限定场景
L2	组合驾驶辅助	系统	驾驶员和系统	驾驶员	限定场景
L3	有条件自动驾驶	系统	系统	执行接管后成为驾驶员	限定场景
L4	高度自动驾驶	系统	系统	系统	限定场景
L5	完全自动驾驶	系统	系统	系统	所有场景

来源：国家标准《汽车驾驶自动化分级》(GB/T 40429—2021)。

1.3　自动驾驶出行管理

目前，在自动驾驶汽车领域主要聚焦于攻克自动驾驶技术难题，相关的出行管理研究相对滞后，与自动驾驶出行管理相关的科学问题研究主要集中在出行行为分析、运营管理、风险管理以及对停车管理的影响等。例如，考虑到自动驾驶的特征，Van den Berg 和 Verhoef 从降低通勤者的出行时间价值和提升道路通行能力两个角度，分析了自动驾驶对通勤者出行行为的影响，研究表明通勤者出行时间价值的降低会导致总排队成本增加，负外部性上升；而道路通行能力的提升对总排队成本和负外部性的影响相反。Yu 和 Van den Berg 的研究表明，自动驾驶会使通勤者的出行时间价值以及单位时间延误惩罚有所降低，并在此基础上提出了包含自动驾驶汽车和有人驾驶汽车的瓶颈模型。目前自动驾驶汽车的风险管理研究也引起了学术界和工业界的关注。由于自动驾驶行业发展迅速而相关管理措施、法律法规制定程序相对滞后，故从理论和实际层次对其展开研究十分迫切和必要。

自动驾驶汽车可以在无人干涉的情况下实现车辆的行驶、自动停车、车联网通信（V2X）等功能，并完成自动寻找和更换停车位、缴纳停车费用等操作。考虑到自动驾驶可以实现自主停车，自动驾驶对停车管理的影响也受到重视。与当前有人驾驶汽车的智慧停车管理平台相比较，可将自动驾驶车辆停车需求划分为多个时段，实现多个车位之间的合作。一方面，可以提高车位资源的利用效率；另一方面，在相同的供给条件下，停车平台可以满足更多的用户停车需求，增加收益的同时提高停车管理平台的服务水平。因此，面向自动驾驶汽车的停车管理，有望更有效地缓解城市停车困境。相关的研究包括，Liu 运用瓶颈模型建立了自动驾驶通勤者的出发时间和停车位置选择的瓶颈组合均衡模型。Zhang 和 Liu 分析了考虑停车位置选择下的自动驾驶通勤者的早晚高峰通勤行为。Su 和 Wang 研究了全自动驾驶环境下考虑市中心停车、家庭停车和共享停车的多对一网络中的早高峰通勤问题。

自动驾驶汽车的发展也会对城市共享出行产生影响。例如，Lamotte 等在考虑了可预约的自动驾驶车辆服务的基础上，建立了划分瓶颈通行能力的早高峰通勤模型，在通勤者的出行需求固定情况下，研究了系统最优和用户均衡下的瓶颈通行能力配置，并进一步分析了在可变需求下,使系统达到社会成本最小化的瓶颈通行能力配置方法,结果表明,在实现系统最优的瓶颈通行能力配置方式下,可以使社会总成本降低。Zhao 和 Guo 在考虑了不确定工作结束时间下,分别建立了普通车辆通勤者和自动驾驶通勤者的非合乘瓶颈模型和合乘瓶颈模型,进一步研究早晚高峰联合均衡模型,并证明了自动驾驶车辆可以提高通勤者采用合乘模式出行的比例。Tian 等基于瓶颈模型研究了有停车位约束下普通车辆通勤者和共享自动驾驶通勤者的早高峰通勤行为,结果表明特定的共享自动驾驶通勤者比例和停车位数量可以有效缓解交通拥挤。田丽君等在考虑共享自动驾驶通勤者和普通车辆通勤者混合出行下,研究了共享自动驾驶运营企业的运营策略对通勤者出行行为的影响。姚荣涵等研究了通勤者在共享自动驾驶车辆、私家车和公共交通之间的出行选择差异,通过共享自动驾驶出行选择意愿调查,分析了采用共享自动驾驶出行的通勤者特征。

1.4 自动驾驶出行研究综述

1)面向自动驾驶与有人驾驶的混合交通流均衡分析

基于城市交通网络均衡理论,围绕自动驾驶与有人驾驶的混合交通流均衡分析场景,目前已有相关研究,例如,Jiang 等基于自动驾驶与有人驾驶的混合交通流,研究了信号时间设计问题,将该问题表述成双层规划模型,上层模型以系统总运行成本最小为目标优化信号时间,下层为混合交通均衡问题,其中自动驾驶出行者遵循纳什(Cournot-Nash, CN)原则,有人驾驶出行者遵循用户均衡(User Equilibrium, UE)原则,研究表明,减少交叉路口信号灯的相位数有助于实现对自动驾驶与有人驾驶交通流的最优控制。Bagloee 等令自动驾驶出行者遵循系统最优(System Optimal, SO)原则,而有人驾驶出行者遵循 UE 原则,将混合交通均衡定义为一个非线性互补问题,分析了自动驾驶汽车对交通出行效率的影响。随后,Zhang 和 Nie 提出一种路径控制方案以提高交通系统效率,研究中假设交通管理者可以使 OD 对间一定比例的自动驾驶流量分配遵循 SO 原则,而剩余部分的自动驾驶与有人驾驶汽车流量分配遵循 UE 原则,数值实验表明,控制少量的自动驾驶汽车(小于 10%)就可以使系统接近系统最优状态。基于 Zhang 和 Nie 的研究,Guo 进一步对自动驾驶汽车路径进行动态控制,从而提高交通网络的系统性能。基于双队列的混合交通流模型,建立一个动态的双层规划模型来描述自动驾驶与有人驾驶的混合均衡问题,其中,在下层模型中有人驾驶流量分配遵循瞬时动态用户均衡(Instantaneous Dynamic User Equilibrium, IDUE)原则,在上层模型中自动驾驶汽车的流量分配采用动态系统最优(Dynamic System Optimal, DSO)原理建模。此外,Wang 等通过交叉嵌套 logit 模型和用户均衡模型对自动驾驶与有人驾驶的模式选择和流量分配进行了建模分析。在此基础上,建立多方式交通分配模型以研究自动驾驶与有人驾驶混合交通流对交通拥堵的影响。

2)自动驾驶相关风险因素分析

面向自动驾驶出行的风险治理,首先需要弄清自动驾驶汽车带来的风险因素,在此基础

自动驾驶出行管理分析
Travel management analysis for automated driving

上可进一步研究管理机构如何采取应对措施、治理相关风险。目前已有相关研究围绕由自动驾驶汽车产业发展引起的不确定风险识别。例如，Wadud 等提出了自动化技术可以带来一定程度的节能效益，但是未来极有可能出现的风险，是完全自动水平实现后自动驾驶汽车将会进一步扩大能源消耗规模。Araz 和 Min 提出了自动驾驶汽车管理过程中可能产生的 5 种风险，即安全风险、事故责任认定风险、个人隐私风险、网络安全风险和行业发展风险。Dixit 等关注驾驶员风险态度对部分自动驾驶水平下的汽车安全风险的影响，认为政府应制定适合不同驾驶员风险态度的交通管理措施和策略。国内研究偏向于将自动驾驶管理过程中的不确定风险直接理解为管理问题，并对其进行甄别。例如，翁岳暄与多尼米克指出无人干预的自动驾驶汽车将引发安全监管和道德伦理方面的管理问题，并提出需以"开放组织风险"为核心分析自动驾驶汽车不同自动化水平下的安全风险及其对应的治理方法。司晓和曹建峰关注了自动驾驶汽车的侵权责任问题，认为自动驾驶汽车所具有的自主学习功能将使其相关的侵权责任认定问题变得复杂而困难，并对现有的侵权法、合同法等法律法规构成极大的挑战。徐志刚等人分析了我国发展自动驾驶汽车的独有优势和劣势，并从技术发展、政策法规、道路测试、人才培养、产业发展等 5 个方面探讨了自动驾驶汽车发展存在的问题。

3）自动驾驶汽车停车管理问题研究

自动驾驶汽车的主要停车方式包括：持续空载自动巡航、空载自动巡航并寻找停车位，以及空载自动巡航返回固定停车位停车。目前，关于自动驾驶汽车的停车问题，主要集中在停车行为分析和方式选择方面。

Zhang 研究了自动驾驶汽车的出现对停车需求的影响，假设自动驾驶汽车是可共享的，车辆在完成服务后继续巡航去服务其他出行者，但忽略了自动驾驶汽车停车定价问题。Glazer 和 Niskanen 考虑了停车需求与交通拥堵之间的关系，研究表明，通过提高停车价格可以影响出行者的停车时长，从而提高停车位的周转率。Nourinejad 和 Amirgholy 研究了线性城市网络下长时活动时间的自动驾驶车辆的寻找停车位问题，但忽略了自动驾驶汽车的巡航停车选择问题。Geroliminis 研究了出行者从家到目的地附近和目的地附近到停车场这两个阶段的交通流的动态关系，从网络层面构建了驾车出行者的巡航停车模型。研究表明，由于驾驶者的巡航，即使在低密度交通量的情况下，也会对交通系统产生较大的影响。Bahrami 和 Roorda 提出了基于 Agent 的仿真模型，针对出行者的停车成本和出行时间进行探讨分析，研究了线性城市内自动驾驶车辆的停车策略。仿真结果表明该模型能够有效减少 3.5% 的汽车行驶里程。薛秋菊对自动驾驶车辆的风险治理进行了研究，并研究了停车行为选择和路内停车管理问题。

然而，在自动驾驶空载巡航的停车选择场景下，尽管现有的研究提出了自动驾驶车辆空载巡航的"停车"方式，并验证这种"停车"行为能够降低出行成本，但存在增加道路拥堵的可能性。此外，自动驾驶车辆可能会为了最小化出行者的巡游停车成本，故意将车辆聚集到某条路上造成严重拥堵的状况，这会对城市交通系统造成严重影响，会对社会产生负效用，如交通拥堵、能源消耗、交通安全等。

4）自动驾驶汽车巡航停车行为分析

随着自动驾驶汽车的出现，一些研究开始探讨市区自动驾驶汽车巡航停车行为。其中，Zakharenko 研究了一种未来自动驾驶的停车场景，即自动驾驶汽车将车停在偏远的地方或者停在出行者家旁,以避免停放在市中心从而产生高额的停车费用。研究指出,这一停车选择可能会促进市中心的经济活动,但也会扩大城市规模。Harper 等提出了一个基于智能体的模型以挖掘自动驾驶时期车辆停车行为的变化。模型结果表明,如果自动驾驶汽车用户将车停在城市周边区域,出行者每天可以节省停车费约 18 美元。但汽车在市中心目的地和停车地点之间往返行驶增加了 2.5% 的空载里程。Bischoff 以自动驾驶汽车为研究对象,利用大型交通仿真软件 MATSim 研究了 3 种停车选择方式的效果,包括传统的巡航停车方式,将汽车停在指定的自动驾驶停车位,以及持续空载巡航。研究结果发现,鉴于道路拥堵增加了车辆回到原目的地的时间,自动驾驶汽车持续空载巡航行为不会发生。同时,作者也指出当停车成本高于巡航车辆的直接行驶成本时,可能会出现这种情况。然而,Millard-Ball 的研究与 Bischoff 的仿真结果相反。基于美国旧金山停车数据,利用相同的仿真软件,考虑了 3 种停车策略(即在城市郊区停车、返回出行者居住地停车或持续空载巡航以避免停车),从而预测持续空载巡航的可能性及其交通影响规模。该研究结果显示,若自动驾驶汽车采取持续空载巡航行为,将使市中心区域内的出行里程数增加 98%。更严重的是,自动驾驶汽车可能通过制造拥堵降低自身停车成本,继而导致市中心交通呈现"极度堵塞"(Gridlock)状态。此外,作者提出这种持续空载巡航行为会弱化停车定价对市区车辆出行需求的抑制作用。因此,尽管现有研究关注了自动驾驶汽车巡航停车行为对城市交通系统的影响。但关于自动驾驶汽车持续空载巡航模式的研究极为有限,并且现有研究尚需形成共识。

此外,和自动驾驶汽车巡航停车行为研究相关的一个问题是停车定价管理研究,目前也十分有限。Fulman 和 Benenson 强调了停车位地点到出行者目的地之间的步行距离对自动驾驶汽车的停车选择有显著影响,并提出了一种面向自动驾驶汽车和人工驾驶汽车的动态停车定价方案以最小化巡航停车拥堵,并使停车位占用率保持在 90% 水平。Wang 等建立了一个连续时间随机动态模型,用以处理自动驾驶时期的多停车场经营管理问题。该模型利用时变的停车位占有率表征停车系统状态,将动态停车定价作为控制变量,并基于 Pontryagin 原则进行了蒙特卡罗模拟试验,证明了该停车收费制定方法的有效性。但这些研究在制定停车收费定价时,均未考虑自动驾驶汽车的具体停车行为模式。

1.5 文献述评

围绕自动驾驶汽车的出行管理,通过对国内外相关文献的研究现状进行分析可以发现,现有自动驾驶出行管理的研究涉及到通勤者的出行行为问题、混合出行管理问题、风险治理问题以及停车管理问题。

在通勤者的出行行为研究方面,忽略了通勤者的活动效用对混合驾驶环境下通勤者的出发时间选择以及出行净效用产生的影响;同时,作为一些交通需求管理的手段,如道路收费、可交易出行路票、限行等,对自动驾驶出行带来的影响还缺乏具体研究;此外,在自动驾驶的研究中,对共享出行和独驾出行的研究也较为有限。考虑到自动驾驶车辆和共享出行的特性,以下问题值得进一步研究:

自动驾驶出行管理分析

Travel management analysis for automated driving

1）自动驾驶特性和活动效用对通勤者混合出行的影响分析

自动驾驶车辆与传统车辆有着诸多不同之处。自动驾驶车辆能够提升道路通行能力，降低通勤者的出行时间价值，并且能够使通勤者在车内获得除驾驶活动以外的活动效用，这些因素都会影响通勤者在早高峰的出行行为，因此研究自动驾驶对通勤者的影响是十分必要的。目前的研究大多从出行的角度考虑自动驾驶问题，或仅考虑自动驾驶，忽视自动驾驶通勤者和普通车辆通勤者混合出行的情形，故缺少自动驾驶特性和活动效用对通勤者混合出行的影响分析。

2）混合驾驶环境下可交易出行路票方案

由于缺少基于活动视角的自动驾驶通勤者和普通车辆通勤者的混合出行研究，因此对混合驾驶环境下的可交易出行路票方案设计这一研究领域存在空白。可交易出行路票作为一种有效缓解拥堵的交通需求管理手段已经在许多其他研究中得到应用和验证，因此在混合驾驶环境下的早高峰通勤问题中，设计相应的可交易出行路票方案是很有必要的。

3）自动驾驶下的共享出行研究

共享出行作为一种新型交通出行方式，不仅具有环保性，更能够提高车辆利用率，缓解交通拥堵。同时，自动驾驶的发展也会使得共享出行更具竞争力。目前同时考虑自动驾驶独自出行和共享出行的研究较少，大多数集中于普通车辆和自动驾驶共享出行两种出行方式选择，忽略了在全面自动驾驶时代对通勤者的出行行为的影响。因此，本文着眼于全面自动驾驶时代，以自动驾驶独自出行和共享出行为切入点，从活动的角度来分析两类通勤者出行成本和活动效用的异同点，进一步研究两类通勤者的早高峰出行行为及其对早高峰交通产生的影响。

对于自动驾驶汽车和有人驾驶汽车混合出行管理问题，以下3点需进一步研究：

1）自动驾驶汽车和有人驾驶汽车混合行驶情形对出行效率的影响分析

当前关于自动驾驶汽车和有人驾驶汽车混合交通均衡多关注于在路径选择行为方面的异质性，而关于自动驾驶汽车对路段通行能力的非线性影响研究不多。并且，考虑自动驾驶汽车和有人驾驶汽车之间交互作用影响的研究较少，忽视这一影响会导致出行时间估计不准确，进而影响交通流量的分配。

2）对混合交通流的管理方案研究

现有的研究多利用自动驾驶专用道分离混合交通流，以保证自动驾驶汽车的高效、安全行驶。但自动驾驶专用道的应用也存在一些问题，例如，当自动驾驶汽车在混合交通流比例较低时，会造成道路资源浪费等。因此，围绕整个交通网络效率提升的混合交通流管理方案还需要进一步研究。

3）混合行驶情况下考虑用户出行选择的研究

现有文献多关注于给定自动驾驶汽车外生需求下的混合交通流管理方案研究，没有考虑到实施方案后出行者出行选择变化的影响。因此，智能网联环境下实施管理方案后对交通网络的内生影响还需要进一步研究。

对于自动驾驶汽车的风险治理问题以及所涉及的停车管理问题，下面3点需进一步研究：

第1章 概述

1) 政府管理视角的自动驾驶汽车风险决策分析方法

政府是自动驾驶技术发展及应用的重要治理主体,其针对自动驾驶汽车的风险决策行为直接影响着自动驾驶汽车作用于社会各方各面的具体方式及其最终所呈现的社会影响。现有研究着重于分析自动驾驶汽车对各行各业的复杂影响,并聚焦于该产业发展走向分析其具有的不确定风险,忽略了政府决策响应亦为治理风险的来源之一,故缺乏政府管理者视角的自动驾驶风险决策行为分析理论。

2) 自动驾驶汽车交通影响分析

通过梳理城市巡航停车问题及其交通影响分析的相关文献发现,这些研究工作都立足于传统汽车的驾驶特性,存在一定的不足之处:

(1) 以驾驶人为主要研究对象,在分析其停车选择时,强调了与人相关的成本因素,例如驾驶者和乘客的出行时间价值、停车者从停车位到目的地的步行距离等;但是,在自动驾驶汽车应用时期,这些成本都可以被部分取代或者完全消除。

(2) 未考虑持续空载巡航,而自动驾驶汽车若采用这种停车行为模式,则将对城市道路系统、土地利用规划产生显著影响。鉴于目前对自动驾驶汽车具体停车行为特性的分析有限,相关交通影响评估也缺乏全面性。

3) 自动驾驶汽车停车管理问题研究

停车管理是城市交通运营管理的重要组成,包括停车定价管理和停车位容量规划。现有研究主要以传统汽车作为研究对象进行这两方面的管理策略优化设计,尚未深入考虑自动驾驶汽车的出现将会如何改变当前停车管理范式。因此需依据自动驾驶汽车具有的停车行为特征,研究自动驾驶在不同发展阶段的停车管理方案。

本章参考文献

[1] YU X, VAN DEN BERG V A C, VERHOEF E T. Carpooling with heterogeneous users in the bottleneck model[J]. Transportation Research Part B: Methodological, 2019, 127: 178-200.

[2] TIAN L J, SHEU J B, HUANG H J. The morning commute problem with endogenous shared autonomous vehicle penetration and parking space constraint[J]. Transportation Research Part B: Methodological, 2019, 123: 258-278.

[3] JAMSON A H, MERAT N, CARSTEN O, et al. Behavioural changes in drivers experiencing highly-automated vehicle control in varying traffic conditions[J]. Transportation Research Part C: Emerging Technologies, 2013, 30(5): 116-125.

[4] KATRAKAZAS C, QUDDUS M, CHEN W-H, et al. Real-time motion planning methods for autonomous on-road driving: State-of-the-art and future research directions[J]. Transportation research Part C: Emerging technologies, 2015: 416-422.

[5] DE ALIMEIDA CORREIA G H, VAN AREM B. Solving the user optimum privately owned automated vehicles assignment problem (uo-poavap): A model to explore the impacts of self-driving vehicles on urban mobility[J]. Transportation Research Part B: Methodological, 2016,

87:64-88.

[6] DE OLIVEIRA I R. Analyzing the performance of distributed conflict resolution among autonomous vehicles[J]. Transportation Research Part B:Methodological,2017,96:92-112.

[7] MA J,LI X,ZHOU F,et al. Designing optimal autonomous vehicle sharing and reservation systems:A linear programming approach[J]. Transportation Research Part C:Emerging Technologies,2017,84:124-141.

[8] VAN DEN BERG V A C,VERHOEF E T. Autonomous cars and dynamic bottleneck congestion:The effects on capacity, value of time and preference heterogeneity[J]. Transportation Research Part B:Methodological,2016,94:43-60.

[9] LAMOTTE R,DE PALMA A,GEROLIMINIS N. On the use of reservation-based autonomous vehicles for demand management[J]. Transportation Research Part B:Methodological,2017,99:205-227.

[10] ZHAO Y,GUO X L,LIU H X. The impact of autonomous vehicles on commute ridesharing with uncertain work end time[J]. Transportation Research Part B:Methodological,2021,143:221-248.

[11] 田丽君,刘会楠,许岩.共享自动驾驶汽车经营策略优化分析[J].交通运输系统工程与信息,2020,20(3):8.

[12] 姚荣涵,梁亚林,刘锴,等.考虑合乘的共享自动驾驶汽车选择行为实证分析[J].交通运输系统工程与信息,2020,20(1):228-233.

[13] LIU W. An equilibrium analysis of commuter parking in the era of autonomous vehicles[J]. Transportation Research Part C:Emerging Technologies,2018,92:191-207.

[14] SU Q,WANG D Z W. On the morning commute problem with distant parking options in the era of autonomous vehicles[J]. Transportation Research Part C:Emerging Technologies,2020,120:102-799.

[15] HUANG Y,SANTOS A C,DUHAMEL C. Model and methods to address urban road network problems with disruptions[J]. International Transactions in Operational Research,2020,27(6):2715-2739.

[16] FAGNANT D J,KOCKELMAN K. Preparing a nation for autonomous vehicles:opportunities,barriers and policy recommendations[J]. Transportation Research Part A:Policy and Practice,2015,77(5):167-181.

[17] CHEN Z,HE F,YIN Y,et al. Optimal design of autonomous vehicle zones in transportation networks[J]. Transportation Research Part B:Methodological,2017,99:44-61.

[18] CHEN D,AHN S,CHITTURI M,et al. Towards vehicle automation:Roadway capacity formulation for traffic mixed with regular and automated vehicles[J]. Transportation Research Part B:Methodological,2017,100(10):196-221.

[19] LEVIN M W,BOYLES S D. A multiclass cell transmission model for shared human and autonomous vehicle roads[J]. Transportation Research Part C:Emerging Technologies,2016,

62:103-116.

[20] SHLADOVER S E. Connected and automated vehicle systems: Introduction and overview [J]. Journal of Intelligent Transportation Systems,2018,22(1-6):190-200.

[21] KALRA N,PADDOCK S M. Driving to safety: How many miles of driving would it take to demonstrate autonomous vehicle reliability[J]. Transportation Research Part A: Policy and Practice,2016,94:182-193.

[22] 边明远,李克强. 以智能网联汽车为载体的汽车强国战略顶层设计[J]. 中国工程科学, 2018,20(1):52-58.

[23] 李克强,戴一凡,李升波. 智能网联汽车技术的发展现状及趋势[J]. 汽车安全与节能学报,2017,8(1):1-14.

[24] MEYER J,BECKER H,BSCH P M,et al. Autonomous vehicles: The next jump in accessibilities[J]. Research in Transportation Economics,2017,62(3):80-91.

[25] BAGLOEE S A,TAVANA M,ASADI M,et al. Autonomous vehicles: challenges, opportunities, and future implications for transportation policies[J]. Journal of Modern Transportation, 2016,24(4):284-303.

[26] WADUD Z,LEIBY P. Help or hindrance? The travel, energy and carbon impacts of highly automated vehicles[J]. Transportation research, Part A: Policy and practice,2016,86(5):1-18.

[27] MERSKY A C,SAMARAS C. Fuel economy testing of autonomous vehicles[J]. Transportation research Part C: Emerging technologies,2016,65(4):31-48.

[28] WANG J,PEETA S,HE X. Multiclass traffic assignment model for mixed traffic flow of human-driven vehicles and connected and autonomous vehicles[J]. Transportation Research Part B: Methodological,2019,126(12):139-168.

[29] WARDROP J G. Some theoretical aspects of road traffic research[J]. OR,1953,4(4):72-73.

[30] BECKMANN M J,MCGUIRE C B,WINSTEN C B,et al. Studies in the Economics of Transportation[J]. Economic Journal,1955,26(1):820-821.

[31] JIANG N. Optimal signal design for mixed equilibrium networks with autonomous and regular vehicles[J]. Journal of Advanced Transportation,2017,2017:1-13.

[32] BAGLOEE S A,SARVI M,PATRIKSSON M,et al. A mixed user-equilibrium and system-optimal traffic flow for connected vehicles stated as a complementarity problem[J]. Computer: Aided Civil and Infrastructure Engineering,2017,32(7):562-580.

[33] ZHANG K,NIE Y. Mitigating the impact of selfish routing: An optimal-ratio control scheme (ORCS) inspired by autonomous driving[J]. Transportation Research Part C: Emerging Technologies,2018,87:75-90.

[34] GUO Q,BAN X J,AZIZ H. Mixed traffic flow of human driven vehicles and automated vehicles on dynamic transportation networks[J]. Transportation Research Part C: Emerging

Technologies,2021,128(4):103159.

[35] 黄海军. 城市交通网络平衡分析:理论与实践[M]. 北京:人民交通出版社,1994.

[36] VAHIDI A, SCIARRETTA A. Energy saving potentials of connected and automated vehicles [J]. Transportation Research Part C-Emerging Technologies,2018,95:822-843.

[37] GREENBLATT J B, SAXENA S. Autonomous taxis could greatly reduce greenhouse-gas emissions of US light-duty vehicles[J]. Nature Climate Change,2015,5(9):860-863.

[38] AMOOZADEH M, RAGHURAMU A, CHUAH C N, et al. Security vulnerabilities of connected vehicle streams and their impact on cooperative driving[J]. IEEE Communications Magazine,2015,53(6):126-132.

[39] GOUY M, WIEDEMANN K, STEVENS A, et al. Driving next to automated vehicle platoons: How do short time headways influence non-platoon drivers' longitudinal control[J]. Transportation Research Part F-Traffic Psychology and Behaviour,2014,27:264-273.

[40] KAMAL M A S, IMURA J I, HAYAKAWA T, et al. A vehicle-intersection coordination scheme for smooth flows of traffic without using traffic lights[J]. IEEE Transactions on Intelligent Transportation Systems,2015,16(3):1136-1147.

[41] XUE Q, XU M, MULLEN C. Governance of emerging autonomous driving development in china[J]. Transportation Research Record,2020,2674(6):281-290.

[42] GUERRA E. Planning for cars that drive themselves:Metropolitan planning organizations,regional transportation plans,and autonomous vehicles[J]. Journal of Planning Education and Research,2015,11(2):157-161.

[43] FRAEDRICH E, HEINRICHS D, BAHAMONDE-BIRKE F J, et al. Autonomous driving, the built environment and policy implications[J]. Transportation Research Part A-Policy and Practice,2019,122:162-172.

[44] CLEMENTS L M, KOCKELMAN K M. Economic Effects of Automated Vehicles[J]. Transportation Research Record,2017,26(6):106-114.

[45] MILAKIS D, VAN AREM B, VAN WEE B. Policy and society related implications of automated driving:A review of literature and directions for future research[J]. Journal of Intelligent Transportation Systems,2017,21(4):324-348.

[46] MARTINEZ-DIAZ M, SORIGUERA F, PEREZ I. Autonomous driving:A bird's eye view [J]. IET Intelligent Transport Systems,2019,13(4):563-579.

[47] WADUD Z, MACKENZIE D, LEIBY P. Help or hindrance? The travel, energy and carbon impacts of highly automated vehicles[J]. Transportation Research Part A-Policy and Practice,2016,86:1-18.

[48] TAEIHAGH A, LIM H S M. Governing autonomous vehicles:Emerging responses for safety, liability, privacy, cybersecurity, and industry risks[J]. Transport Reviews,2019,39(1): 103-128.

[49] DIXIT V, XIONG Z, JIAN S, et al. Risk of automated driving:Implications on safety accepta-

bility and productivity[J]. Accident Analysis and Prevention,2019,125:257-266.

[50] 翁岳暄,多尼米克·希伦布兰德.汽车智能化的道路:智能汽车、自动驾驶汽车安全监管研究[J].科技与法律,2014(4):632-655.

[51] 司晓,曹建峰.论人工智能的民事责任:以自动驾驶汽车和智能机器人为切入点[J].法律科学(西北政法大学学报),2017,35(5):166-173.

[52] 徐志刚,张宇琴,王羽,等.我国自动驾驶汽车行业发展现状及存在问题的探讨[J].汽车实用技术,2019(1):13-21.

[53] FAGNANT D J,KOCKELMAN K M. The travel and environmental implications of shared autonomous vehicles using agent-based model scenarios[J]. Transportation Research Part C-Emerging Technologies,2014,40:1-13.

[54] LOEB B,KOCKELMAN K M,LIU J. Shared autonomous electric vehicle(SAEV) operations across the Austin,Texas network with charging infrastructure decisions[J]. Transportation Research Part C-Emerging Technologies,2018,89:222-233.

[55] MA J,LI X,ZHOU F,et al. Designing optimal autonomous vehicle sharing and reservation systems:A linear programming approach[J]. Transportation Research Part C-Emerging Technologies,2017,84:124-141.

[56] ZAKHARENKO R. Self-driving cars will change cities[J]. Regional Science and Urban Economics,2016,61:26-37.

[57] HARPER C D,HENDRICKSON C T,SAMARAS C. Exploring the economic,environmental, and travel implications of changes in parking choices due to driverless vehicles:An agent-based simulation approach[J]. Journal of Urban Planning and Development,2018,144(4).

[58] BISCHOFF J,SCHLENTHER T,NAGEL K,et al. Autonomous vehicles and their impact on parking search[J]. IEEE Intelligent Transportation Systems Magazine,2019,11(4):19-27.

[59] MILLARD-BALL A. The autonomous vehicle parking problem[J]. Transport Policy,2019, 75:99-108.

[60] FULMAN N,BENENSON I. Establishing heterogeneous parking prices for uniform parking availability for autonomous and human driven vehicles[J]. IEEE Intelligent Transportation Systems Magazine,2019,11(1):15-28.

[61] WANG S,LEVIN M W,CAVERLY R J. Optimal parking management of connected autonomous vehicles:A control-theoretic approach[J]. Transportation Research Part C-Emerging Technologies,2021,124.

[62] ZHANG W W,GUHATHAKURTA S,FANG J Q,et al. Exploring the impact of shared autonomous vehicles on urban parking demand:An agent-based simulation approach[J]. Sustainable Cities and Society,2015,19:34-45.

[63] GLAZER A,NISKANEN E. Parking fees and congestion[J]. Regional Science and Urban Economics,1992,22(1):123-132.

[64] NOURINEJAD M,AMIRGHOLY M. Parking pricing and design in the morning commute

problem with regular and autonomous vehicles[J]. Rotman School of Management Working Paper No. 3186290, 2018.

[65] GEROLIMINIS N. Cruising-for-parking in congested cities with an MFD representation[J]. Economics of Transportation, 2015, 4:156-165.

[66] 薛秋菊. 自动驾驶风险治理与停车管理优化[D]. 北京:北京交通大学, 2021.

[67] BAHRAMI S, ROORDA M. Autonomous vehicle parking policies: A case study of the City of Toronto[J]. Transportation Research Part A: Policy and Practice, 2022, 155:283-296.

[68] 中华人民共和国工业和信息化部.《汽车驾驶自动化分级》推荐性国家标准[R/OL]. https://www.miit.gov.cn/jgsj/kjs/jscx/bzgf/art/2020/art_205898e525fe495 9946e49-af229d928f.html, 2020-03-09/2023-02-22.

[69] 田童心. 自动驾驶出行:基于活动视角的影响分析[D]. 北京:北京交通大学, 2022.

[70] 张佳翠. 混合行驶环境下城市出行管理:基于网络均衡理论的分析[D]. 北京:北京交通大学, 2022.

[71] 廉天翔. 面向自动驾驶汽车发展不同阶段的城市共享停车运营优化管理[D]. 北京:北京交通大学, 2022.

[72] XU M, INCI E, CHU F, VERHOEF E, Editorial: Parking in the connected and automated era: Operation, planning and management[J]. Transportation Research Part C, 2021, 127, 103115.

[73] 徐猛, 高自友. 面向出行信用交易的交通需求管理[M]. 北京:科学出版社, 2021.

CHAPTER 2 | 第 2 章

基于多层次视角的自动驾驶出租汽车服务治理

第2章　基于多层次视角的自动驾驶出租汽车服务治理

近年来,社会技术系统理论已经成为厘清创新驱动发展内在机理以及研究产业转型的重要研究方法。本章以社会技术系统转型的多层次视角 MLP(Multi-Level Perspective)为分析思路,研究我国出租汽车服务体制的转型过程,根据顶层文件和产业现状将转型划分为4个阶段,并分析了每个阶段的转型障碍和治理重点。目前,面向我国出租汽车服务体制转型研究尚为空白,本章研究丰富了我国出行服务可持续转型的研究,为弄清乘车服务系统的社会技术转型路径提供了实际参考。

2.1　社会技术转型多层次视角理论

在社会经济的发展过程中,存在多个实现具体社会功能的社会-技术系统,如能源系统,供水系统以及交通系统。这类系统具有多维度、多层次的特点。它不仅是社会系统,包含着组织网络及与之关联的制度体系;也是技术系统,包括实体设施和技术、知识体系。因此,社会技术系统是一个由各种要素组成的、相互联系的体系,以实现某种社会功能。近年来,社会-技术系统理论已经成为厘清创新驱动发展内在机理以及研究产业转型的重要研究方法。

社会-技术系统是一个动态演化的体系,而这种演化的驱动因素是技术创新。Geels 以演化经济学、社会网络理论、制度经济学等理论为基础,提出了社会-技术系统转型的多层次视角理论。在该理论框架中,社会技术系统分成3个层次,即宏观层面的外部环境(Landscape)、中观层面的社会技术体制(Socio-technical regime)以及微观层面的创新性利基(Niche)。这一理论认为,转型是由宏观环境、社会技术体制、创新性利基3个层面协同作用的结果。其中,宏观层面的外部环境包含了社会环境、宏观经济格局、人口发展趋势、政治意识形态、社会价值观念等。这一层面上,变革往往十分缓慢。但是,当宏观环境发生变化时,就会对现行体制产生压力,打破体制内的连贯性,使得体制内部的"裂痕"开始显现,削弱且动摇体制的稳定性,从而促使微观层面激进式创新的涌现。中观层面的社会技术体制是由已建立和形成的产品、技术、知识储备、用户实践、预期、标准、法规等组成。现有的社会技术制度通过与现有技术路径的组成要素相互作用,从而形成现有的技术路径并保持稳定。微观层面的创新性利基指一种受到保护的空间。创新在发展初期,往往呈现出不完善的技术、不成熟和社会网络不稳定等特点。这些创新技术被限制在利基市场的"孵化室"中,阻碍其进入主流市场。众多"锁定"机制维持着现有体制的稳定性,而且创新利基与现有体制的要求相偏离,这使得创新技术的发展及其扩散过程会遭受很大阻力。

多层次视角理论认为,转型并非单纯的因果关系,并非由某一原因或者驱动力引发,而是在上述3个层面中,由社会和技术的诸多因素持续交互作用而构成的复杂过程:宏观环境的改变往往对现有体制造成压力,从而为创新利基的出现提供了机会窗口(Window of Opportunities);激进的创新通常发生在现有体制之外,其在微观层面的利基中发生。当创新发展到一定程度时,就会产生与现有制度相抗衡的能力,从而破坏现有制度的稳定;当现有制度不能适应和抵御不断增加的来自宏观环境和利基日益增长的压力时,技术转型和体制变革最终将发生。新的社会技术制度又将出现并影响宏观环境。Geels 等人将这一转型过程概括为 4 个阶段：激进创新的出现、创新的形成和稳定、创新的扩散和突破，以及新的社会技术系统的形成、逐渐稳定和制度化。

本章将采用多层次视角理论研究面向自动驾驶出租汽车的服务转型过程，具体分析过程在第 2.2 节详细说明。

2.2 面向自动驾驶的出行服务体制转型阶段划分

本章是在多层次视角理论的框架下，开展面向我国自动驾驶乘车服务转型的实证研究。如图 2-1 所示，首先，将转型过程划分为 4 个阶段，对每个阶段宏观层面的主要压力及其对乘车服务管理的潜在影响进行分析。然后，从技术、市场、政策、公众偏好等角度对现有制度的动态发展进行梳理。再次，研究新兴技术参与者、行业管理者在利基层面之间的相互作用。本章中的相关数据和信息主要从 3 个渠道获得。首先，由中华人民共和国国务院、国家发展和改革委员会、交通运输部等政府部门发布的政策文件以及发展规划。其次，由中国国家统计局和中国国家信息中心共享经济研究中心等官方网站上发布统计数据、报告和年鉴。第三，由国内权威学术组织或行业联盟发布的相关报告，如中国汽车工业协会等。

根据政府发布的《智能汽车创新发展战略》，2025 年中国标准智能汽车的技术创新、产业生态、基础设施、法规标准、产品监管和网络安全体系基本形成，实现有条件的自动驾驶的智能汽车达到规模化生产，实现高级自动驾驶的智能汽车在特定环境下市场化应用。从 2035 年至 2050 年，中国标准智能汽车体系全面建成。在 MLP 的框架下，根据政府发布的关于自动驾驶的权威文件，把面向自动驾驶出租汽车的乘车服务转型过程划分为 4 个阶段，如图 2-1 所示。自 1991 年中国实施"第八个五年计划"（1991—1995 年），自动驾驶进入中国国防重点预研项目以来，到中国于 2015 年发布第一个关于自动驾驶的顶层设计文件《中国制造 2025》，转型处于第一阶段，即激进式创新利基涌现阶段。基于顶层设计文件，第二个阶段（2016—2025 年）为创新形成并稳定阶段；第三个阶段（2026—2035 年）是创新利基广泛扩散和突破阶段；第四个阶段（2036—2050 年）为实现以自动驾驶出租汽车为主导的乘车服务阶段。第 1 章表 1-1 展示了中国政府发布的《汽车驾驶自动化分级》，表明了自动驾驶各个等级的特点。

本章进一步将自动驾驶等级、落地场景与转型阶段进行了整合，如图 2-2 所示。

2.2.1 激进式创新涌现阶段（1991—2015 年）

1）宏观环境层分析

在转型的第一阶段，我国的出行服务系统受到来自宏观环境的多重压力。例如 2008 年世界金融危机爆发，经济萎缩导致国际能源安全问题凸显。而当时交通运输领域的能源消耗很大，减碳节能成为交通运输行业面临的严峻挑战。同时，这一阶段的宏观环境也面临一

第2章 基于多层次视角的自动驾驶出租汽车服务治理

些其他压力。例如,在人口结构方面,中国城镇化率迅速增长,城镇化从2003年的40.53%增长至2015年的56.1%,导致汽车保有量增加,交通拥堵问题日益严重。在经济发展方面,这一阶段中国经济发展方式发生转变,经济增长模式从数量增加向经济效应、社会效应提升转变,高碳的经济发展模式不再是可行的选择。因此,我国出行服务系统在面临国际和国内宏观环境的压力下,如何保持可持续发展,受到关注。

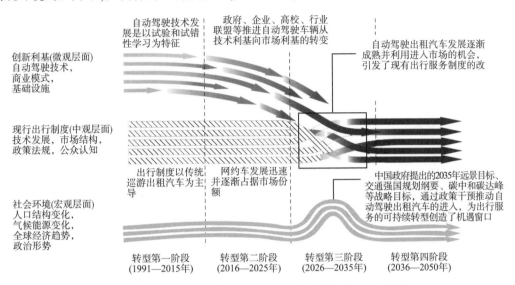

图2-1 MLP层次在中国自动驾驶出租汽车服务转型中的相互作用

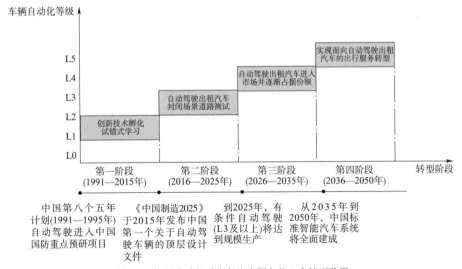

图2-2 中国自动驾驶出租汽车服务的4个转型阶段

2) 现行体制层分析

在该阶段,中国的城镇化建设突飞猛进,城市环境恶化和交通拥堵等问题突出。一些城市采取了相应的交通需求管理措施来限制小汽车的拥有和使用,使得城市汽车保有量的增加趋势受到遏制。这也导致了公众出行方式选择的多元化,巡游出租汽车成为了除公共交通、私家车以外的重要选择。出租汽车作为城市公共交通方式的补充,为出行者提供"门到门"的出行服务。出租汽车公司拥有车辆所有权,驾驶员通过接送乘客完成服务,但出行服务效率不高,难以满足城市出行的个性化需求,并且空驶里程高,运力资源未被充分利用,甚至加剧了城市交通拥堵。政府对传统巡游出租汽车的准入限制、数量控制和价格管制,使出行服务市场上的出租汽车供给不能满足消费者不断增加的出行需求。如图2-3所示,在2008—2015年间,全国出租汽车数量增长缓慢,但出租汽车客运总量巨大,导致市场供需矛盾严重。国家相关部门从维护管理稳定的角度制定政策,导致政策长时间维持不变;市场需求受制于经济发展水平,公众的消费习惯变化不够明显。伴随公众日益增加的出行需求,供需失衡愈发严重,造成了打车难、打车贵等问题,而这些问题使得乘车服务体制的闭塞态势出现裂痕。由于创新利基尚未充分发展,宏观层面出现了适度压力,而乘车服务体制相关管理者通过调整发展方向,即发展网络预约出租汽车(以下简称网约车)来适应压力。尽管以巡游出租汽车为主导的出行服务制度仍具有很强的稳定性,但服务管理系统内部已经发生变化。

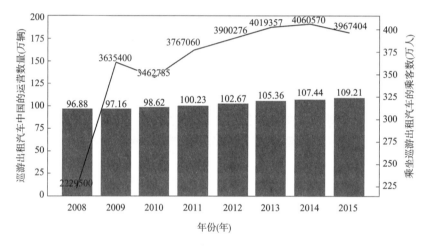

图2-3 2008—2015年中国出租汽车数量和乘客数量
来源:国家统计局。

2010年,中国第一家出行领域的互联网信息公司"易到用车"成立,2012年,快的、滴滴公司先后成立,网约车行业进入到起步阶段。随后以滴滴、Uber为代表的网约车平台出现。这一阶段,乘车服务体制的发展受到不同方面的影响。

首先,在技术发展层面,大数据、互联网技术通过破坏式创新促进打车服务系统发展。大数据技术的创新提升了供需匹配的效率,并且降低了打车服务的运营成本;移动互联网技术迅速发展,实现了需求响应和在线支付,提高了出行服务的便捷性,刺激了消费者的出行需求,为网约车的出现奠定了基础。

其次,在经济市场方面,平稳增长的经济环境使得金融资本非常活跃,资本加速了新兴出行服务企业的发展,并且吸引了更多人才和资源进入,形成了爆发式增长。同时共享经济盛行,有利于激发市场需求。网约车服务借助互联网平台,将车辆的使用权暂时性转移,实现生产要素的社会化,通过提供存量资产的使用效率为出行者提供创造价值,以促进社会的可持续发展。

再次,在政策法规方面,2010—2014年,网约车处于发展初期,中国政府在这一阶段采取"先发展,后治理"的放任式规制对网约车进行监管,交通管理者积极促进新一代信息技术与出租汽车产业的融合与创新。

最后,在公众认知方面,消费者出行观念转变,对更加便捷安全的出行服务的需求日益迫切。新一代消费群体对汽车的需求意愿下降,出行需求不再是资产属性要求,而是以"按需租车、以租代买、按需约车"的服务属性要求,更加注重出行的便利性、时效性及出行体验。同时,随着新型城镇化进程的不断推进,中国已进入大城市向都市圈发展的新阶段,生活空间扩大,出行距离和时间增加,出行已成为影响公众生活质量的重要部分,出行服务亟须改善。

3)创新利基层分析

转型的第一阶段是激进式创新技术涌现的阶段,自动驾驶技术在这一阶段得到了保护和培育,但其发展较为脆弱,没有稳定的规则和制度作依托,政策、用户偏好、基础设施需求等方面也存在着很大的不确定性。在这一阶段,自动驾驶车辆的发展是以试错性学习为特征的。自1991年,中国"第八个五年计划"(1991—1995年)自动驾驶进入中国国防重点预研项目以来,中国高校、企业开展了一系列自动驾驶技术的学习研究,1992年,国防科技大学研制出国内第一款自动驾驶汽车CITAVT-Ⅰ型;2003年,一汽集团与国防科技大学联合研制了具备自动驾驶技术的红旗轿车;2009年,国家自然科学基金委开始实施"视听觉信息的认知计算"重大研究计划,成为中国自动驾驶汽车发展的一个里程碑。同时,中国政府创新技术提供了战略性保护空间,以暂时缓解现有出行体制的压力。国务院在2015年发布《中国制造2025》,将自动驾驶汽车作为汽车产业未来转型升级的重要方向之一,为创新技术的发展和应用建立了合法性地位。

2.2.2 创新形成与稳定阶段(2016—2025年)

1)宏观环境层分析

在第二个转型阶段,中国的工业化和城市化放缓。人口红利逐渐消退,人口问题由总量过剩转向结构性供给短缺。2015年以后,中国政府提出了新的发展理念,明确指出经济增长的动力从要素驱动向创新驱动转变,经济发展方式要从不平衡的扩张性增长向结构性平衡协调发展转变。与此同时,日益增长的交通需求与有限的城市空间之间的矛盾日益突出。随着城市群城市化进程的迅猛发展,工作和居住分离增加了出行距离,对出行服务提出了更高的要求,出行服务成为公众生活质量的重要组成部分。2016年至2020年,城市道路空间年增长率为3.2%,而私人汽车保有量增长了16.1%。因此,中国道路基础设施的增加没有跟上汽车数量的增长,加剧了交通拥堵的难题。2019年,中国有4个城市进入亚洲城市拥堵指数前10名,包括重庆、珠海、广州和北京。这对环境以及城市出行带来负面影响,在一定程度上构成乘用车消费限制,城市汽车保有量增长将存在瓶颈,从而将促进城市出行系统从单纯的汽车数量提升逐渐向使用效率的提升转变。其次,2021年,中国机动车保有量达3.95亿辆,而机动车驾驶人高达4.76亿,受到政策影响车辆牌照获取难度逐年提升,个人出行需求难以通过私家车来满足,以网约车为代表的出行服务的发展以分散的社会闲置资源

自动驾驶出行管理分析
Travel management analysis for automated driving

为基础,将更好地提升资源利用效率,以解决道路资源紧缺问题并缓解出行矛盾。

2)现行体制层分析

转型的第二阶段,网约车行业不断升级,形成以"大数据+移动互联网+整合社会车辆资源"的创新服务模式,吸引了互联网企业、传统汽车企业、新兴造车企业加入出行服务市场竞争。网约车出行服务在交通安全、出行体验、服务效率等方面都优于传统巡游出租汽车。关于服务效率,澳大利亚的一项研究发现,Uber乘客的平均等待时间为4.5min,而巡游出租汽车的等待时间却需要8min。关于交通安全,根据应急管理部信息研究所研究显示,在总行驶里程超过1亿km的碰撞事故中,网约车的死亡率比巡游出租汽车低26%。然而,网约车的发展吸引了一部分公共交通流量,可能会造成更严重的拥堵。因此,网约车出行服务提供商需要积极推动合乘服务,并且推动与公共交通服务的协同。这一阶段,网约车的市场份额迅速增加。如图2-4所示,从2016年到2022年,中国网约车客运量占出租汽车客运总量的比例从16.6%增加到40.5%。虽然巡游出租汽车仍然主导着乘车服务体制,但网约车改变了当前的出行结构。同时,以网约车为代表的出行服务的快速发展,加剧了体制内部的不稳定性,同时伴随着宏观环境的压力增大,进一步为创新利基提供机会窗口。

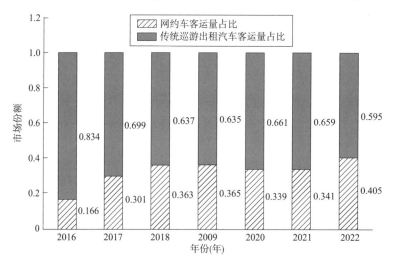

图2-4 2016—2022年网约车与巡游出租汽车客运量占比情况
来源:中国国家信息中心分享经济研究中心。

网约车是由大数据技术驱动而形成的破坏式创新,与巡游出租汽车服务有共生关系,较容易进入市场且取得份额。而随着其市场份额的增加,可能会导致制度内部技术、行业布局、公众认知的变化,为创新利基的引入创造空间。这一阶段遵循重构(Reconfiguration Path)的转型路径,因为乘车服务的转型不是由一种技术的突破引起的,而是由多个创新驱动共同引起的。

乘车服务体制在这一阶段的发展受到来自不同方面的影响。在经济市场方面,网约车市场规模增长迅速。2021年底,中国已有258家网约车平台公司,用户规模达到了3.97亿人,占中国网民整体的39.2%;未来网约车市场规模的扩大将主要来自于用户使用频次的提升,这就需要网约车平台提升出行服务水平。此外,以网约车服务为代表的出行服务的快速

第2章 基于多层次视角的自动驾驶出租汽车服务治理

发展推进汽车产业乃至交通运输系统形态及价值链的颠覆性改变。汽车消费从购买汽车产品转向出行服务,传统整车企业的产业重心正从汽车制造向出行服务转移,以满足个性化消费和出行服务为中心的汽车新产业格局将逐步形成,为自动驾驶出租汽车进入市场提供有利的市场环境。

再次,在政策法规方面,相比传统巡游出租汽车服务,网约车服务是更高质量的供给,且进入的乘车服务市场并不是开放的自由竞争市场,而是受到政府严格管制的市场。因此,迫切需要为网约车的发展制定规则,要求给予新供给和旧供给相对平等的发展机会。这一阶段初期,中国政府发布《网络预约出租汽车经营服务管理暂行办法》和《关于深化改革推进出租汽车行业健康发展的指导意见》,正式明确网约车的合法地位,促进巡游出租汽车、网约车融合发展,适度放宽了对网约车经营的限制。2018年,中国政府陆续发布政策文件对运营平台的驾驶员门槛、数据安全、用户隐私、运营资格等作出严格规范,对网约车的经营活动进行了严格监管。伴随网约车法规条例落地,监管环境趋严,行业走向逐渐规范化。中国政府在这一阶段努力协调巡游出租汽车和网约车的管理,对原有乘车服务体制进行改革,推动网约车这一新业态健康发展。

从公众认知的角度来看,中国乘客比西方国家的乘客更容易接受新技术驱动的出行服务。据Alixpartners2020年的调查数据,有84%的中国乘客愿意接受自动驾驶出租汽车服务而放弃车辆所有权,而在美国和英国,这一比例分别为44%和46%。由图2-5可以看出,中国城市的私家车的出行成本比美国高。另一方面,由于中国的劳动力成本较低,乘车服务包括网约车和巡游出租汽车服务的行驶成本比美国低得多。因此,在中国,公众更有可能放弃私家车而选择乘车服务。研究表明,虽然在中国,人们对自动驾驶技术的了解相对较少(37%),但对使用自动驾驶出租汽车服务的兴趣很大(82%)。这些研究表明,自动驾驶出租汽车将呈现出巨大的潜力,成为乘车服务转型不可逆转的趋势。

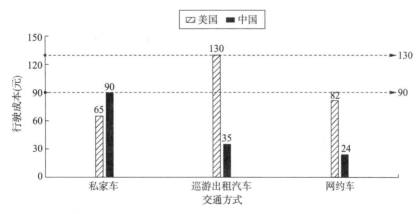

图2-5 中国和美国不同交通方式行驶成本差异
来源:中国汽车智能共享出行发展报告2020。

3)创新利基层分析

在这一阶段,技术利基需要通过实验来促进技术的应用,从而对目前还没有市场竞争力的激进式创新进行保护,同时需要治理手段来实现从技术利基向市场利基的转变。新兴的利基系统和现有体制的结构相似,但规模和稳定性有所不同。现有体制的网络是大且稳定的,而创新利基的网络是小且不稳定的。现有体制的规则是稳定且明确的,创新利基的规则是不稳定的和"正在形成"的。在这一阶段中,政府、企业、高校、行业联盟等都积极参与到构建创新利基网络的过程中。

首先,中国政府对于自动驾驶汽车发展制定了清晰的愿景和连贯性的战略,通过相关战略规划、政策法规的出台,为其发展指引了明确方向,在自动驾驶技术的发展道路上起到指引方向和给予路权两大关键作用。中国政府在2015年通过《中国制造2025》确立了自动驾驶发展的合法地位之后,积极制定中长期发展目标,于2017年、2020年相继发布《汽车产业中长期发展规划》和《智能汽车创新发展战略》,通过立法手段从宏观上稳定了自动驾驶发展的合法性,为自动驾驶应用奠定基础。同时,中国政府从制度上为技术利基提供了保护,建立了与中国自动驾驶发展相匹配的技术标准。结合中国汽车产业发展现状,发布了《汽车驾驶自动化分级》(GB/T 40429—2021)推荐性国家标准,成为中国自动驾驶技术实现大规模应用落地的前置条件。同时,政府积极推动技术利基发展所需要的基础设施建设,注重自动驾驶技术和基础设施的协同发展。其中,加强了物质工程设施建设,通过大力推行5G网络、物联网等新型基础建设;加大了专业知识技能、核心技术研发、项目补助、人才引进等知识基础建设,以及财政投资,补贴、融资等其他金融支撑手段。

其次,从中国国家政府将自动驾驶汽车发展纳入国家顶层规划起,各地方政府也相继出台自动驾驶相关政策,主要围绕开放公共道路测试路段和建立智能网联示范区两方面展开,为自动驾驶的商业化落地提供基础。自动驾驶出租汽车的落地场景为城市道路,其行车道路条件的复杂程度非常高,故在城市开放道路场景下实现商业化落地难度很高,而封闭区域的道路测试是验证自动驾驶车辆性能的重要手段。中国自动驾驶技术企业、互联网企业与传统车企、出租汽车企业合作,已经在北京、上海、广州、长沙等地开展自动驾驶试运营,如表2-1所示。截至2021年底,中国已有38个省(市)出台管理细则,建立70个测试示范区,开放了超过5200km测试道路,发放1000余张测试牌照。

自动驾驶出租汽车试点项目　　　　　　　　　　　　　表2-1

时间	项目名称	参与公司	地点
2019-08	滴滴自动驾驶出租汽车	滴滴	上海
2019-09	百度-红旗自动驾驶出租汽车	百度,一汽	长沙,沧州
2019-10	BotRide自动驾驶出租汽车	小马智行,现代汽车	加利福尼亚
2019-11	文远粤行Robotaxi	文远知行,白云出租汽车集团	广州
2020-04	PacificaX自动驾驶出租汽车	AutoX、fCA	深圳

再次,利基的参与者搭建了顺畅的社会网络,为利基提供了有利的发展环境。由中国交通运输部牵头,组建了中国智能交通产业联盟,其中包括了智能交通相关企业,高校、科研单位等。2021年1月,由中国智能交通系统产业联盟起草的《自动驾驶出租汽车技术要求》团体标准正式发布,进一步加快自动驾驶出租汽车的规模化应用,加速高级别自动驾驶技术迈向商业化。

2.2.3 创新广泛扩散和突破阶段(2026—2035 年)

1) 宏观环境层分析

《交通强国建设纲要》提出,到 2035 年,中国将基本成为交通强国,交通科技创新体系基本建成。这一阶段同时是中国汽车产业转型升级的重要时期,《新能源汽车产业发展规划(2021—2035 年)》提出,到 2035 年,高度自动驾驶汽车(L4 级以上)实现规模化应用。新能源汽车以电力驱动,电气化程度较高,比燃油汽车更适合自动驾驶技术的应用,与出行服务的结合更符合电动化、智能化、网联化、共享化的发展趋势。同时,为了解决资源和环境的问题,中国政府提出"碳达峰、碳中和"的重大战略决策,提出了中国应对全球气候变化的目标,中国 2030 年碳排放的峰值大约是 140 亿 t,吨位国内生产总值二氧化碳排放将比 2005 年下降 65% 以上,要求出行方式更加低碳绿色。

在转型的第一、二阶段,技术创新、特定场景的应用均属于微观利基创新,并不具备直接突破固有社会体系技术锁定的能力。而中国政府提出的基本建成交通强国、碳达峰等战略目标,通过政策干预推动自动驾驶出租汽车的市场进入,为乘车服务的转型创造了机遇窗口。

2) 现行体制层分析

网约车的出现是乘车服务系统内部的巨大的系统调整,是在有人驾驶车辆载体上服务模式的创新。网约车作为自动驾驶出租汽车的共生创新,最初在乘车服务体制中被采用,是为了解决乘车服务供需匹配效率低下的问题,是对体制结构的进一步调整。而自动驾驶出租汽车进入乘车服务市场,这一激进式创新将突破原有制度,使生产模式、消费者出行方式、基础设施、组织结构发生极大的改变。

转型的这一阶段,自动驾驶出租汽车将进入市场。据 UBS Evidence Lab 预计,2030 年全球有 12% 的新车将作为自动驾驶出租汽车车队,届时将有 2600 万辆自动驾驶出租汽车参与运营。中国政府在顶层设计上不断推动创新利基的发展,通过发布战略规划提出这一阶段的愿景。预计到 2025 年,中国辅助自动驾驶车辆(L2)、有条件自动驾驶车辆(L3)占智能网联汽车总销量的比例超过 50%,高级自动驾驶汽车(L4 及以上)首先在特定场景和限定区域实现商业化应用,并不断扩大运行范围。到 2035 年,各类网联式高级自动驾驶车辆将广泛运行于中国广大地区。但以巡游出租汽车为主导的乘车服务体系由有人驾驶车辆主导,其技术、用户实践、标准和规制等形成了一个连贯的、具有高度关联性的结构,具有很强的锁定机制和路径依赖。自动驾驶出租汽车与现有制度将在经济、政治、文化、公众认知等多方面产生冲突。转型将面临政府监管、行业市场和公众认知方面的障碍。

在政策法规方面,现有制度的技术标准、法律法规与自动驾驶出租汽车所需的制度环境不匹配。如果技术是实现移动性转变的手段,那么严格的法规是激励公司创新的主要驱动力。截至目前,中国自动驾驶汽车的立法进程落后于其发展。此外,涉及自动驾驶汽车的交通事故责任的划分也对现有法律制度提出了重大挑战。虽然中国政府于 2021 年发布了《中华人民共和国道路交通安全法(修订草案)》,首次在国家法律层面明确了自动驾驶汽车道路测试和道路驾驶的合法性。然而,它缺乏对实际场景和特定自动化级别车辆的责任确定。

道路和操作规则以及事故责任的确定仍然需要完善。

在行业市场方面,同样面临重重阻力。第一,中国现有的乘车服务体制中,生产技术、机器设备等都与有人驾驶的出租汽车相适应,这些沉没成本使得车企、出租汽车运营公司、出行服务提供商等相关主体大规模发展自动驾驶出租汽车的动力较小。第二,已经建立的市场准入机制、供求关系、价格机制,以及出行习惯,使得自动驾驶出租汽车商业化异常艰难。同时,自动驾驶出租汽车进入市场初期,因技术不成熟以及未形成规模经济导致价格较高,缺乏与传统出租汽车的竞争力。这些都会导致自动驾驶出租汽车市场份额的缩小,从而给技术扩散带来阻碍。第三,自动驾驶出租汽车使车辆所有权从私人到出行服务提供商,这也使现有体制参与者的商业模式发生了变化。自动驾驶出租汽车的大规模上市需要企业在科技(提供先进的智能网联技术)、平台(提供海量的出行数据)和服务(提供定制化的出行服务)三方面的结合。这就要求企业投入大量人才、技术资金来实现转型,并在文化、组织结构、工作方式等方面都需要进行必要的变革。特别是对于传统车企和出租汽车运营商而言,需要对商业模式作出战略变革,以适应这一产业跃迁。

在公众认知方面,人们对现有技术的认知和偏好也阻碍了自动驾驶出租汽车的大规模商业化。首先,汽车不仅仅是交通工具,豪华汽车往往也是身份的象征,促使公众减少或放弃汽车所有权具有一定的挑战性。此外,由于自动驾驶技术的不成熟而可能导致的安全事故很容易导致不利舆论,导致公众的抵制和恐惧。因此,现阶段公众对自动驾驶汽车的态度有时也会出现消极和矛盾的一面。改变公众对自动驾驶汽车的认知仍需要政府监管、技术进步、社会引导等方面的共同努力。

3)创新利基层分析

转型不仅面临制度层面的障碍,还面临核心技术、基础设施和成本等利基层面的制约。这一阶段,高等级自动驾驶汽车商业化将面临安全性、自动驾驶运行设计域(Operational Design Domain)限制、经济性的障碍。这一阶段,社会技术转型过程中的利基动力不仅是技术创新,还包括企业实施的商业战略和政府引导的基础设施建设。首先,自动驾驶相关企业、高校、科研单位要继续加大技术研发,突破技术瓶颈。第二,中国政府需要加快自动驾驶产业集聚和规模经济的形成,降低成本,刺激技术创新,带来技术和知识的外溢,形成良性循环。第三,车辆与基础设施合作的自动驾驶(VICDA)是规模化、商业化的必然趋势。向自动驾驶出租汽车转型,不仅需要突破智能汽车的核心技术(如传感技术、决策控制技术),还需要建设智慧道路(如智能传感设施、路边通信设施、高度自动驾驶地图)。在此基础上,推进新一代信息技术演化生成的信息基础设施建设,实现车路协同。

2.2.4 创新稳定并制度化阶段(2036—2050年)

1)宏观环境层分析

这一时期,宏观层面发展延续了上一阶段的特点。根据联合国预测,到2050年,中国城市人口将新增2.55亿人,届时城镇化率将达到80.03%;中国65岁以上老年人口将达到3.8亿人,占总人口的27.9%。面对低生育率、老龄化的严峻问题,国务院发布文件要求到21世纪中叶,建立与社会主义现代化强国相适应的人口老龄化制度。这就要求强化出行服务应

第2章 基于多层次视角的自动驾驶出租汽车服务治理

对老龄人口的科技创新能力,提高信息化水平。此外,中国政府宣布了一项在2060年前实现碳中和的计划。作为实现这一目标的重要途径,自动驾驶车辆在市场和政策的双重推动下进入了电动化阶段。

2)现行体制层分析

据有关学者预测,自动驾驶出租汽车在2030年左右才可能实现广泛应用。缩短引入自动驾驶汽车和引入自动驾驶出租汽车之间的时间,是大规模自动驾驶汽车能否成功商业化的最关键的因素。据估计,在2040年,53%的自动驾驶汽车将应用于共享场景,表明自动驾驶出租汽车将逐渐在乘车服务行业中占据更大的市场份额,将改变整个出行服务的格局。随着自动驾驶出租汽车市场份额的增加,乘车服务将发生技术替代,伴随着基础设施、政策、产业、法规、标准等方面的调整,自动驾驶出租汽车被广泛采用,以自动驾驶出租汽车为主导的乘车服务体制将形成并逐渐稳定且制度化。这一阶段政府对创新利基的保护作用应慢慢减弱,市场的作用应逐步凸显,促进体制内利基之间的相互竞争,激发自主创新能力。这时,自动驾驶出租汽车的技术创新可以被视为体制内的渐进式发展。

3)创新利基层分析

由于结合了网约车线上预约功能和自动驾驶车辆的优势,自动驾驶出租汽车的大规模应用将为出行服务系统带来很多正面效应。第一,自动驾驶出租汽车服务将促进交通安全。中国交通事故深入调查数据库显示,交通事故中驾驶员人为因素占比约为81.5%。自动驾驶出租汽车通过自动驾驶技术减少驾驶中的人为失误,将大大提升行车安全,减少因交通事故而导致的生命和财产损失。第二,自动驾驶出租汽车将对缓解交通拥堵产生更多促进作用。根据密歇根交通研究院测算,一辆自动驾驶出租汽车完成的运输量可以替代9.34辆传统汽车,可减少多达20个停车位,这将缓解交通拥堵问题,同时为城市节省大量的停车场用地资源。第三,自动驾驶出租汽车将会提供更具包容性的出行服务,对于数量庞大的出行受限群体(老年人、残疾人等),将被赋予更加便捷和自由的出行服务。第四,自动驾驶出租汽车凭借自动驾驶技术在汽车加速、制动及变速等方面的智能优化将有助于提高燃油效率,减少碳排放。自动驾驶出租汽车将极大加速了电动车的渗透,与内燃汽车组成的自动驾驶车队相比,电力驱动的自动驾驶出租汽车将减少73%的温室气体排放和58%的能源消耗。第五,自动驾驶出租汽车服务相比于传统出租汽车服务更具有经济效应。自动驾驶出租汽车服务的主要成本构成为车辆成本、运营成本和安全成本,而有人驾驶出租汽车的成本构成中驾驶员工资占比将近40%~50%,自动驾驶出租汽车将会提供更加经济的出行服务。因此,在乘车服务成本结构相同的情况下,自动驾驶出租汽车运营成本将能减少29%~35%。

同时,自动驾驶出租汽车的大规模商业化也可能带来负面效应,自动驾驶车辆可能导致车辆行驶里程增加,同时因停车巡游而产生大量空驶里程,据估计可能会导致社会总行驶里程增加13%。据预测到2040年左右,因自动驾驶车辆引入而增加的车辆行驶里程可能会达到10%~30%。因此,交通管理者需要考虑自动驾驶出租汽车的合理使用,加强对私人自动驾驶汽车的管理,并加速自动驾驶出租汽车的市场化进程。在大规模采用自动驾驶出租汽车的情况下,交通管理者需要综合运用交通需求管理方法来降低自动驾驶汽车的消极影响。

例如,引入拥堵收费、合理化停车区域、鼓励合乘、优化自动驾驶出租汽车和高承载量车辆之间的衔接。

2.3 转型治理政策建议

本章将面向自动驾驶的乘车服务各阶段的治理重点进行了总结,见表2-2。中国气候变化、能源短缺、人口结构、经济发展模式转变等外生环境(即宏观环境)培育和保护了自动驾驶技术的发展空间,抑制了传统出租汽车服务的发展。现行体制层面,中国的城市空间和交通供给转向存量优化,出行服务的治理重点由以满足交通工具的移动转向为满足出行者的需求。互联网技术驱动网约车产生并逐渐占据市场份额,在一定程度上改变了出行行业的格局,影响了公众的出行观念,为自动驾驶的引入创造了积极环境。经过培育和试错学习,自动驾驶出租汽车(即创新利基)进入市场,突破现有乘车服务体制(即现有体制)的锁定机制和路径依赖,最终实现转型。转型过程不仅仅是一个技术创新的过程,来自中央政府和地方政府的治理对于推动转型的成功至关重要。在转型过程中,中央政府和地方政府鼓励自动驾驶出租汽车的发展,制定严格的监管标准,并实施了一系列的中长期规划和试点工作,促进乘车服务体制的可持续转型。当前,我国正处于这一转型的第二阶段,自动驾驶出租汽车正处于试运营阶段。在未来发展中,交通管理者需要充分关注新的体制形成、商业模式的创新、公众接受度的提高,以应对核心技术、基础设施建设和运营成本等方面的难题。

面向自动驾驶的乘车服务不同阶段的转型特征和治理重点　　表2-2

转型阶段	不同层面的发展状况	治理重点	治理主体
第一阶段 (1991—2015年)	1.宏观环境层 (1)城市化进程加快; (2)经济增长从数量增加向经济效应、社会效应提升转变	实施交通需求管理措施	中央政府,地方政府
	2.现有体制层 (1)城市汽车保有量的增加存在瓶颈; (2)大数据、互联网技术通过破坏式创新促进乘车服务系统发展	(1)政府对传统巡游出租汽车的准入限制、数量控制和价格管制; (2)网约车发展初期,政府采取"先发展,后治理"的放任式规制进行监管	中央政府,地方政府
	3.创新利基层 (1)提供战略保护; (2)孵化创新技术	(1)设立研发中心和实验场地为创新技术提供了战略性保护空间,以缓解现有出行体制压力; (2)颁布《中国制造2025》为自动驾驶的发展和应用建立合法性地位	中央政府,地方政府,企业,高校

第2章 基于多层次视角的自动驾驶出租汽车服务治理

续上表

转型阶段	不同层面的发展状况	治理重点	治理主体
第二阶段 (2016—2025年)	1.宏观环境层 (1)城市群发展战略; (2)土地、道路资源利用紧张等压力	(1)经济供给侧结构性改革; (2)着力发展创新技术	中央政府,地方政府
	2.现有体制层 (1)网约车进入市场并获得份额; (2)共享经济蓬勃发展	(1)政府努力协调出租汽车和网约车的管理,推动业态健康发展; (2)传统整车企业的产业重心正从汽车制造转向出行服务转移	中央政府,地方政府
	3.创新利基层 (1)确立发展目标; (2)进行自动驾驶车辆道路测试试验	(1)中长期清晰的战略规划; (2)规范自动驾驶汽车分级标准,管理规范自动驾驶汽车道路测试,制定技术要求标准; (3)基础设施建设,包括物质工程建设,知识基础建设,财政资金支撑	中央政府,地方政府,企业
第三阶段 (2026—2035年)	1.宏观环境层 (1)缓解气候变化、能源危机问题; (2)汽车产业转型升级的关键时期	(1)到2030年实现碳达峰的战略计划; (2)发布《新能源汽车产业发展规划(2021—2035)》	中央政府
	2.现有体制层 (1)制度环境的形成; (2)公众认知的改善	(1)完善道路和运营法规以及确定事故责任认定; (2)加强传统车企与互联网、自动驾驶技术企业合作,实现优势互补,资源整合; (3)普及自动驾驶车辆知识,转变公众认知态度	中央政府,企业
	3.创新利基层 (1)加强基础设施建设; (2)增强市场竞争力	(1)推动基于新一代信息技术演化生成的信息基础设施建设,实现车路协同; (2)加快自动驾驶产业集聚和规模经济的形成,降低成本,刺激技术创新,带来技术和知识的外溢,形成良性循环	地方政府,企业
第四阶段 (2036—2050年)	1.宏观环境层 (1)低生育率、老龄化严峻人口问题; (2)碳中和的战略目标	(1)强化应对人口老龄化的科技创新能力,提高为老年人服务的信息化水平; (2)出行行业需要构建低碳发展的创新体系,优化碳排放体系,力争按计划实现汽车产业碳中和的目标	中央政府
	2.现有体制层 完成转型的技术替代	(1)治理重点从政府驱动到市场驱动; (2)引导公众"出行即服务"的理念	中央政府,企业

续上表

转型阶段	不同层面的发展状况	治理重点	治理主体
第四阶段 (2036—2050年)	3. 创新利基层 优化出行管理策略	综合运营交通需求管理手段,如引入道路拥堵收费,合理规划停车区域,鼓励拼车出行等以应对自动驾驶车辆增加的诱导需求	中央政府,地方政府

2.4 转型过程中出行服务模式的转变

乘车服务的转型不仅仅是技术驱动的出行载体的变革,从巡游出行服务(传统出租汽车为载体),到预约出行服务(网络预约出租汽车为载体),再到无缝出行服务(自动驾驶出租汽车为载体),这一过程更体现了出行服务模式的转变。传统出租汽车、网络预约出租汽车的价值主要体现在车辆拥有和运营服务上,而面向自动驾驶的乘车服务转型也要求管理者从"提供交通工具"向"提供出行方案"转变,推动乘车服务体制的管理者对出行即服务(Mobility as a Service, MaaS)商业服务模式的探索。

在第二个转型阶段,许多汽车制造商实际上已经转型为出行服务提供商,开始展开与自动驾驶技术公司、互联网公司的合作。同时,随着出行服务变得更容易为公众所接受,汽车所有权变得不那么必要。MaaS是一种新兴的出行服务模式,实质上是一种以服务为导向的出行解决方案。该出行服务模式基于数字化技术和共享经济理念,将各种出行方式整合为一个平台,提供一站式的出行服务。信息和通信技术是 MaaS 的发展核心。当出行服务开始大规模运营自动驾驶出租汽车时,这些商业模式会变得真正具有颠覆性。积极地推动网络预约出租汽车和自动驾驶出租汽车这类乘车服务出行方式与其他出行方式(尤其是公共交通)的结合,促进了出行服务系统的可持续发展,更有利于整个城市交通系统达到效益最优。

MaaS 寻求将交通系统从分散的方式转变为多中心的方式,通过改变交通系统中的模式划分来获得公共利益。乘客将使用 MaaS 平台来定制他们的行程,运营商将提供智能路线和调度算法,而出行服务提供商将提供更多无缝和便利的移动服务。它使出行数据共享能够支持多种联运方式,包括汽车共享、汽车租赁、自行车共享、共享停车场、地铁、公共汽车和出租汽车。一体化、全过程的出行服务将减少人们对私家车的使用和购买,引导公众更多地选择公共交通。实时数据反馈和动态定价将引导人们在非高峰时段出行,逐步改变人们的出行习惯。对于交通管理者来说,MaaS 还将通过实现交通管理向整合所有交通方式转变,同时通过利用5G技术和物联网,对公共安全风险作出及时和动态反应,增加城市交通的韧性。

目前,MaaS 正在全球多个城市进行探索,如芬兰的 Whim、瑞典的 UbiGo 和哥本哈根的 Min Rejseplan。同时在中国,北京市交通委员会与高德地图合作,共同启动了北京交通绿色出行一体化服务平台。此外,中国也在积极推动多模式创新公交服务的发展,逐步强调多种公共交通方式的综合和个性化服务。据估计,到2050年,全世界的交通出行量将增加一倍,这就要求城市出行服务系统具备更全面、协调配合的供给管理,向更加积极主动的出行需求

第 2 章　基于多层次视角的自动驾驶出租汽车服务治理

管理方向发展。未来的出行服务系统将是高度融合、互联互通的,单一的出行服务,即乘车服务,作为公共交通服务的补充,在转型中也要考虑整个系统的协同发展,实现出行服务的一体化和可持续发展。

2.5　本章小结

本章运用多层次视角方法(MLP),从3个层面研究了面向我国自动驾驶出租汽车服务的转型问题。可以得出自动驾驶出租汽车服务转型是个相对漫长的过程。网络预约出租汽车服务是在传统巡游出租汽车服务基础上,基于移动互联技术驱动发展的服务。自动驾驶出租汽车服务则是在网络预约出租汽车服务的基础上,基于自动驾驶技术发展起来的革新出行服务。转型过程中,不仅仅是技术创新,也是政府监管治理、产业布局发展、公众认知等共同作用的过程。其中,政府的监管治理对推动转型发挥重要作用。转型阶段中,在激进式创新涌现阶段,政府治理重点是确定自动驾驶技术的合法地位,制定战略规划,为自动驾驶出租汽车发展起到防护和培育作用;在创新形成及稳定阶段,规范自动驾驶汽车的技术标准,制定法律法规明确责任分担,并推动基础设施建设,为自动驾驶出租汽车特定场景落地提供保障;在扩散和突破阶段,加强信息基础设施建设,通过核心技术突破和产业集聚降低成本,提升交通管理者与新技术相匹配的治理能力,提升公众对自动驾驶服务的接受度,为自动驾驶出租汽车服务进入市场提升竞争力;在稳定并制度化阶段,围绕创新技术带来的社会问题,引导公众出行理念,实施相应的交通需求管理政策,推动自动驾驶主导的乘车服务成功转型。目前,我国可视为正处于这一转型过程中的第二阶段,距离自动驾驶出租汽车这类高等级自动驾驶汽车服务的落地还有较长时间,政府的监管治理(法律法规、基础设施、标准规范)有待走在技术前面,为自动驾驶出租汽车服务转型提供保障。

本章参考文献

[1] 工业和信息化部.关于印发《智能网联汽车道路测试与示范应用管理规范(试行)》的通知[EB/OL].2021,http://www.gov.cn/zhengce/zhengceku/2021-08/03/content_5629199.htm.

[2] 国家发展改革委.关于印发《智能汽车创新发展战略》的通知[EB/OL].2020,http://www.gov.cn/zhengce/zhengceku/2020-02/24/content_5482655.htm.

[3] 国务院办公厅.国务院办公厅关于印发新能源汽车产业发展规划(2021—2035年)的通知[EB/OL].2020,http://www.gov.cn/zhengce/content/2020-11/02/content_5556716.htm.

[4] 交通运输部.交通运输部关于促进道路交通自动驾驶技术发展和应用的指导意见[EB/OL].2020,http://www.gov.cn/zhengce/zhengceku/2020-12/30/content_5575422.htm.

[5] 中华人民共和国中央人民政府.中华人民共和国第八个五年计划(1991—1995年)[EB/OL].2006,http://www.gov.cn/test/2006-03/20/content_231458.htm.

[6] 中华人民共和国中央人民政府.国务院关于印发《中国制造2025》的通知[EB/OL].2015,http://www.gov.cn/zhengce/content/2015-05/19/content_9784.htm.

[7] 国家市场监督管理总局,中国国家标准化管理委员会.汽车驾驶自动化分级[S].北京:工业和信息化部,2022.

[8] 交通运输部.交通运输部办公厅关于促进手机软件召车等出租汽车电召服务有序发展的通知[EB/OL].(2014)https://xxgk.mot.gov.cn/2020/jigou/ysfws/202006/t20200623_3315065.html.

[9] COHEN K. Human Behavior and New Mobility Trends in the United States[J]. Europe, and China, Eni Enrico Mattei, FEEM, 2019.

[10] 李鹏.新发展理念指引下的人口与经济发展方式问题研究[M].北京:人民出版社股份有限公司,2019.

[11] TOMTOM. TomTom Traffic Index 2019[EB/OL].(2019) https://www.tomtom.com/en_gb/traffic-index/ranking/.

[12] DELOITTE. Economic effects of ridesharing in Australia[EB/OL]. 2016, https://www2.deloitte.com/au/en/pages/economics/articles/economic-effects-ridesharing-australia-uber.html.

[13] 光明日报.《中国网约车安全发展研究报告》发布[EB/OL].2019,https://news.gmw.cn/2019-11-07/content_33302511.htm.

[14] 国家信息中心.中国共享经济发展报告(2023)[EB/OL].2023,http://www.sic.gov.cn/archiver/SIC/UpFile/Files/Default/20230223082254946100.pdf.

[15] 交通运输部.《网络预约出租汽车经营服务管理暂行办法》公布[EB/OL].2016,http://www.gov.cn/xinwen/2016-07/28/content_5095584.htm.

[16] 国务院办公厅.国务院办公厅关于深化改革推进出租汽车行业健康发展的指导意见[EB/OL].2016, http://www.gov.cn/zhengce/content/2016-07/28/content_5095567.htm.

[17] ALIXPARTNERS. Alixpartners' global survey shows limited willingness to pay for autonomous vehicles.[EB/OL]. 2020, https://www.alixpartners.com/media/13916/p_0274_ei-global-autonomous-vehicle-av-report-tl-letter_v07.pdf.

[18] 中国汽车工程学会.中国汽车智能共享出行发展报告2020[EB/OL].2021,https://chinaautoms.com/a/new/2021/0203/17164.html.

[19] BERRADA J, MOUHOUBI I, CHRISTOFOROU Z. Factors of successful implementation and diffusion of services based on autonomous vehicles: Users' acceptance and operators' profitability[J]. Research in Transportation Economics, 2020, 83: 100902.

[20] 工业和信息化部,发展改革委,科技部.工业和信息化部 发展改革委 科技部关于印发《汽车产业中长期发展规划》的通知[EB/OL].2017.

[21] 中华人民共和国中央人民政府.中共中央 国务院印发《交通强国建设纲要》[EB/OL].2019,http://www.gov.cn/zhengce/2019-09-19/content_5431432.htm.

[22] 中华人民共和国中央人民政府.国务院办公厅关于印发新能源汽车产业发展规划

(2021—2035 年)的通知[EB/OL]. 2020, http://www.gov.cn/zhengce/content/2020-11/02/content_5556716.htm.

[23] 中华人民共和国中央人民政府. 国务院关于印发2030年前碳达峰行动方案的通知[EB/OL]. 2021, http://www.gov.cn/zhengce/content/2021-10/26/content_5644984.htm.

[24] Bloomberg. Robo-Taxi Industry Could Be Worth $2 Trillion by 2030, UBS Says[EB/OL]. 2019, https://www.bloomberg.com/news/articles/2019-05-23/robo-taxi-industry-could-be-worth-2-trillion-by-2030-ubs-says?leadSource=uverify%20wall.

[25] 中国智能联网汽车产业创新联盟.《智能网联汽车技术路线图2.0》在京发布[EB/OL]. 2020, http://www.caicv.org.cn/index.php/newsInfo?id=291.

[26] XUE Q, XU M, MULLEN C. Governance of emerging autonomous driving development in China[J]. Transportation Research Record, 2020, 2674(6):281-290.

[27] PÜTZ F, MURPHY F, MULLINS M, et al. Connected automated vehicles and insurance: Analysing future market-structure from a business ecosystem perspective[J]. Technology in Society, 2019, 59:101-182.

[28] GEELS F W. A socio-technical analysis of low-carbon transitions: introducing the multi-level perspective into transport studies[J]. Journal of transport geography, 2012, 24:471-482.

[29] GEELS F W, SCHOT J. Typology of sociotechnical transition pathways[J]. Research policy, 2007, 36(3):399-417.

[30] WELLS P, XENIAS D. From 'freedom of the open road' to 'cocooning': Understanding resistance to change in personal private automobility[J]. Environmental Innovation and Societal Transitions, 2015, 16:106-119.

[31] NIELSEN T A S, HAUSTEIN S. On sceptics and enthusiasts: What are the expectations towards self-driving cars?[J]. Transport policy, 2018, 66:49-55.

[32] KÖNIG M, NEUMAYR L. Users' resistance towards radical innovations: The case of the self-driving car[J]. Transportation research part F: traffic psychology and behaviour, 2017, 44:42-52.

[33] 清华大学智能产业研究院. 面向自动驾驶的车路协同关键技术与展望[EB/OL]. 2021, https://air.tsinghua.edu.cn/info/1026/1246.htm.

[34] NATIONS U. World Urbanization Prospects 2018[EB/OL]. 2019, https://population.un.org/wup/Country-Profiles/.

[35] 中国发展基金会. 中国发展报告2020:中国人口老龄化的发展趋势和政策[EB/OL]. 2020, https://www.cdrf.org.cn/jjhdt/5787.htm.

[36] 中华人民共和国中央人民政府. 中共中央 国务院印发《国家积极应对人口老龄化中长期规划》[EB/OL]. 2019, http://www.gov.cn/xinwen/2019-11/21/content_5454347.htm.

[37] KALTENHÄUSER B, WERDICH K, DANDL F, et al. Market development of autonomous driving in Germany[J]. Transportation Research Part A: Policy and Practice, 2020, 132:882-910.

[38] LITMAN T. Autonomous vehicle implementation predictions: Implications for transport plan-

ning[J]. 2020.

[39] FORUM W E. Self-driving vehicles in an urban context[EB/OL]. 2015, https://www3.weforum.org/docs/WEF_Press%20release.pdf.

[40] 中国汽车技术研究中心. 自动驾驶汽车交通安全白皮书[EB/OL]. 2021, https://developer.apollo.auto/platform/whitepaper_cn.html.

[41] DANDL F, BOGENBERGER K. Comparing Future Autonomous Electric Taxis With an Existing Free-Floating Carsharing System[J]. Ieee Transactions on Intelligent Transportation Systems, 2019, 20(6):2037-2047.

[42] JONES E C, LEIBOWICZ B D. Contributions of shared autonomous vehicles to climate change mitigation[J]. Transportation Research Part D-Transport and Environment, 2019, 72:279-298.

[43] BANSAL P, KOCKELMAN K M. Are we ready to embrace connected and self-driving vehicles? A case study of Texans[J]. Transportation, 2018, 45:641-675.

[44] ZHANG W, GUHATHAKURTA S, FANG J, et al. Exploring the impact of shared autonomous vehicles on urban parking demand: An agent-based simulation approach[J]. Sustainable cities and society, 2015, 19:34-45.

[45] CLEMENTS L M, KOCKELMAN K M. Economic effects of automated vehicles[J]. Transportation Research Record, 2017, 2606(1):106-114.

[46] LITTLE A D. The future of mobility 3.0: Reinventing mobility in the era of disruption and creativity[EB/OL] 2019, https://www.adlittle.com/en/insights/viewpoints/future-mobility-30.

[47] ALLIANCE M. Guidelines & Recommendations to create the foundations for a thriving MaaS Ecosystem[J]. MaaS Alliance AISBL: Brussels, Belgium, 2017.

[48] PANGBOURNE K, MLADENOVIĆ M N, STEAD D, et al. Questioning mobility as a service: Unanticipated implications for society and governance[J]. Transportation research part A: policy and practice, 2020, 131:35-49.

[49] SKEETE J-P. Level 5 autonomy: The new face of disruption in road transport[J]. Technological Forecasting and Social Change, 2018, 134:22-34.

[50] SMITH G, HENSHER D A. Towards a framework for Mobility-as-a-Service policies[J]. Transport policy, 2020, 89:54-65.

[51] 汪光焘. 未来城市交通预判——2035年愿景[M]. 北京:中国建筑工业出版社, 2020.

[52] 龙昱茜, 石京, 李瑞敏. MaaS各国案例比较研究与应用前景分析[J]. 交通工程, 2019, 19(3):1-10.

[53] 徐猛, 刘涛, 钟绍鹏, 等. 城市智慧公交研究综述与展望[J]. 交通运输系统工程与信息, 2022, 22:91-108.

[54] WANG X, AGATZ N, ERERA A. Stable matching for dynamic ride-sharing systems[J]. Transportation Science, 2018, 52(4):850-867.

[55] 周怡敏. 自动驾驶出租车转型治理及运营管理研究[D]. 北京:北京交通大学, 2023.

CHAPTER 3 | 第 3 章

基于认知风格理论的自动驾驶风险治理

第3章　基于认知风格理论的自动驾驶风险治理

治理风险是指政府部门决策者在治理运作过程中由于信息不对称、治理能力不足、决策失误等因素导致对治理对象的管理水平下降。关于自动驾驶这一新兴出行模式,无论是政府管理机构还是相关研究机构对其了解都相对有限。因此在应对这一新兴出行模式时,会产生多样化的治理风险。而政府部门对于这些风险的治理思路和措施会影响自动驾驶汽车的发展方向及其对社会的影响。

3.1　政府视角的自动驾驶风险治理分析方法

本文所提出的政府自动驾驶风险认知风格指政府在感知、思考、了解、应对自动驾驶治理风险过程中的风险决策行为偏好,其分析方法主要包括4个步骤。

步骤1:通过检索、分析、总结相关决策理论所涉及的治理风险类别和认知风格类别及其含义,确定分析风险认知风格的基本要素;

步骤2:以我国为例,研究国家政府在治理自动驾驶相关不确定风险时的重大政策、战略和治理思路;

步骤3:基于风险认知风格理论及自动驾驶汽车行业相关的政策、法规和规划办法,深入探讨政府在治理自动驾驶时的治理态度(即风险认知风格);

步骤4:基于分析结果形成未来自动驾驶风险治理的政策意见。

关于步骤1中分析风险认知风格的基本要素,具体阐释如下。

1)自动驾驶治理风险类别及定义

根据前两章的文献综述和政策调研,自动驾驶治理风险主要分为四大类,即技术安全风险、经济风险、环境风险和社会风险,其具体含义见表3-1。需要说明的是,为分析政府面向不同自动驾驶风险的治理行为模式,本文主要从政府决策者视角确定自动驾驶相关治理风险并全面分析各类风险治理措施,避免忽略相关治理措施导致分析结果出现偏差。并且,为增强风险管理分析的可操作性和清晰性,本文在分析时重点遵循两条基本原则:

(1)忽略不同治理风险之间复杂的相互作用;

(2)部分风险虽可归类为多种治理风险,但仅将其划分为相关性更强的类别,以避免重复调查。

自动驾驶汽车治理风险类别及其解释　　表3-1

风险类别	风险因素	解释
技术安全风险	1.技术安全标准,包括安全操作标准,网络安全和弱势道路使用者的安全	实施过于严格的自动驾驶汽车安全准入标准可能造成行业参与者关注于满足安全要求,忽略自动驾驶汽车商业化落地运营等其他重要问题
	2.事故责任认定	现今,自动驾驶汽车测试企业是自动驾驶汽车事故的责任主体。但自动驾驶车辆保险制度尚未完善,导致许多企业在面临责任事故风险时没有合适的汽车保险进行投保

自动驾驶出行管理分析

Travel management analysis for automated driving

续上表

风险类别	风险因素	解释
技术安全风险	3.事故保险援助	与传统汽车相比,自动驾驶汽车的保险体制更为复杂。例如,若在事故发生时汽车的自动驾驶功能处于激活状态,则原始汽车设备制造商需要承担事故责任,即保险需求将从传统的人类驾驶员,转向车辆驾驶系统
	4.交通系统安全水平	相关研究表明,即便经过严格的道路安全测试,自动驾驶汽车的安全运营也存在不确定性。这对监管机构实现交通运输系统长期安全的目标构成了巨大挑战
环境风险	1.能源消耗和温室气体排放	交通量快速增长是温室气体排放增加的主要原因之一。虽然自动驾驶汽车的应用可在一定程度上促进节能减排,但自动驾驶出行模式也会诱导更多出行需求,从而增加能源消耗和污染物排放
	2.交通出行需求(取决于车辆使用模式等因素)	一方面,若自动驾驶最终可实现出行者从使用私人汽车模式转变为使用共享汽车和拼车模式,则未来自动驾驶汽车的大规模应用可通过减少传统汽车车队规模来实现环境效益。另一方面,自动驾驶汽车也会导致公众从公共交通出行模式转向共享汽车出行模式。这种低容量出行模式的增加预期将产生更多的出行需求并占用更多道路资源
	3.交通效率(取决于具体的交通管理方法)	采用自动驾驶汽车是否有助于提高交通效率主要取决于未来自动驾驶汽车的部署方式(如自动驾驶汽车是否与传统汽车构成混合交通流或行驶于自动驾驶专用道的使用情况、自动驾驶汽车的自动化程度、自动驾驶汽车市场渗透率等)
经济风险	经济援助措施(例如:政府提供财政激励、利用国有资本投资相关交通基础设施等)	政府在自动驾驶市场中担任的角色(监管者、投资者或使用者)会影响自动驾驶汽车的应用推广速度。例如,政府直接参与投资自动驾驶汽车产业(为建设自动驾驶汽车路测基地和相关交通基础设施提供资金等)的管理措施有助于加快相关示范项目的实施进程,促进自动驾驶汽车商业化落地运营
社会风险	1.失业问题	由于车辆自动化水平的提高,交通行业的职员将面临失业风险。而政府需要对可能受到负面影响的群体进行再就业职业培训
	2.用户接受度	公众可能由于对自动驾驶汽车具体功能和社会影响了解不足而难以接受或拒绝使用自动驾驶汽车。例如,公众可能下意识地将自动驾驶汽车视为私人出行服务方式,进而倾向于使用自动驾驶私家车而非自动驾驶公交车。所以政府有必要向公众科普关于自动驾驶汽车的相关知识和信息

第3章 基于认知风格理论的自动驾驶风险治理

续上表

风险类别	风险因素	解释
社会风险	3. 伦理道德问题	政府需要应对自动驾驶汽车伦理决策编程难题,对事故发生时的伦理道德问题进行规范,例如明确事故发生时,车内乘客与道路使用者,年轻人与老年人,以及其他社会群体之间的安全优先级问题
	4. 社会公平问题	一方面,自动驾驶汽车可以提高老年人和残疾人的机动性,进而有助于改善交通公平,实现社会福利;另一方面,自动驾驶汽车若主要作为私人交通工具的使用,则可能激化私家车出行者和非私家车出行者之间的交通公平问题

注:表中列出了具有代表性的自动驾驶汽车治理风险类别,但由于自动驾驶汽车的快速发展,不可避免地存在难以详尽之处。

2)适应自动驾驶风险治理情境的认知风格类别和定义

本文主要从政府决策者的角度探究其监管自动驾驶这一新兴出行方式时可能产生的各类风险,并讨论各类风险的治理意义。通过分析政府对不同自动驾驶风险的监管办法、措施,确定对应的风险认知风格。所涉及的风险认知风格包括"观察型"认知风格(Knowing Style)、"规划型"认知风格(Planning Style)和"创新型"认知风格(Creating Style)。值得注意的是,政府的认知风格可能是多样化的。例如,政府由于对自动驾驶缺乏足够的认识而没有实施具体措施以应对相关社会风险,则体现出"观察型"认知风格;同时,政府当局实行严格的治理流程、程序来治理自动驾驶的技术安全风险,则体现为"规划型"认知风格。表3-2详细介绍了适应自动驾驶风险治理情境的认知风格理论。

基于自动驾驶风险治理情境的认知风格类别和定义 表3-2

类别	基于自动驾驶风险治理情境的认知风格类别和定义
"观察型"认知风格	具有"观察型"认知风格的政府往往会试图寻找足够的事实依据以深入了解新兴事物的风险细节。在对自动驾驶管理风险认识不足的情况下,决策者可能不采取措施以应对相关风险、推迟决策,或对迫在眉睫的威胁因素没有制定后备计划,或缺少健全的相关制度框架。例如,美国联邦政府没有建立统一的国家规范用以管理自动驾驶车辆事故的责任问题和保险问题
"规划型"认知风格	具有"规划型"认知风格的政府能够合理计划、组织和控制相关不确定因素。这样的监管机构更倾向于实施有序的、常规的管理程序,如要求制定自动驾驶道路测试的风险分析和应急响应计划,或禁止自动驾驶车辆在开放道路上驾驶以杜绝安全隐患。新加坡政府修订后的《道路交通法》规定自动驾驶车辆测试人员必须通过安全评估,并已制定完善的事故预防措施计划才可进行道路测试

续上表

类别	基于自动驾驶风险治理情境的认知风格类别和定义
"创新型"认知风格	"创新型"认知风格指政府的管理方式是直接的、创新的、非常规的、灵活的。创新的治理行为是指在新兴领域构思并实践创新理念。在这种模式下,决策者将风险视为机遇和挑战,并积极探索某些具有高度不确定性风险的领域,尝试建立"共同责任"和"共同决策"机制以应对各类风险。例如,德国于2017年发布了全球首个自动驾驶车辆伦理道德指南;澳大利亚国家交通委员会尝试与不同利益相关者沟通、协商,共同解决车辆安全规范问题

3)基本假设

假设1:决策者的风险治理行为可直接反映其风险认知风格。该假设基于Hunt等关于认知风格与决策关系的研究,发现认知风格与决策者的治理行为是一致的。即可以通过决策者执行的治理措施、方法、路径进行其认知风格的鉴别。

假设2:在固定时期内,监管主体的风险认知风格是稳定的。根据我国关于自动驾驶技术的顶层设计方案,自动驾驶的早期发展阶段为2015—2020年(表3-3)。这一假设条件保证了本次调研分析的时间范围内,政府的风险认知风格是一致的。

我国自动驾驶发展规划阶段　　　　表3-3

发展阶段	目标
早期 (2015—2020年)	(1)实现车-车、车-交通基础设施互联; (2)实现有条件自动驾驶汽车的早期商业化; (3)满足智能化基础设施建设需求
中期 (2020—2025年)	(1)初步形成自动驾驶汽车的技术创新、产业生态、基础设施、法规标准、产品监管和网络安全体系; (2)使有条件自动驾驶的智能网联汽车达到规模化生产,实现高度自动驾驶的智能汽车在特定场景下的市场化引入; (3)部分区域进行示范应用。在部分城市高速公路应用智能交通系统
长期 (2025—2050年)	(1)全面建成我国智能汽车体系标准; (2)使城市交通系统更加安全、高效、绿色,并利用自动驾驶汽车提升社会福利

来源:国务院《中国制造2025》、工业和信息化部《汽车中长期发展规划》、国家发改委《智能汽车创新发展战略》。

3.2　基于政策调研的自动驾驶风险治理措施分析

关于步骤2,即调查政府部门在管理自动驾驶相关不确定风险时的重大政策、战略和管理思路,主要通过审查中央政府、国家级别职能部门和其他公共部门关于自动驾驶汽车的政策发布和管理举措以界定政府关于自动驾驶的具体管理方案和路径。针对图3-1所

第3章 基于认知风格理论的自动驾驶风险治理

示的自动驾驶汽车监管主体范畴,本文所进行的政策调研对象包括但不限于:工业和信息化部、交通运输部、公安部。具体调查方法为:通过访问这些监管机构的官方网站,查找关于自动驾驶汽车的管理政策。检索关键词包括"智能汽车""智能驾驶汽车""自动驾驶汽车""智能网联汽车"等。同时,为全面收集政府管理措施和策略,将新闻报道资源也纳入资料收集渠道。

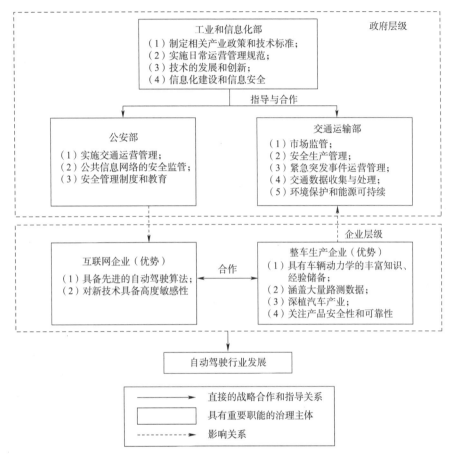

图3-1 自动驾驶监管主体及其关系

接下来,基于以上提出的风险管理分析方法,政府管理机构对于技术安全风险、经济风险、环境风险和社会风险的具体管理措施进行调查。针对4类管理风险,调查结果如下所述。

1)技术安全风险治理措施

政府主要通过开展自动驾驶汽车的运行安全测试来管控其技术安全风险。基于传统的、结构化的管理流程和方法,在全国范围内组织自动驾驶汽车安全测试。其中,工业和信息化部、交通运输部、公安部等国家部门主要负责自动驾驶汽车的安全生产、设计、测试、销售、运营和部署。这些部门规划并发布实施了明确的自动驾驶汽车道路测试审批程序和技术安全评估标准,如图3-2所示。

此外,自动驾驶车辆道路测试管理规范要求:

自动驾驶出行管理分析
Travel management analysis for automated driving

(1)测试主体在进行自动驾驶车辆道路测试前必须制定有效的事故预防、处理计划,并有能力承担足额的保险费用;

(2)在测试时,自动驾驶汽车的远程操作员及现场的管理人员必须持有10年以上的驾驶证,并承担操作事务相关的事故责任;此外,承担测试任务的驾驶员必须始终位于测试车辆驾驶位上、时刻监控车辆运行状态和驾驶环境变化以随时准备接管车辆;

(3)自动驾驶汽车须经过实验仿真测试、封闭道路测试、开放道路测试3个阶段才可最终实现其商用化落地运营。基于此,政府实现控制自动驾驶的安全风险的目标,并提升交通系统安全水平(即截至2025年,通过规模化应用智能驾驶辅助系统,减少30%的交通事故数量,减少10%的事故死亡率)。

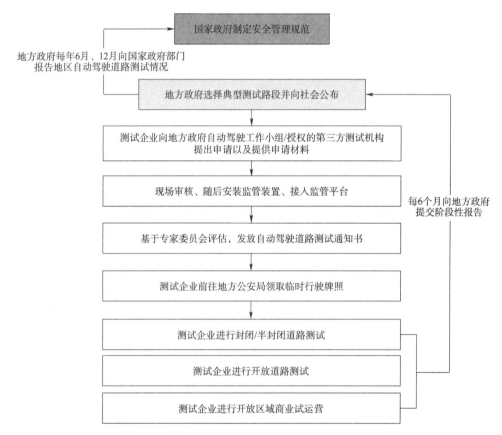

图 3-2　自动驾驶车辆道路安全测试审批流程
来源:工业和信息化部《智能网联汽车道路测试管理规范(试行)》。

关于自动驾驶车辆的合法性,现行的法律法规并未对自动驾驶汽车进行明确的法律界定。例如,《中华人民共和国公路法》第五十一条规定,禁止将公路作为试车场地,而自动驾驶汽车的安全测试恰恰需要大量实地测试以采集行驶数据作为安全标准评估依据;《智能网联汽车道路测试管理规范》中规定,测试员在测试时一定要保证双手放置在转向盘上以保证随时接管自动驾驶汽车,而这与高度自动化或完全自动化的驾驶系统设置目的是相互冲突的,因为这些系统在实际运营中可能不需要驾驶员。

第3章 基于认知风格理论的自动驾驶风险治理

此外,目前的法律法规并未直接涉及自动驾驶车辆的事故责任认定和保险问题。较为间接的治理策略为:

(1)国家政府已在《智能汽车创新发展战略》中提到鼓励形成新的商业模式以适应自动驾驶车辆事故责任从人类驾驶员到智能驾驶系统的转变;

(2)针对自动驾驶车辆道路测试时的事故责任问题,依据现有的《中华人民共和国道路交通安全法》,认定自动驾驶汽车测试员承担事故主要责任;

(3)考虑意外事故可能造成的损失,依据现行的《机动车交通事故责任强制保险条例》,测试企业须在路测前为每辆测试车购买500万元的交通事故保险。

2)环境风险治理措施

在自动驾驶发展之初,国务院发布了《中国制造2025》以明确自动驾驶汽车的基本概念,将其未来发展方向纳入节能与新能源汽车。同时,为应对环境风险,生态环境部出台了《国家第六阶段机动车污染物排放标准》。值得注意的是,此项法规并未明确提及自动驾驶汽车相关的污染物排放标准问题。同时,据交通运输部官方信息,为促进新能源汽车在交通运输领域的应用,正在筹备相关的财政补贴计划。此外,政府为实现自动驾驶可以带来的环境效益,制定了明确的发展目标和时间规划,即预计到2025年,自动驾驶汽车的应用将减少10%以上的能源消耗量和20%以上的污染气体排放量。为实现这些目标,相关部门制定了系统的技术发展路线,包括3个方面:一是智能化,即自动驾驶车辆具有区别于传统车辆的感知、决策、控制和执行能力;二是网联化,即利用智能化的交通基础设施为自动驾驶汽车提供运行决策信息,从而实现安全运行;三是将新能源与节能汽车作为自动驾驶技术与智能网联技术的首要载体。

关于自动驾驶汽车的应用场景和运营模式(即未来自动驾驶汽车的所有权模式),交通运输部鼓励率先在物流园区、港口、铁路和机场的货运站尝试应用自动驾驶汽车。与此同时,北京、上海、长沙等城市已经开始进行自动驾驶公交车的道路测试和商业化运营。但根据调查,截至目前,国家发展计划中并未承诺将自动驾驶汽车应用于公共交通领域。另一方面,为实现自动驾驶汽车的大规模应用,政府在促进"自主环境感知型"自动驾驶技术发展的同时,也在推进构建车路协同系统。例如,2018年,交通运输部发布官方通知,拟在9个省市推进智慧公路试点项目;随后于2019年提出了关于自动驾驶汽车的智能化管理顶层设计方案,以展望自动驾驶时代如何基于车路协同系统实现道路通畅和运行安全。该方案计划于2025年形成集道路交通运行管理、车路协同管控与服务于一体的智能管理标准体系。然而,目前没有相关政策或管理措施提出具体的交通效率治理目标和相关规划细节。

3)经济风险治理措施研究

创新技术发展萌芽阶段的技术研发和早期部署计划都会涉及较高的经济风险。在这个阶段,可能的融资来源包括政府资助、风险投资、企业研发预算(Research and Development, R&D)等。基于对自动驾驶汽车发展初期相关财政政策的调查(相关调查统计信息细节可见附录1),可以发现国家政府对自动驾驶技术的直接性财政援助(如减税或技术研发补贴)是比较有限的。具体为:2015—2018年,政府的主要治理工作为编制自动驾驶车辆测试基础设施建设标准、授予国家认可的自动驾驶汽车第三方测试机构资格(即交通运输部公路科学研究院,重庆车辆检测研究院和长安大学车联网与智能汽车试验场)。近两年,随着地方政府积极规划自动驾驶基础设施建设,国家政府也逐渐对相关基础设施建设和资金动员问题作出响应。具体体现为:

(1)关于国家层面的经济治理措施,交通运输部于2018年批准了建设9个智慧道路的试点城市,以促进形成相关技术投资项目。之后于2020年7月,以打造智慧出行城市为目的鼓励在河北省建设自动驾驶高速道路、自动驾驶物流示范应用区。值得注意的是,在本次调查时间段内,唯一较为明确的国家资金参与行动为——国务院于2020年9月发布了关于在北京建设自动驾驶示范区的通知。

(2)关于地方层面的经济治理措施,地方政府从2015年便开始逐步建立与企业之间的战略合作伙伴关系,并对自动驾驶道路涉及的建设资金问题作出积极响应(图3-3)。综合以上调查结果来看,国家政府主要采取"渐进式"的规划路径去治理自动驾驶发展相关的经济影响,即从发布相关交通基础设施的建设标准,推广试点项目逐步规划,到直接参与投资项目。

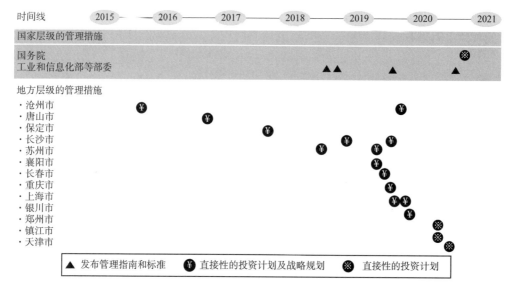

图3-3　2015—2020年间国家政府与地方政府关于自动驾驶经济风险的治理措施对比

4)社会风险治理措施

迄今为止,自动驾驶汽车引发的社会问题已受到一定程度的公众关注。例如,美国和英国政府通过发展自动驾驶汽车改善老年人和残疾人的机动性;德国联邦交通部伦理委员会于2018年发布了全球首份自动驾驶伦理道路准则。而从政策发布和措施执行层面分析,我国政府并未响应自动驾驶相关社会问题的治理需求(No-response strategy),即政府机构政策制定者在一定程度上忽视了自动驾驶汽车可能产生的社会负面影响。

目前政府较为关注的问题主要是自动驾驶汽车的用户接受度和相关的创新人才培养问题。关于前者,政府通过积极发展自动驾驶汽车行业以达到促进我国汽车产业升级、提高我国汽车产业产值的目的。同时,多个国家级部门于2017年发布的《汽车产业中长期发展规划》

提出了自动驾驶汽车不同自动化阶段的市场渗透目标(表3-4)。对于后者,自动驾驶技术可能给硬件和软件技术人员带来新工作机会,但给出租汽车驾驶员、快递员和货车驾驶员等行业群体也带来了负面影响。这种负面影响不仅仅包括这些行业职员的失业问题,同时也包含了这些岗位的工作内容的变化和升级。例如,现今的人类驾驶员可能需要转变为自动驾驶汽车安全员,这一职能转变需要公共机构对特定人群进行相关职业培训。工业和信息化部于2018年发布的《车联网(智能网联汽车)产业发展行动计划》中提及了相关人才培养和培训问题,但暂未从细节推进相关管理计划。

自动驾驶汽车市场发展规划 表3-4

年份(年)	自动驾驶等级	市场渗透率	备注
2020	驾驶辅助系统	系统新车装配率超过50%	满足智慧交通城市建设需求
	部分自动驾驶系统		
	有条件自动驾驶系统		
	网联式驾驶辅助系统	系统装配率达到10%	
2025	驾驶辅助系统、部分自动驾驶系统、有条件自动驾驶系统	系统新车装配率超过80%	高度和完全自动驾驶汽车开始进入市场

来源:工业和信息化部《汽车产业中长期发展规划》。

3.3 政府视角的自动驾驶风险认知风格分析

由调查结果分析可知,国家政府对于大多自动驾驶相关风险都保持着"规划型"认知风格。特殊之处在于,关于自动驾驶技术带来的社会问题,政府展现出"知晓型"的风险认知风格。这与 Cools 和 Van Den Broeck 提出的决策个体认知风格多样化的结论是一致的。政府风险监管措施分类及其认知风格识别依据汇总见表3-5。

国家政府关于自动驾驶治理风险的认知风格调查结果 表3-5

风险类别	风险因素	认知风格	具体细节
技术安全风险	1.技术安全标准,包括安全操作标准,网络安全和弱势道路使用者的安全	规划型	为自动驾驶道路测试设计清晰的安全测试批准程序和技术评估标准;未在上位法中明确自动驾驶的合法性问题
	2.事故责任认定	规划型	依据传统道路交通安全法,规定自动驾驶道路测试员承担主要事故责任;政府在《智能汽车创新发展战略》中提及了相关管理问题
	3.事故保险援助	规划型	由自动驾驶测试企业主体几乎承担了所有意外事故风险;政府《智能汽车创新发展战略》中提及了相关管理问题

自动驾驶出行管理分析

Travel management analysis for automated driving

续上表

风险类别	风险因素	认知风格	具体细节
技术安全风险	4. 交通系统安全水平	规划型	为避免意外事故发生,政府规定自动驾驶车辆道路测试是必经环节,并随之量化了道路交通安全目标
环境风险	1. 能源消耗和温室气体排放	规划型	政府详细计划了基于自动驾驶技术发展的环境效益目标及相关进度计划;为实现环境目标,相关部门设计了系统的技术发展路线
环境风险	2. 交通出行需求(取决于车辆使用模式等因素)	规划型	鼓励自动驾驶汽车尝试率先应用于物流园区、港口、铁路、机场等货运站,但未明确在公共交通领域的发展趋势;为有效实现未来自动驾驶汽车的大规模应用,在发展"自主环境感知型"自动驾驶汽车的同时积极推进车路协同基础设施系统的构建
环境风险	3. 交通效率(取决于具体的交通管理方法等因素)	规划型	已规划将于2025年制定面向车路协同系统的道路交通运营管理、控制和服务标准,但目前暂未发布详细的实施计划和发展目标
经济风险	经济援助措施(例如,政府提供财政激励、利用国有资本投资相关交通基础设施等)	规划型	目前,政府的主要管理工作是为自动驾驶行业制定行业发展指南,发布行业标准,授予自动驾驶汽车第三方测试机构合法性测试资格,相关直接性资金支持和财政补贴较为有限;国家政府逐渐响应自动驾驶相关的基础设施建设和资金动员问题;国家级别的经济管理政策、措施落后于地方政府
社会风险	1. 失业问题	观察型	关注自动驾驶汽车相关人才培养和培训问题;暂未提出具体的规划目标和管理措施细节
社会风险	2. 用户接受度	规划型	强调了不同自动化水平下的自动驾驶汽车市场的用户渗透率目标
社会风险	3. 伦理道德问题	观察型	无回应
社会风险	4. 社会公平问题	观察型	无回应

首先,政府十分重视自动驾驶汽车的技术安全风险。为确保自动驾驶汽车的安全性能,政府制定了清晰、明确、严格的道路测试审批程序,并提出与此紧密相关的交通运输系统之未来安全目标。但是,在自动驾驶汽车事故的责任认定问题上,现行法规仍沿用传统的条例、法规和法律,几乎将全部的事故责任施加在测试企业主体上。该问题需进一步细分并提出各类情境下的具体解决方案,例如,意外事故责任在自动驾驶汽车涉及的第三方制造商(例如汽车制造商、硬件和软件供应商和运营商)之间的分配合理性问题。目前需要通过更多的试验,获取丰富的实际案例来解决这一难题。同时,下一阶段应大力推动汽车保险行业

的商业模式创新,避免自动驾驶汽车企业和消费者因缺乏对应的可选保险类型而承受巨额损失。

其次,政府将自动驾驶汽车作为一项具有重大环境效益的新兴技术和出行方式。基于此提出了以提高环境质量为核心的战略目标和具体的国家发展规划。其中,自动驾驶汽车未来的所有权模式是影响其环境利好的重要因素。但迄今为止的管理措施中较少提及对自动驾驶汽车未来所有权模式的科学研究问题和实际管理规划问题。值得注意的一点是,目前已发布的国家级别政策文件中没有明确将自动驾驶汽车纳入公共交通发展领域。鉴于自动驾驶技术非节能导向的技术发展本质和政府对环境影响因素的模糊回应,相关部门亟须关注自动驾驶汽车应用推广的环境效益目标执行过程。

最后,为规避经济风险,现阶段国家政府对自动驾驶汽车的直接性资金支持是有限的。这一管理现象进一步体现了具有"规划型"认知风格的决策机构只有在决策者通过渐进式规划获得良好治理效果,并逐步增强监管信心的条件下,才会积极地给予自动驾驶行业直接性的财政支持。同时,政府并没有与其他利益体共同分担经济风险,而是利用试点示范类项目来调动财政资源,形成财政补贴方案。另一方面,国家将自动驾驶汽车作为促进汽车产业升级、提高国内生产总值的一种手段,因此管理机构已设定短期和中期目标以保障自动驾驶用户市场的接受度,但在一定程度上忽略了自动驾驶汽车渗透率的上升可能导致的传统行业职工失业、道德伦理困境、交通出行公平等社会问题。

3.4 自动驾驶风险治理政策意见

自动驾驶汽车未来的应用是否会给社会带来益处?如何进一步加大自动驾驶汽车的社会效益,同时避免其潜在的负面影响?面对这类高风险情境下的决策问题,大量研究结果表明,决策机构/决策者若具备"规划型"和"创新型"风险认知风格则有益于引导高风险技术的积极发展。其中,关键的管理理念为——在各个利益群体间搭建沟通渠道并建立信任机制。目前,监管机构已对自动驾驶技术发展进行了系统思考并大致规划了各个发展阶段的发展目标。为实现既定目标,管理机构需逐步形成并保持与自动驾驶行业及相关科研机构之间的定期沟通与交流机制,搭建多主体的沟通平台。其中,鉴于目前亟须面向自动驾驶汽车的交通管理方案制定,科研人员可提供一系列交通管理解决方案,并开展社会影响综合评估,以满足自动驾驶汽车时代的交通管理策略的转型需求。尤其是,目前许多智能汽车已装备了自主停车功能,如何从交通规划视角考虑该功能可能带来的交通影响并提出对应的治理方案十分重要。

此外,若政策制定者没有足够的管理能力应对自动驾驶风险,则监管自动驾驶这项创新技术和新兴出行方式时所需面临的治理风险远不止于该技术本身的固有风险。为保障自动驾驶汽车的积极发展趋势,国家政府与其他行业发展参与者(如地方政府、企业和用户)之间需进行信息交流,以制定风险转移解决方案。并且,利益相关者之间所进行的有效沟通和即时反应有助于创造信任,继而有效实现对创新技术的积极引导。例如,决策者可以对汽车保险商业模式创新需求作出回应,激发行业合作,构建战略合作伙伴关系。与此同时,鉴于公共交通系统发展对于国民福祉的重大意义,企业可以积极尝试将自动驾驶汽车应用于公共交通系统。此外,鉴于我国人口规模较大,如何与自动驾驶汽车用户建立及时的沟通渠道是未来一个需要面对的挑战。

3.5 本章小结

为研究政府在应对自动驾驶相关风险时的决策行为特点,提出了基于认知风格理论的自动驾驶风险治理分析方法,包括自动驾驶治理风险类别和定义,适应自动驾驶风险治理情境的认知风格类别和定义,及重要基本假设。并基于广泛的政策调研,分析了政府对自动驾驶各类风险的监管措施。关键结果包括:

(1)国家政府对于大多数自动驾驶相关风险都保持着"规划型"认知风格;

(2)政府十分重视自动驾驶汽车的技术安全风险,已制定明确、严格的测试管理程序;

(3)政府将自动驾驶汽车作为一项具有重大环境效益的新兴技术和出行方式,并设置了具体的环境效益目标;

(4)政府对于自动驾驶汽车的直接性资金支持较为有限且缺少对相关社会问题的关注。

此外,基于上述研究结果发现,政府目前专注于制定行业激励措施而忽略了其相关的交通管理问题。本章结论进一步丰富了已有的风险决策行为理论,并为本书第13章、第14章探讨面向自动驾驶汽车的交通管理问题提供了坚实的理论基础。

本章参考文献

[1] 中华人民共和国中央政府. 国务院关于印发《中国制造2025》的通知[EB/OL]. (2015-05-08) [2019-05-10]. http://www.gov.cn/zhengce/content/2015-05/19/content_9784.htm.

[2] XUE Q, XU M, MULLEN C. Governance of emerging autonomous driving development in china[J]. Transportation Research Record, 2020, 2674(6): 281-290.

[3] MILAKIS D, VAN AREM B, VAN WEE B. Policy and society related implications of automated driving: A review of literature and directions for future research[J]. Journal of Intelligent Transportation Systems, 2017, 21(4): 324-348.

[4] TAEIHAGH A, LIM H S M. Governing autonomous vehicles: Emerging responses for safety, liability, privacy, cybersecurity, and industry risks[J]. Transport Reviews, 2019, 39(1): 103-128.

[5] FAGNANT D J, KOCKELMAN K M. The travel and environmental implications of shared autonomous vehicles using agent-based model scenarios[J]. Transportation Research Part C-Emerging Technologies, 2014, 40: 1-13.

[6] COOLS E, VAN DEN BROECK H. Development and validation of the Cognitive Style Indicator[J]. Journal of Psychology, 2007, 141(4):359-387.

[7] KNOCKAERT M, FOO M D, ERIKSON T, et al. Growth intentions among research scientists: A cognitive style perspective[J]. Technovation, 2015, 38:64-74.

[8] FAGNANT D J, KOCKELMAN K. Preparing a nation for autonomous vehicles: opportunities, barriers and policy recommendations[J]. Transportation Research Part A-Policy and Practice, 2015, 77:167-181.

[9] HUNT R G, KRZYSTOFIAK F J, MEINDL J R, et al. Cognitive style and decision making[J]. Organizational Behavior and Human Decision Processes, 1989, 44:436-453.

[10] PennDOT. Pennsylvania autonomous vehicle testing policy: Final draft report of the autonomous vehicle policy task force[A/OL]. Pennsylvania Department of Transportation. (2016-11-02)[2020-05-10] http://www.penndot.gov/ProjectAndPrograms/ResearchandTesting/Documents/AV%20Testing%20Policy%20DRAFT%20FINAL%20REPORT.pdf.

[11] RTAB. Road Traffic(Amendment) Bill[R/OL]. (2017-03-10)[2020-05-10]. http://statutes.agc.gov.sg/aol/search/display/view.w3p;ident=0c04aa1f-50dd-4078-987dc6733d-d67ec8;page=0;query=DocId%3A9fd1d504-52ec-4bf0-bb3b-3bc39a551a85%20Depth%3A0%20ValidTime%3A10%2F01%2F2017%20TransactionTime%3A10%2F01%2F2017%20Status%3Apublished;rec=0.

[12] AMABILE T M. Motivating creativity in organizations: On doing what you love and loving what you do[J]. California Management Review, 1997, 40(1):3958.

[13] COOLS E, VAN DEN BROECK H, BOUCKENOOGHE D. Cognitive styles and person-environment fit: Investigating the consequences of cognitive(mis)fit[J]. European Journal of Work and Organizational Psychology, 2009, 18(2):167-198.

[14] FMTDI. Ethics commission on automated driving press release, Federal Ministry of Transport and Digital Infrastructure[R/OL]. (2017-08-04)[2020-05-10]. https://www.bmvi.de/SharedDocs/EN/PressRelease/2017/084-ethic-commission-report-automated-driving.html.

[15] 工业和信息化部. 关于印发《汽车产业中长期发展规划》的通知[EB/OL]. (2017-04-06)[2019-05-10]. http://www.gov.cn/gongbao/content/2017/content_5230289.htm.

[16] 国家发展改革委. 智能汽车创新发展战略[R/OL]. (2020-02-23)[2020-05-10] https://www.ndrc.gov.cn/xxgk/zcfb/tz/202002/t20200224_1221077_ext.html.

[17] HEVELKE A, NIDA-RUMELIN J. Responsibility for crashes of autonomous vehicles: An ethical analysis[J]. Science and Engineering Ethics, 2015, 21(3):619-630.

[18] COLLINGWOOD L. Privacy implications and liability issues of autonomous vehicles[J]. Information & Communications Technology Law, 2017, 26(1), 32-45.

[19] DOUMA F, PALODICHUK S A. Criminal liability issues created by autonomous vehicles[J]. Santa Clara Law Review, 2012, 52, 1157-1169.

[20] KALRA N, PADDOCK S M. Driving to safety: How many miles of driving would it take to demonstrate autonomous vehicle reliability[J]. Transportation Research Part A-Policy and Practice, 2016, 94: 182-193.

[21] CORREIA G H D, VAN AREM B. Solving the user optimum privately owned automated vehicles assignment problem (UO-POAVAP): A model to explore the impacts of self-driving vehicles on urban mobility[J]. Transportation Research Part B-Methodological, 2016, 87: 64-88.

[22] SPIESER K, TRELEAVEN K, ZHANG R, et al. Toward a systematic approach to the design and evaluation of automated Mobility-on-Demand systems: A case study in Singapore, in G. Meyer and S. Beiker(eds.)[C]. Road vehicle automation, 2013, 229-245, Springer International Publishing, Switzerland.

[23] CHEN Z, HE F, ZHANG L, et al. Optimal deployment of autonomous vehicle lanes with endogenous market penetration[J]. Transportation Research Part C-Emerging Technologies, 2016, 72: 143-156.

[24] LU G, NIE Y, LIU X, et al. Trajectory-based traffic management inside an autonomous vehicle zone[J]. Transportation Research Part B-Methodological, 2019, 120: 76-98.

[25] CAERTELING J S, HALMAN J I M, DOREE A G. Technology commercialization in road infrastructure: How government affects the variation and appropriability of technology[J]. Journal of Product Innovation Management, 2008, 25(2): 143-161.

[26] FREY C B, OSBORNE M A. The future of employment: How susceptible are jobs to computerisation[J]. Technological Forecasting and Social Change, 2017, 114: 254-280.

[27] NORDHOFF S, DE WINTER J, PAYRE W, et al. What impressions do users have after a ride in an automated shuttle? An interview study[J]. Transportation Research Part F-Traffic Psychology and Behaviour, 2019, 63: 252-269.

[28] FLEETWOOD J. Public health, ethics, and autonomous vehicles[J]. American Journal of Public Health, 2017, 107(4): 532-537.

[29] MILAKIS D, KROESEN M, VAN WEE B. Implications of automated vehicles for accessibility and location choices: Evidence from an expert-based experiment[J]. Journal of Transport Geography, 2018, 68: 142-148.

[30] 中华人民共和国工业和信息化部. 多部门关于印发《智能网联汽车道路测试管理规范（试行）》的通知[EB/OL]. (2018-04-12)[2020-05-10] http://www.gov.cn/xinwen/2018-04/12/content_5281923.htm.

[31] 中华人民共和国生态环境部.《轻型混合动力电动汽车污染物排放控制要求及测量方法》解读[EB/OL]. (2016-08-30)[2020-05-10] http://www.mee.gov.cn/zcwj/zcjd/201608/t20160830_363310.shtml.

[32] 中华人民共和国财政部. 关于进一步完善新能源汽车推广应用财政补贴政策的通知[EB/OL]. (2020-12-31)[2021-04-16]. http://jjs.mof.gov.cn/zhengcefagui/202012/

第3章 基于认知风格理论的自动驾驶风险治理

t20201231_3638812.htm.

[33] 中华人民共和国工业和信息化部.《中国制造 2025》解读之:推动节能与新能源汽车发展[EB/OL].(2016-05-12)[2020-05-10]. http://www.miit.gov.cn/n1146285/n1146352/n3054355/n7697926/n7697940/c7719931/content.html.

[34] 中国汽车工程学会.节能与新能源汽车技术路线图 2.0[A/OL].(2020-10-30)[2020-11-20]. http://m.sae-china.org/a3957.html.

[35] 中华人民共和国中央政府.国务院办公厅关于印发新能源汽车产业发展规划(2021—2035 年)的通知[EB/OL].(2020-11-02)[2020-12-01]. http://www.gov.cn/zhengce/content/2020-11/02/content_5556716.htm.

[36] 中华人民共和国交通运输部.交通运输部关于印发《数字交通发展规划纲要》的通知[EB/OL].(2019-07-28)[2020-05-10]. http://www.gov.cn/xinwen/2019-07/28/content_5415971.htm.

[37] 中华人民共和国工业和信息化部.国家车联网产业标准体系建设指南(车辆智能管理)[R/OL].(2020-04-24)[2020-05-10]. http://www.miit.gov.cn/n1146295/n1652858/n1652930/n3757016/c7884314/part/7885165.pdf.

[38] 中华人民共和国交通运输部.交通运输部推进九省市智慧公路试点[R/OL].(2018-03-02)[2020-05-10]. http://www.mot.gov.cn/jiaotongyaowen/201803/t20180302_2995384.html.

[39] 中华人民共和国交通运输部.交通运输部关于河北雄安新区开展智能出行城市等交通强国建设试点工作的意见[R/OL].(2020-07-03)[2021-02-10]. http://xxgk.mot.gov.cn/2020/jigou/zhghs/202007/t20200703_3330417.html.

[40] 中华人民共和国中央政府.国务院关于深化北京市新一轮服务业扩大开放综合试点建设国家服务业扩大开放综合示范区工作方案的批复[R/OL].(2020-09-07)[2021-02-10]. http://www.gov.cn/zhengce/content/2020-09/07/content_5541291.htm.

[41] 中华人民共和国工业和信息化部.工业和信息化部印发《车联网(智能网联汽车)产业发展行动计划》[R/OL].(2018-12-28)[2021-02-10]. http://www.gov.cn/xinwen/2018-12/28/content_5353034.htm.

[42] GREENWALD J M, KORNHAUSER A. It's up to us: Policies to improve climate outcomes from automated vehicles[J]. Energy Policy, 2019, 127: 445-451.

[43] ADOMAKO S, DANSO A, UDDIN M, et al. Entrepreneurs' optimism, cognitive style and persistence[J]. International Journal of Entrepreneurial Behavior & Research, 2016, 22(1): 84-108.

[44] CORBETT A C. Learning asymmetries and the discovery of entrepreneurial opportunities[J]. Journal of Business Venturing, 2007, 22(1): 97-118.

[45] CHASTON I, SADLER-SMITH E. Entrepreneurial Cognition, Entrepreneurial orientation and firm capability in the creative industries[J]. British Journal of Management, 2012, 23(3): 415-432.

[46] GUSTON D H. Understanding 'anticipatory governance'[J]. Social Studies of Science, 2014,44(2):218-242.

[47] PALMA-BEHNKE R, JIMENEZ-ESTEVEZ G A, SAEZ D, et al. Lowering electricity access barriers by means of participative processes applied to microgrid solutions: The Chilean case [J]. Proceedings of the IEEE,2019,107(9):1857-1871.

[48] ARRANZ J M, BURGUILLO M, RUBIO J. Subsidisation of public transport fares for the young: An impact evaluation analysis for the Madrid Metropolitan Area[J]. Transport Policy,2019,74:84-92.

[49] GUZMAN L A, OVIEDO D. Accessibility, affordability and equity: Assessing 'pro-poor' public transport subsidies in Bogota[J]. Transport Policy,2018,68:37-51.

CHAPTER 4 | 第 4 章

混合驾驶环境下的早高峰出行均衡分析

第 4 章 混合驾驶环境下的早高峰出行均衡分析

随着人工智能和 5G 等新兴技术对传统出行方式的不断升级和赋能,自动驾驶为交通出行带来了前所未有的突破,且随着自动驾驶技术日趋成熟,在未来的出行中将逐渐成为不可缺少的一种方式。近年来,许多汽车制造商相继推出自动驾驶车辆的原型,并计划由自动驾驶车辆逐步取代普通车辆。可以展望,自动驾驶车辆将对城市交通系统与居民出行产生重大影响。本章采用基于活动的分析方法,从活动的视角研究早高峰自动驾驶车辆通勤者的出行特征及其对早高峰交通状况的影响。

4.1 场景构建

考虑如图 4-1 所示的出行场景。假设一个带有容量约束的瓶颈路段位于居住地和工作地之间,早高峰时段普通车辆(Regular Vehicle, RV)通勤者和自动驾驶车辆(Autonomous Vehicle, AV)通勤者从居住地出发,通过瓶颈路段行驶至工作地。

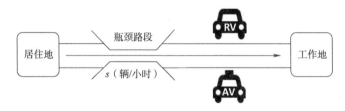

图 4-1 出行场景

不同于经典瓶颈模型,本章从活动链的角度分析通勤者的出行行为,RV 通勤者和 AV 通勤者的活动链如图 4-2 所示。

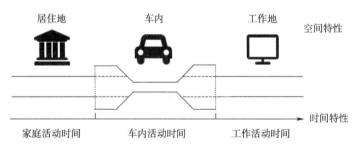

图 4-2 通勤者的活动示意图

RV 通勤者在"居住地—工作地"的活动链中,仅涉及在居住地的家庭活动和工作地的工作活动,而 AV 通勤者除了上述两个活动之外,由于在车内还可以从事除驾驶之外的其他活动,因此涉及家庭活动、车内活动和工作活动。

在考虑 AV 通勤者车内活动的基础上,本章将同时考虑 AV 对通勤者的出行时间价值(Value of Time, VOT)和道路通行能力的影响。根据 van den Berg 等的研究,AV 会降低通勤者的 VOT,提升瓶颈路段处的通行能力。和 RV 相比,在相同情况下,AV 行驶可以保持更小的车头时距和更快的车辆行驶速度,因此能够以更高的密度在道路上移动,从而提升道路的通行能力;同时,AV 通勤者由于可以利用在车内的时间从事驾驶以外的活动,因此其车内通勤时间效用更高。

基于上述分析,本章假设如下:
(1) RV 通勤者的车内活动效用为 0,AV 通勤者的车内活动效用为 u_v,且 $u_v > 0$;
(2) RV 通勤者的出行时间成本为 α,AV 通勤者的出行时间成本为 $\delta\alpha$,且 $\delta < 1$;
(3) 在瓶颈路段,RV 的通行能力为 s,AV 的通行能力为 λs,且 $\lambda > 1$。

4.2 效用函数构建

4.2.1 AV 通勤者的效用函数

除了家庭活动和工作活动外,使用 AV 出行的通勤者在从居住地前往工作地的途中,可以从事除驾驶之外的其他活动,并以此获得车内活动效用。综合考虑通勤者在各个阶段产生的活动效用和 AV 特性,AV 通勤者的活动效用为:

$$U_{av}^A(t) = \int_0^t u_h \mathrm{d}t + \int_t^{t+T(t)} u_v \mathrm{d}t + \int_{t+T(t)}^{t^d} u_w \mathrm{d}t \tag{4-1}$$

式中,$U_{av}^A(t)$ 为在 t 时刻出发的 AV 通勤者的活动效用;u_h 为家庭活动边际效用;u_v 为车内活动边际效用;u_w 为工作活动边际效用;$[0, t^d]$ 为研究时段;t 为通勤者的出发时间;$T(t)$ 为出行时间,且 $T(t) = T_D(t) + T_f$,其中 $T_D(t)$ 为排队时间,T_f 为自由流行驶时间,为便于分析,假设所有的自由流行驶时间发生在通勤者通过瓶颈之后。

AV 通勤者的出行成本由出行时间成本和计划延误成本组成,即:

$$U_{av}^T(t) = \begin{cases} \delta\alpha T(t) + \beta(t^* - t - T(t)), & t \in [t_{av}^s, \bar{t}] \\ \delta\alpha T(t) + \gamma(t + T(t) - t^*), & t \in [\bar{t}, t_{av}^e] \end{cases} \tag{4-2}$$

式中,$U_{av}^T(t)$ 为在 t 时刻出发的 AV 通勤者的出行成本;$\delta\alpha$ 为 AV 通勤者的单位出行时间价值,δ 为 AV 对通勤者单位出行时间价值的减小系数,$0 < \delta \leq 1$;β 为单位时间早到惩罚成本;γ 为单位时间晚到惩罚成本;t^* 为上班开始时间;t_{av}^s 为首位 AV 通勤者的出发时间;t_{av}^e 为最后一位 AV 通勤者的出发时间;$\bar{t}$ 为能准时到达工作地的出发时间,即 $\bar{t} + T(\bar{t}) = t^*$。

由此,AV 通勤者的出行净效用为:

$$U_{av}(t) = U_{av}^A(t) - U_{av}^T(t) \tag{4-3}$$

式中,$U_{av}(t)$ 为在 t 时刻出发的 AV 通勤者的出行净效用。

4.2.2 RV 通勤者的效用函数

不同于 AV 通勤者,RV 通勤者除驾驶活动以外的车内活动效用为 0。因此,RV 通勤者的活动效用为:

$$U_{rv}^A(t) = \int_0^t u_h \mathrm{d}t + \int_{t+T(t)}^{t^d} u_w \mathrm{d}t \tag{4-4}$$

式中,$U_{rv}^A(t)$ 为在 t 时刻出发的 RV 通勤者的活动效用。

第 4 章 混合驾驶环境下的早高峰出行均衡分析

与 AV 通勤者出行成本相同，RV 通勤者的出行成本可表述为：

$$U_{rv}^{T}(t) = \begin{cases} \alpha T(t) + \beta(t^{*} - t - T(t)), t \in [t_{rv}^{s}, \bar{t}] \\ \alpha T(t) + \gamma(t + T(t) - t^{*}), t \in [\bar{t}, t_{rv}^{e}] \end{cases} \quad (4\text{-}5)$$

式中，$U_{rv}^{T}(t)$ 为在 t 时刻出发的 RV 通勤者的出行成本；α 为 RV 通勤者的单位出行时间价值；t_{rv}^{s} 为首位 RV 通勤者的出发时间；t_{rv}^{e} 为最后一位 RV 通勤者的出发时间；$\bar{t}$ 为能准时到达工作地的出发时间，即 $\bar{t} + T(\bar{t}) = t^{*}$。

通过以上分析，可以得到 RV 通勤者的出行净效用为：

$$U_{rv}(t) = U_{rv}^{A}(t) - U_{rv}^{T}(t) \quad (4\text{-}6)$$

式中，$U_{rv}(t)$ 为在 t 时刻出发的 RV 通勤者的出行净效用。

4.3 通勤者混合出行

假定早高峰时段内共有 N 位通勤者需要通过瓶颈路段到达工作地，AV 通勤者的比例为 μ，RV 通勤者的比例为 $1-\mu$，其中 $\mu \in [0,1]$。

根据 Arnott 等的研究，在同时存在 AV 通勤者和 RV 通勤者的混合驾驶环境中，当满足 $(\beta + u_h - u_w)/(\alpha + u_h) < (\beta + u_h - u_w)/(\delta\alpha + u_h - u_v)$ 时，均衡状态下 RV 通勤者在早高峰时段的肩部出行，AV 通勤者在早高峰时段的中部出行，通勤者的出发顺序为 RV-AV-RV，出行模式如图 4-3 所示。

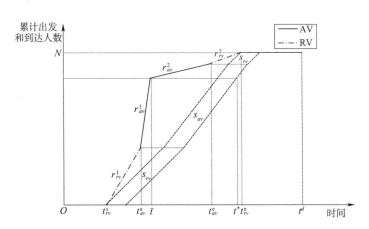

图 4-3 混合出行下的通勤者出发模式

根据 4.2.1 节和 4.2.2 节的分析，两类通勤者的出行净效用为：

$$U_{rv}(t) = U_{rv}^{A}(t) - U_{rv}^{T}(t) = \begin{cases} \int_{0}^{t} u_h \mathrm{d}t + \int_{t+T(t)}^{t^d} u_w \mathrm{d}t - \alpha T(t) - \beta(t^{*} - t - T(t)), t \in [t_{rv}^{s}, t_{av}^{s}] \\ \int_{0}^{t} u_h \mathrm{d}t + \int_{t+T(t)}^{t^d} u_w \mathrm{d}t - \alpha T(t) - \gamma(t + T(t) - t^{*}), t \in [t_{av}^{e}, t_{rv}^{e}] \end{cases}$$

$$(4\text{-}7)$$

$$U_{av}(t) = U_{av}^A(t) - U_{av}^T(t) = \begin{cases} \int_0^t u_h dt + \int_t^{t+T(t)} u_v dt + \int_{t+T(t)}^{t^d} u_w dt - \delta\alpha T(t) - \beta(t^* - t - T(t)), t \in [t_{av}^s, \bar{t}] \\ \int_0^t u_h dt + \int_t^{t+T(t)} u_v dt + \int_{t+T(t)}^{t^d} u_w dt - \delta\alpha T(t) - \gamma(t + T(t) - t^*), t \in [\bar{t}, t_{av}^e] \end{cases}$$

(4-8)

当系统达到均衡状态时,同一类通勤者的个人均衡净效用相等,且任何一位通勤者无法通过改变出发时间使得个人净效用增大,由此可得均衡条件为:

$$\frac{\partial U_{rv}}{\partial t} = 0 \tag{4-9}$$

$$\frac{\partial U_{av}}{\partial t} = 0 \tag{4-10}$$

基于式(4-7)~式(4-10),可得两类通勤者的出发率为:

$$r_{rv}^1 = \frac{\alpha + u_h}{\alpha - \beta + u_w} s, t \in [t_{rv}^s, t_{av}^s] \tag{4-11}$$

$$r_{rv}^2 = \frac{\alpha + u_h}{\alpha + \gamma + u_w} s, t \in [t_{av}^e, t_{rv}^e] \tag{4-12}$$

$$r_{av}^1 = \frac{\delta\alpha + u_h - u_v}{\delta\alpha - \beta + u_w - u_v} \lambda s, t \in [t_{av}^s, \bar{t}] \tag{4-13}$$

$$r_{av}^2 = \frac{\delta\alpha + u_h - u_v}{\delta\alpha + \gamma + u_w - u_v} \lambda s, t \in [\bar{t}, t_{av}^e] \tag{4-14}$$

当系统达到均衡状态时,可以得到以下表达式:

$$U_{rv}(t_{rv}^s) = U_{rv}(t_{rv}^e) \tag{4-15}$$

$$U_{av}(t_{av}^s) = U_{av}(t_{av}^e) \tag{4-16}$$

$$\bar{t} + T(\bar{t}) = t^* \tag{4-17}$$

其中,式(4-15)表示首位出发和最后一位出发 RV 通勤者的净效用相等;式(4-16)表示首位出发和最后一位出发 AV 通勤者的净效用相等;式(4-17)表示最后一位出发的 AV 通勤者准时到达工作地。

联立式(4-15)~式(4-17),可以得到均衡状态下通勤者的各关键出发时间:

$$t_{rv}^s = t^* - T_f - \frac{\gamma - u_h + u_w}{\beta + \gamma}\left(\frac{\mu N}{\lambda s} + \frac{(1-\mu)N}{s}\right) \tag{4-18}$$

$$t_{av}^s = t^* - T_f - \frac{\gamma - u_h + u_w}{\beta + \gamma}\left(\frac{\mu N}{\lambda s}\right) - \frac{(\beta - u_w + u_h)(\gamma - u_h + u_w)}{(\alpha + u_h)(\beta + \gamma)}\frac{(1-\mu)N}{s} \tag{4-19}$$

$$\bar{t} = t^* - T_f - \frac{(\beta - u_w + u_h)(\gamma - u_h + u_w)}{(\alpha + u_h)(\beta + \gamma)}\frac{(1-\mu)N}{s} - \frac{(\beta - u_w + u_h)(\gamma - u_h + u_w)}{(\delta\alpha + u_h - u_v)(\beta + \gamma)}\left(\frac{\mu N}{\lambda s}\right)$$

(4-20)

$$t_{av}^e = t^* - T_f + \frac{\beta - u_w + u_h}{\beta + \gamma}\frac{\mu N}{\lambda s} - \frac{(\beta - u_w + u_h)(\gamma - u_h + u_w)}{(\alpha + u_h)(\beta + \gamma)}\frac{(1-\mu)N}{s} \tag{4-21}$$

$$t_{rv}^e = t^* - T_f + \frac{\beta - u_w + u_h}{\beta + \gamma}\left(\frac{\mu N}{\lambda s} + \frac{(1-\mu)N}{s}\right) \tag{4-22}$$

第4章 混合驾驶环境下的早高峰出行均衡分析

进一步可得到通勤者的出行成本和活动效用为：

$$U_{av} = -(\delta\alpha + u_h - u_v)T_f - \frac{(\beta - u_w + u_h)(\gamma - u_h + u_w)}{(\beta + \gamma)}\left[\left(\frac{\delta\alpha + u_h - u_v}{\alpha + u_h}\right)\left(\frac{(1-\mu)N}{s}\right) + \frac{\mu N}{\lambda s}\right] + u_w(t^d - t^*) + u_h t^* \tag{4-23}$$

$$U_{rv} = -(\alpha + u_h)T_f - \frac{(\beta - u_w + u_h)(\gamma - u_h + u_w)}{\beta + \gamma}\left(\frac{\mu N}{\lambda s} + \frac{(1-\mu)N}{s}\right) + u_w(t^d - t^*) + u_h t^* \tag{4-24}$$

$$\text{TSDC} = \frac{\gamma(\beta - u_w + u_h)^2 + \beta(\gamma - u_h + u_w)^2}{(\beta + \gamma)^2}\left[\frac{(\mu N)^2}{2\lambda s} + \frac{[(1-\mu)N]^2}{2s} + \frac{(1-\mu)\mu N^2}{\lambda s}\right] \tag{4-25}$$

$$\text{TQT} = \frac{(\beta - u_w + u_h)(\gamma - u_h + u_w)}{(\alpha + u_h)(\beta + \gamma)}\frac{[(1-\mu)N]^2}{2s} + \frac{(\beta - u_w + u_h)(\gamma - u_h + u_w)}{(\alpha + u_h)(\beta + \gamma)}\frac{(1-\mu)\mu N^2}{s} + \frac{(\beta - u_w + u_h)(\gamma - u_h + u_w)}{(\delta\alpha + u_h - u_v)(\beta + \gamma)}\frac{(\mu N)^2}{2\lambda s} \tag{4-26}$$

$$\text{TQC} = \frac{\alpha(\beta - u_w + u_h)(\gamma - u_h + u_w)}{(\alpha + u_h)(\beta + \gamma)}\frac{[(1-\mu)N]^2}{2s} + \frac{\delta\alpha(\beta - u_w + u_h)(\gamma - u_h + u_w)}{(\alpha + u_h)(\beta + \gamma)}\frac{(1-\mu)\mu N^2}{s} + \frac{\delta\alpha(\beta - u_w + u_h)(\gamma - u_h + u_w)}{(\delta\alpha + u_h - u_v)(\beta + \gamma)}\frac{(\mu N)^2}{2\lambda s} \tag{4-27}$$

$$\text{TFC} = \delta\alpha T_f \mu N + \alpha T_f(1-\mu)N \tag{4-28}$$

$$\text{TU} = \mu N U_{av} + (1-\mu)N U_{rv} \tag{4-29}$$

$$\Delta U = U_{av} - U_{rv} = [(1-\delta)\alpha + u_v]T_f + \frac{(\beta - u_w + u_h)(\gamma - u_h + u_w)(1-\mu)N}{(\beta + \gamma)s}\left[\frac{(1-\delta)\alpha + u_v}{\alpha + u_h}\right] \tag{4-30}$$

其中，TSDC 为总计划延误成本，TQT 为总排队时间，TQC 为总排队成本，TFC 为总效用成本，TU 为总出行净效用。

由式(4-30)可知，由于 AV 通勤者的比例 $\mu \leq 1$ 恒成立，因此，AV 通勤者的个人均衡净效用总是大于 RV 通勤者的个人均衡净效用，对于每位从 RV 出行转变为 AV 出行的通勤者来说，其个人均衡净效用会增加 ΔU。

同时，为研究活动分析法对混合驾驶环境下通勤者的出行行为和交通系统产生的影响，本文还对经典瓶颈模型和活动瓶颈模型两种建模方法下得到的通勤者关键出发时间、成本和效用的结果进行了比较，见表4-1。从表4-1可以看出，当通勤者的家庭边际活动效用、工作边际活动效用和车内边际活动效用为零时，两种建模方法下的结果相同。由此，经典瓶颈模型可视为是活动瓶颈模型的一种特殊情况。

对混合驾驶环境下的均衡状态进行分析可以得到以下命题。

命题1 在其他参数不变时，RV 通勤者的个人均衡净效用 U_{rv} 是 AV 通勤者比例 μ 的增函数，总计划延误成本 TSDC 是 AV 通勤者比例 μ 的减函数。

表 4-1 不同建模方式下两类通勤者的关键时刻、出行成本和活动效用

指标	活动瓶颈模型	经典瓶颈模型
r_{rv}^{1}	$\dfrac{\alpha + u_h}{\alpha - \beta + u_w}s$	$\dfrac{\alpha}{\alpha - \beta}s$
r_{rv}^{2}	$\dfrac{\alpha + u_h}{\alpha + \gamma + u_w}s$	$\dfrac{\alpha}{\alpha + \gamma}s$
r_{av}^{1}	$\dfrac{\delta\alpha + u_h - u_v}{\delta\alpha - \beta + u_w - u_v}\lambda s$	$\dfrac{\delta\alpha}{\delta\alpha - \beta}\lambda s$
r_{av}^{2}	$\dfrac{\delta\alpha + u_h - u_v}{\delta\alpha + \gamma + u_w - u_v}\lambda s$	$\dfrac{\delta\alpha}{\delta\alpha + \gamma}\lambda s$
t_{rv}^{s}	$t^{*} - T_{f} - \dfrac{\gamma - u_h + u_w}{\beta + \gamma}\left[\left(\dfrac{\mu N}{\lambda s}\right) + \dfrac{(1-\mu)N}{s}\right]$	$t^{*} - T_{f} - \dfrac{\gamma}{\beta + \gamma}\left[\dfrac{\mu N}{\lambda s} + \dfrac{(1-\mu)N}{s}\right]$
t_{av}^{s}	$t^{*} - T_{f} - \dfrac{\gamma - u_h + u_w}{\beta + \gamma}\left(\dfrac{\mu N}{\lambda s}\right) - \dfrac{(\beta - u_w + u_h)(\gamma - u_h + u_w)}{(\alpha + u_h)(\beta + \gamma)}\dfrac{(1-\mu)N}{s}$	$t^{*} - T_{f} - \dfrac{\gamma}{\beta + \gamma}\left(\dfrac{\mu N}{\lambda s}\right) - \dfrac{\beta\gamma}{\alpha(\beta + \gamma)}\dfrac{(1-\mu)N}{s}$
$\bar{t}$	$t^{*} - T_{f} - \dfrac{(\beta - u_w + u_h)(\gamma - u_h + u_w)}{(\delta\alpha + u_h - u_v)(\beta + \gamma)}\dfrac{(1-\mu)N}{s} - \dfrac{\beta\gamma}{\delta\alpha(\beta + \gamma)}\left(\dfrac{\mu N}{\lambda s}\right)$	$t^{*} - T_{f} - \dfrac{\beta\gamma}{\alpha(\beta + \gamma)}\dfrac{(1-\mu)N}{s} - \dfrac{\beta\gamma}{\delta\alpha(\beta + \gamma)}\left(\dfrac{\mu N}{\lambda s}\right)$

第 4 章 混合驾驶环境下的早高峰出行均衡分析

续上表

指标	活动瓶颈模型	经典瓶颈模型
t^e_{av}	$t^* - T_f + \dfrac{\beta - u_w + u_h}{\beta + \gamma}\dfrac{\mu N}{\lambda s} - \dfrac{(\beta - u_w + u_h)(\gamma - u_h + u_w)}{(\alpha + u_h)(\beta + \gamma)}\dfrac{(1-\mu)N}{s}$	$t^* - T_f + \dfrac{\beta}{\beta + \gamma}\dfrac{\mu N}{\lambda s} - \dfrac{\beta \gamma}{\alpha(\beta + \gamma)}\dfrac{(1-\mu)N}{s}$
t^e_{rv}	$t^* - T_f + \dfrac{\beta - u_w + u_h}{\beta + \gamma}\left[\dfrac{\mu N}{\lambda s} + \dfrac{(1-\mu)N}{s}\right]$	$t^* - T_f + \dfrac{\beta}{\beta + \gamma}\left[\dfrac{\mu N}{\lambda s} + \dfrac{(1-\mu)N}{s}\right]$
U_{av}	$-(\delta\alpha + u_h - u_v)T_f - \dfrac{(\beta - u_w + u_h)(\gamma - u_h + u_w)}{(\beta + \gamma)}\left\{\left[\left(\dfrac{\delta\alpha + u_h - u_v}{\alpha + u_h}\right)\left(\dfrac{(1-\mu)N}{s}\right) + \dfrac{\mu N}{\lambda s}\right] + u_w(t^d - t^*) + u_h t^*\right\}$	$-\delta\alpha T_f - \dfrac{\beta\gamma}{(\beta + \gamma)}\left\{\delta\left[\dfrac{(1-\mu)N}{s}\right] + \dfrac{\mu N}{\lambda s}\right\}$
U_{rv}	$-(\alpha + u_h)T_f - \dfrac{(\beta - u_w + u_h)(\gamma - u_h + u_w)}{\beta + \gamma}\left[\dfrac{\mu N}{\lambda s} + \dfrac{(1-\mu)N}{s}\right] + u_w(t^d - t^*) + u_h t^*$	$-(\alpha + u_h)T_f - \dfrac{\beta\gamma}{\beta + \gamma}\left[\dfrac{\mu N}{\lambda s} + \dfrac{(1-\mu)N}{s}\right]$
TU	$\dfrac{\beta\lambda s}{2}\left(\dfrac{\gamma - u_h + u_w}{\beta + \gamma}\dfrac{N}{ks}\right)^2 + \dfrac{\gamma\lambda s}{2}\left(\dfrac{\beta + u_h - u_w}{\beta + \gamma}\dfrac{N}{\lambda s}\right)^2$	$\dfrac{\beta\lambda s}{2}\left(\dfrac{\gamma}{\beta + \gamma}\dfrac{N}{ks}\right)^2 + \dfrac{\gamma\lambda s}{2}\left(\dfrac{\beta}{\beta + \gamma}\dfrac{N}{\lambda s}\right)^2$
$TSDC$	$\mu N U_{av} + (1-\mu)N U_{rv}$	$\mu N U_{av} + (1-\mu)N U_{rv}$
TQC	$\dfrac{\alpha(\beta - u_w + u_h)(\gamma - u_h + u_w)}{(\alpha + u_h)(\beta + \gamma)}\dfrac{[(1-\mu)N]^2}{2s} + \dfrac{\delta\alpha(\beta - u_w + u_h)(\gamma - u_h + u_w)}{(\delta\alpha + u_h - u_v)(\beta + \gamma)}\dfrac{(1-\mu)\mu N^2}{s} + \dfrac{\delta\alpha(\beta - u_w + u_h)(\gamma - u_h + u_w)}{(\delta\alpha + u_h - u_v)(\beta + \gamma)}\dfrac{(\mu N)^2}{2\lambda s}$	$\dfrac{\beta\gamma}{(\beta + \gamma)}\dfrac{[(1-\mu)N]^2}{2s} + \dfrac{\delta\beta\gamma}{(\beta + \gamma)}\dfrac{(1-\mu)\mu N^2}{s} + \dfrac{\beta\gamma}{(\beta + \gamma)}\dfrac{(\mu N)^2}{2\lambda s}$
TFC	$\delta\alpha T_f \mu N + \alpha T_f(1-\mu)N$	$\delta\alpha T_f \mu N + \alpha T_f(1-\mu)N$

证明:对式(4-24)和式(4-25)求一阶导数得:

$$\frac{\partial U_{rv}}{\partial \mu} = -\frac{(\beta - u_w + u_h)(\gamma - u_h + u_w)N}{(\beta + \gamma)s}\left(\frac{1}{\lambda} - 1\right) \tag{4-31}$$

$$\frac{\partial \text{TSDC}}{\partial \mu} = \frac{\gamma(\beta - u_w + u_h)^2 + \beta(\gamma - u_h + u_w)^2}{(\beta + \gamma)^2} \frac{(1-\mu)N^2}{s}\left(\frac{1}{\lambda} - 1\right) \tag{4-32}$$

由于 $\lambda > 1$,因此 $\partial U_{rv}/\partial \mu > 0$,$\partial \text{TSDC}/\partial \mu < 0$ 恒成立,在其他参数不变的情况下,RV 通勤者的个人均衡净效用 U_{rv} 随着 AV 通勤者比例 μ 的增加而增加,总计划延误成本 $TSDC$ 随着 AV 通勤者比例 μ 的增加而降低。

命题2 在其他参数不变,当 $\lambda < (\alpha + u_h)/(\delta\alpha + u_h - u_v)$ 时,AV 通勤者的个人均衡净效用 U_{av} 是 AV 通勤者比例 μ 的减函数,总排队时间 TQT 是 AV 通勤者比例 μ 的增函数;当 $\lambda > (\alpha + u_h)/(\delta\alpha + u_h - u_v)$ 时,AV 通勤者的个人均衡净效用 U_{av} 是 AV 通勤者比例 μ 的增函数,总排队时间 TQT 是 AV 通勤者比例 μ 的减函数。

证明:对式(4-23)和式(4-26)求一阶导数可得:

$$\frac{\partial U_{av}}{\partial \mu} = -\frac{(\beta - u_w + u_h)(\gamma - u_h + u_w)N}{(\beta + \gamma)s}\left(\frac{1}{\lambda} - \frac{\delta\alpha + u_h - u_v}{\alpha + u_h}\right) \tag{4-33}$$

$$\frac{\partial \text{TQT}}{\partial \mu} = -\frac{(\beta - u_w + u_h)(\gamma - u_h + u_w)\mu N^2}{(\beta + \gamma)s}\left[\frac{1}{\alpha + u_h} - \frac{1}{\lambda(\delta\alpha + u_h - u_v)}\right] \tag{4-34}$$

由上述求导结果可知,当 $\lambda < (\alpha + u_h)/(\delta\alpha + u_h - u_v)$ 时,$\partial U_{av}/\partial \mu < 0$,$\partial \text{TQT}/\partial \mu > 0$,AV 通勤者的个人均衡净效用 U_{av} 随着 AV 通勤者比例 μ 的增加而减小,通勤者的总排队时间 TQT 随着 AV 通勤者比例 μ 的增加而增大;当 $\lambda > (\alpha + u_h)/(\delta\alpha + u_h - u_v)$ 时,$\partial U_{av}/\partial \mu > 0$,$\partial \text{TQT}/\partial \mu < 0$,AV 通勤者的个人均衡净效用 U_{av} 随着 AV 通勤者比例 μ 的增加而增加,总排队时间 TQT 随着 AV 通勤者比例 μ 的增加而减少。

命题3 在其他参数不变,当 $\mu < \bar{\mu}$ 时,总出行净效用 TU 是 AV 通勤者比例 μ 的增函数;当 $\mu > \bar{\mu}$ 时,总出行净效用 TU 是 AV 通勤者比例 μ 的减函数。其中,$\bar{\mu} = \frac{1}{2} + \frac{(\alpha + u_h)(\beta + \gamma)sT_f}{(\beta - u_w + u_h)(\gamma - u_h + u_w)N} + \frac{[(1-\delta)\alpha + u_v](\lambda - 1)}{2\lambda}$。

证明:对式(4-29)求一阶导数得:

$$\frac{\partial \text{TU}}{\partial \mu} = [(1-\delta)\alpha + u_v]T_f N + \frac{(\beta - u_w + u_h)(\gamma - u_h + u_w)N^2}{(\beta + \gamma)s} \times$$
$$\left[\frac{(1-2\mu)((1-\delta)\alpha + u_v)}{\alpha + u_h} - \left(\frac{1}{\lambda} - 1\right)\right] \tag{4-35}$$

由式(4-35)可知,当 $\mu < \bar{\mu}$ 时,$\partial \text{TU}/\partial \mu > 0$,总出行净效用 TU 随着 AV 通勤者比例 μ 的增加而增加;当 $\mu > \bar{\mu}$ 时,$\partial \text{TU}/\partial \mu < 0$,总出行净效用 TU 随着 AV 通勤者比例 μ 的增加而减小。

4.4 场景分析

本节将结合具体的数值算例定量分析 AV 通勤者和 RV 通勤者混合出行和两种特殊场景(仅存在 AV 通勤者和仅存在 RV 通勤者)下的通勤者出发时间选择问题,同时通过改变 AV 通勤者比例、家庭活动边际效用、工作活动边际效用、车内活动边际效用、AV 对通勤者 VOT 和道路通行能力的影响程度来进一步对模型作出分析,所涉及的参数设定见表 4-2。

模型参数设定　　　　　　表 4-2

字符	含义	参数设定
N	早高峰通勤的总人数	5000 人
s	瓶颈路段通行能力	2000 辆/h
t^*	期望到达时间,即工作开始时间	9:00
t^d	结束时间	12:00
α	出行时间的单位惩罚	60 元/h
β	早到的单位时间惩罚	36 元/h
γ	晚到的单位时间惩罚	114 元/h
u_h	t 时刻的家庭活动边际效用	48 元/h
u_v	t 时刻的车内活动边际效用	28 元/h
u_w	t 时刻的工作活动边际效用	66 元/h
T_f	自由流行驶时间	24min
λ	瓶颈能力增大系数	1.2
δ	通勤者 VOT 的影响系数	0.8

4.4.1 混合出行场景分析

首先对混合出行场景下的通勤者出发时间选择问题进行算例研究,通过改变 AV 通勤者比例、家庭活动边际效用、工作活动边际效用、车内活动边际效用、AV 对通勤者 VOT 的影响以及对道路通行能力提升等 6 个指标,进一步对混合驾驶环境下通勤者的出发行为作出分析,参数设定见表 4-2。

当 AV 通勤者的比例 $\mu=0.5$ 时,通勤者的累计出发和到达人数如图 4-4 所示。

由图 4-4 可以看出,在活动瓶颈模型中,当 AV 通勤者的比例 $\mu=0.5$ 时,首位 RV 通勤者和最后一位 RV 通勤者的出发时间为 6:35 和 8:53,首位 AV 通勤者和最后一位 AV 通勤者的出发时间为 7:30 和 8:33,能准时到达工作地的通勤者出发时间为 8:10,高峰时段的持续时长为 2.29h。在高峰时段内,早到的 RV 通勤者会先以大于瓶颈通行能力的出发率(2400 辆/h)出发,此时通勤者在瓶颈处的排队时间随时间呈线性增加趋势。7:30 时刻,RV 通勤者停止出发,早到的 AV 通勤者以 3264 辆/h 的出发率出发,此时出发率也大于瓶颈的通行能力,因此瓶颈处的排队现象继续存在。直到 8:10,AV 通勤者的出发率下降为 816 辆/h,

瓶颈处的排队时间随时间呈线性减少趋势,8:33 时刻,所有的 AV 通勤者出发完毕,晚到的 RV 通勤者以 900 辆/h 的出发率出发,8:53 时刻,全部通勤者出发完毕。

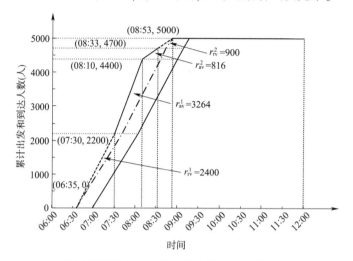

图 4-4　活动瓶颈模型下混合驾驶环境中的通勤者出发模式($\mu=0.5$)

当采用出行瓶颈模型时,通勤者的累计出发和到达人数如图 4-5 所示。

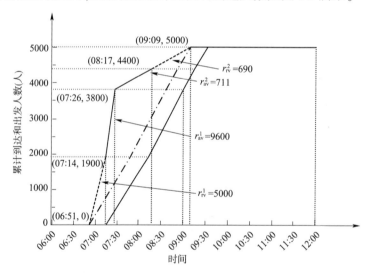

图 4-5　出行瓶颈模型下混合驾驶环境中的通勤者出发模式($\mu=0.5$)

比较图 4-4 和图 4-5 可以得到,相比于活动瓶颈模型,出行瓶颈模型中两类通勤者的早到出发率被高估,晚到出发率被低估,首位 RV 通勤者的出发时间有所推迟,因此,通勤者在更短的时间内集中到达瓶颈路段处,导致了出行瓶颈模型中通勤者的排队时间远大于活动瓶颈模型,如图 4-6 所示。

由图 4-6 可以看出,两种建模方式下拥堵持续时长相等,但出行瓶颈模型中,拥堵开始时间有所延迟。通勤者的最长排队时间均出现在能够准时到达工作地的出发时间这一时刻。除了排队时间的比较外,活动瓶颈建模方式和出行瓶颈建模方式下的通勤者的关键出发时间、时间分配、出行效用以及成本见表 4-3 ~ 和表 4-5。

第4章 混合驾驶环境下的早高峰出行均衡分析

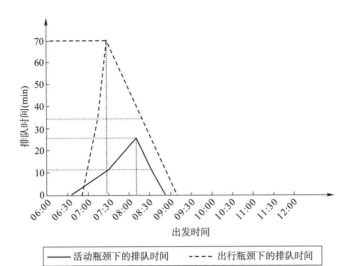

图 4-6　两种建模方式下的排队时间比较 ($\mu=0.5$)

活动瓶颈模型和出行瓶颈模型下的通勤者关键出发时间　　表 4-3

关键出发时间	活动瓶颈模型	出行瓶颈模型
t_{rv}^s	6:35	6:51
t_{av}^s	7:30	7:14
$\bar{t}$	8:10	7:26
t_{av}^e	8:33	8:17
t_{rv}^e	8:35	9:09

活动瓶颈模型和出行瓶颈模型下的通勤者时间分配(单位:h)　　表 4-4

时间	活动瓶颈模型	出行瓶颈模型
平均排队时间	0.20	0.58
平均家庭活动时间	7.57	7.45
平均工作活动时间	3.83	3.57
平均车内活动时间	0.70	1.27

活动瓶颈模型和出行瓶颈模型下的通勤者的出行成本和活动效用(单位:元)　　表 4-5

指标	活动瓶颈模型	出行瓶颈模型
总排队成本	50309	146775
总自由流行驶成本	108000	108000
总计划延误成本	161438	149625
家庭活动总效用	1816941	1789275

续上表

指标	活动瓶颈模型	出行瓶颈模型
工作活动总效用	1264313	1177688
车内活动总效用	49326	88681
AV通勤者个人净效用	574	555
RV通勤者个人净效用	551	543
通勤者总效用	2810833	2745600

由表4-3、表4-4和表4-5可以看出,基于出行的瓶颈模型会高估通勤者的排队成本和车内活动效用,低估家庭活动和工作活动效用,同时也会低估两类通勤者的个人均衡净效用。

接下来分别从不同AV通勤者比例、家庭活动边际效用、工作活动边际效用、车内活动边际效用、AV对通勤者VOT的降低程度和AV对道路通行能力的提升程度来对通勤者出行行为进行分析。

在混合出行情形下,不同AV通勤者比例下的排队时间如图4-7所示。从图4-7中可以看出,同一到达时间下,相比于仅存在一类通勤者的情况,混合出行时通勤者的平均排队时间更短。

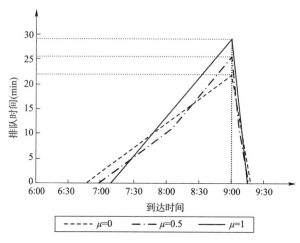

图4-7 不同AV通勤者比例下排队时间随到达时间的变化

图4-8展示了AV通勤者比例对通勤者出行行为的影响。

由图4-8中可以看出,当AV通勤者的比例不断上升时,两类通勤者的个人净效用均增加,但差距先增加再减小,全体通勤者的总净效用增加,家庭活动效用增加,工作活动效用减少,车内活动效用增加,排队成本增大,总计划延误成本降低,自由流行驶成本减小。

主要原因是:

(1) AV会提升瓶颈处的通行能力。随着AV通勤者比例的增加,全体通勤者的到达时间会更加集中,因此通勤者的总计划延误成本降低,平均工作活动时间缩短,工作活动效用降低。

第4章 混合驾驶环境下的早高峰出行均衡分析

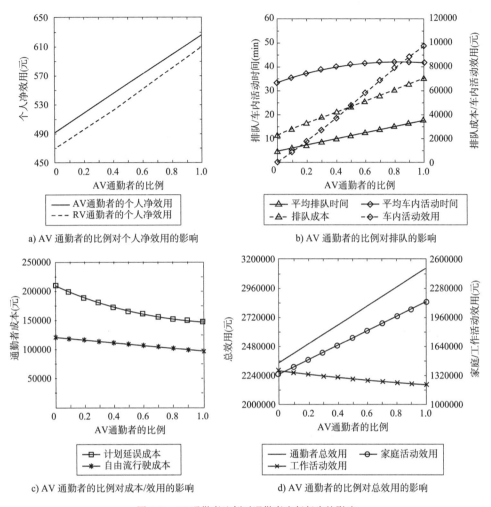

图4-8 AV通勤者比例对通勤者出行行为的影响

（2）当 $\lambda < (\alpha + u_h)/(\delta\alpha + u_h - u_v)$ 时，通勤者的总排队时间将会随着AV通勤者比例的上升不断增大，排队成本增加，车内活动效用增加。

（3）由于AV使得通勤者的单位出行时间降低，因此随着AV通勤者的增加，自由流行驶成本也有所降低。

图4-9展示了家庭活动边际效用对通勤者的影响。

从图4-9中可以看出，随着家庭活动边际效用的增加，两类通勤者的个人净效用均增加，差距也逐渐增加，全体通勤者的总净效用增加，家庭活动效用增加，工作活动效用减少，车内活动效用增加，排队成本增大，总计划延误成本降低，自由流行驶成本不变。主要原因是：

（1）家庭活动边际效用的增加使得RV通勤者平均家庭活动时间增加，AV通勤者的平均家庭活动时间减少，但RV通勤者家庭活动时间增加的幅度大于AV通勤者减少的幅度，因此通勤者整体家庭活动时间呈现增长趋势，家庭活动效用也增加；

（2）通勤者到达工作地点的时间整体推迟，因此工作活动时间和效用减小；

（3）当家庭活动边际效用增加时，早到通勤者的数量和延误成本减小，晚到通勤者的数

量和延误成本增加,但减小幅度大于增加幅度,因此总计划延误成本下降;

(4)通勤者的早高峰开始时间推迟,但早到出发率增加,因此通勤者的排队时间增加,排队成本上升,车内活动效用也增加。

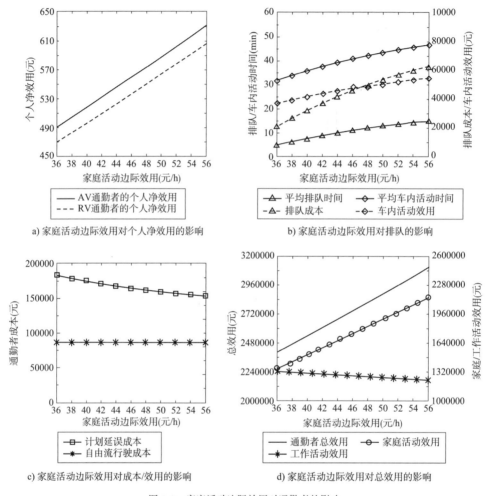

图4-9 家庭活动边际效用对通勤者的影响

图4-10展示了工作活动边际效用对通勤者的影响。

从图4-10中可以看出,随着工作活动边际效用的增加,两类通勤者的个人净效用均增加,但差距逐渐减小,通勤者的总净效用增加,家庭活动效用略微下降,工作活动效用增加,车内活动效用下降,排队成本减少,总计划延误成本增大,自由流行驶成本不变。主要原因是:

(1)当工作活动边际效用增加时,通勤者会提前出发,因此家庭活动时间和效用减小;

(2)通勤者的到达时间也会有所提前,工作活动时间和效用增加;

(3)通勤者的早到人数和早到延误成本增加,晚到人数和晚到延误成本减小,但增加的幅度大于减小幅度,因此通勤者的计划延误成本增加;

(4)首位通勤者的出发时间提前,但两类通勤者的早到出发率都降低,因此瓶颈处的拥堵有所缓解,通勤者的排队时间和排队成本下降,车内活动效用也下降。

第 4 章 混合驾驶环境下的早高峰出行均衡分析

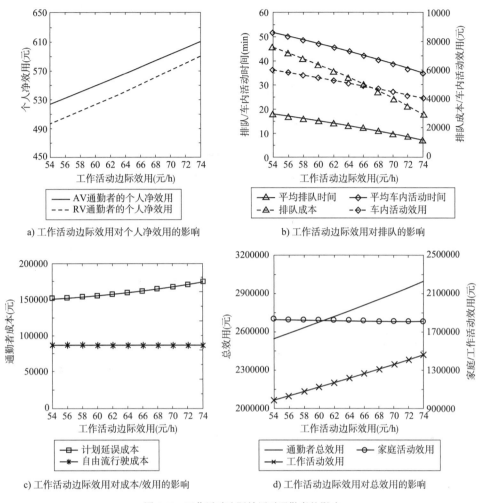

图 4-10 工作活动边际效用对通勤者的影响

图 4-11 展示了车内活动边际效用对通勤者的影响。

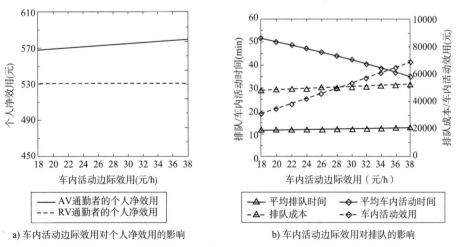

图 4-11

自动驾驶出行管理分析
Travel management analysis for automated driving

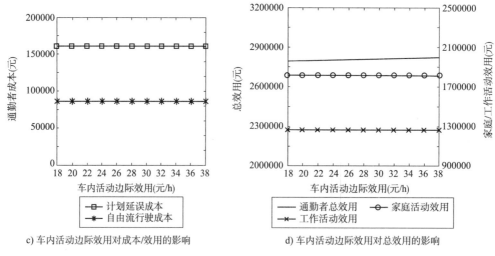

图4-11 车内活动边际效用对通勤者的影响

从图4-11中可以看出,随着车内活动边际效用的增加,AV通勤者的个人净效用增加,对RV通勤者无影响,因此两类通勤者的差距逐渐增大,通勤者的总净效用增加,家庭活动效用不变,工作活动效用不变,车内活动效用增加,排队成本增加,总计划延误成本不变,自由流行驶成本不变。主要原因是:

(1)当车内活动边际效用增加时,由于对RV通勤者无影响,因此首位RV通勤者、最后一位RV通勤者的出发时间、RV通勤者的出发率以及早到和晚到人数不变,而AV通勤者的早到出发率降低,晚到出发率增加,因此能准时到达工作地的AV通勤者出发时间提前,通勤者的家庭活动时间和效用减小,平均排队时间、排队成本和车内活动效用增大;

(2)由于首位RV通勤者、最后一位RV通勤者的出发时间不变,因此通勤者到达工作地的时间也不会发生改变,因此通勤者的工作活动效用不变,计划延误成本不变。

图4-12展示了AV对通勤者VOT的降低程度对通勤者的影响。

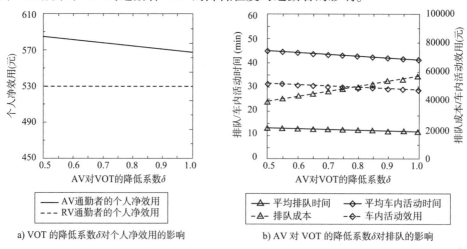

图 4-12

第4章 混合驾驶环境下的早高峰出行均衡分析

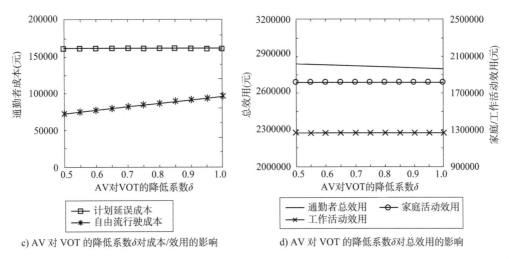

c) AV 对 VOT 的降低系数δ对成本/效用的影响   d) AV 对 VOT 的降低系数δ对总效用的影响

图 4-12　AV 对通勤者 VOT 降低程度对通勤者的影响

从图 4-12 中可以看出,随着 δ 的增加(AV 对通勤者 VOT 降低程度减弱),AV 通勤者和 RV 通勤者的个人均衡净效用减小,两者之间的差距也逐渐减小,通勤者的总净效用减小,家庭活动效用略微增加,工作活动效用不变,车内活动效用减小,排队成本降低,总计划延误成本不变,自由流行驶成本增加。主要原因是:

(1)当 AV 对通勤者的 VOT 降低程度减弱时,AV 通勤者的早到出发率降低,晚到出发率增加,而 RV 通勤者的最早出发时间和出发率不变,因此通勤者的家庭活动时间和效用增加,排队时间和排队成本降低,车内活动效用降低;

(2)由于首位和最后一位 RV 通勤者的出发时间不变,因此通勤者到达工作地点的时间不变,计划延误成本不变,工作活动效用不变。

图 4-13 展示了 AV 对道路通行能力的提升系数 λ 对通勤者的影响。

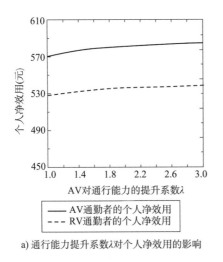

a) 通行能力提升系数λ对个人净效用的影响

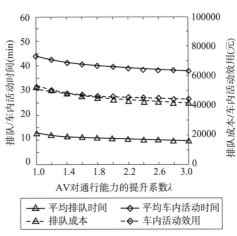

b) 通行能力提升系数λ对排队的影响

图　4-13

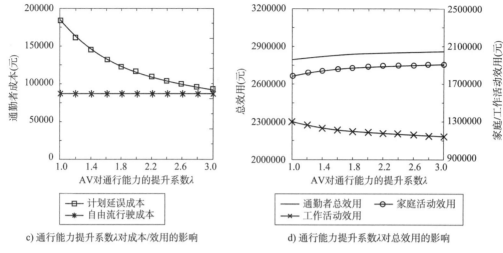

c) 通行能力提升系数λ对成本/效用的影响 d) 通行能力提升系数λ对总效用的影响

图 4-13　AV 对道路通行能力的提升系数 λ 对通勤者的影响

从图 4-13 中可以看出,随着 AV 对道路通行能力的增强,AV 通勤者和 RV 通勤者的个人均衡净效用增大,但两者之间的差距保持不变,通勤者的总净效用增加,家庭活动效用增加,工作活动效用降低,车内活动效用降低,排队成本减小,总计划延误成本减小,自由流行驶成本不变。主要原因是:

(1) 当 AV 对道路通行能力增强时,早高峰拥堵时段的持续时间会减小,首位 RV 通勤者的出发时间提前,最后一位 RV 通勤者的出发时间推后,因此通勤者到达工作地的时间更加集中,计划延误成本减小;RV 通勤者的出发率以及早到和晚到人数不变,而 AV 通勤者的早到出发率降低,晚到出发率增加,因此能准时到达工作地的 AV 通勤者出发时间提前,通勤者的家庭活动时间和效用减小,平均排队时间、排队成本和车内活动效用增大;

(2) 由于首位 RV 通勤者、最后一位 RV 通勤者的出发时间不变,因此通勤者到达工作地的时间也不会发生改变,因此通勤者的工作活动效用不变,计划延误成本不变。

结合上述分析有以下发现:

(1) 三类活动边际效用的提高、AV 对通勤者 VOT 降低程度的增强以及 AV 对道路通行能力的增强,都会使得通勤者的总效用增大;

(2) 家庭活动边际效用、AV 对通勤者 VOT 的降低程度、车内活动边际效用的增大会使得通勤者排队时间增加,加剧瓶颈处的拥堵,而工作活动效用和瓶颈通行能力的提升则会使得通勤者减少排队时间,使瓶颈处的拥堵现象有所缓解。

4.4.2　两种特殊场景分析

本节将对通勤者全部使用 AV 出行或全部使用 RV 出行的两种特殊场景进行分析。首先,基于参数设定刻画活动瓶颈模型下两种特殊情况的通勤者出发模式;进一步分析三种活动效用对两类通勤者在早高峰时段内的出行成本和活动效用;最后,为了深入理解活动效用对通勤者出行行为的影响,在同等条件下,本节也比较了基于活动的瓶颈模型与经典的瓶颈

第4章 混合驾驶环境下的早高峰出行均衡分析

模型的差别。基于表4-1中的相关求解条件及公式和表4-2的参数设定,可以得到两类建模方式下针对两种特殊情况的通勤者出发模式图,如图4-14和图4-15所示。

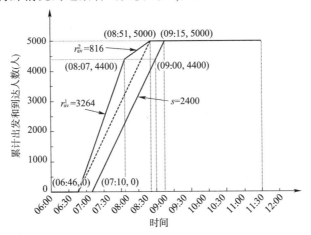

图4-14 活动瓶颈模型下AV通勤者的出发到达模式($\mu=1$)

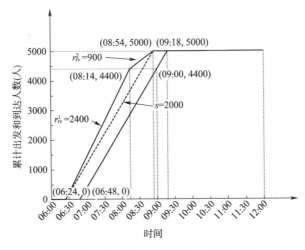

图4-15 活动瓶颈模型下RV通勤者的出发到达模式($\mu=0$)

根据图4-14可以看出,在活动模型下,当全部通勤者使用AV出行时,最早和最晚出发时间分别为6:46和8:51,高峰时段为2.08h。在高峰时段内,通勤者将会先以3264辆/h的出发频率出发,离开生活区;直到8:07时刻,剩余的通勤者将以816辆/h的出发频率出发。

其次,结合表4-1中的计算公式,可以得出活动瓶颈模型中AV通勤者的平均出行时间、平均活动时间、成本及效用,如表4-6、表4-7所示。

活动瓶颈模型中仅存在AV/RV通勤者时的平均活动时间 表4-6

通勤方式	平均排队时间(min)	自由流行驶时间(h)	家庭活动平均时长(h)	工作活动平均时长(h)	车上活动平均时长(h)
AV通勤者	15	0.40	7.57	3.79	0.64
RV通勤者	11	0.40	7.47	3.95	—

自动驾驶出行管理分析

Travel management analysis for automated driving

活动瓶颈模型中仅存在 AV/RV 通勤者时的出行成本和活动效用(单位:元)　　表 4-7

通勤方式	总排队成本	总自由流行驶成本	总计划延误成本	家庭活动总效用	工作活动总效用	车内活动总效用
AV 通勤者	58235	96000	153750	1815765	1251250	89971
RV 通勤者	55000	120000	184500	1792000	1303500	—

图 4-15 展示了活动瓶颈下,通勤者全部使用 RV 出行的累计出发和到达人数。从图 4-15 中可以看出,在活动瓶颈模型中,当全部通勤者使用 RV 出行时,最早和最晚出发时间分别为 6:24 和 8:54,高峰时段的持续时间为 2.5h。在高峰时段,通勤者将会先以 2400 辆/h 的出发频率出发,离开生活区。直到 8:14 时刻,通勤者的出发频率开始降低,剩余的通勤者将以 900 辆/h 的出发频率出发,直到所有通勤者出发完毕。

经过对比可以发现,在基于活动的瓶颈模型建模方式下,当通勤者全部使用 AV 出行时,其最早出发时间(06:46)晚于 RV 通勤者(06:24),最晚出发时间(08:51)早于 RV 通勤者(08:54),AV 通勤者的早高峰持续时间(2.08h),小于 RV 通勤者的早高峰持续时间(2.5h)。这是由于 AV 相对于 RV 来说,在瓶颈处其通行能力更大,相同人数情况下,AV 通勤者可以在较短时间内通过瓶颈,因此 AV 通勤者的早高峰时间段相比于 RV 通勤者更短也更集中。

在工作活动效用上,虽然 AV 晚到通勤者的开始工作时间整体相比于 RV 早到通勤者开始工作的时间有所提前,但 AV 早到通勤者的开始工作时间整体晚于 RV 早到通勤者开始工作的时间,且早到人数远远大于晚到人数,因此 AV 通勤者的工作总效用(1251250 元),小于 RV 通勤者(1303500 元)。

由于车内活动效用以及 AV 对通勤者 VOT 的降低,AV 通勤者相比于 RV 通勤者的单位排队成本更小,因此会更愿意排队;而 AV 在瓶颈处的通行能力提升会使得排队时间更短。本节参数设定下,车内活动效用和 AV 对通勤者 VOT 的影响占主导作用,因此 AV 通勤者的排队成本(58235 元)仍然大于 RV 通勤者(55000 元),AV 通勤者的最大排队时间(30min)以及平均排队时间(15min)也大于 RV 通勤者(22min、11min)。

与此同时,由于 AV 使得通勤者的 VOT 有所降低,因此 AV 通勤者的自由流行驶成本(96000 元)小于 RV 通勤者的自由流行驶成本(120000 元)。AV 使得瓶颈路段的通行能力提升,因此相比于 RV 通勤者,AV 通勤者到达工作地的时间会更加集中,计划延误成本也会更小(153750 元 < 184500 元)。

接下来对出行瓶颈模型下 AV 和 RV 通勤者的出行进行分析。图 4-16 和图 4-17 展示了出行瓶颈下两类通勤者的出行模式:

由图 4-16 和图 4-17 可以看出,无论是 AV 通勤者还是 RV 通勤者,在出行瓶颈模型的建模方式下,早到出发率和早到人数均小于活动瓶颈模型,晚到出发率和晚到人数均大于活动瓶颈模型,与此同时,早高峰持续时段相比于活动瓶颈模型有所推迟。在出行瓶颈模型下,最长排队时间和平均排队时间也远远大于活动瓶颈模型。

由以上的对比分析可以得到,出行瓶颈模型会低估早到出发率和早到人数,高估晚到出发率、晚到人数、最长排队时间和平均排队时间,因此在出行瓶颈模型会高估通勤者的总排

第4章 混合驾驶环境下的早高峰出行均衡分析

队成本，低估总计划延误成本和总出行净效用，对通勤者出行成本和活动效用的刻画有所偏差。具体的均衡结果见表4-8和表4-9。

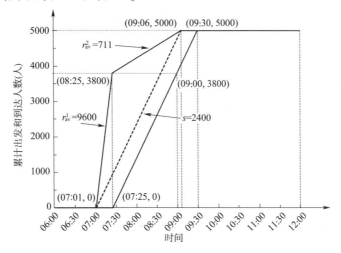

图4-16 出行瓶颈模型下AV通勤者的出发到达模式($\mu=1$)

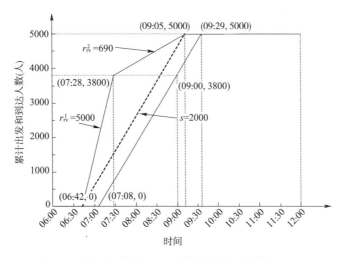

图4-17 出行瓶颈模型下RV通勤者的出发到达模式($\mu=0$)

出行瓶颈模型中仅存在AV/RV通勤者时的平均活动时间（单位：h） 表4-8

通勤方式	平均排队时间	自由流行驶时间	家庭活动平均时长	工作活动平均时长	车上活动平均时长
AV通勤者	0.48	0.40	7.69	3.43	0.88
RV通勤者	0.46	0.40	7.62	3.52	—

出行瓶颈模型中仅存在AV/RV通勤者时的出行成本和活动效用（单位：元） 表4-9

通勤方式	总排队成本	总自由流行使成本	总计划延误成本	家庭活动总效用	工作活动总效用	车内活动总效用
AV通勤者	136800	115200	136800	2214720	1358280	190080

续上表

通勤方式	总排队成本	总自由流行使成本	总计划延误成本	家庭活动总效用	工作活动总效用	车内活动总效用
RV 通勤者	164100	144000	164100	2194560	1393920	—

下一步着重分析家庭活动边际效用、工作活动边际效用以及车内活动边际效用对两类通勤者的出行影响。图 4-18 展示了家庭活动边际效用对两类通勤者的影响。当家庭活动边际效用不断增大时,两类通勤者的计划延误成本减小,排队成本增加,AV 通勤者的车内活动效用增加,家庭活动效用增加,工作活动效用减小,总通勤效用增加。

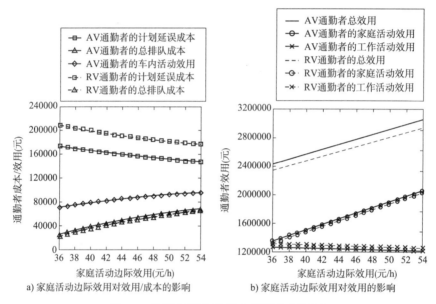

图 4-18 家庭活动边际效用对两类通勤者的影响

主要原因是:

(1) 由于通勤者推迟出发,其早到延误成本减小,晚到延误成本增大,但早到延误成本减小的幅度大于晚到延误成本增加的幅度,总计划延误成本减小;

(2) 早到出发率和晚到出发率增加,通勤者到达瓶颈的时间会更加集中,因此排队成本增大,AV 通勤者的车内活动效用也增加;

(3) 家庭边际活动效用增加时,通勤者更愿意选择推迟出发,家庭活动时间变长,家庭活动效用增加;

(4) 由于通勤者推迟出发,工作开始时间也整体推迟,因此工作活动效用减少。

由图 4-19 可以看出,当工作边际活动效用增加时,两类通勤者的总效用增加,工作活动效用增加,计划延误成本增加,总排队成本减小,AV 通勤者的车内活动效用减小。

主要原因是:

(1) 工作边际活动效用增加,会导致通勤者更愿意早出发以到达工作地,因而排队时间和排队成本会减少;

(2)通勤者到达工作地的时间也会提前,因此计划延误成本增大。

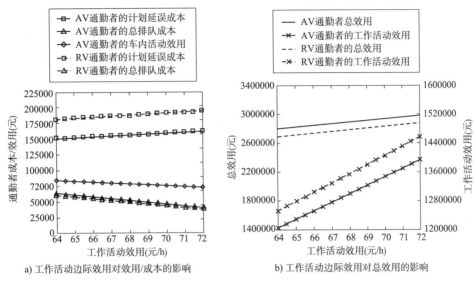

a) 工作活动边际效用对效用/成本的影响   b) 工作活动边际效用对总效用的影响

图 4-19　工作活动边际效用对两类通勤者的影响

由图 4-20 可以看出,随着车内活动效用的提升,AV 通勤者的总通勤净效用增加,车内活动效用增加,排队成本增加。其原因为 AV 通勤者的单位时间排队成本降低导致通勤者更愿意排队,从而使排队总时间、排队总成本及车内活动效用增加。

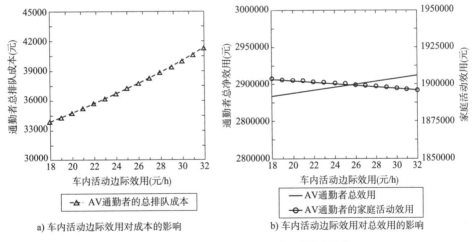

a) 车内活动边际效用对成本的影响   b) 车内活动边际效用对总效用的影响

图 4-20　车内活动边际效用对两类通勤者的影响

4.5　本章小结

本章围绕自动驾驶比例和特性对早高峰交通状况的影响,考虑了自动驾驶对通勤者出行时间价值和道路通行能力的影响,利用活动瓶颈模型的分析方法构建了 AV 通勤者和 RV

通勤者混合出行的出发时间选择模型,分析了自动驾驶对通勤者的出行时间价值和道路通行能力以及活动边际效用对通勤者出行行为和早高峰交通状态的影响,并与经典的出行瓶颈模型下的均衡结果作以比较。研究表明,在混合驾驶环境中,当通勤者的出行需求固定情况下,提升边际活动效用、降低自动驾驶出行时间价值和提升道路通行能力均会使通勤者总效用增大;提升家庭活动边际效用、车内活动边际效用和降低自动驾驶通勤者出行时间价值会使通勤者排队时间增加,加剧瓶颈处的拥堵现象,而提升工作活动效用和瓶颈通行能力则会使通勤者减少排队时间,使瓶颈处的拥堵现象有所缓解;同时,出行总效用随着自动驾驶通勤者比例呈现先增后减的趋势。

本章参考文献

[1] THRUN S. Toward robotic cars[J]. Communications of the Acm,2010,53(4):99-106.

[2] FAGNANT D J,KOCKELMAN K. Preparing a nation for autonomous vehicles:Opportunities,barriers and policy recommendations[J]. Transportation Research Part A:Policy and Practice,2015,77:167-181.

[3] WADUD Z,MACKENZIE D,LEIBY P. Help or hindrance The travel,energy and carbon impacts of highly automated vehicles[J]. Transportation Research,Part A:Policy and practice,2016,86:1-8.

[4] VAN DEN BERG V A C,VERHOEF E T. Autonomous cars and dynamic bottleneck congestion:The effects on capacity,value of time and preference heterogeneity[J]. Transportation Research Part B:Methodological,2016,94:44-60.

[5] ARNOTT R,DE PALMA A,LINDSEY R. Schedule delay and departure time decisions with heterogeneous commuters[J]. Transportation Research Record:Journal of the Transportation Research Board,1989,1197:56-67.

[6] 李志纯,丁晶. 基于活动方法的瓶颈模型与拥挤收费问题研究[J]. 管理科学学报,2017,20(8):93-101.

[7] 尚华艳,王闪,黄海军,等. 基于活动的瓶颈模型:公交枢纽晚高峰居民通勤研究[J]. 系统工程理论与实践,2020,40(3):679-690.

[8] 肖玲玲,吴玉雪,郭名. 基于活动的拼车通勤行为及效用均衡分析[J]. 系统工程理论与实践,2021,41(6):1496-1506.

[9] 朱鸿伟,田丽君,许岩. 鼓励合乘的可交易电子路票策略管理混合时代出行需求[J]. 系统工程理论与实践,2022:1-18.

[10] 田童心. 自动驾驶出行:基于活动视角的影响分析[D]. 北京:北京交通大学,2022.

CHAPTER 5 | 第 5 章

自动驾驶与有人驾驶混合交通流网络均衡分析

第5章 自动驾驶与有人驾驶混合交通流网络均衡分析

目前,许多大互联网公司和汽车制造商开始投入自动驾驶技术的研发与道路实测项目。另一方面,中国、美国和澳大利亚等国家相继出台与智能网联自动驾驶汽车(Connected and Automated Vehicles,CAVs)道路测试相关的法规,进一步推动了 CAVs 的发展。随着 CAVs 技术的成熟以及自动驾驶汽车的推广,CAVs 将会不断参与到城市交通中,形成新特征的交通流。在未来的过渡时期,道路上将会存在 CAVs 和人工驾驶汽车(Human Driven Vehicles,HDVs)混合行驶的现象。鉴于 HDVs 和 CAVs 在性能和驾驶行为方面的差异,混合交通流的运行规律存在复杂性和不确定性。因此,有必要对存在 CAVs 和 HDVs 的混合交通流进行研究,进而充分了解异构交通流的特性,充分发挥 CAVs 的技术优势,并进行有效的交通规划与管理。

本章首先对 HDVs 和 CAVs 混合行驶时 4 种跟驰行为的饱和车头时距关系进行分析,根据统计概率构建与 CAVs 比例和饱和车头时距有关的混合交通路段通行能力计算函数。在此基础上,建立混合交通均衡模型,假设 HDVs 服从 SUE 原则,CAVs 服从 UE 原则,给出等价的变分不等式。最后利用对角化算法对混合交通均衡模型求解,分析不同 CAVs 比例下混合行驶场景的关键特征,并对影响系统出行的关键参数进行灵敏度分析。

5.1 混合交通流下的路段通行能力分析

路段通行能力是指当技术性能相同的车辆以最小的车头时距连续行驶时,单位时间内可以通过道路断面的车辆数最大值,因此,道路的通行能力可以表示为:

$$C = \frac{3600}{h} \tag{5-1}$$

式中,h 为车辆的最小饱和车头时距,s。

车头时距由车辆跟驰行为产生,Treiber 的研究指出期望、误差和延误是影响车辆跟驰行为的 3 个主要因素。期望低、误差大、延误大的车辆需要保持较大的车头时距跟随前方车辆,以保证行驶过程中的安全性。期望是指车辆驾驶员对后续时段中前方车流行驶情况的预判,即对车辆行驶状况的时空判断;误差是指车辆驾驶员在感知和反应过程中存在的判断偏差;延误是指车辆驾驶员在车辆跟驰过程中滞后的感应和反应时间。期望可以改善交通出行效率,而误差和延误则会对出行效率产生负面作用。

当 CAVs 与 HDVs 混合行驶时,道路上会出现 CAVs 跟随 CAVs、CAVs 跟随 HDVs、HDVs 跟随 CAVs、HDVs 跟随 HDVs 的 4 种情形,如图 5-1 所示。CAVs 由人工智能控制,可以通过配备的各类传感器、激光摄像机和雷达等系统对前方车辆进行精准检测,从而实时获取出行信息并调整驾驶状态,相对于 HDVs 大大降低了行驶误差。当其前方车辆是 CAVs 时,两车之间还可以通过车车联网功能有效减少制动及反应过程中的延误时间,多辆 CAVs 相互联通形成车队可以提供更为精准的预判,强化期望功能。因此,当多辆 CAVs 协同驾驶时,可以同时改善影响车辆驾驶员跟驰操作的期望、误差和延误 3 种因素,从而减小车头时距,提高路段通行能力。

然而,当 CAVs 前方车辆为 HDVs 时,CAVs 无法与 HDVs 实现车车联网进行信息交互,此时,CAVs 变成了只具有车辆检测和自动驾驶功能的 AVs,降低了其在保持车头时距行驶方面的优势。此外,由于 HDVs 由人驾驶,行驶状态存在一定的不确定性和随机性,因此,当 CAVs 前方是 HDVs 时,为保证交通安全,避免交通事故发生,CAVs 与 HDVs 之间需要保持较大的车头时距行驶,对道路的通行能力带来一定负面影响。由此可知,基于 CAVs 和 HDVs 不同的性能和驾驶行为,路段通行能力会随着 CAVs 的加入而发生变化。因此,本章首先对混合行驶场景下的路段通行能力进行研究。

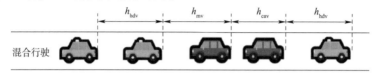

图 5-1 混合行驶道路示意图

假设车道上只存在 CAVs 和 HDVs 两种车辆,CAVs 所占百分比为 r,其值等于路段上 CAVs 的流量值除以总流量值,HDVs 的百分比为 $1-r$。根据统计概率可以得到,CAVs 跟随 CAVs 的比例为 r^2,CAVs 跟随 HDVs 的比例为 $r(1-r)$,则 HDVs 跟随 HDVs、CAVs 的比例为 $1-r$。令 h_{cav} 表示 CAVs 跟随 CAVs 的饱和车头时距,h_{mv} 表示 CAVs 跟随 HDVs 的饱和车头时距,h_{hdv} 表示 HDVs 跟随 CAVs、HDVs 的饱和车头时距。其中,当 CAVs 跟随 HDVs 时,无法发挥车车联网功能,此时 CAVs 降级成为 AVs,因此,h_{mv} 的值受自动驾驶控制技术和传感器等检测系统性能的影响,如果自动驾驶设备的性能达不到驾驶员的能力,此时,饱和车头时距满足 $h_{mv} > h_{hdv} > h_{cav}$,反之,饱和车头时距则满足 $h_{hdv} > h_{mv} > h_{cav}$。

根据以上假设,当 CAVs 与 HDVs 混合行驶时,路段通行能力可以表示为:

$$C = \frac{3600 \cdot n}{(1-r_a)h_{hdv} + r_a^2 h_{cav} + r_a(1-r_a)h_{mv}} \tag{5-2}$$

式中,r_a 为路段中 CAVs 的比例;h_{hdv} 为 HDVs 跟随 HDVs、CAVs 的最小饱和车头时距;h_{cav} 为 CAVs 跟随 CAVs 的最小饱和车头时距;h_{mv} 为 CAVs 跟随 HDVs 的最小饱和车头时距;n 为车道数量。

假设 $n=2$,$h_{hdv}=20s$,$h_{cav}=10s$,令 h_{mv} 分别为 10s,20s,30s,40s,50s,根据式(5-2),可以得到不同 CAVs 比例下的路段通行能力,如图 5-2 所示。

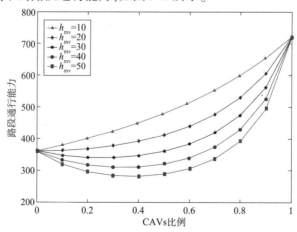

图 5-2 不同 CAVs 比例下的路段通行能力

从图 5-2 中可以看到,当 $h_{mv} \leq h_{cav}$ 时,路段通行能力随 CAVs 比例的增大而增大;当 $h_{mv} > h_{cav}$ 时,路段通行能力随 CAVs 比例的增加先减小后增大,这意味着当 CAVs 比例较低时,CAVs 和 HDVs 的混合行驶会给路段通行能力带来负面影响。因此,研究 CAVs 和 HDVs 混合行驶时对交通网络的影响,对 CAVs 的高效部署具有重要意义。

5.2 混合交通均衡模型构建

5.2.1 模型假设

(1)路网中只存在 HDVs 和 CAVs 两种车型。

(2)研究时段内路网各 OD 对间交通需求量是固定的。

(3)CAVs 和 HDVs 遵循不同的路径选择原则。相对于 HDVs,使用 CAVs 的出行者能够通过车与车、车与基础设施之间的互通互联准确地感知交通环境,从而准确地获取交通出行信息。因此,本章假设 CAVs 出行者是完全理性的,且完全并准确掌握交通网络的全部信息,都会使用成本最小的路径达到目的地,即服从 UE 原则。而 HDVs 出行者是根据感知出行成本选择出行路径,因此,服从 SUE 原则。

(4)CAVs 和 HDVs 的出行成本均仅考虑出行时间。

5.2.2 模型建立

1)出行时间函数

本节使用如式(5-3)所示的 Bureau of Public Roads(BPR)函数表示路段的出行时间:

$$t_a(v_a) = t_a^0 \left[1 + \alpha \left(\frac{v_a}{C_a} \right)^\beta \right], \forall a \in A \tag{5-3}$$

式中,$t_a(v_a)$ 为路段 $a \in A$ 的出行时间;t_a^0 为路段 $a \in A$ 的自由流行驶时间;C_a 为路段 $a \in A$ 的通行能力;v_a 为路段 $a \in A$ 上的交通流量;α、β 为模型参数。

将式(5-2)代入到式(5-3)中,得到存在 CAVs 和 HDVs 混合流量的路段出行时间函数,如式(5-4)所示。

$$t_a(v_a^1, v_a^2) = t_a^0 \left[1 + \alpha \left(\frac{v_a^1 + v_a^2}{\frac{3600 \cdot n}{(1-r)h_{hdv} + r^2 h_{cav} + r(1-r)h_{mv}}} \right)^\beta \right], \forall a \in A \tag{5-4}$$

式中,v_a^1 为路段 $a \in A$ 上的 HDVs 流量;v_a^2 为路段 $a \in A$ 上的 CAVs 流量;n 为路段 $a \in A$ 中的车道数量。

由式(5-4)可知,在同一路段上行驶的不同类别汽车出行者具有相同的出行时间。但是路段出行时间由于受可变路段通行能力的影响具有不对称性,增加一个单位的 HDVs 流量所增加的路段出行时间不等于增加一个单位的 CAVs 流量所增加的路段出行时间,如式(5-5)所示。

$$\frac{\partial t_a(v_a^1, v_a^2)}{\partial v_a^1} \neq \frac{\partial t_a(v_a^1, v_a^2)}{\partial v_a^2}, \forall a \in A \tag{5-5}$$

2) 流量守恒约束

路段 $a \in A$ 上的流量等于使用路段 $a \in A$ 的路径流量加和:

$$v_a^1 = \sum_{w \in W} \sum_{r \in R_w} f_{r,w}^1 \delta_{a,r}^w, \forall a \in A, r \in R_w, w \in W \tag{5-6}$$

$$v_a^2 = \sum_{w \in W} \sum_{r \in R_w} f_{r,w}^2 \delta_{a,r}^w, \forall a \in A, r \in R_w, w \in W \tag{5-7}$$

$$v_a = v_a^1 + v_a^1, \forall a \in A \tag{5-8}$$

式中, $f_{r,w}^1$ 为 OD 对 $w \in W$ 间路径 $r \in R_w$ 上的 HDVs 流量; $f_{r,w}^2$ 为 OD 对 $w \in W$ 间路径 $r \in R_w$ 上的 CAVs 流量; $\delta_{a,r}^w$ 为 0 或 1 变量,表示路段 $a \in A$ 与路径 $r \in R_w$ 的所属关系。当 $\delta_{a,r}^w = 1$ 时,路径 $r \in R_w$ 包含路段 $a \in A$; 当 $\delta_{a,r}^w = 0$ 时,路径 $r \in R_w$ 不包含路段 $a \in A$。

OD 对 $w \in W$ 间的出行需求等于该 OD 对间的路径流量加和:

$$\sum_{r \in R_w} f_{r,w}^1 = d_w^1, \forall r \in R_w, w \in W \tag{5-9}$$

$$\sum_{r \in R_w} f_{r,w}^2 = d_w^2, \forall r \in R_w, w \in W \tag{5-10}$$

$$f_{r,w} = f_{r,w}^1 + f_{r,w}^2, \forall r \in R_w, w \in W \tag{5-11}$$

式中, d_w^1 为 OD 对 $w \in W$ 间的 HDVs 流量; d_w^2 为 OD 对 $w \in W$ 间的 CAVs 流量; $f_{r,w}$ 为 OD 对 $w \in W$ 间路径 $r \in R_w$ 上的总流量。

路径、路段流量的非负约束:

$$v_a, v_a^1, v_a^1, f_{r,w}, f_{r,w}^1, f_{r,w}^2 \geq 0, \forall a \in A, r \in R_w, w \in W \tag{5-12}$$

根据以上假设,流量可行集 Ω 可表示为:

$$\Omega = \left\{ \begin{array}{l} (f^1, f^2, v^1, v^2) \mid v_a^1 = \sum_{w \in W} \sum_{r \in R_w} f_{r,w}^1 \delta_{a,r}^w, v_a^2 = \sum_{w \in W} \sum_{r \in R_w} f_{r,w}^2 \delta_{a,r}^w, \sum_{r \in R_w} f_{r,w}^1 = d_w^1, \\ \sum_{r \in R_w} f_{r,w}^2 = d_w^2, f_{r,w}^1 > 0, f_{r,w}^2 > 0, \forall a \in A, r \in R_w, w \in W \end{array} \right\} \tag{5-13}$$

式中, f^1, f^2, v^1, v^2 分别表示 HDVs 和 CAVs 的路径流量向量及路段流量向量,即 $v^1 = (v_a^1, \forall a \in A), v^2 = (v_a^2, \forall a \in A), f^1 = (\sum_{r \in R_w} f_{r,w}^1 = d_w^1, \forall r \in R_w, w \in W), f^2 = (\sum_{r \in R_w} f_{r,w}^2 = d_w^2, \forall r \in R_w, w \in W)$。

3) HDVs 的交通流量分配

本文采用基于 Logit 的 SUE 模型描述 HDVs 的交通分配。HDVs 用户在 OD 对 $w \in W$ 间路径 $r \in R_w$ 上的感知出行效用表述如下:

第 5 章 自动驾驶与有人驾驶混合交通流网络均衡分析

$$U_{r,w}^1 = -\theta c_{r,w}^1 + \xi_{r,w}, \forall r \in R_w, w \in W \tag{5-14}$$

式中,$c_{r,w}^1$ 为 HDVs 用户在 OD 对 $w \in W$ 间路径 $r \in R_w$ 上的实际出行成本;$\xi_{r,w}$ 为随机误差;θ 为出行者对出行成本的感知误差程度,θ 越大,感知误差越小,反之,θ 越小,感知误差越大。

根据效用最大化理论,OD 对 $w \in W$ 间路径 $r \in R_w$ 被 HDVs 出行者选择的概率满足以下条件:

$$P_{r,w} = \Pr(U_{r,w}^1 > U_{l,w}^1), \forall r, l \in R_w, w \in W \tag{5-15}$$

$$0 \leqslant P_{r,w} \leqslant 1, \forall r \in R_w, w \in W \tag{5-16}$$

$$\sum_{r \in R_w} P_{r,w} = 1, \forall w \in W \tag{5-17}$$

假设随机误差项 $\xi_{r,w}$ 是均值为零、独立分布的 Gumbel 变量,则 OD 对 $w \in W$ 之间路径 $r \in R_w$ 被 HDVs 出行者选择的概率可以表示为:

$$P_{r,w} = \frac{\exp(-\theta c_{r,w}^1)}{\sum_{l \in R_w} \exp(-\theta c_{l,w}^1)}, \forall r, l \in R_w, w \in W \tag{5-18}$$

式中,$P_{r,w}$ 为 HDVs 出行者选择 OD 对 $w \in W$ 之间路径 $r \in R_w$ 的概率。

则 HDVs 路径流量分布可表示为:

$$f_{r,w}^1 = P_{r,w} \cdot d_w^1, \forall w \in W \tag{5-19}$$

4)CAVs 的交通流量分配

CAVs 出行者可以通过车与车或车与基础设施之间的互通互联准确地感知交通环境。使用 CAVs 的用户可以更准确地获取交通出行信息,因此,假设其服从 UE 原则,即使用出行成本最小的出行路径达到目的地。当达到均衡状态时,满足以下 UE 条件:

$$(c_{r,w}^2 - u_w^2)f_{r,w}^2 = 0, c_{r,w}^2 - u_w^2 \geqslant 0, f_{r,w}^2 \geqslant 0, \forall r \in R_w, w \in W \tag{5-20}$$

式中,u_w^2 为均衡时 CAVs 出行者的最小出行成本。

由于 CAVs 流量和 HDVs 流量对出行时间函数具有不对称影响,因此,出行时间函数的 Jacobian 矩阵也呈现不对称性,难以建立交通分配数学规划模型。本章建立变分不等式来描述 HDVs 和 CAVs 的混合交通均衡问题,如式(5-21)所示。

$$\sum_{w \in W} \sum_{r \in R_w} \left[c_{r,w}^1(f_{r,w}^{1*}) + \frac{1}{\theta} \ln f_{r,w}^{1*} \right](f_{r,w}^1 - f_{r,w}^{1*}) + \sum_{w \in W} \sum_{r \in R_w} c_{r,w}^2(f_{r,w}^{2*})(f_{r,w}^2 - f_{r,w}^{2*}) \geqslant 0$$

$$\tag{5-21}$$

$$\forall (f^1, f^2, v^1, v^2) \in \Omega \tag{5-22}$$

5.2.3 变分不等式与混合均衡问题的等价性和解的存在性

接下来,本节证明上述 VI 问题式(5-21)与 HDVs 和 CAVs 的混合交通均衡条件式(5-18)~

式(5-20)的等价性以及解的存在性。

命题1 Ⅵ问题式(5-21)等价于 HDVs 和 CAVs 的混合交通均衡条件式(5-18) ~ 式(5-20)。

证明：设 u_w^1、u_w^2 分别为式(5-9)和式(5-10)的对偶变量，则Ⅵ问题式(5-21)的 KKT 条件为：

$$\left[c_{r,w}^1(f_{r,w}^{1*}) + \frac{1}{\theta}\ln f_{r,w}^{1*} - u_w^1\right]f_{r,w}^{1*} = 0, \forall r \in R_w, w \in W \tag{5-23}$$

$$c_{r,w}^1(f_{r,w}^{1*}) + \frac{1}{\theta}\ln f_{r,w}^{1*} - u_w^1 \geq 0, f_{r,w}^{1*} \geq 0, \forall r \in R_w, w \in W \tag{5-24}$$

$$(c_{r,w}^2 - u_w^2)f_{r,w}^{2*} = 0, \forall r \in R_w, w \in W \tag{5-25}$$

$$c_{r,w}^2 - u_w^2 \geq 0, f_{r,w}^{2*} \geq 0, \forall r \in R_w, w \in W \tag{5-26}$$

由式(5-23)和式(5-24)可知：

$$\text{若} f_{r,w}^{1*} > 0, \text{则} c_{r,w}^1(f_{r,w}^{1*}) + \frac{1}{\theta}\ln f_{r,w}^{1*} - u_w^1 = 0, \forall r \in R_w, w \in W \tag{5-27}$$

整理可得：

$$f_{r,w}^{1*} = \exp\{-\theta[c_{r,w}^1(f_{r,w}^{1*}) - u_w^1]\}, \forall r \in R_w, w \in W \tag{5-28}$$

结合式(5-9)，可以得到：

$$d_w^1 = \sum_{r \in R_w} \exp\{-\theta[c_{r,w}^1(f_{r,w}^{1*}) - u_w^1]\}, \forall r \in R, w \in W \tag{5-29}$$

对式(5-29)的两侧取自然对数，并进行移项可得：

$$u_w^1 = \frac{1}{\theta}\ln\left[d_w^1 \Big/ \sum_{r \in R_w} \exp(-\theta c_{r,w}^1)\right], \forall r \in R, w \in W \tag{5-30}$$

将式(5-30)代入到式(5-29)中可得：

$$\frac{f_{r,w}^{1*}}{d_w^1} = \frac{\exp(-\theta c_{r,w}^1)}{\sum_{l \in R_w} \exp(-\theta c_{l,w}^1)}, \forall r \in R_w, w \in W \tag{5-31}$$

由此可知，对于 HDVs，其路径选择满足随机用户均衡原则，即均衡条件式(5-18) ~ 式(5-20)，而式(5-25) ~ 式(5-26)等价于均衡条件式(5-20)。证明完毕。

设 HDVs 用户的感知成本为 $H_{r,w}^1 = c_{r,w}^1 + \frac{1}{\theta}\ln f_{r,w}^1$，则Ⅵ问题式(5-21)可以表述为：

$$\sum_{w \in W}\sum_{r \in R_w} H_{r,w}^1(f_{r,w}^{1*})(f_{r,w}^1 - f_{r,w}^{1*}) + \sum_{w \in W}\sum_{r \in R_w} c_{r,w}^2(f_{r,w}^{2*})(f_{r,w}^2 - f_{r,w}^{2*}) \geq 0 \tag{5-32}$$

$$\forall (f^1, f^2, v^1, v^2) \in \Omega \tag{5-33}$$

命题2 Ⅵ问题式(5-21)至少存在一个解。

第5章　自动驾驶与有人驾驶混合交通流网络均衡分析

证明：由于流量可行集 Ω 为非空和凸集合，此外，路段出行成本函数 $H_{r,w}^1$、$c_{r,w}^2$、$\ln f_{r,w}^{1*}$ 均为变量 (f^1, f^2, v^1, v^2) 的连续函数，且约束条件是线性的。根据 Facchinei 和 Pang 的研究，VI 问题式(5-21)至少存在一个解。

命题2可以证明 VI 问题式(5-21)至少存在一个解，如果路段出行成本函数是路段流量的严格递增函数，则变分不等式存在唯一解。由于存在两种交通方式，且 CAVs 和 HDVs 在行驶时相互影响，对路段阻抗函数的边际效应是不同的，无法保证路段阻抗函数的严格单调性。因此，本章重点关注均衡解的局部稳定性而不是全局唯一性。一些多方式交通分配算法，如连续平均法、对角化算法以及路径交换算法可以得到混合交通均衡下的稳定局部最优值，本章采用对角化算法对混合交通均衡问题进行求解。

5.3　求解算法

由于 HDVs 和 CAVs 对路段出行时间的不对称影响以及多模式交通分配问题的复杂性，传统的 Frank-wolf 等算法不能用于求解混合交通流模型。因此，本章采用对角化算法求解混合交通均衡问题。

Abdulaal 和 Leblanc 针对交通模式选择和交通分配问题首先提出对角化算法。随后 Sheffi 将其扩展到求解具有非对称相互作用的交通均衡问题中。在混合交通均衡问题中，对角化算法将相同类型的出行者分离到一个虚拟、独立的网络中，并假设两个"虚拟"网络上对应的路段之间存在不对称交互作用。对角化算法将求解问题转换成为几个子问题，在求解某一类别出行者的交通均衡解时，需将其他类别的交通流作为背景流量保持不变。求解出该类出行者的均衡流量后，再将此类出行者的均衡流量作为背景流量保持不变，求解其他类别出行者的交通均衡解。通过不断地迭代，最终达到多类别流量的均衡状态。在上层给定 k_a^* 和 y_a^* 后，本章中 CAVs 和 HDVs 混合交通均衡问题的对角化算法求解步骤如下：

步骤1：初始化。

假设初始路段流量为0，分别根据 SUE 原则和 UE 原则对 HDVs 流量和 CAVs 流量执行全有全无流量分配，得到初始路段流量 $v_{(0)} = v_{(0)}^1 + v_{(0)}^2$，根据式(5-1)更新路段通行能力 $C_{(0)}$，令初始迭代次数 $n=1$。

步骤2：对角化。

固定 CAVs 控制的流量 $v_{(n-1)}^2$，计算 HDVs 用户的出行成本，并根据式(5-23)和式(5-24)进行基于 Logit 的流量分配，得到辅助流量集合 $s_{(n)}^1$，按照连续平均算法(Method of Successive Algorithm, MSA) 计算得到更新后的路段流量集合 $v_{(n+1)}^1 = v_{(n)}^1 + \dfrac{(s_{(n)}^1 - v_{(n)}^1)}{(n+1)}$。

步骤3：对角化。

固定住 HDVs 控制的流量 $v_{(n+1)}^1$，计算 CAVs 的路径出行成本，对 CAVs 流量进行 UE 分配，得到辅助流量集合 $s_{(n)}^2$，按照 MSA 算法计算得到更新后的路段流量集合 $v_{(n+1)}^2 = v_{(n)}^2 +$

$\dfrac{(s_{(n)}^2 - v_{(n)}^2)}{(n+1)}$。

步骤4：根据式(5-1)更新路段通行能力 $C_a(n)$。

步骤5：收敛判断。

如果 $\| v_{(n+1)}^1 - v_{(n)}^1 \| / \| v_{(n)}^1 \| + \| v_{(n+1)}^2 - v_{(n)}^2 \| / \| v_{(n)}^2 \| \leqslant \varepsilon$，则停止算法，得到路段流量 $v_{(n+1)} = v_{(n+1)}^1 + v_{(n+1)}^2$。否则，令迭代次数 $n = n + 1$，返回到步骤2，继续进行迭代计算。

5.4 数值算例

5.4.1 Nguyen-Dupuis 网络

为了验证本章模型和算法的有效性和可行性，本节将模型与算法应用到 Nguyen-Dupuis 网络，如图 5-3 所示。

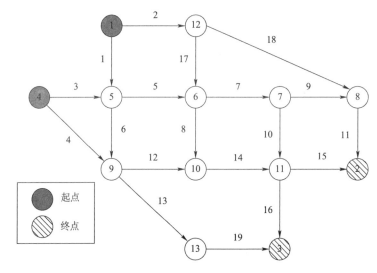

图 5-3　Nguyen-Dupuis 网络

Nguyen-Dupuis 网络包含 4 个 OD 对、19 条路段以及 13 个节点，假设均为双车道路段，即 $n = 2$。OD 对 $\{1\text{-}2\}$、$\{1\text{-}3\}$、$\{4\text{-}2\}$、$\{4\text{-}3\}$ 的出行需求分别为 1020、790、520 和 650。令参数 $\theta = 0.01, \alpha = 0.15, \beta = 4, h_{\text{cav}} = 10\text{s}, h_{\text{hdv}} = 20\text{s}$。关于网络的其他参数见表 5-1。

Nguyen-Dupuis 网络参数表　　　　　　　　　　　表 5-1

路段	t_a^0	路段	t_a^0	路段	t_a^0
1	7	3	9	5	3
2	9	4	12	6	9

第5章　自动驾驶与有人驾驶混合交通流网络均衡分析

续上表

路段	t_a^0	路段	t_a^0	路段	t_a^0
7	5	12	10	17	6
8	13	13	9	18	14
9	5	14	6	19	11
10	9	15	9	—	—
11	11	16	8	—	—

5.4.2　结果分析

为了证明算法的有效性,本节展示了当 CAVs 比例为 0.6 时的对角化算法迭代曲线,如图 5-4 所示。可以看到对角化算法的迭代曲线的波动范围随着迭代次数的增加而不断减小,最终在迭代次数约为 42 次时停止算法的迭代,此时系统总出行时间的值为 259129.1887。由此可见,本节设计的对角化算法适用于求解本章提出的混合交通均衡模型。

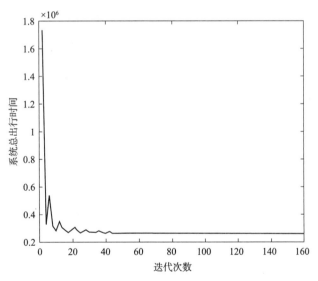

图 5-4　对角化算法迭代曲线

接下来,本节对只存在 HDVs 时和只存在 CAVs 时这两种场景的交通网络均衡模型进行求解,得到均衡时的路段流量、路段饱和度以及系统总出行时间,如表 5-2 和表 5-3 所示。

通过表 5-2 可知,由于 HDVs 用户和 CAVs 用户遵循不同的路径选择原则,在固定需求下,完全 CAVs 情形和完全 HDVs 情形下交通网络达到均衡时的路段流量分布不同,路段饱和度的分布情况也不相同。

自动驾驶出行管理分析
Travel management analysis for automated driving

均衡时路段流量分配表　　　　　　　　　　　　　　　　表 5-2

路段	完全 HDVs 场景		完全 CAVs 场景	
	路段流量	路段饱和度	路段流量	通行能力
1	907.44	2.52	989.88	1.37
2	902.56	2.51	820.13	1.14
3	528.85	1.47	238.88	0.33
4	641.15	1.78	931.13	1.29
5	860.01	2.39	1070.75	1.49
6	576.28	1.60	158.00	0.22
7	804.34	2.23	986.00	1.37
8	339.33	0.94	114.38	0.16
9	178.07	0.49	149.25	0.21
10	626.27	1.74	836.75	1.16
11	796.96	2.21	939.75	1.31
12	490.29	1.36	305.50	0.42
13	727.14	2.02	785.63	1.09
14	829.63	2.30	419.88	0.58
15	743.04	2.06	600.25	0.83
16	712.86	1.98	656.38	0.91
17	283.67	0.79	29.63	0.04
18	618.89	1.72	790.50	1.10
19	727.14	2.02	783.63	1.09

两种场景下系统总出行时间对比　　　　　　　　　　　　表 5-3

场景	完全 HDVs 情形	完全 CAVs 情形
系统总出行时间	382450.84	128936.56

通过表 5-3 可知,完全 HDVs 情形下网络均衡时的系统总出行时间为 382450.84,完全 CAVs 情形下网络均衡时的系统总出行时间为 128936.56,减少 66.2%。这表明,均衡时,完全 CAVs 情形的出行效率高于完全 HDVs 情形。

接下来,本节对给定 CAVs 需求下的混合交通网络均衡问题进行求解。如第 5.1 节所述,不同于上述只存在一种车辆的情况,当 HDVs 和 CAVs 混合行驶时,CAVs 以大于跟随 CAVs 的饱和车头时距跟随 HDVs。此时,饱和车头时距满足 $h_{hdv} > h_{mv} \geqslant h_{cav}$ 或者 $h_{mv} > h_{hdv} > h_{cav}$ 两种关系。因此,本节分别选取 $h_{mv} = 16s$ 和 $h_{mv} = 24s$ 的两种情况对混合行驶下的交通网络均衡模型进行求解,得到混合行驶场景、完全 HDVs 场景和完全 CAVs 场景下的系统总出行时间对比图,如图 5-5 所示。

从图 5-5 中可以看出,交通网络均衡时 $h_{mv} = 16s$ 和 $h_{mv} = 24s$ 这两种情况下混合行驶场

第5章 自动驾驶与有人驾驶混合交通流网络均衡分析

景的系统总出行时间不同。两种情况下,完全 CAVs 场景均优于混合行驶场景和完全 HDVs 场景。在 $h_{mv}=16s$ 的情况下,均衡时各 CAVs 比例下混合行驶场景的系统总出行时间均小于完全 HDVs 场景,并随着 CAVs 比例的增大而减小。此时,CAVs 的存在带来了出行效率的提升。而在 $h_{mv}=24s$ 的情况下,均衡时混合行驶情形并不总是优于完全 HDVs 场景。当 CAVs 比例小于 0.3 时,均衡时混合行驶场景的系统总出行时间大于完全 HDVs 场景,此时,CAVs 的加入反而降低了出行效率。通过两种情况的对比可知,混合行驶场景的出行效率并不总是优于完全 HDVs 场景,当 CAVs 跟随 HDVs 的饱和车头时距较大时,如果网络中 CAVs 的比例较小,混合行驶反而会增加系统总出行时间。

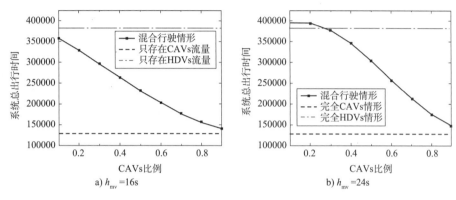

图 5-5 系统总出行时间对比图

当 $h_{mv}=16s$ 和 $h_{mv}=24s$ 时,不同 CAVs 比例下的路段饱和度如图 5-6 所示。

可以看到,当 CAVs 跟随 HDVs 的饱和车头时距 $h_{mv}=16s$ 时,均衡时混合行驶情形下的路段饱和度随着 CAVs 比例的增大而不断减小。结合本章 5.1 节中对路段通行能力的分析可知,当 $h_{mv}<h_{hdv}$ 时,CAVs 比例的增加使得路段通行能力也不断增加,则总需求固定时,饱和度随 CAVs 比例不断减小,相应的解释了 $h_{mv}=16s$ 时系统总出行时间如图 5-5a)所示变化趋势的原因。而当 CAVs 跟随 HDVs 的饱和车头时距 h_{mv} 为 24s 时,混合行驶情形下的路段通行能力先减小后增大,在需求不变时,路段饱和度随 CAVs 的比例变化趋势也先增大再减小,如图 5-6b)所示,相应的解释了系统总出行时间如图 5-5b)所示变化趋势的原因。

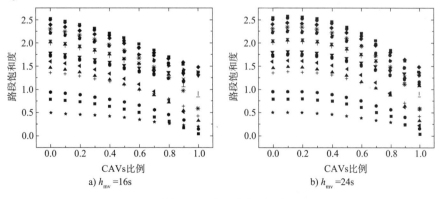

图 5-6 不同 CAVs 比例下均衡时的路段饱和度

5.4.3 灵敏度分析

为了识别影响均衡时混合交通流特性的关键因素,本节对模型中的参数 CAVs 跟随 HDVs 的饱和车头时距 h_{mv} 以及 CAVs 跟随 CAVs 的饱和车头时距 h_{cav} 进行灵敏度分析。需要注意的是,h_{mv} 与 h_{cav} 可以通过技术优化而得到改变,但 h_{hdv} 取决于驾驶员,因此,本章暂不考虑 h_{hdv} 对模型的影响。

1) CAVs 跟随 CAVs 的饱和车头时距值 h_{cav}

保持交通网络中其他参数不变,选取 $h_{mv}=24s$ 的情况,令 CAVs 跟随 CAVs 的饱和车头时距 h_{cav} 从 10s 以 2s 的间隔变化至 20s,得到当 CAVs 比例为 0.5 时不同 h_{cav} 下均衡时的系统总出行时间,如图 5-7 所示。

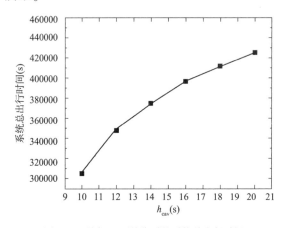

图 5-7 不同 h_{cav} 下均衡时的系统总出行时间

从图 5-7 中可以看出,同一 CAVs 比例下,h_{cav} 的值越大,系统总出行时间越长。这表明,当 CAVs 跟随 CAVs 的饱和车头时距越大时,CAVs 对出行效率的提升效果越小。

2) CAVs 跟随 HDVs 的饱和车头时距值 h_{mv}

保持交通网络中其他参数不变,令 h_{mv} 从分别从 14s 以 2s 的间隔变化至 26s,得到当 CAVs 比例为 0.5 时不同 h_{mv} 下均衡时的系统总出行时间,如图 5-8 所示。

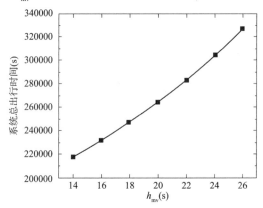

图 5-8 不同 h_{mv} 下均衡时的系统总出行时间

第 5 章　自动驾驶与有人驾驶混合交通流网络均衡分析

从图 5-8 中可以看出，同一 CAVs 比例下，h_{mv} 的值越大，系统总出行时间越长。这表明，当 HDVs 与 CAVs 之间的干扰越大时，CAVs 对系统总出行时间的优化效果越小。因此，在分析 CAVs 对交通网络性能的影响时，有必要考虑不同车辆之间的相互干扰作用。此外，在设计 CAVs 性能时，可以在保证安全性的基础上，尽量缩短 CAVs 跟随 HDVs 车辆的饱和车头时距，以提高路段通行能力，从而提升交通出行效率。

5.5　本章小结

本章以 CAVs 和 HDVs 组成的混合交通流为主要研究对象，重点分析 CAVs 对出行效率的影响以及影响混合交通流出行效率的关键因素，为第 6 章和第 7 章提出混合交通流的管理方案提供依据。本章首先构建以 CAVs 比例为参数的路段通行能力函数，分析了 CAVs 比例对路段通行能力的非线性影响。在此基础上，建立混合交通均衡模型，假设 HDVs 的交通流量分配遵循 SUE 原则，CAVs 的交通流量分配遵循 UE 原则，构建等价的变分不等式模型。利用对角化算法对模型进行求解，对比完全 CAVs 场景、混合行驶场景与完全 HDVs 场景，以分析 CAVs 对交通网络性能的影响。分析结果表明，完全 CAVs 场景的出行效率优于完全 HDVs 场景，但是混合行驶状态并不总是优于完全 HDVs 场景，如果 CAVs 跟随 HDVs 的饱和车头时距较大，则当 CAVs 比例较低时，HDVs 和 CAVs 之间的干扰作用反而会降低出行效率，加剧交通网络的拥挤程度。最后，对影响混合交通流出行效率的关键因素进行灵敏度分析，研究结果表明，在同一 CAVs 比例下，CAVs 跟随 HDVs 的饱和车头时距越大则系统总出行时间越大，进一步证明了 HDVs 与 CAVs 之间的混合行驶会降低 CAVs 对出行效率的提升这一结论。

本章参考文献

［1］林雨. 智能网联自动驾驶汽车专用道设置优化研究［D］. 吉林：吉林大学，2021.

［2］TREIBER M，KESTING A，HELBING D. Delays，inaccuracies and anticipant in microscopic traffic models［J］. Physica A：Statistical Mechanics and its Applications，2006，360（1）：71-88.

［3］FACCHINEI F，PANG J S. Fintite-dimensional variational inequalities and complementarity problems［M］. Springer-Verlag，New York，Inc，2003.

［4］ABDULAAL M，LEBLANC L J. A study on formulation of a combined modal split and assignment equilibrium model［J］. Transportation Science，1979，13（4），292-314.

［5］SHEFFI Y. Urban transportation networks：equilibrium analysis with mathematical programming methods［M］. Englewood：Prentice-Hall，1985.

［6］清华大学，文远知行. 自动驾驶出租汽车乘客调研报告［R］. 2020.

［7］张佳翠. 混合行驶环境下城市出行管理：基于网络均衡理论的分析［D］. 北京：北京交通

大学,2022.

[8] 姚晓锐,王冠,杨超.未来城市自动驾驶共享汽车规模研究:以上海为例[J].交通运输系统工程与信息,2019,19(6):85-91.

[9] 谭荣辉,徐晓林,傅利平,等.城市管理的智能化转型:研究框架与展望[J].管理科学学报,2021,24(08):48-57.

[10] CHEN D,AHN S,CHITTURI M,et al. Towards vehicle automation:Roadway capacity formulation for traffic mixed with regular and automated vehicles[J]. Transportation Research Part B:Methodological,2017,100(10):196-221.

[11] 胡笳,罗书源,赖金涛,等.自动驾驶对交通运输系统规划的影响综述[J].交通运输系统工程与信息,2021,21(5):52-65.

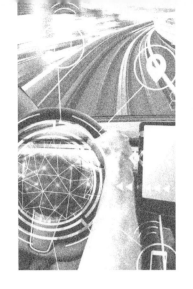

CHAPTER 6 | 第 6 章

共享自动驾驶出行者的早高峰均衡分析

第 6 章 共享自动驾驶出行者的早高峰均衡分析

由于自动驾驶汽车不需要驾驶员,因此通勤者选择合乘模式的复杂性和心理障碍会降低,合乘模式的受欢迎程度也随之上升。随着自动驾驶技术的不断成熟,以"自动驾驶+共享"为特征的未来出行方式将受到关注。

6.1 场景构建

基于经典的瓶颈模型,本章考虑如图 6-1 所示的出行场景。在早高峰时段,有固定数量的 N 位通勤者需要通过瓶颈路段从居住地前往工作地。假设道路上的总车辆为 N_f,由 N_{av} 辆自动驾驶车辆(Autonomous vehicle,AV)和 N_{sav} 辆共享自动驾驶车辆(Shared autonomous vehicle,SAV)组成,$N_f = N_{av} + N_{sav}$。假设每辆 AV 的载客数为 1,每辆 SAV 的载客数为 ρ,且 $\rho \geq 2$,则通勤者总人数 N 可以表示为 $N = N_{av} + \rho N_{sav}$。

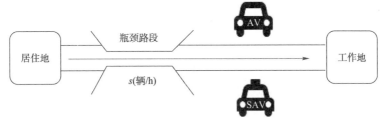

图 6-1 AV 与 SAV 的出行场景

从活动的视角分析,AV 通勤者和 SAV 通勤者的个人净效用包括两部分,其一为活动效用,其二为出行效用。

在活动效用中,两类通勤者均可在家获得家庭活动效用;无人驾驶特性使得通勤者可以在车内进行除开车之外的活动以此获得车内活动效用,由于 SAV 通勤者需要和他人共享车内空间,因此,车内活动效用与 AV 通勤者有所不同;到达工作地点后,通勤者在上班时段内进行工作活动从而获得工作活动效用。

在出行效用中,考虑到 AV 和 SAV 的特性及其不同,分别针对两类车型采用相应的出行成本函数。AV 通勤者对车辆具有所有权,因此,AV 的出行成本中包括固定成本和可变成本两部分,其中固定成本是由车辆本身的折旧以及每次车辆行驶产生的固定费用成本构成,可变成本指每次出行由于出行距离、出行时间等不确定因素产生的费用成本;SAV 通勤者对车辆只有使用权,其出行成本包括固定的合乘费用成本和可变成本,其中可变成本包括每次出行产生的车费成本以及由于合乘上下车产生的额外成本。

6.2 效用函数构建

6.2.1 自动驾驶通勤者的效用函数

综合考虑通勤者在各个阶段产生的活动效用和 AV 特性,从活动的视角给出在 t 时刻出发的 AV 通勤者的活动效用函数 $U_{av}^A(t)$ 为：

$$U_{av}^A(t) = \int_0^t u_h dt + \int_t^{t+T(t)} u_v dt + \int_{t+T(t)}^{t^d} u_w dt \qquad (6\text{-}1)$$

式中，u_h 为家庭活动边际效用；u_v 为车内活动边际效用；u_w 为工作活动边际效用；$[0,t^d]$ 为研究时段；t 为通勤者的出发时间；$T(t)$ 为通勤者的出行时间，且 $T(t) = T_D(t) + T_f$，$T_D(t)$ 为在 t 时刻出发的通勤者的排队时间，T_f 为自由流行驶时间，为了便于分析，假设自由流行驶时间均发生在离开瓶颈之后。

在 t 时刻出发的 AV 通勤者的出行成本 $U_{av}^T(t)$ 为：

$$U_{av}^T(t) = \begin{cases} \alpha T(t) + \beta[t^* - t - T(t)] + \xi_1 T(t), t \in [t_{av}^s, \bar{t}_{av}] \\ \alpha T(t) + \gamma[t + T(t) - t^*] + \xi_1 T(t), t \in [\bar{t}_{av}, t_{av}^e] \end{cases} \qquad (6\text{-}2)$$

式中，α 为通勤者的单位出行时间价值；β 为单位时间早到惩罚成本；γ 为单位时间晚到惩罚成本；ξ_1 为行驶单位时间所消耗的燃油费用；t_{av}^s 为首位 AV 通勤者的出发时间；t_{av}^e 为最后一位 AV 通勤者的出发时间；$\bar{t}_{av}$ 为能准时到达工作地的 AV 通勤者出发时间。

因此，在 t 时刻出发的 AV 通勤者的出行净效用函数 $U_{av}(t)$ 为：

$$U_{av}(t) = U_{av}^A(t) - U_{av}^T(t) \qquad (6\text{-}3)$$

6.2.2 共享自动驾驶通勤者的效用函数

与 AV 通勤者的活动效用有所不同，使用 SAV 出行的通勤者由于需要与其他通勤者共享车内空间，因此，相较于 AV 通勤者，SAV 通勤者的车内效用将会有所降低，降低程度通过 θ_ρ 刻画，$\theta_\rho \in (-\infty, 1)$。当 $\theta_\rho < 0$ 时，表示由于合乘带来的不便使得通勤者产生了负的车内活动效用。除车内活动效用外，SAV 通勤者的家庭活动效用和工作活动效用与 AV 通勤者相同。因此，在 t 时刻出发的 SAV 通勤者的活动效用函数 $U_{sav}^A(t)$ 为：

$$U_{sav}^A(t) = \int_0^t u_h dt + \int_t^{t+T(t)} \theta_\rho u_v dt + \int_{t+T(t)}^{t^d} u_w dt \qquad (6\text{-}4)$$

SAV 通勤者的出行成本中，除了排队成本和计划延误成本，由于 SAV 的共享特性，会产生相应的合乘成本 $\xi(t)$，即：

$$\xi(t) = \frac{\alpha h_p (1+\rho)}{2} + \frac{\xi_1 T(t)}{\rho} + \xi_2 \qquad (6\text{-}5)$$

式中，第一项表示合乘乘客上车行为带来的平均额外成本，h_p 为一位通勤者上车所花费的时间；第二项为可变合乘费用，即合乘乘客平摊的油耗费用，与出行时间成正比；第三项 ξ_2 为固定合乘费用。由此可以得到 SAV 通勤者的出行成本 $U_{sav}^T(t)$ 为：

$$U_{sav}^T(t) = \begin{cases} \alpha T(t) + \beta[t^* - t - T(t)] + \dfrac{\xi_1 T(t)}{\rho} + \xi_2 + \dfrac{\alpha h_p (1+\rho)}{2}, t \in [t_{sav}^s, \bar{t}_{sav}] \\ \alpha T(t) + \gamma[t + T(t) - t^*] + \dfrac{\xi_1 T(t)}{\rho} + \xi_2 + \dfrac{\alpha h_p (1+\rho)}{2}, t \in [\bar{t}_{sav}, t_{sav}^e] \end{cases} \qquad (6\text{-}6)$$

式中，t_{sav}^s 为首位 SAV 通勤者的出发时间；t_{sav}^e 为最后一位 SAV 通勤者的出发时间；$\bar{t}_{sav}$ 为能准时到达工作地的 SAV 通勤者出发时间。

通过以上分析可以得到,在 t 时刻出发的 SAV 通勤者的出行净效用函数 $U_{sav}(t)$ 为:

$$U_{sav}(t) = U_{sav}^A(t) - U_{sav}^T(t) \tag{6-7}$$

6.3 两种特殊场景

6.3.1 通勤者全部使用自动驾驶车辆出行

当通勤者全部采用 AV 出行时,早高峰时段道路上的总车辆数为 $N_f = N_{av} = N$。

当达到均衡时,任何 AV 通勤者都无法通过改变出发时间来使出行净效用增大,由此得到均衡条件为:

$$\frac{dU_{av}(t)}{dt} = 0 \tag{6-8}$$

由式(6-3)和式(6-8)可得均衡时 AV 通勤者的早到出发率 r_{av}^1 和晚到出发率 r_{av}^2 为:

$$r_{av}^1 = \frac{\alpha + \xi_1 + u_h - u_v}{\alpha + \xi_1 - \beta + u_w - u_v} s, t \in [t_{av}^s, \bar{t}_{av}] \tag{6-9}$$

$$r_{av}^2 = \frac{\alpha + \xi_1 + u_h - u_v}{\alpha + \xi_1 + \gamma + u_w - u_v} s, t \in [\bar{t}_{av}, t_{av}^e] \tag{6-10}$$

由均衡条件和式(6-9)、式(6-10)可以得到通勤者的各关键出发时间点为:

$$t_{av}^s = t^* - T_f - \frac{\gamma - u_h + u_w}{\beta + \gamma} \frac{N}{s} \tag{6-11}$$

$$t_{av}^e = t^* - T_f + \frac{\beta + u_h - u_w}{\beta + \gamma} \frac{N}{s} \tag{6-12}$$

$$\bar{t}_{av} = t^* - T_f - \frac{(\beta + u_h - u_w)(\gamma - u_h + u_w)}{(\alpha + \xi_1 + u_h - u_v)(\beta + \gamma)} \frac{N}{s} \tag{6-13}$$

根据均衡时 AV 通勤者的出发率和关键出发时间可以得到常数边际活动效用下 AV 的出发到达模式图,如图 6-2 所示。

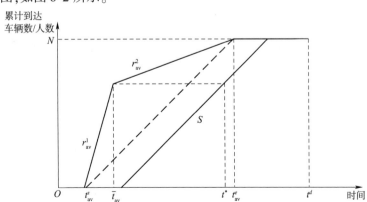

图 6-2 AV 通勤者的出行模式

进一步可以得到常数边际活动效用下 AV 通勤者的个人通勤净效用 U_{av}、总通勤净效用 TU_{av}、总计划延误成本 $TSDC_{av}$、总排队成本 TQ_{av} 和总自由行驶成本 TFC_{av} 分别为：

$$U_{av} = -\frac{(\beta + u_h - u_w)(\gamma - u_h + u_w)}{(\beta + \gamma)}\frac{N}{s} - (u_w - u_h)t^* + u_w t^d - (\alpha + \xi_1 + u_h - u_v)T_f \quad (6\text{-}14)$$

$$TU_{av} = \left[-\frac{(\beta + u_h - u_w)(\gamma - u_h + u_w)}{(\beta + \gamma)}\frac{N}{s} - (u_w - u_h)t^* + u_w t^d - (\alpha + \xi_1 + u_h - u_v)T_f\right]N \quad (6\text{-}15)$$

$$TSDC_{av} = \frac{\beta s}{2}\left(\frac{\gamma - u_h + u_w}{\beta + \gamma}\frac{N}{s}\right)^2 + \frac{\gamma s}{2}\left(\frac{\beta + u_h - u_w}{\beta + \gamma}\frac{N}{s}\right)^2 \quad (6\text{-}16)$$

$$TQ_{av} = \frac{\alpha s(\beta + u_h - u_w)(\gamma - u_h + u_w)}{2(\alpha + \xi_1 + u_h - u_v)(\beta + \gamma)}\left(\frac{N}{s}\right)^2 \quad (6\text{-}17)$$

$$TFC_{av} = \alpha T_f N \quad (6\text{-}18)$$

常数边际活动效用下的早到人数 N^e_{av} 和晚到人数 N^l_{av} 分别为：

$$N^e_{av} = \frac{\gamma - u_h + u_w}{\beta + \gamma}N \quad (6\text{-}19)$$

$$N^l_{av} = \frac{\beta + u_h - u_w}{\beta + \gamma}N \quad (6\text{-}20)$$

6.3.2 通勤者全部使用共享自动驾驶车辆出行

当通勤者全部采用 SAV 出行时，早高峰时段道路上的总车辆数为 $N_f = N_{sav} = N/\rho$。均衡状态下，SAV 通勤者无法通过改变个人的出发时间来增大其出行净效用，即：

$$\frac{dU_{sav}(t)}{dt} = 0 \quad (6\text{-}21)$$

由此求得均衡时 SAV 通勤者的早到出发率 r^1_{sav} 和晚到出发率 r^2_{sav} 为：

$$r^1_{sav} = \frac{\alpha + \xi_1/\rho + u_h - \theta_\rho u_v}{\alpha + \xi_1/\rho - \beta + u_w - \theta_\rho u_v}s, t \in [t^s_{sav}, \bar{t}_{sav}] \quad (6\text{-}22)$$

$$r^2_{sav} = \frac{\alpha + \xi_1/\rho + u_h - \theta_\rho u_v}{\alpha + \xi_1/\rho + \gamma + u_w - \theta_\rho u_v}s, t \in [\bar{t}_{sav}, t^e_{sav}] \quad (6\text{-}23)$$

由均衡条件和式(6-6)、式(6-7)可以得到 SAV 通勤者的各关键出发时间节点为：

$$t^s_{sav} = t^* - T_f - \frac{\gamma - u_h + u_w}{\beta + \gamma}\frac{N}{\rho s} \quad (6\text{-}24)$$

$$t^e_{sav} = t^* - T_f + \frac{\beta + u_h - u_w}{\beta + \gamma}\frac{N}{\rho s} \quad (6\text{-}25)$$

$$\bar{t}_{sav} = t^* - T_f - \frac{(\beta + u_h - u_w)(\gamma - u_h + u_w)}{(\alpha + \xi_1/\rho + u_h - \theta_\rho u_v)(\beta + \gamma)}\frac{N}{\rho s} \quad (6\text{-}26)$$

同样地，根据系统达到均衡状态时 SAV 通勤者的出发率和关键出发时刻可以得到常数边际活动效用下 SAV 的出发到达模式图，如图 6-3 所示。

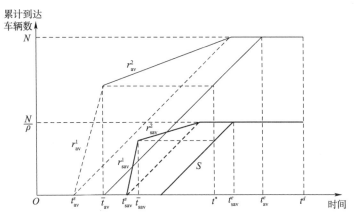

图 6-3　SAV 通勤者的出行模式

进一步可以求得常数边际活动效用下 SAV 通勤者的个人通勤净效用 U_{sav}、总通勤净效用 TU_{sav}，总计划延误成本 $TSDC_{sav}$ 和总排队成本 TQ_{sav} 分别为：

$$U_{sav} = -\frac{(\beta+u_h-u_w)(\gamma-u_h+u_w)}{(\beta+\gamma)}\frac{N}{\rho s} - (u_w-u_h)t^* + t^d u_w - \xi_2 - \frac{\alpha h_p(1+\rho)}{2} -$$
$$(\alpha+\xi_1/\rho+u_h-\theta_\rho u_v)T_f \tag{6-27}$$

$$TU_{sav} = \left[-\frac{(\beta+u_h-u_w)(\gamma-u_h+u_w)}{(\beta+\gamma)}\frac{N}{\rho s} - (u_w-u_h)t^* + t^d u_w - \xi_2 - \frac{\alpha h_p(1+\rho)}{2} - (\alpha+\xi_1/\rho+u_h-\theta_\rho u_v)T_f \right]N$$
$$\tag{6-28}$$

$$TSDC_{sav} = \frac{\beta N^2}{2\rho s}\left(\frac{\gamma-u_h+u_w}{\beta+\gamma}\right)^2 + \frac{\gamma N^2}{2\rho s}\left(\frac{\beta+u_h-u_w}{\beta+\gamma}\right)^2 \tag{6-29}$$

$$TQ_{sav} = \frac{\alpha N^2}{2\rho s}\frac{(\beta+u_h-u_w)(\gamma-u_h+u_w)}{(\alpha+\xi_1/\rho+u_h-\theta_\rho u_v)(\beta+\gamma)} \tag{6-30}$$

以及常数边际活动效用下的早到人数 N_{sav}^e 和晚到人数 N_{sav}^l 分别为：

$$N_{sav}^e = \frac{\gamma-u_h+u_w}{\beta+\gamma}N \tag{6-31}$$

$$N_{sav}^l = \frac{\beta+u_h-u_w}{\beta+\gamma}N \tag{6-32}$$

6.4　通勤者混合出行场景

当 AV 通勤者和 SAV 通勤者混合出行时，由于参数取值不同，将有两种不同的出行顺序。根据 Arnott 等的研究，当 $(\beta+u_h-u_w)/(\alpha+\xi_1+u_h-u_v) < (\beta+u_h-u_w)/(\alpha+\xi_1/\rho+$

$u_h - \theta_\rho u_v$)时,AV 通勤者在早高峰时段的肩部出行,SAV 通勤者在早高峰时段的中部出行,通勤者的出发顺序为 AV-SAV-AV;当$(\beta + u_h - u_w)/(\alpha + \xi_1 + u_h - u_v) \geqslant (\beta + u_h - u_w)/(\alpha + \xi_1/\rho + u_h - \theta_\rho u_v)$时,SAV 通勤者在早高峰时段的肩部出行,AV 通勤者在早高峰时段的中部出行,通勤者的出发顺序为 SAV-AV-SAV。

接下来,将针对两种不同出发顺序下的早高峰通勤瓶颈模型进行分析。当$(\beta + u_h - u_w)/(\alpha + \xi_1 + u_h - u_v) < (\beta + u_h - u_w)/(\alpha + \xi_1/\rho + u_h - \theta_\rho u_v)$时,AV 通勤者在早高峰时段的肩部出行,SAV 通勤者在早高峰时段的中部出行,通勤者的出发顺序为 AV-SAV-AV,如图 6-4 所示。

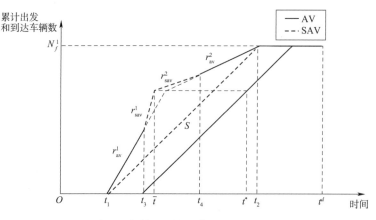

图 6-4　场景一:出发顺序为 AV-SAV-AV

由均衡条件可以推出以下公式:

$$U_{av}(t_1) = U_{av}(t_2) \tag{6-33}$$

$$U_{av}(t_3) = U_{sav}(t_3) \tag{6-34}$$

$$U_{av}(t_4) = U_{av}(t_2) \tag{6-35}$$

$$(t_2 - t_1)s = N_f^1 \tag{6-36}$$

$$T_D(t_3) = \frac{\beta + u_h - u_w}{\alpha + \xi_1 + u_w - u_v - \beta}(t_3 - t_1) + T_f \tag{6-37}$$

$$r_{av}^1(t_3 - t_1) + r_{av}^2(t_2 - t_4) = (1 - \eta^1)N \tag{6-38}$$

$$T_D(t_3) = T_D(t_4) \tag{6-39}$$

式中,η^1表示均衡时 SAV 通勤者的比例;N_f^1表示均衡时早高峰时段的总车辆数;t_1表示首位 AV 通勤者的出发时间;t_2表示最后一位 AV 通勤者的出发时间;t_3表示首位 SAV 通勤者的出发时间;t_4表示最后一位 SAV 通勤者的出发时间;$\bar{t}$表示能准时到达工作地的出发时间;式(6-33)、式(6-34)和式(6-35)表示通勤者的净效用相等;式(6-36)表示出行总车辆数为N_f^1;式(6-37)表示t_3时刻出发 AV 通勤者和 SAV 通勤排队时间相等;式(6-38)表示 AV 通勤者的数量;式(6-39)表示早到的最后一位 AV 通勤者和晚到的首位 AV 通勤者排队时间相等。由式(6-33)～式(6-39)可以得到 SAV 通勤者的比例和通勤者的关键出发时间为：

$$\eta^1 = 1 - \frac{(\beta+\gamma)(\alpha+\xi_1+u_h-u_v)\{\xi_2+\alpha h_p(1+\rho)/2 - [(1-1/\rho)\xi_1 - (1-\theta_\rho)u_v]T_f\}}{(\beta+u_h-u_w)(\gamma-u_h+u_w)((1-1/\rho)\xi_1 - (1-\theta_\rho)u_v)} \frac{s}{N}$$

(6-40)

$$N_f^1 = (1-\eta^1)N + \frac{\eta^1 N}{\rho} \tag{6-41}$$

$$t_1 = t^* - T_f - \frac{\gamma - u_h + u_w}{\beta + \gamma} \frac{N_f^1}{s} \tag{6-42}$$

$$t_2 = t^* - T_f + \frac{\beta + u_h - u_w}{\beta + \gamma} \frac{N_f^1}{s} \tag{6-43}$$

$$t_3 = t_1 + \frac{(\gamma - u_h + u_w)(1 - \eta^1)N}{(\beta + \gamma)r_{\text{av}}^1} \tag{6-44}$$

$$\bar{t} = t_3 + \frac{(\gamma - u_h + u_w)\eta^1 N}{(\beta + \gamma)\rho r_{\text{sav}}^1} \tag{6-45}$$

$$t_4 = \bar{t} + \frac{(\gamma - u_h + u_w)\eta^1 N}{(\beta + \gamma)\rho r_{\text{sav}}^2} \tag{6-46}$$

均衡时，个人出行净效用为：

$$U_1 = -\frac{(\beta+u_h-u_w)(\gamma-u_h+u_w)}{\beta+\gamma}\frac{N_f^1}{s} - (u_w-u_h)t^* + t^d u_w - (\alpha+\xi_1+u_h-u_v)T_f$$

(6-47)

总出行净效用为：

$$\text{TU}_1 = \left[-\frac{(\beta+u_h-u_w)(\gamma-u_h+u_w)}{\beta+\gamma}\frac{N_f^1}{s} - (u_w-u_h)t^* + t^d u_w - (\alpha+\xi_1+u_h-u_v)T_f\right]N$$

(6-48)

总排队成本为：

$$\text{TQC}_1 = \frac{\alpha N}{2}\left\{\frac{[\xi_2 + \alpha h_p(1+\rho)/2 - (\alpha+\xi_1+u_h-u_v)T_f]}{(1-1/\rho)\xi_1 - (1-\theta_\rho)u_v} + (t^*-\bar{t})\eta^1\right\} \tag{6-49}$$

总延误成本为：

$$\text{TSDC}_1 = \frac{N}{2}\left\{\frac{(\beta+u_h-u_w)(\gamma-u_h+u_w)}{\beta+\gamma}\left[\frac{(1-\eta^1)N}{s}(3-2\eta^1) + \frac{\eta^1 N/\rho}{s}(2-\eta^1)\right]\right\}$$

(6-50)

接下来，对出发顺序为 SAV-AV-SAV 的场景进行分析。根据 Arnott 等的研究，当

$$(\beta+u_h-u_w)/(\alpha+\xi_1+u_h-u_v) \geqslant (\beta+u_h-u_w)/(\alpha+\xi_1/\rho+u_h-\theta_\rho u_v)$$

时，SAV 通勤者在早高峰时段的肩部出行，AV 通勤者在早高峰时段的中部出行，出发顺序为 SAV—AV—SAV，如图 6-5 所示。

自动驾驶出行管理分析
Travel management analysis for automated driving

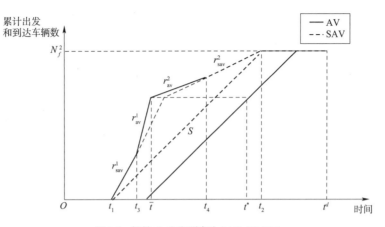

图6-5 场景二：出发顺序为SAV-AV-SAV

由均衡条件可以推出以下公式：

$$U_{sav}(t_1) = U_{sav}(t_2) \tag{6-51}$$

$$U_{sav}(t_3) = U_{av}(t_3) \tag{6-52}$$

$$U_{sav}(t_4) = U_{sav}(t_2) \tag{6-53}$$

$$(t_2 - t_1)s = N_f^2 \tag{6-54}$$

$$T(t_3) = \frac{\beta + u_h - u_w}{\alpha + k\xi_1/\rho - \beta + u_w - \theta_\rho u_v}(t_3 - t_1) + T_f \tag{6-55}$$

$$r_{av}^1(\bar{t} - t_3) + r_{av}^2(t_4 - \bar{t}) = (1 - \eta^2)N \tag{6-56}$$

$$T(t_3) = T(t_4) \tag{6-57}$$

式(6-51)~式(6-57)的解释与式(6-33)~式(6-39)一致。由此可以求得均衡时SAV通勤者的比例和通勤者的关键出发时间为：

$$\eta^2 = \frac{(\beta+\gamma)(\alpha+\xi_1/\rho+u_h-\theta_\rho u_v)\{\xi_2+\alpha h_p(1+\rho)/2-[(1-1/\rho)\xi_1-(1-\theta_\rho)u_v]T_f\}}{(\beta+u_h-u_w)(\gamma-u_h+u_w)[(1-\theta_\rho)u_v-(1-1/\rho)\xi_1]}\frac{\rho s}{N} \tag{6-58}$$

$$N_f^2 = (1-\eta^2)N + \frac{\eta^2 N}{\rho} \tag{6-59}$$

$$t_1 = t^* - T_f - \frac{\gamma - u_h + u_w}{\beta + \gamma}\frac{N_f^2}{s} \tag{6-60}$$

$$t_2 = t^* - T_f + \frac{\beta + u_h - u_w}{\beta + \gamma}\frac{N_f^2}{s} \tag{6-61}$$

$$t_3 = t_1 + \frac{(\gamma - u_h + u_w)\eta^1 N}{(\beta+\gamma)\rho r_{sav}^1} \tag{6-62}$$

$$\bar{t} = t_3 + \frac{(\gamma - u_h + u_w)(1-\eta^1)N}{(\beta+\gamma)r_{av}^1} \tag{6-63}$$

$$t_4 = \bar{t} + \frac{(\gamma - u_h + u_w)\eta^1 N}{(\beta+\gamma)\rho r_{sav}^2} \tag{6-64}$$

第6章 共享自动驾驶出行者的早高峰均衡分析

进一步可求得均衡时的个人出行净效用为:

$$U_2 = -\frac{(\beta + u_h - u_w)(\gamma - u_h + u_w)}{\beta + \gamma}\frac{N_f^2}{s} - (u_w - u_h)t^* + t^d u_w - \left(\alpha + \frac{\xi_1}{\rho} + u_h - \theta_\rho u_v\right)T_f - \xi_2 - \frac{\alpha h_p(1+\rho)}{2} \tag{6-65}$$

总出行净效用为:

$$TU_2 = \Bigg[-\frac{(\beta + u_h - u_w)(\gamma - u_h + u_w)}{\beta + \gamma}\frac{N_f^2}{s} - (u_w - u_h)t^* + t^d u_w - \left(\alpha + \frac{\xi_1}{\rho} + u_h - \theta_\rho u_v\right)T_f - \xi_2 - \frac{\alpha h_p(1+\rho)}{2}\Bigg]N \tag{6-66}$$

总排队成本为:

$$TQ = \frac{\alpha N}{2}\left\{\frac{\xi_2 + \alpha h_p(1+\rho)/2 - [(1-1/\rho)\xi_1 - (1-\theta_\rho)u_v]T_f}{(1-\theta_\rho)u_v - (1-k/\rho)\xi_1} + (t^* - \bar{t})\eta^2\right\} \tag{6-67}$$

总计划延误成本为:

$$TSDC_2 = \frac{(\beta + u_h - u_w)(\gamma - u_h + u_w)N}{2(\beta + \gamma)s}\Bigg[\frac{(1-\eta^1)N}{s}(3 - 2\eta^1) + \frac{\eta^1 N/\rho}{s}(2 - \eta^1)\Bigg] \tag{6-68}$$

对出发顺序为 AV-SAV-AV 的场景进行分析可以得到以下命题。

命题1 当通勤者的出发顺序为 AV-SAV-AV 时,在其他参数不变的情况下,SAV 通勤者比例 η 是单位时间油耗费用 ξ_1 的增函数,道路上的总车辆数 N_f^1 是单位时间油耗费用 ξ_1 的减函数。

证明:对式(6-24)和式(6-25)求导得:

$$\frac{\partial \eta^1}{\partial \xi_1} = \frac{(\beta + \gamma)[\xi_2 + \alpha h_p(1+\rho)/2]}{(\beta + u_h - u_w)(\gamma - u_h + u_w)N/s}\frac{\rho(\alpha + u_h - \theta_\rho u_v) - (\alpha + u_h - u_v)}{\rho[(1-k/\rho)\xi_1 - (1-\theta_\rho)u_v]^2} + \frac{(\beta + \gamma)T_f}{(\beta + u_h - u_w)(\gamma - u_h + u_w)}\frac{s}{N} \tag{6-69}$$

$$\frac{\partial N_f^1}{\partial \xi_1} = \frac{N(1-\rho)}{\rho}\frac{\partial \eta^1}{\partial \xi_1} \tag{6-70}$$

由上述求导结果可知,$\partial \eta^1/\partial \xi_1 > 0$,$\partial N_f^1/\partial \xi_1 < 0$,即随着单位时间油耗费用 ξ_1 的增加,SAV 通勤者的比例不断上升,道路上的总车辆数减少。命题1得证。

命题2 当通勤者的出发顺序为 AV-SAV-AV 时,其他参数不变,当 $\rho < \gamma$ 时,SAV 通勤者比例 η^1 是合乘人数 ρ 的增函数;当 $\rho > \gamma$ 时,SAV 通勤者比例 η^1 是合乘人数 ρ 的减函数,其中 $\gamma = \sqrt{\{2\xi_1[\xi_2 + \alpha h_p(1+\rho)/2]\}/\{\alpha h_p[(1-1/\rho)\xi_1 - (1-\theta_\rho)u_v]\}}$。

证明:对式(6-24)求导得:

$$\frac{\partial \eta^1}{\partial \rho} = \frac{(\beta + \gamma)(\alpha + \xi_1 + u_h - u_v)s}{(\beta + u_h - u_w)(\gamma - u_h + u_w)[(1-1/\rho)\xi_1 - (1-\theta_\rho)u_v]N} \times \left\{\frac{\xi_1[\xi_2 + \alpha h_p(1+\rho)/2]}{[(1-1/\rho)\xi_1 - (1-\theta_\rho)u_v]\rho^2} - \frac{\alpha h_p}{2}\right\} \tag{6-71}$$

由上述求导结果可知,当 $\rho < \gamma$ 时, $\partial \eta^1 / \partial \rho > 0$,即随着单位合乘人数 ρ 的增加,SAV 通勤者的比例不断上升;当 $\rho > \gamma$ 时, $\partial \eta^1 / \partial \rho < 0$,即随着单位合乘人数 ρ 的增加,SAV 通勤者的比例不断下降。命题 2 得证。

命题 3 当通勤者的出发顺序为 AV-SAV-AV 时,其他参数不变,当 $E^{-1} > (1-\rho)^{-1}$ 时,总车辆数 N_f^1 是单位合乘人数 ρ 的减函数,个人净效用 U^1 是单位合乘人数 ρ 的增函数;当 $E_1^{-1} < (1-\rho)^{-1}$ 时,总车辆数 N_f^1 是单位合乘人数 ρ 的增函数。

个人净效用 U_1 是单位合乘人数 ρ 的减函数。其中 E_1 为 η^1 对 ρ 的弹性, $E_1 = \dfrac{\eta^1 / \rho}{\partial \eta^1 / \partial \rho}$。

证明: 对式(6-25)和式(6-31)求导得:

$$\frac{\partial N_f^1}{\partial \rho} = \frac{\eta^1 N(1-\rho)}{\rho^2} \left(\frac{\partial \eta^1 / \partial \rho}{\eta^1 / \rho} - \frac{1}{1-\rho} \right) \tag{6-72}$$

$$\frac{\partial U_1}{\partial \rho} = - \frac{(\beta + u_h - u_w)(\gamma - u_h + u_w)}{(\beta + \gamma) s} \frac{\partial N_f^1}{\partial \rho} \tag{6-73}$$

由上述求导结果可知,当 $E_1^{-1} > (1-\rho)^{-1}$ 时, $\partial N_f^1 / \partial \rho < 0$, $\partial U_1 / \partial \rho > 0$,即随着单位合乘人数 ρ 的增加,道路上的总车辆数不断下降,个人净效用增加;当 $E_1^{-1} < (1-\rho)^{-1}$ 时, $\partial N_f^1 / \partial \rho > 0$, $\partial U_1 / \partial \rho < 0$,即随着单位合乘人数 ρ 的增加,道路上的总车辆数不断上升,个人净效用减少。命题 3 得证。

对于通勤者的出发顺序为 SAV-AV-SAV 的场景进行分析也有相应的结论,即随着单位时间油耗费用 ξ_1 的增加,SAV 通勤者的比例不断上升,道路上的总车辆数减少;当 SAV 比例对合乘人数的弹性 E 大于 $(1-\rho)^{-1}$ 时,即随着单位合乘人数 ρ 的增加,道路上的总车辆数不断下降;当 SAV 比例对合乘人数的弹性 E 小于 $(1-\rho)^{-1}$ 时,随着单位合乘人数 ρ 的增加,道路上的总车辆数不断上升,此处证明不再赘述。

以上命题对于管理部门提高 SAV 通勤者的比例具有一定的借鉴意义。由命题 2 和命题 3 可知,单纯的增加合乘人数并不能使 SAV 通勤者的比例一直上升,当合乘人数达到某个临界值后,随着合乘人数的继续增加,SAV 通勤者的比例会下降,道路上的总车辆数会增加,通勤者的出行净效用减少。

6.5 场景分析

本节通过建立通勤者全部使用 AV 出行场景、全部使用 SAV 出行场景、混合出行场景三种情况对模型展开分析,并与基于出行的瓶颈模型进行比较。基本的参数取值设定见表 6-1,数据均来源于文献 Tian 等、Li 等以及李志纯和丁晶。常数边际活动效用情形下,设 $u_h = 35$ 元/h, $u_v = 20$ 元/h, $u_w = 66$ 元/h, $\xi_1 = 60$ 元/h, $\xi_2 = 10$ 元/h, $h_p = 1.2$ min/人, $\theta_\rho = 0.8$。

第6章 共享自动驾驶出行者的早高峰均衡分析

算例参数　　　　　　　　　　　　　表6-1

N（人）	s（辆/h）	ρ（人/辆）	α（元/h）	β（元/h）	γ（元/h）	t^*	t^d
5000	2000	2	60	45	90	9:00	12:00

6.5.1 全部使用自动驾驶车辆出行的场景分析

当通勤者全部采用 AV 车辆出行时，通勤者的出行模式如图 6-6 所示。根据图 6-6 可以看出，活动瓶颈模型下，通勤者全部使用 AV 出行时，最早和最晚出发时间分别为 6:28 和 8:58，高峰期的拥挤时间为 2.5h。在高峰时段，AV 通勤者将会以高于瓶颈通行能力的出发率(2308 辆/h)出发，此时通勤者将会在瓶颈处开始排队，排队时间随时间逐渐增加；8:24 时刻，AV 通勤者的出发率降低为小于瓶颈通行能力的 929 辆/h，此时排队会逐渐消散，通勤者的排队时间随时间逐渐减少。

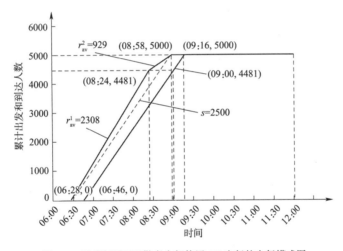

图 6-6　活动瓶颈下通勤者全部使用 AV 出行的出行模式图

当通勤者全部使用 AV 出行时，出发时间，通过瓶颈的时间以及到达工作地点的时间见表 6-2。

活动瓶颈模型中全部使用 AV 出行时的通勤者各关键出发时刻　　　表6-2

AV 通勤者	t_{av}^s	$\bar{t}_{av}$	t_{av}^e
出发时间	6:28	8:24	8:58
通过瓶颈的时间	6:28	8:42	8:58
到达时间	6:46	9:00	9:16

其次，结合式(6-14)~式(6-19)，可以得出活动瓶颈下 AV 通勤者的平均活动时间、出行成本和活动效用，见表 6-3 和表 6-4。

自动驾驶出行管理分析

活动瓶颈模型中仅存在 AV/SAV 通勤者时的平均活动时间(单位:h)　　表 6-3

通勤者类型	AV 通勤者	SAV 通勤者
平均排队时间	0.15	0.08
平均家庭活动时间	7.56	8.12
平均工作活动时间	3.99	3.50
平均车内活动时间	0.45	0.38

活动瓶颈模型中仅存在 AV/SAV 通勤者时的出行成本和活动效用(单位:元)　　表 6-4

通勤者类型	AV 通勤者	SAV 通勤者
总排队成本	44815	25030
总自由流行驶成本	90000	90000
总计划延误成本	231991	231991
家庭活动总效用	1322978	1421189
工作活动总效用	1316944	1153472
车内活动总效用	44938	30675
通勤者总效用	2250648	2947281

可以看出,在活动瓶颈模型中,AV 通勤者平均排队时间为 0.15h,家庭和工作活动的平均时长分别为 7.56h 和 3.99h。所有 AV 通勤者将承担 44815 元的排队成本和 231991 元的总计划延误成本。同时,通勤者也会得到 1322978 元的家庭活动效用,1316944 元的工作活动效用以及 44938 元的车内活动效用。

6.5.2 全部使用共享自动驾驶车辆出行的场景分析

在活动瓶颈模型中,当全部通勤者使用 SAV 出行时,通勤者的出发到达模式如图 6-7 所示。从图 6-7 中可以看出,SAV 通勤者的最早和最晚出发时间分别为 7:35 和 8:50,能够准时到达工作地的通勤者出发时间为 8:35,高峰拥挤时间为 1.25h。在高峰时段,早到通勤者的出发率为 2350 辆/h,晚到通勤者的出发率为 874 辆/h。

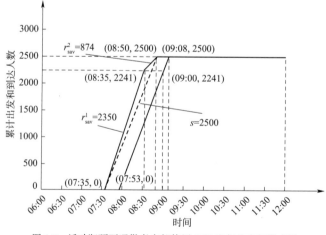

图 6-7　活动瓶颈下通勤者全部使用 SAV 出行的出行模式图

当通勤者全部使用 SAV 出行时,出发时间,通过瓶颈的时间以及到达工作地点的时间见表 6-5。

活动瓶颈模型中全部使用 SAV 出行时的通勤者各关键出发时刻　　　表 6-5

SAV 通勤者	t_{sav}^s	$\bar{t}_{sav}$	t_{sav}^e
出发时间	7:35	8:35	8:50
通过瓶颈的时间	7:35	8:42	8:50
到达时间	7:53	9:00	9:08

从表 6-4 可以看出,在活动瓶颈模型中,SAV 通勤者的平均排队时间为 0.08h,家庭和工作活动的平均时长分别为 8.12h 和 3.50h。所有 SAV 通勤者将承担 25030 元的排队成本和 231991 元的总计划延误成本。同时,通勤者将获得 1421189 元的家庭活动效用,1153472 元的工作活动效用和 30675 的车内活动效用。

经过对比可以发现,在活动瓶颈模型中,当通勤者全部使用 SAV 出行时,其最早出发时间 7:35 晚于 AV 通勤者 6:28,最晚出发时间 8:50 早于 AV 通勤者 8:58,SAV 通勤者的早高峰持续时间(1.25h)小于 AV 通勤者的早高峰持续时间(2.5h)。这是由于 SAV 载客量高于 AV,当通勤者全部使用 SAV 出行时,早高峰时段道路上的总车辆数仅有通勤者全部使用 AV 出行时的一半,因此 SAV 通勤者的早高峰时间段相比于 AV 通勤者更短也更集中。

通勤者全部使用 SAV 出行时,整体出发时间比全部使用 AV 出行时有所推迟,因此通勤者的家庭活动时间增大,家庭活动效用增加。同时,当通勤者全部使用 SAV 出行时,道路上的总车辆数减少,在瓶颈处的排队状态也会有所缓解,排队时间降低,因此 SAV 通勤者的排队成本(25030 元)小于 AV 通勤者(44815 元),SAV 通勤者的最大排队时间(9.6min)以及平均排队时间(4.8min)也小于 AV 通勤者(18min、9min)。

6.5.3　混合出行下的场景分析

本节利用算例对混合出行场景展开分析,并与基于出行的瓶颈模型进行比较。基于表 6-1 中的参数设定,可以得到活动瓶颈模型中混合出行场景下的早高峰通勤者出发模式,如图 6-8 所示。具体数值结果见表 6-6、表 6-7 和表 6-8。

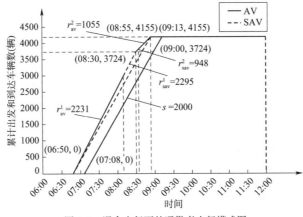

图 6-8　混合出行下的通勤者出行模式图

自动驾驶出行管理分析
Travel management analysis for automated driving

根据图6-8可以看出，在活动瓶颈模型下，当AV通勤者的比例为0.5时，AV通勤者的最早出发时间和最晚出发时间分别为6:50和8:55，SAV通勤者的最早出发时间和最晚出发时间为7:10和8:35，能准时到达工作地的出发时间为8:30，高峰时段持续了1.92h。在高峰时段，AV通勤者的早到出发率为2231辆/h，晚到出发率为1055辆/h；SAV通勤者的早到出发率为2295辆/h，晚到出发率为948辆/h。

两种建模方式下的关键时间 表6-6

关键时间	t_1	t_3	$\bar{t}$	t_4	t_2
基于活动的瓶颈模型	6:50	7:10	8:30	8:35	8:55
基于出行的瓶颈模型	7:45	7:54	8:15	8:58	9:11

两种建模方式下的时间分配(单位:h) 表6-7

模型	基于活动的瓶颈模型	基于出行的瓶颈模型
平均排队时间	0.1111	0.2371
平均家庭活动时间	7.8764	8.2499
平均工作活动时间	3.7125	3.2130
平均车内活动时间	0.4111	0.5371

两种建模方式下的活动效用和出行成本比较 表6-8

模型	基于活动的瓶颈模型	基于出行的瓶颈模型
SAV通勤者比例	33.79%	85.07%
总车辆数(辆)	4155	2873
家庭活动效用(元)	1378362.83	1443732.37
车内活动效用(元)	24954.77	34666.67
工作活动效用(元)	1225127.06	1060283.16
总排队成本(元)	33340.44	71136.44
总计划延误成本(元)	166839.66	95840.67
总效用(元)	2232151.00	2143182.20

从表6-6、表6-7和表6-8可以看出，活动瓶颈模型下，通勤者的拥堵时间为0.11h，家庭和工作活动的平均时长分别为7.88h和3.71h。所有通勤者将承担33340.44元的排队成本和166839.66元的总计划延误成本。同时，通勤者将获得1378362.83元的家庭活动效用，1225127.06元的工作活动效用以及24954.77元的车内活动效用。

接下来通过数值算例对活动瓶颈下通勤者混合出行的场景进行更直观的了解。由图6-9可以看出，随着单位时间油耗费用ξ_1的增加，SAV通勤者的比例不断上升，道路上的总车辆数减少，因此，首位AV通勤者和最后一位AV通勤者的出发时间差逐渐减小，即瓶颈处的拥堵持续时间减小。与此同时，通勤者的平均排队时间减少，排队成本和车内活动效用随之降低。随着单位时间油耗费用的增加，首位AV通勤者的出发时间推后，AV和SAV通勤者的早到出发率减小,因此通勤者的整体出发时间推后,平均家庭活动时间增大。而总车辆数的减少,也使得通勤者通过瓶颈的时间缩短,到达工作地的时间也更为集中,因此平均工作活动时间减少,计划延误成本也减小。

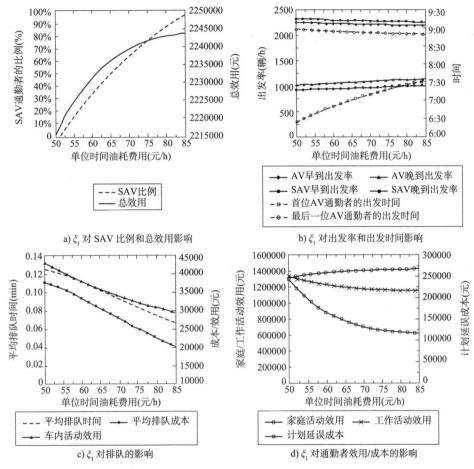

图6-9 活动瓶颈下通勤者混合出行场景影响分析—ξ_1

图6-10进一步展示了随着SAV对通勤者车内活动效用降低程度的减小,SAV通勤者的数量会上升,通勤者的总净效用也随之增加。当SAV通勤者的比例上升,道路上的总车辆数减少时,首位AV通勤者和最后一位AV通勤者的出发时间差也减小,即瓶颈处的拥堵持续时间减小。排队拥堵时间也随着车辆数的减少而减小,因此排队时间减小,但车内活动总效用呈现先减小后增大的趋势,原因在于虽然SAV对通勤者车内活动效用降低程度的减小会使得排队时间减小,但却使得SAV通勤者的实际车内活动边际效用增加,当达到临界值时,实际车内活动边际效用的增加比例大于排队时间的缩短比例,由此通勤者的车内活动效用呈现增加趋势。当θ_p增大时,通勤者的整体出发时间推后,因此平均家庭活动时间增加,通勤者的家庭活动效用增加。同时,由于总车辆数变少,因此通勤者可以在更短时间内通过瓶颈,因此到达工作地的时间也更为集中,因此平均工作时间变短,工作活动效用减小,但计划延误成本减小。

根据图6-11可以看出,当合乘人数$\rho < \gamma$时,随着合乘人数的增加,SAV通勤者的比例

自动驾驶出行管理分析

上升,当 $\rho > \gamma$ 时,随着合乘人数的增加,SAV 通勤者的比例反而会下降。此外,当合乘人数满足 $E^{-1} > (1-\rho)^{-1}$ 时,随着合乘人数增加,总车辆数会减少,但当 $E^{-1} < (1-\rho)^{-1}$ 时,随着合乘人数增加,总车辆数也增加。

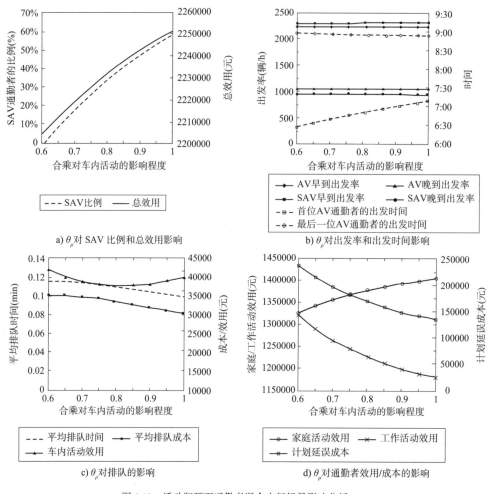

图 6-10　活动瓶颈下通勤者混合出行场景影响分析—θ_ρ

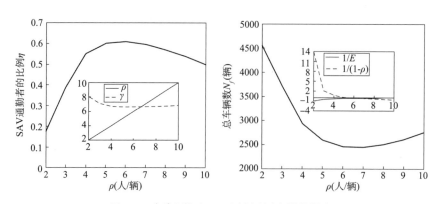

图 6-11　合乘人数对 SAV 比例和总车辆数的影响

第6章 共享自动驾驶出行者的早高峰均衡分析

图 6-12 进一步展示了合乘人数 ρ 对通勤者的影响。在合乘人数达到 7 人/辆之前,随着合乘人数的增加,通勤者的总效用增加,出发时间推迟且拥堵持续时间减少,因此通勤者的家庭活动时间增加,家庭活动效用增大,同时由于道路上的总车辆数减少,通勤者能够在更集中的时间内到达,因此计划延误成本减小,但工作时间缩短,工作活动效用也减小;当合乘人数超过 7 人/辆时,通勤者的总效用减小且总体出发时间提前,因此通勤者的家庭活动时间缩短,家庭活动效用减少,同时由于总车辆数的增加,瓶颈处的拥堵时间增长,通勤者的计划延误成本也因此增加;但工作活动时间增加,工作活动效用也增加。平均排队时间、排队成本、车内活动总效用与上述指标的变化有所不同,在合乘人数达到 6 人/辆之前,平均排队时间、排队成本、车内活动总效用随着合乘人数的增加而减小;当合乘人数达到 6 人/辆之后,平均排队时间、排队成本、车内活动总效用将会随着合乘人数的增加而增加。

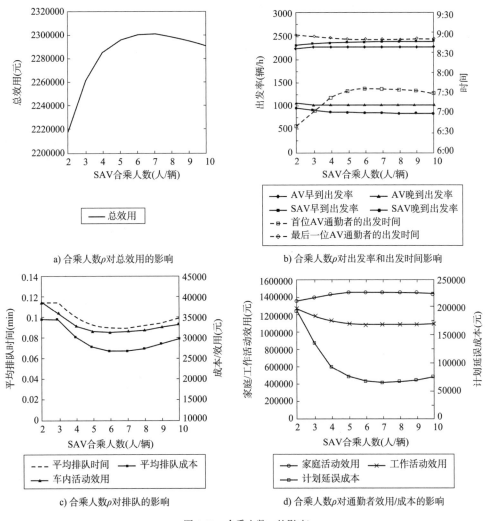

图 6-12 合乘人数 ρ 的影响

图 6-13 展示了自由流行驶时间对通勤者的影响。由图 6-13 可以看出,自由流行驶时间的增加会使得 SAV 通勤者的比例增加,这是由于自由流行驶时间的增长使得通勤者独驾出行的成本增加,因此有更多通勤者转向 SAV 出行方式,与增加单位油耗费用产生的效果类似。同样的,随着自由流行驶时间的增加,通勤者的总效用增加,首位 AV 通勤者的出发时间推后,瓶颈处的拥堵持续时间减少,排队现象也有所缓解,排队时间和排队成本都减少,但总出行时间仍然增加,因此车内活动效用增加。而总车辆数的减少使得通勤者能够在更短和更加集中于工作开始的时间段内到达工作点,因此计划延误成本减小,但工作时间和工作活动效用减小。

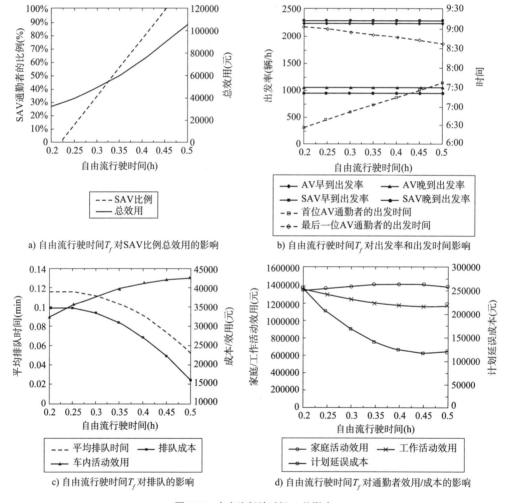

图 6-13 自由流行驶时间 T_f 的影响

接下来对两种不同建模方式下的通勤行为进行比较。图 6-14 展示了通勤者在两种不同建模方式下从 00:00 至 12:00 的出发模式,可以看出在参数相同的情况下,基于出行的瓶颈模型的早高峰开始时间晚于活动瓶颈模型。具体的数值结果见表 6-6、表 6-7 和表 6-8。从表中可以看出,基于出行的瓶颈模型会高估 SAV 通勤者的比例、家庭活动时间、车内活动时间和总排队成本,低估总车辆数、工作活动时间、计划延误成本以及总效用。

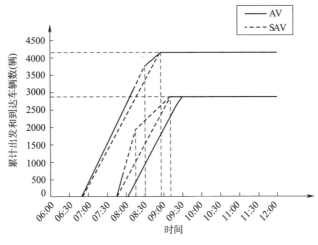

图 6-14 两种建模方式下的出发模式比较

6.6 本章小结

共享出行将会极大的改变人们的出行行为和出行体验,本章节通过将车内活动效用和共享自动驾驶的成本影响因素考虑在内,研究了常数边际活动下的 AV 通勤者和 SAV 通勤者混合出行的出发时间选择问题。本章的主要工作为:首先,以考虑 AV 和 SAV 两种出行场景为前提,构建了考虑自动驾驶共享出行的活动瓶颈模型,并对模型进行了推导和均衡求解,进一步对模型性质进行了研究;将活动瓶颈模型和出行瓶颈模型下的通勤者出行行为进行比较,分析发现基于出行的瓶颈模型对于早高峰通勤者的刻画略有偏差。研究结果表明,在固定出行需求且活动边际效用为常数的情况下,单纯的增加合乘人数并不能使 SAV 通勤者的比例一直上升,当合乘人数达到某个临界值后,随着合乘人数的继续增加,SAV 通勤者的比例会下降,道路上的总车辆数会增加,通勤者的净效用减少;同时,基于出行的模型会高估 SAV 通勤者的比例、家庭活动时间、车内活动时间和总排队成本,低估总车辆数、工作活动时间、计划延误成本以及总效用。

本章参考文献

[1] TIAN L J,SHEU J B,HUANG H J. The morning commute problem with endogenous shared autonomous vehicle penetration and parking space constraint[J]. Transportation Research Part B:Methodological,2019,123:258-278.

[2] LI Z C,LAM W H K,WONG S C. Bottleneck model revisited:An activity-based perspective [J]. Transportation Research Part B:Methodological,2014,68:262-287.

[3] ARNOTT R,DE PALMA A,LINDSEY R. Schedule delay and departure time decisions with

heterogeneous commuters[J]. Transportation Research Record: Journal of the Transportation Research Board,1989,1197:56-67.

[4] LIU Y,LI Y. Pricing scheme design of ridesharing program in morning commute problem[J]. Transportation Research Part C: Emerging Technologies,2017,79:156-177.

[5] 李志纯,丁晶. 基于活动方法的瓶颈模型与拥挤收费问题研究[J]. 管理科学学报,2017,20(8):93-109.

[6] 田童心. 自动驾驶出行:基于活动视角的影响分析[D]. 北京:北京交通大学,2022.

[7] XIAO F,QIAN Z S,ZHANG H M. Managing bottleneck congestion with tradable credits[J]. Transportation Research Part B:Methodological,2013,56.

[8] TIAN L J,YANG H,HUANG H J. Tradable credit schemes for managing bottleneck congestion and modal split with heterogeneous users[J]. Transportation Research Part E:Logistics and Transportation Review,2013,54:1-13.

[9] NIE Y,YIN Y. Managing rush hour travel choices with tradable credit scheme[J]. Transportation Research Part B:Methodological,2013,50:1-19.

[10] 梁蕾蕾. 基于活动的高峰期通勤模式均衡分析[D]. 北京:北京交通大学,2019.

[11] 徐猛,高自友. 面向出行信用交易的交通需求管理[M]. 北京:科学出版社,2021.

CHAPTER 7 | 第 7 章

混合驾驶环境下的早高峰路票方案设计

第7章 混合驾驶环境下的早高峰路票方案设计

可交易出行路票方案作为一种财政中立的交通需求管理措施,受到了公众的广泛支持。它既能达到拥挤收费方案所实现的目的,也能够充分利用市场优势,对出行需求进行管控。在可交易出行路票方案下,通勤者除了对出行成本和活动效用进行权衡外,还需要考虑路票的成本,进而选择合理的出发时间。本章在第6章的基础上引入可交易出行路票方案对混合驾驶环境下的早高峰进行拥堵管理。针对第5章提出的自动驾驶通勤者和普通车辆通勤者混合出行场景,设计最优的可交易出行路票方案,并对该方案下通勤者的出行行为进行分析。

7.1 基本概念

首先对可交易出行路票的相关基本概念做出介绍,包括发放总量、初始分配、收取方案以及交易制度:

1) 发放总量

可交易出行路票的发放总量与方案有效性密切相关。当相关部门设定了过高的发放总量时,将无法对通勤者的出行产生有效影响;而当发放总量过低时,可能会导致过高的出行路票单价,从而使得通勤者的出行成本大幅提高。因此政府或相关管理部门需要制定合理的路票发放方案。

2) 初始分配

通勤者在每个固定周期内(如一个月)可以获取由相关部门免费发放的若干数量的出行路票。根据 Yang 和 Wang 的研究,可交易出行路票的初始发放方法可分为两种,其一为对系统中的每位通勤者都发放相同数量的出行路票;其二为根据 OD 分配,即同一个 OD 之间的通勤者获得的出行路票数量相同。为简化问题,在本文的研究中,假定所有的通勤者在初始时得到的出行路票数量相同。

3) 收取方案

本文的出行路票收取方案是基于通勤者出发时间且非负的形式,因此本文中的出行路票收取方案是一种动态的收取方案。出行路票在系统中的任一时刻都具有同等效用,如果通勤者选择在某时刻出行,则必须支付完成本次出行所需的出行路票数量。

4) 交易制度

政府或有关部门在可交易出行路票方案中仅执行发放和监管交易的任务。假定存在一个完全自由竞争的市场可供通勤者交易路票,在市场运行过程中,缺少路票的通勤者可以通过路票交易市场自由买入一定数量的路票,存在多余路票的通勤者可以把盈余路票在市场上卖出。为简便见,本文假设在路票交易中不收取任何交易费用。

7.2 可交易出行路票方案

自动驾驶作为一种新型交通方式,对于提高道路通行能力、道路安全水平和缓解交通状况有一定作用,因此,为了对使用自动驾驶出行的通勤者给予一定的支持,在设计可交易出行路票方案时,可对其减免征收出行路票。具体方案为,对于同一时刻出发的自动驾驶通勤者和普通车辆通勤者,自动驾驶通勤者被收取的可交易出行路票数量为普通车辆通勤者的 ω 倍,ω 越小表示对自动驾驶的支持程度越大,$0 < \omega \leq 1$。本节将通过构建通勤者在可交易出行路票管理方案下的出行总效用函数,进一步分析系统达到均衡状态时的通勤者出发率、关键出发时刻以及实现系统最优时的可交易出行路票的收费方案。

7.2.1 模型构建

假定早高峰时段内共有 N 位通勤者需要通过瓶颈路段到达工作地,其中 AV 通勤者的比例为 μ,RV 通勤者的比例为 $1-\mu$,其中 $\mu \in [0,1]$。由第 5 章 5.4 节的分析可以得到,当 RV 通勤者和 AV 通勤者混合出行时,通勤者的出发顺序为 RV-AV-RV。

在实施可交易出行路票的方案下,RV 通勤者在 t 时刻出发的出行成本可以表示为:

$$U_{rv}^T(t) = \begin{cases} \alpha T^C(t) + \beta[t^* - t - T^C(t)] + p\kappa(t), t \in [t_{rv}^s, t_{av}^s] \\ \alpha T^C(t) + \gamma[t + T^C(t) - t^*] + p\kappa(t), t \in [t_{av}^e, t_{rv}^e] \end{cases} \quad (7-1)$$

式中,$\alpha T^C(t)$ 为通勤者的出行时间成本。其中,α 为通勤者的单位出行时间成本,$T^C(t)$ 为出行时间,且 $T^C(t) = T_D^C(t) + T_f$,$T_D^C(t)$ 为排队时间,T_f 为自由流行驶时间;$\beta(t^* - t - T^{C(t)})$ 为通勤者的早到成本。其中,β 为单位早到时间成本,$t^* - t - T^C(t)$ 为早到时间;$\gamma(t + T^C(t) - t^*)$ 为通勤者的晚到成本。其中,γ 为单位晚到时间成本,$t + T^C(t) - t^*$ 为晚到时间;$p\kappa(t)$ 为通勤者的路票成本。其中,p 为路票的单位交易价格,$\kappa(t)$ 为 t 时刻出发收取的路票数量。

接下来,对 RV 通勤者的活动效用进行分析,其活动效用与 3.2 节中的分析相同,即为:

$$U_{rv}^A(t) = \int_0^t u_h \mathrm{d}t + \int_{t+T^c(t)}^{t^d} u_w \mathrm{d}t \quad (7-2)$$

基于上述分析可以得到 RV 通勤者在早高峰时段的出行总效用,由此可得 RV 通勤者的出行总效用为:

$$U_{rv}(t) = U_{rv}^A(t) - U_{rv}^T(t)$$

$$= \begin{cases} \int_0^t u_h \mathrm{d}t + \int_{t+T(t)}^{t^d} u_w \mathrm{d}t - \alpha T(t) - \beta[t^* - t - T(t)] - p\kappa(t), t \in [t_{rv}^s, t_{av}^s] \\ \int_0^t u_h \mathrm{d}t + \int_{t+T(t)}^{t^d} u_w \mathrm{d}t - \alpha T(t) - \gamma[t + T(t) - t^*] - p\kappa(t), t \in [t_{av}^e, t_{rv}^e] \end{cases} \quad (7-3)$$

接下来对 AV 通勤者的出行活动进行分析。首先对 AV 通勤者的出行成本进行分析,与 RV 通勤者相同,AV 通勤者也需要面临排队成本、路票成本和计划延误成本,因此 AV 通勤者的出行成本为:

第 7 章　混合驾驶环境下的早高峰路票方案设计

$$U_{av}^T(t) = \begin{cases} \delta\alpha T^c(t) + \beta[t^* - t - T^C(t)] + \omega p\kappa(t), t \in [t_{av}^s, \bar{t}] \\ \delta\alpha T^c(t) + \gamma[t + T^C(t) - t^*] + \omega p\kappa(t), t \in [\bar{t}, t_{av}^e] \end{cases} \quad (7\text{-}4)$$

式中，ω 为对 AV 通勤者的支持系数，$0 < \omega \leq 1$，$\omega = 1$ 时表示对 AV 通勤者与 RV 通勤者在同一时刻收取相同数量的路票。

其次，实施可交易出行路票策略下的 AV 通勤者的活动效用为：

$$U_{av}^A(t) = \int_0^t u_h \mathrm{d}t + \int_t^{t+T^c(t)} u_v \mathrm{d}t + \int_{t+T^c(t)}^{t^d} u_w \mathrm{d}t \quad (7\text{-}5)$$

式中，u_v 为车内活动边际效用；t 为通勤者的出发时间，即车内活动开始时间；$t + T^c(t)$ 为通勤者到达工作地的时间，即车内活动结束时间。

基于上述分析，AV 通勤者的出行总效用为：

$$U_{av}(t) = U_{av}^A(t) - U_{av}^T(t)$$

$$= \begin{cases} \int_0^t u_h \mathrm{d}t + \int_t^{t+T(t)} u_v \mathrm{d}t + \int_{t+T(t)}^{t^d} u_w \mathrm{d}t - \delta\alpha T(t) - \beta[t^* - t - T(t)] - \omega p\kappa(t), t \in [t_{av}^s, \bar{t}] \\ \int_0^t u_h \mathrm{d}t + \int_t^{t+T(t)} u_v \mathrm{d}t + \int_{t+T(t)}^{t^d} u_w \mathrm{d}t - \delta\alpha T(t) - \gamma[t + T(t) - t^*] - \omega p\kappa(t), t \in [\bar{t}, t_{av}^e] \end{cases}$$

$$(7\text{-}6)$$

7.2.2　均衡分析

根据均衡定义可知，在均衡状态下，每类通勤者的出行总效用相等，并且任何通勤者都无法通过改变出发时间来使出行总效用增大。由此可以得到：

$$\frac{\partial U_{rv}(t)}{\partial t} = 0 \quad (7\text{-}7)$$

$$\frac{\partial U_{av}(t)}{\partial t} = 0 \quad (7\text{-}8)$$

结合式(7-7)和式(7-8)可以得到以下关系式：

$$\begin{cases} (\beta - u_w + u_h) - p\dfrac{\partial \kappa(t)}{\partial t} - (\alpha - \beta + u_w)\dfrac{\partial T^C(t)}{\partial t} = 0, t \in [t_{rv}^s, t_{av}^s] \\ -(\gamma - u_h + u_w) - p\dfrac{\partial \kappa(t)}{\partial t} - (\alpha + \gamma + u_w)\dfrac{\partial T^C(t)}{\partial t} = 0, t \in [t_{av}^e, t_{rv}^e] \end{cases} \quad (7\text{-}9)$$

$$\begin{cases} (\beta - u_w + u_h) - \omega p\dfrac{\partial \kappa(t)}{\partial t} - (\alpha - \beta - u_v + u_w)\dfrac{\partial T^C(t)}{\partial t} = 0, t \in [t_{av}^s, \bar{t}] \\ -(\gamma - u_h + u_w) - \omega p\dfrac{\partial \kappa(t)}{\partial t} - (\alpha + \gamma - u_v + u_w)\dfrac{\partial T^C(t)}{\partial t} = 0, t \in [\bar{t}, t_{av}^e] \end{cases} \quad (7\text{-}10)$$

自动驾驶出行管理分析
Travel management analysis for automated driving

根据Vickrey的分析,进一步考虑最优的可交易出行路票方案下通勤者的排队时间为0,即$T_D^c(t)=0$,$T^c(t)=T_f$。因此,根据式(7-9)和式(7-10),可以得到最优的出行路票收取数量变化率应满足:

$$\frac{\partial \kappa(t)}{\partial t} = \begin{cases} \dfrac{\beta - u_w + u_h}{p}, & t \in [t_{rv}^s, t_{av}^s] \\ -\dfrac{\gamma - u_h + u_w}{p}, & t \in [t_{av}^e, t_{rv}^e] \end{cases} \tag{7-11}$$

$$\frac{\partial \kappa(t)}{\partial t} = \begin{cases} \dfrac{\beta - u_w + u_h}{\omega p}, & t \in [t_{av}^s, \bar{t}] \\ -\dfrac{\gamma - u_h + u_w}{\omega p}, & t \in [\bar{t}, t_{av}^e] \end{cases} \tag{7-12}$$

不失一般性地假定收取的路票数量从κ_0开始,即$\kappa(t_{rv}^s) = \kappa_0$,结合式(7-11)和式(7-12),可以得到通勤者在t时刻通过瓶颈时被收取路票数量为:

$$\kappa(t) = \begin{cases} \dfrac{\beta - u_w + u_h}{p}(t - t_{rv}^s) + \kappa_0, & t \in [t_{rv}^s, t_{av}^s] \\ \dfrac{\beta - u_w + u_h}{p}\left[\dfrac{t - t_{av}^s}{\omega} + \omega(t_{av}^s - t_{rv}^s)\right] + \omega\kappa_0, & t \in [t_{av}^s, \bar{t}] \\ -\dfrac{\gamma - u_h + u_w}{\omega p}(t - \bar{t}) + \dfrac{\beta - u_w + u_h}{p}\left[\dfrac{\bar{t} - t_{av}^s}{\omega} + \omega(t_{av}^s - t_{rv}^s)\right] + \omega\kappa_0, & t \in [\bar{t}, t_{av}^e] \\ -\dfrac{\gamma - u_h + u_w}{p}\left(t - t_{av}^e + \dfrac{t_{av}^e - \bar{t}}{\omega^2}\right) + \dfrac{\beta - u_w + u_h}{p}\left(\dfrac{\bar{t} - t_{av}^s}{\omega^2} + t_{av}^s - t_{rv}^s\right) + \kappa_0, & t \in [t_{av}^e, t_{rv}^e] \end{cases}$$

(7-13)

当系统达到均衡状态时,可以得到以下条件:

$$U_{rv}(t_{rv}^s) = U_{rv}(t_{rv}^e) \tag{7-14}$$

$$U_{av}(t_{av}^s) = U_{av}(t_{av}^e) \tag{7-15}$$

$$r_{rv}^1 = r_{rv}^2 = s \tag{7-16}$$

$$r_{av}^1 = r_{av}^2 = ks \tag{7-17}$$

$$t_{rv}^e - t_{rv}^s = \frac{(1-\mu)N}{s} + \frac{\mu N}{ks} \tag{7-18}$$

$$t_{av}^e - t_{av}^s = \frac{\mu N}{ks} \tag{7-19}$$

$$\bar{t} + T_f = t^* \tag{7-20}$$

式中,t_{rv}^s为首位RV通勤者的出发时间;t_{rv}^e为最后一位RV通勤者的出发时间;t_{av}^s为首位

AV 通勤者的出发时间；t_{av}^e 为最后一位 AV 通勤者的出发时间；式(7-14)表示首位出发的 RV 通勤者和最后一位出发 RV 通勤者的个人均衡净效用相等；式(7-15)表示首位出发的 AV 通勤者和最后一位出发 AV 通勤者的个人均衡净效用相等；式(7-16)表示均衡时 RV 通勤者的出发率与瓶颈处通行能力相等；式(7-17)表示均衡时 AV 通勤者的出发率与瓶颈处通行能力相等；式(7-18)表示全部通勤者通过瓶颈路段的时间；式(7-19)表示全部 AV 通勤者通过瓶颈的时间；式(7-20)表示能准时到达工作地的出发时间。

联立式(7-14)~式(7-20)，可以得到均衡状态下通勤者的关键时刻为：

$$t_{rv}^s = t^* - T_f - \frac{\gamma - u_h + u_w}{\beta + \gamma}\left[\frac{\mu N}{\lambda s} + \frac{(1-\mu)N}{s}\right] \tag{7-21}$$

$$t_{av}^s = t^* - T_f - \frac{\gamma - u_h + u_w}{\beta + \gamma}\left(\frac{\mu N}{\lambda s}\right) \tag{7-22}$$

$$\bar{t} = t^* - T_f \tag{7-23}$$

$$t_{rv}^e = t_{av}^s = t^* - T_f + \frac{\beta - u_w + u_h}{\beta + \gamma}\frac{\mu N}{\lambda s} \tag{7-24}$$

$$t_{av}^e = t^* - T_f + \frac{\beta - u_w + u_h}{\beta + \gamma}\left[\frac{\mu N}{\lambda s} + \frac{(1-\mu)N}{s}\right] \tag{7-25}$$

当市场达到均衡时，在特定路票交易单价下，管理部门发放的路票数量与出行者消耗的路票数量一致，即：

$$K = \int_{t_{rv}^s}^{t_{av}^s} r_{rv}^1 \kappa(t)\mathrm{d}t + \int_{t_{av}^s}^{\bar{t}} r_{av}^1 \kappa(t)\mathrm{d}t + \int_{\bar{t}}^{t_{av}^e} r_{av}^2(t)\kappa(t)\mathrm{d}t + \int_{t_{av}^e}^{t_{rv}^e} r_{rv}^1 \kappa(t)\mathrm{d}t \tag{7-26}$$

结合式(7-13)和式(7-21)~式(7-26)可得到均衡状态下路票总量与单价应满足：

$$K = \frac{\mu N}{2}\left\{2\omega\kappa_0 + \frac{\beta - u_w + u_h}{p}\left[2\omega(t_{av}^s - t_{rv}^s) + \frac{\bar{t} - t_{av}^s}{\omega}\right]\right\} +$$

$$\frac{(1-\mu)N}{2}\left[2\kappa_0 + \frac{(\beta - u_w + u_h)(t_{av}^s - t_{rv}^s)}{p}\right] \tag{7-27}$$

7.3 场景分析

本节利用数值算例对混合驾驶环境下实施可交易出行路票方案前后两个场景进行研究。通过改变 AV 通勤者比例、家庭活动边际效用、工作活动边际效用、车内活动边际效用、AV 对通勤者 VOT 的影响以及对道路通行能力的提升等 6 个指标对混合驾驶环境下通勤者的影响作出分析，同时将实施路票方案前后的通勤状况进行对比分析。参数设置见表 7-1。

自动驾驶出行管理分析
Travel management analysis for automated driving

参数设置　　　　　　　　　　　　　　　　　　　　　　　表 7-1

符号	参数设置	符号	参数设置
N	5000	u_h	48 元/h
t^*	9:00	u_v	28 元/h
t^d	12:00	u_w	66 元/h
T_f	24min	s	2000 辆/h
α	60 元/h	λ	1.2
β	36 元/h	μ	0.5
δ	0.8	κ_0	5 张
ω	0.8	K	50000 张

首先,根据式(7-21)~式(7-27)以及表 7-1 的参数设置,可以得到路票单价和最优的可交易出行路票方案为:

$$p = 3.28 \qquad (7-28)$$

$$\kappa(t) = \begin{cases} 5.49t - 31.16, t \in [6.58, 7.50] \\ 6.86t - 43.91, t \in [7.50, 8.17] \\ -50.34t + 448.08, t \in [8.17, 8.54] \\ -40.27t + 362.44, t \in [8.54, 8.88] \end{cases} \qquad (7-29)$$

由式(7-30)可以得到活动瓶颈模型下,当通勤者混合出行时,最优可交易出行路票的收取方案,如图 7-1 所示。

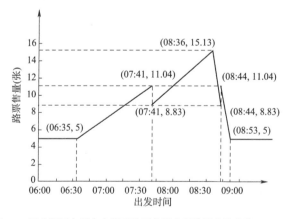

图 7-1　活动瓶颈中混合出行下的可交易出行路票收取方案($\mu = 0.5$)

当系统达到均衡状态时,通勤者出发模式如图 7-2 所示。

在可交易出行路票方案下,当路票发放总量为 50000 张时,路票的单价为 3.28 元。由

第7章 混合驾驶环境下的早高峰路票方案设计

图 7-2 可以看出,当 AV 通勤者的比例 $\mu=0.5$ 时,RV 通勤者的最早出发时间和最晚出发时间分别为 6:35 和 8:53,AV 通勤者的最早出发时间和最晚出发时间分别为 7:41 和 8:44。在早高峰时段,RV 通勤者的出发率为 2000 辆/h,AV 通勤者的出发率为 2400 辆/h,两类通勤者出发率均与瓶颈通行能力相等,因此瓶颈处不会出现排队现象。

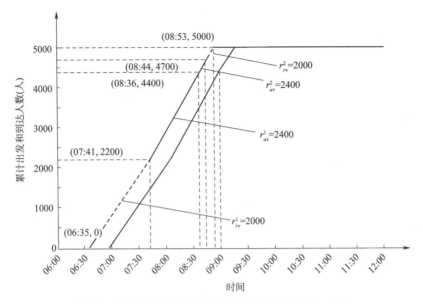

图 7-2 可交易出行路票方案下的通勤者出行示意图($\mu=0.5$)

当 AV 通勤者比例 μ 为 0.5 时,可交易出行路票方案下和未实施方案时通勤者出发时间、效用和成本分别见表 7-2、表 7-3 和表 7-4。

实施可交易出行路票方案前后通勤者出发时间($\mu=0.5$)　　　表 7-2

出发时间	可交易出行路票(活动)	可交易出行路票(出行)	未实施方案
t_{rv}^s	6:35	6:52	6:35
t_{av}^s	7:41	7:49	7:30
$\bar{t}$	8:36	8:36	8:10
t_{av}^e	8:44	8:51	8:33
t_{rv}^e	8:53	9:09	8:35

实施可交易出行路票方案前后通勤者时间分配($\mu=0.5$)　　　表 7-3

时间分配	可交易出行路票(活动)	可交易出行路票(出行)	未实施方案
平均排队时间(h)	0.00	0.00	0.20
平均家庭活动时间(h)	7.77	8.03	7.57
平均工作活动时间(h)	3.83	3.57	3.83
平均车内活动时间(h)	0.40	0.40	0.70

自动驾驶出行管理分析

Travel management analysis for automated driving

实施可交易出行路票方案前后通勤者出行成本和活动效用($\mu=0.5$)　　表7-4

出行成本和活动效用	可交易出行路票(活动)	可交易出行路票(出行)	未实施方案
出行路票单价(元)	3.28	5.66	—
总排队成本(元)	0	0	50309
总自由流行驶成本(元)	108000	108000	108000
总计划延误成本(元)	161438	149625	161438
家庭活动总效用(元)	1864500	1927500	1816941
工作活动总效用(元)	1264313	1177688	1264313
车内活动总效用(元)	28000	28000	49326
AV 个人净效用(元)	590	595	574
RV 个人净效用(元)	567	584	551
通勤者总效用(元)	2892531	2947281	2810833

从表7-4可以看出,实施可交易出行路票方案之后,瓶颈处通勤者的排队现象消失,出行时间缩短,因此通勤者的车内活动效用减小;其次,通勤者的整体出发时间推迟,家庭活动时间和效用随之增加;最后,两类通勤者的均衡效用相比较未实施可交易出行路票方案时均有所增加,其中,AV 通勤者净效用提升约2.79%,RV 通勤者的净效用提升约2.9%,全体通勤者总效用提升约2.82%。

表7-2~表7-4也展示了活动瓶颈模型和出行瓶颈模型两种建模方式下,实施可交易出行路票方案时通勤者不同的出行行为。从表中可以看出,当系统达到均衡状态时,出行瓶颈模型会高估出行路票单价、家庭活动总效用和通勤者的个人净效用,低估总计划延误成本、工作活动总效用,进一步说明了出行瓶颈模型对早高峰通勤者的刻画是有偏差的。

图7-3展示了通勤者个人净效用随着AV 通勤者比例的变化趋势。当AV 通勤者的比例不断增加时,两类通勤者的净效用均呈现先减后增的趋势,同时可以看出,随着对AV 收取路票程度的减少,AV 通勤者的效用是持续增加的,对于RV 通勤者来说,当AV 通勤者的比例较大时,随着对AV 收取路票程度的减少,RV 通勤者的效用也是增加的。

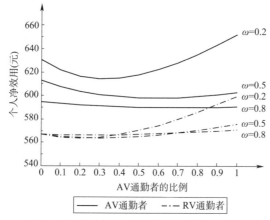

图7-3　不同 ω 下通勤者个人净效用随AV 通勤者比例的变化趋势

图 7-4 展示了路票单价随着 AV 通勤者比例的变化趋势。从图 7-3 中可以看出,路票单价随着 AV 通勤者的比例呈现先减后增的趋势。当对 AV 通勤者的支持力度越大时,转折点对应的 AV 通勤者比例越小。

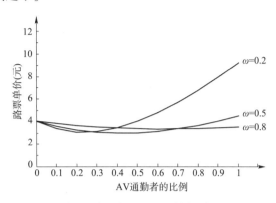

图 7-4　不同 ω 下路票单价随 AV 通勤者比例的变化趋势

7.4　本章小结

本章在 AV 和 RV 的混合驾驶环境下设计了相应的可交易出行路票方案。首先,考虑对 AV 通勤者收取的可交易出行路票数量给予减免,利用活动分析法构建了两类通勤者在可交易出行路票方案下的总效用函数,通过建立可交易出行路票下的活动瓶颈模型,进一步得到均衡状态下的通勤者出发时间、成本、效用等,并确定了最优的可交易出行路票方案;最后,通过数值算例验证了最优可交易出行路票在理论上可以彻底消除瓶颈处的排队现象,同时,得到了通勤者在该方案下的出行活动安排。

研究发现,可交易出行路票方案下,当两类通勤者的出发率等于瓶颈处通行能力时,瓶颈处的拥堵排队现象可以完全被消除;相较于实施可交易出行路票方案之前的管理情况,通勤者的车内活动效用减小,整体出发时间推迟,家庭活动时间和效用随之增加;两类通勤者的均衡效用相比较未实施可交易出行路票方案时均有所增加,其中,AV 通勤者净效用提升约 2.79%,RV 通勤者的净效用提升约 2.9%,全体通勤者总效用提升约 2.82%。

本章参考文献

[1] 邵春福.交通规划原理[M].北京:中国铁道出版社,2004.

[2] 徐猛,高自友.面向出行信用交易的交通需求管理[M].北京:科学出版社,2021.

[3] VICKERY W S. Congestion theory and transport investment[J]. American Economic Review, 1969,59(2):251-260.

[4] YANG H,WANG X. Managing network mobility with tradable credits[J]. Transportation Research Part B:Methodological,2011,45(3):580-594.

［5］田童心. 自动驾驶出行：基于活动视角的影响分析［D］. 北京：北京交通大学，2022.

［6］徐猛，高自友. 基于可交易出行路票的城市交通需求管理［J］. 交通运输系统工程与信息，2021，21（5）：12-21.

［7］LAMOTTE R，DE PALMA A，GEROLIMINIS N. On the use of reservation-based autonomous vehicles for demand management［J］. Transportation Research Part B：Methodological，2017，99：205-227.

［8］田丽君，刘会楠，许岩. 共享自动驾驶汽车经营策略优化分析［J］. 交通运输系统工程与信息，2020，20（3）：8.

［9］G. M. WANG，M. XU，S. GRANT-MULLER，et al. Combination of Tradable Credit Scheme and Link Capacity Improvement to Balance Economic Growth and Environmental Management in Sustainable-oriented Transport Development：A Bi-objective Bi-level Programming Approach［J］. Transportation Research Part A，2020，137，459-471.

CHAPTER 8 | 第 8 章

固定需求下的自动驾驶车辆专用道收费方案设计

第8章 固定需求下的自动驾驶车辆专用道收费方案设计

通过第 5 章的分析可知,CAVs 可以通过减小车头时距提高道路通行能力,从而减少系统总出行时间。但其与 HDVs 混合行驶时,两者之间的干扰作用会显著影响 CAVs 对出行效率的提升,特别是当 CAVs 比例较低时,甚至会损害交通网络性能,造成更为严重的拥堵。为 CAVs 设置专用道可以有效改善这一情况。AV 专用道可以分离混合交通流,确保 CAVs 的独立路权,同时保证车辆行驶的安全性。但是当 CAVs 比例较低时,AV 专用道没有设置,导致道路资源闲置,反而使路网的整体出行效率变得更低。基于此,本章结合收费对 AV 专用道进行管理,称作自动驾驶车辆专用道收费方案,该方案允许 CAVs 出行者免费使用 AV 专用道,同时允许部分 HDVs 出行者付费通行,不仅可以减少 HDVs 和 CAVs 的混合行驶情形,充分发挥 CAVs 在提升道路通行能力、缓解交通拥堵方面的优势,还可以避免 CAVs 比例较低时导致道路资源浪费的问题。

本章在第 5 章的基础上,研究在混合行驶情形下,如何通过 AVT 方案充分发挥 CAVs 的技术优势,从而提高系统出行效率。为此构建双层规划模型,其中,上层模型是以系统总出行时间最小为目标、AV 专用道建设成本为约束,求解最优的 AVT 方案部署位置和收费值;在下层模型中,本章将 AVT 方案下的混合交通均衡问题描述为一个给定 CAVs 比例的变分不等式问题。采用遗传模拟退火算法和对角化算法求解双层规划模型,最后通过数值算例分析 AVT 方案在不同 CAVs 比例下的部署特征以及优化效果,并对影响 AVT 方案优化效果的因素进行敏感性分析。

8.1 问题描述

第 5 章分析表明,CAVs 与 HDVs 混合行驶会降低 CAVs 的高效性能。为了改善这一问题,一种有效方法是为 CAVs 设置专用道,将不同类型的车辆分离开,从而保证 CAVs 的安全、高效行驶。本章假设 AV 专用道为独立路段,简要分析设置 AV 专用路权对交通网络性能的影响。在第 5 章 5.4 节数值算例的基础上,本章将饱和度较高的路段 5 设置为 AV 专用道,得到不同 CAVs 比例下,设置 AV 专用道后与设置 AV 专用道前的系统总出行时间及比值,如图 8-1 所示。需要注意的是,由于 CAVs 比例为 0 和 1 时交通网络中只存在一种出行者,设置 AV 专用道没有意义,因此本章暂不考虑。

从图 8-1 中可以看出,CAVs 比例大于 0.3 时,设置 AV 专用道后的系统总出行时间小于设置 AV 专用道前的系统总出行时间,此时,AV 专用道提升了出行效率,减少了系统总出行时间。而 CAVs 比例小于 0.4 时,设置 AV 专用道后的系统总出行时间大于设置 AV 专用道前的系统总出行时间,此时,设置 AV 专用道后反而降低了出行效率。由此可知,当 CAVs 比例较低时,设置 AV 专用道反而可能会导致系统出行效率降低。

设置 AV 专用道前后交通系统均衡时的路段流量及饱和度,见表 8-1。从表 8-1 中可以看出,设置 AV 专用道前,路段饱和度的范围为 0.43~1.99,平均饱和度为 1.37;设置 AV 专用道后,路段饱和度的范围和平均饱和度均变大,分别为 0.14~2.09、1.45。这是因为当 CAVs 比例较小时,AV 专用道得不到充分利用,导致路网中路段饱和度的最小值变小,而一

自动驾驶出行管理分析
Travel management analysis for automated driving

些路段聚集了更多的 HDVs,导致路网中路段饱和度的最大值变大。因此,当 CAVs 比例较低时设置 AV 专用道反而会损害交通网络性能。基于此,本章提出利用收费对 AV 专用道进行管理,即自动驾驶车辆专用道收费方案,将某些路段设置为 AV 专用道,同时允许 HDVs 付费通行,不仅可以在一定程度上分离混合交通流,还可以避免 CAVs 在应用初期比例较低导致道路资源浪费反而使路网的整体出行效率变得更低,使 AV 专用道的管理具有更高的灵活性和适用性。

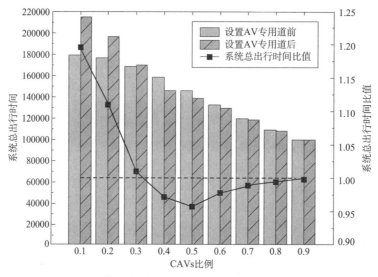

图 8-1 设置 AV 专用道后与设置 AV 专用道前的系统总出行时间及比值

均衡时的路段流量及饱和度 表 8-1

路段	设置 AV 专用道前				设置 AV 专用道后			
	HDVs 流量	CAVs 流量	CAVs 比例	饱和度	HDVs 流量	CAVs 流量	CAVs 比例	饱和度
1	583.42	122.50	0.43	1.99	370.72	276.50	0.17	1.72
2	536.58	157.50	0.00	1.95	749.28	3.50	0.23	2.09
3	445.22	13.00	0.49	1.28	207.95	198.50	0.03	1.05
4	354.78	187.00	0.00	1.48	592.05	1.50	0.35	1.65
5	683.20	28.00	1.00	1.99	0.00	473.50	0.04	0.66
6	345.44	107.50	0.00	1.27	578.66	1.50	0.24	1.61
7	630.76	29.50	0.64	1.85	260.78	467.50	0.04	1.70
8	255.09	8.00	0.15	0.73	42.89	7.50	0.03	0.14
9	147.28	7.00	0.65	0.43	61.51	112.00	0.05	0.40
10	483.49	22.50	0.64	1.42	199.26	355.50	0.04	1.30
11	481.21	155.00	0.18	1.78	507.13	114.00	0.24	1.75
12	313.10	77.00	0.00	1.10	563.84	0.00	0.20	1.57

第8章 固定需求下的自动驾驶车辆专用道收费方案设计

本章分析的问题包含两类决策主体,分别是个体出行者和交通管理者。在本章构建的双层规划模型中,交通管理者决定 AVT 方案的部署位置以及收费值,HDVs 和 CAVs 出行者根据交通管理者给定的 AVT 方案,分别以随机用户均衡(SUE)原则和用户均衡(UE)原则选择出行路径。其中,AV 专用道受到建设投资预算的约束。AV 专用道的建设一般通过新建道路或对现有道路进行改建两种途径实现,考虑到城市道路空间的有限性,本章假设 AV 专用道是从交通网络中现有的道路改建而成的。

8.2 给定 CAVs 外生需求的双层规划模型构建

8.2.1 上层规划模型

1) 目标函数

上层决策者以系统总出行时间最小为目标求解决策变量 AVT 方案的规划位置 $y = \{y_1, y_2, \cdots, y_n\}$ 以及收费值 $k = \{k_1, k_2, \cdots, k_n\}$,如式(8-1)所示:

$$\min_{k,y}(k,y) = \sum_{a \in A}(v_a^1 + v_a^2) t_a(v_a^1, v_a^2) \tag{8-1}$$

式中,k_a 为路段 $a \in A$ 的收费值;y_a 为[0—1]变量,当 $y_a = 1$ 时,路段 $a \in A$ 为 AVT 方案路段,当 $y_a = 0$ 时,路段 $a \in A$ 为普通路段。

2) AV 专用道建设成本约束

由于 AV 专用道需要配备路侧设施以及通信设施实现 CAVs 的自动化行驶,因此将现有的道路改建成 AV 专用道需要一定的资金。假设单位长度的 AV 专用道建设成本为 ρ,则整个交通网络的 AV 专用道建设总成本可以表示为:

$$Sy = \sum_{a \in A} \rho l_a y_a \tag{8-2}$$

式中,Sy 为交通网络中 AV 专用道的建设总成本;l_a 为路段 $a \in A$ 的长度。

总建设费用不能超过给定的投资预算值:

$$y_a l_a \rho \leq S \tag{8-3}$$

3) 收费值约束

考虑收费值的设置范围,如式(8-4)所示:

$$0 \leq k_a \leq \bar{k}_a \tag{8-4}$$

式中,$\bar{k}_a$ 为路段 $a \in A$ 的收费值上限。

8.2.2 下层混合交通均衡模型

1) AVT 方案下的出行成本函数

本章仍使用以下公式描述路段的通行能力:

$$C_a = \frac{3600 \cdot n}{(1 - r_a) h_{\text{hdv}} + r_a^2 h_{\text{cav}} + r_a (1 - r_a) h_{\text{mv}}} \tag{8-5}$$

则路段出行时间函数可以表示为：

$$t_a(v_a^1, v_a^2) = t_a^0 \left\{ 1 + \alpha \left[\frac{v_a^1 + v_a^2}{\frac{3600 \cdot n}{(1-r_a)h_{hdv} + r_a^2 h_{cav} + r_a(1-r_a)h_{mv}}} \right]^\beta \right\}, \forall a \in A \quad (8-6)$$

实施 AVT 方案后，使用 AV 专用道的 HDVs 出行者将被收取费用。因此，HDVs 出行者的出行成本函数发生变化，而 CAVs 出行者的出行成本函数保持不变。根据上述假设，HDVs 的出行成本由两部分组成：(1) 出行时间成本；(2) 使用 AV 专用道的收费成本。

则 HDVs 和 CAVs 使用 OD 对 $w \in W$ 之间路径 $r \in R_w$ 的广义出行成本分别如式(8-7)和式(8-8)所示：

$$c_{r,w}^1 = \sum_{a \in A} [t_a(v_a^1, v_a^2) + y_a k_a] \delta_{a,r}^w, \forall a \in A, r \in R_w, w \in W \quad (8-7)$$

$$c_{r,w}^2 = \sum_{a \in A} t_a(v_a^1, v_a^2) \delta_{a,r}^w, \forall a \in A, r \in R_w, w \in W \quad (8-8)$$

2) HDVs 的交通流分配

本章仍采用基于 Logit 的随机用户均衡模型来刻画 HDVs 的交通流量分配。令 $U_{r,w}^1$ 表示 HDVs 用户在 OD 对 $w \in W$ 间路径 $r \in R_w$ 上的感知出行成本效用，可以表示为：

$$U_{r,w}^1 = -\theta c_{r,w}^1 + \xi_{r,w}, \forall r \in R_w, w \in W \quad (8-9)$$

式中，$\xi_{r,w}$ 是 HDVs 用户在 OD 对 $w \in W$ 间路径 $r \in R_w$ 上的随机误差项。

根据效用最大化理论，HDVs 出行者选择 OD 对 $w \in W$ 间路径 $r \in R_w$ 的概率可以表示为：

$$P_{r,w} = \Pr(U_{r,w}^1 > U_{l,w}^1), \forall r,l \in R_w, w \in W \quad (8-10)$$

选择概率 $P_{r,w}$ 满足以下条件：

$$0 \leq P_{r,w} \leq 1, \forall r \in R_w, w \in W \quad (8-11)$$

$$\sum_{r \in R_w} P_{r,w} = 1, \forall w \in W \quad (8-12)$$

假设随机误差项 $\xi_{r,w}$ 是均值为零、独立且同分布的 Gumbel 变量，则 OD 对 $w \in W$ 之间路径 $r \in R_w$ 被 HDVs 出行者选择的概率为：

$$P_{r,w} = \frac{\exp(-\theta c_{r,w}^1)}{\sum_{l \in R_w} \exp(-\theta c_{l,w}^1)}, \forall r \in R_w, w \in W \quad (8-13)$$

则 HDVs 路径流量分布为：

$$f_{r,w}^1 = d_w^1 \cdot P_{r,w}, \forall w \in W \quad (8-14)$$

3) CAVs 的交通流分配

假设 CAVs 出行者是完全理性的，可以通过车与车或车与基础设施之间的互通互联完全并准确掌握交通网络的全部信息，它们均使用成本最低的路径达到目的地。当其无法单方面更换路径减小其出行成本时，整个交通网络达到 Wardrop 用户均衡状态，此时，OD 对内所有出行者分布的路径出行成本最小并相等，无流量分布的路径出行成本大于或等于最小出行成本。则均衡时其出行成本满足以下 UE 条件：

$$(c_{r,w}^2 - u_w^2)f_{r,w}^2 = 0, c_{r,w}^2 - u_w^2 \geq 0, f_{r,w}^2 \geq 0, \forall r \in R_w, w \in W \quad (8-15)$$

基于上述假设，由于 CAVs 流量和 HDVs 流量对出行时间函数具有不对称影响，从而难以建立交通分配数学规划模型的问题，我们将给定 AVT 方案后 HDVs 和 CAVs 的混合交通

均衡问题表述为如式(8-16)所示的变分不等式(Ⅵ)问题:

$$\sum_{w \in W}\sum_{r \in R_w}\left[c_{r,w}^1(f_{r,w}^{1\,*}) + \frac{1}{\theta}\ln f_{r,w}^{1\,*}\right](f_{r,w}^1 - f_{r,w}^{1\,*}) + \sum_{w \in W}\sum_{r \in R_w}c_{r,w}^2(f_{r,w}^{2\,*})(f_{r,w}^2 - f_{r,w}^{2\,*}) \geq 0$$

(8-16)

$$\forall (f^1, f^2, v^1, v^2) \in \Omega \quad (8\text{-}17)$$

变分不等式与混合交通均衡问题的等价性及解的存在性在第 5 章中已经证明,在此不做重复表述。

8.3 求解算法

本节采用遗传模拟退火算法求解双层规划模型得到 AVT 方案,采用对角化算法求解下层模型。

8.3.1 给定 CAVs 外生需求的双层规划模型求解算法

在解决双层规划问题这一类 NP-hard 问题时,单一的启发式算法综合效果往往不够理想。遗传算法局部搜索能力差,更适用于全局搜索,但其收敛速度较慢,易出现算法早熟情况。模拟退火算法的优势在于局部搜索能力强,但其解决复杂问题时计算速度慢,耗费时间长。而结合了这两类算法优点的遗传模拟退火算法,能够有效地弥补其单独求解时的缺陷。因此,本节采用遗传模拟退火算法求解双层规划模型,算法详细步骤如下。

步骤 1:初始化参数。

令种群大小为 M,变异率为 p_m、交叉率为 p_c,以及最大迭代次数为 K_{end},设置模拟退火算法的初始温度为 T_0,温度冷却系数为 φ。

步骤 2:生成初始种群。

对上层的决策变量进行编码。上层的决策变量式可以表示为 $(y;k) = (y_1, y_2, \ldots, y_n; k_1, k_2, \ldots, k_n)$。其中 $y = (y_1, y_2, \ldots, y_n)$ 为 0—1 变量,采用二进制编码,而 $k = (k_1, k_2, \ldots, k_n)$ 为实数变量,采用实数编码。因此,表示上层模型决策变量的染色体如图 8-2 所示。

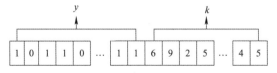

图 8-2 染色体示意图

初始种群是由一组可行染色体组成的。当生成的染色体满足上层规划模型的约束时,则该染色体可行,待产生足够数量的染色体后进行下一步操作。

步骤 3:计算个体适应度值。

将种群中的个体代入到下层优化问题中,采用第 8.3.2 节所示的对角化算法求解得到均衡解,然后计算相应的适应度值。本章中的适应度函数如式(8-18)所示:

$$F = \frac{1}{\sum_{a \in A}(v_a^1 + v_a^2) t_a(v_a^1 + v_a^2) + \max(Sy - S, 0)} \tag{8-18}$$

其中，$\sum_{a \in A}(v_a^1 + v_a^2) t_a(v_a^1 + v_a^2)$ 为系统总出行时间，$\max(Sy - S, 0)$ 表示投资建设成本约束，本章采用罚函数法将上层模型的约束加入到适应度函数中。

步骤4：种群选择。

种群选择是指通过对适应度函数的评价来进行染色体选择的过程。本章采取轮盘赌方法进行选择，选择概率如式(8-19)所示：

$$p(x_i) = \frac{f(x_i)}{\sum_{i=1}^{N} p(x_i)} \tag{8-19}$$

在选择过程中，为了使得适应度函数最优，会淘汰掉符合 $Sy > S$ 条件的染色体，即淘汰掉不满足投资预算约束的染色体，选择符合 $Sy < S$ 条件的染色体，即满足投资预算约束的染色体。

步骤5：交叉——模拟退火操作。

执行交叉操作，通过随机匹配策略，将 M 个染色体随机地分为 $[M/2]$ 个匹配组。对于决策变量 $y = (y_1, y_2, \ldots, y_n)$，随机设置一个交叉点，根据交叉率 p_c，在交叉点对父代染色体执行单点交叉，交叉操作如图 8-3 所示，保持 c_1、c_2 的左侧部分不变，交换 c_1、c_2 的右侧部分，从而得到两条不同的新染色体 p_1、p_2。

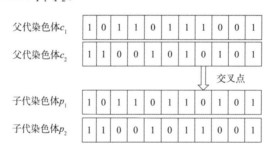

图 8-3　交叉操作示意图

对于决策变量 $k = (k_1, k_2, \ldots, k_n)$，对其两个父代染色体执行算数交叉，即由 2 个父代染色体执行线性组合操作从而生成 2 个新的子代染色体，线性组合函数如下所示：

$$k_1 = \lambda k_1 + (1 - \lambda) k_2 \tag{8-20}$$
$$k_2 = \lambda k_2 + (1 - \lambda) k_1 \tag{8-21}$$

对完成交叉操作后的种群个体执行模拟退火操作。分别计算得到交叉前后原父代个体和新子代个体的适应度值 $f(p_i)$、$f(c_i)$，$i \in M$。如果 $f(c_i) > f(p_i)$，则令 c_i 代替 p_i，反之根据 Metropolis 准则以 $e^{[f(c_i) - f(p_i)]/kT}$ 的概率保留 c_i。

步骤6：变异——模拟退火算法。

执行变异操作。对于决策变量 $y = (y_1, y_2, \ldots, y_n)$，根据变异率 p_m 选择变异点，被选择的基因如果是 0 则更改成为 1，如果是 1 则更改成为 0。变异操作如图 8-4 所示，如果将父代染色体的第 5 个基因进行变异，则产生下侧所示的新的子代染色体。

第8章 固定需求下的自动驾驶车辆专用道收费方案设计

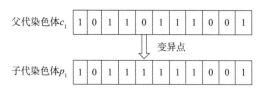

图 8-4 变异操作示意图

对于决策变量 $k=(k_1,k_2,\ldots,k_n)$，根据变异率 p_m 选择变异点，被选择的基因值更改为在值域范围之间的一个不同于原基因值的随机数值。

对完成变异操作后的种群个体执行模拟退火操作。分别计算得到变异前后原父代个体和新子代个体的适应度值 $f(p_i)$、$f(c_i)$，$i\in M$。如果 $f(c_i)>f(p_i)$，则令 c_i 代替 p_i，反之根据 Metropolis 准则以 $e^{[f(c_i)-f(p_i)]/kT}$ 的概率保留 c_i。

步骤 7：判断是否达到内部循环收敛条件。

若 $T<T_{end}$，则停止内部循环迭代，得到新种群；否则执行降温操作，令内部迭代次数 $L=L+1$，更新温度函数并返回到步骤 5。

$$T=T_0\cdot\varphi^K \tag{8-22}$$

其中，K 为迭代次数；φ 为温度冷却系数，为 0 到 1 之间的常数；T_0 为模拟退火算法的初始温度。

步骤 8：终止迭代。

判断是否达到遗传模拟退火算法的最大迭代次数为 K_{end}。若达到最大迭代次数则终止算法，得到该算法的最优解；否则，令 $K=K+1$，返回到步骤 3。

8.3.2 基于对角化算法的混合交通均衡求解

本节利用对角化算法求解 AVT 方案下的混合交通均衡问题，步骤如下所示：

步骤 1：初始化。假设初始路段流量为 0，分别根据 SUE 原则和 UE 原则对 HDVs 流量和 CAVs 流量执行全有全无流量分配，得到初始路段流量 $v_{(0)}=v_{(0)}^1+v_{(0)}^2$，根据式(8-1)更新路段通行能力 $C_{(0)}$，令初始迭代次数 $n=1$。

步骤 2：对角化。固定 CAVs 控制的流量 $v_{(n-1)}^2$，计算 HDVs 出行者的出行成本，并根据式(8-13)和式(8-14)进行基于 Logit 的 SUE 流量分配，得到辅助流量集合 $s_{(n)}^1$，根据 MSA 算法计算得到更新后的路段流量集合 $v_{(n+1)}^1=v_{(n)}^1+\dfrac{s_{(n)}^1-v_{(n)}^1}{n+1}$。

步骤 3：固定住 HDVs 控制的流量 $v_{(n+1)}^1$，计算 CAVs 的路径出行成本，对 CAVs 流量进行 UE 分配，得到辅助流量集合 $s_{(n)}^2$，根据 MSA 算法计算得到更新后的路段流量集合 $v_{(n+1)}^2=v_{(n)}^2+\dfrac{s_{(n)}^2-v_{(n)}^2}{n+1}$。

步骤 4：根据式(8-1)更新路段通行能力 $C_a(n)$。

步骤 5：收敛判断。如果 $\dfrac{\|v_{(n+1)}^1-v_{(n)}^1\|}{\|v_{(n)}^1\|}+\dfrac{\|v_{(n+1)}^2-v_{(n)}^2\|}{\|v_{(n)}^2\|}\leqslant\varepsilon$，则停止算法，得到路

段流量 $v_{(n+1)} = v^1_{(n+1)} + v^2_{(n+1)}$；否则令迭代次数 $n = n + 1$，返回到步骤 2，继续进行迭代计算。

本章的算法流程如图 8-5 所示。

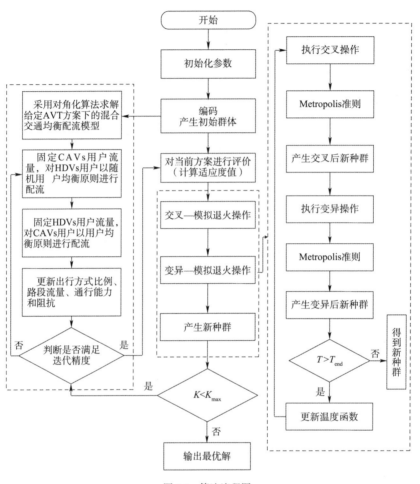

图 8-5　算法流程图

8.4　数值算例

8.4.1　Nguyen-Dupuis 网络

本章仍然使用 Nguyen-Dupuis 网络来验证模型和算法的有效性。图 8-6 Nguyen-Dupuis 网络包含 4 个 OD 对、19 条路段以及 13 个节点。OD 对 {1-2}、{1-3}、{4-2}、{4-3} 的出行需求分别为 1020、790、520 和 650。令参数 $\theta = 0.1, \alpha = 0.15, \beta = 4, h_{cav} = 10s, h_{hdv} = 20s, h_{mv} = 24s, \bar{k}_a = 20, S = 30000, \rho = 1000$。关于网络的其他参数见表 8-2。

第 8 章　固定需求下的自动驾驶车辆专用道收费方案设计

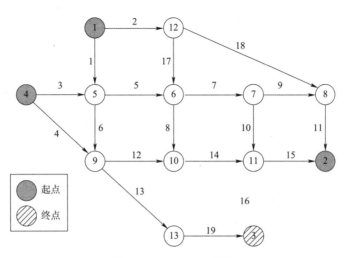

图 8-6　Nguyen-Dupuis 网络

Nguyen-Dupuis 网络参数表　　　　　　　　　　　　　　　　　　　　表 8-2

路段	t_a^0	长度	路段	t_a^0	长度
1	7	8	11	11	12
2	9	7	12	10	8
3	9	6	13	9	11
4	12	9	14	6	9
5	3	4	15	9	9
6	9	8	16	8	10
7	5	8	17	6	8
8	13	9	18	14	8
9	5	13	19	11	12
10	9	8			

8.4.2　AVT 方案对交通网络性能的影响

本章使用遗传模拟退火算法对双层规划模型求解,并与遗传算法进行对比。设定种群规模 $M=80$,最大迭代次数 $K=300$,交叉概率 $Pc=0.6$,变异概率 $Pm=0.2$,初始温度 $T=2000$,$\varphi=0.5$。为了证明算法的有效性,本节展示了当 CAVs 比例为 0.5 时的算法迭代曲线,如图 8-7 所示,可以看到遗传算法的目标函数值在 50 次左右时停止迭代,此时目标函数值为 247079.635。遗传模拟退火算法在 120 多次时目标函数达到最小化,此时目标函数值为 246629.138,虽然遗传模拟退火算法收敛时的迭代次数大于遗传算法,但是遗传模拟退火算法的目标值优于遗传算法。

当 CAVs 比例为 0 和 1 时,交通网络中只存在一种类别的流量,在这两种情况下,部署

AVT 方案没有意义。因此本章不考虑这两种情况,仅考虑同时存在 CAVs 和 HDVs 的混合行驶情形。将上述参数代入到模型中,计算得到不同 CAVs 比例下实施 AVT 方案前后的系统总出行时间值以及优化比例,如图 8-8 所示。

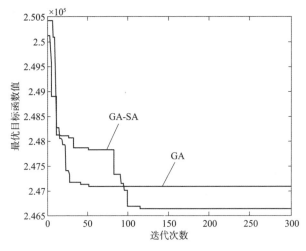

图 8-7 算法迭代曲线

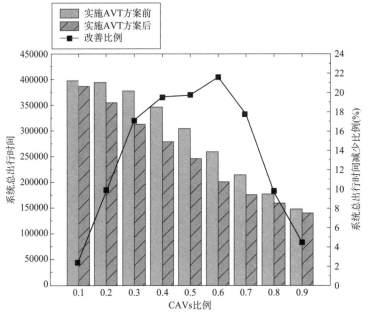

图 8-8 实施 AVT 方案前后的系统总出行时间及优化比例

从图 8-8 中可以看出,在不同的 CAVs 比例下,实施 AVT 方案后的系统总出行时间均比没有实施 AVT 方案时的系统总出行时间少,此外,AVT 方案下均衡时的系统总出行时间随着 CAVs 的比例增大而减小。由此可知,本章提出的 AVT 方案能够优化出行效率,改善混合交通网络性能。系统总出行时间改善程度的范围为 2.31% ~ 21.63%,改善程度随着 CAVs 比例的增加先增大后减小,这表明 AVT 方案对系统总出行时间的改善在不同 CAVs 比例下

第8章 固定需求下的自动驾驶车辆专用道收费方案设计

有着不同的效果。具体表现为,当 CAVs 比例较小和较大时,实施 AVT 方案对系统总出行时间的改善情况较小,而当 CAVs 比例在中等范围内时,实施 AVT 方案对系统总出行时间的改善程度较为显著。

为了研究在不同 CAVs 比例下 AVT 方案改善交通网络性能的机制,本节分别对 CAVs 比例为 0.3、0.5 和 0.8 时的 3 种场景进行分析,得到系统最优下的 AVT 方案,见表 8-3。

AVT 方案 表 8-3

CAVs 比例	AVT 方案部署位置	收费值
0.3	路段 5	14.64
	路段 7	10.47
	路段 10	5.63
0.5	路段 1	8.39
	路段 14	19.99
	路段 19	8.43
0.7	路段 1	17.76
	路段 14	5.25
	路段 11	19.74

通过表 8-4 可知,CAVs 比例不同时得到的最优 AVT 方案也不同。这是因为 CAVs 与 HDVs 服从不同的路径选择原则,导致不同混入程度的交通流均衡时的路段流量分布也不同,因此,得到了不同的最优方案。为了分析 AVT 方案提高交通网络性能的机制,本章对实施 AVT 方案前后的路段流量、路段通行能力以及路段饱和度等进行分析。

当 CAVs 比例为 0.3、0.5 和 0.8 时,AVT 路段中 HDVs 流量和 CAVs 流量的变化分别如图 8-9 和图 8-10 所示。

从图 8-9~图 8-10 中可以看出,实施 AVT 方案后 AVT 路段上的 HDVs 流量均显著减少,而 CAVs 流量均显著增加。由此可知,AVT 方案减少了 AVT 路段上的 HDVs 用户,集聚了更多的 CAVs 用户,降低了 HDVs 对 CAVs 的干扰,使得 CAVs 流量更集中地分布在 AVT 路段上。

AVT 路段中总流量和路段饱和度的变化如图 8-11 和图 8-12 所示。

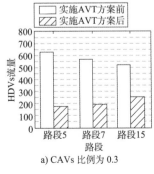
a) CAVs 比例为 0.3

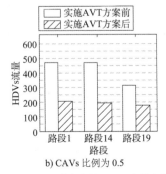
b) CAVs 比例为 0.5

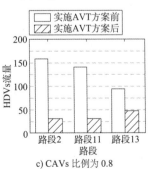
c) CAVs 比例为 0.8

图 8-9 AVT 路段中的 HDVs 流量变化

自动驾驶出行管理分析
Travel management analysis for automated driving

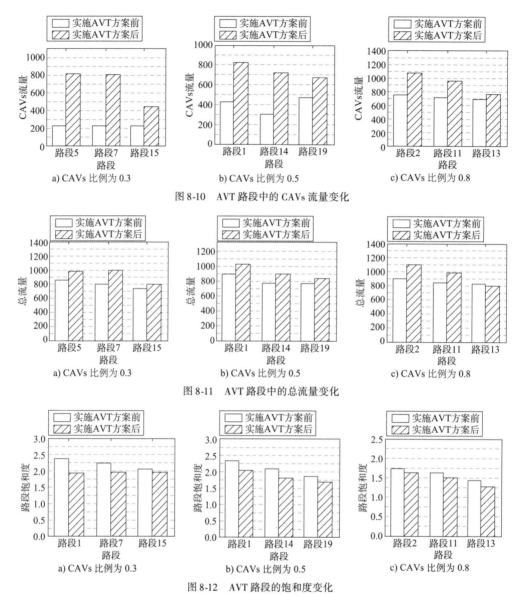

图 8-12 AVT 路段的饱和度变化

从图 8-11~图 8-12 中可以发现,在三种场景下,实施 AVT 方案后,AVT 路段上的总流量均有所增加,但其路段饱和度却均有所减小。结合上述对 AVT 路段上两种车辆流量变化的分析可知,AVT 方案使得 AVT 路段中 HDVs 流量减少、CAVs 流量增加,CAVs 流量增加的数量大于 HDVs 流量减少的数量,因此 AVT 路段的总流量增加。但由于 AVT 方案的实施,HDVs 和 CAVs 的混合行驶情形有所减少,CAVs 比例有所增加,从而路段通行能力得以提升,如图 8-13 所示。因此,实施 AVT 方案后路段饱和度在路段总流量增加的情况下仍然有所降低。

上述算例分析了 AVT 方案对局部路段的影响,接下来分析 AVT 方案对整体路网饱和度的影响,如图 8-14 所示。其中(1)、(2)分别表示实施 AVT 方案前和实施 AVT 方案后的情况。

第8章 固定需求下的自动驾驶车辆专用道收费方案设计

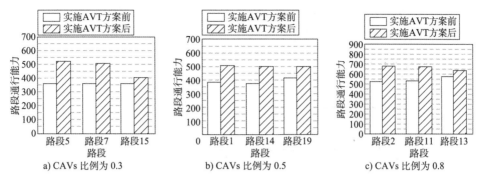

图8-13 AVT路段的通行能力变化

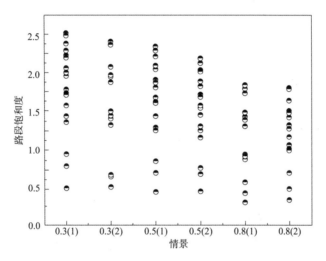

图8-14 路段通行能力变化

从图 8-14 中可以看出,在 3 种场景下,实施 AVT 方案后路网的饱和度最大值均有所降低,而路网饱和度最小值均有所增加。这是因为 AVT 方案主要实施在较为拥堵的路段上,促使拥堵路段的 HDVs 流量选择其他利用率较低的路段出行,而集聚了更多可以提高道路通行能力的 CAVs 流量,使得不同类型的流量分布得更加集中,大大减少了混合行驶过程中 HDVs 干扰 CAVs 产生的负面影响,因此,AVT 方案使得路网中的最差情况得到了缓解,并提高了路网中饱和度较低的路段利用率,路网的整体拥堵情况得到缓解。

8.4.3 不同CAVs比例下的AVT方案部署特征

本节重点对 CAVs 比例为 0.3、0.5 和 0.8 共 3 种情况下的 AVT 方案部署位置进行分析和对比,以结合 CAVs 的不同发展阶段为混合交通流的出行管理提出精细化的管理建议。当 CAVs 比例为 0.3、0.5 和 0.8 时,AVT 方案部署位置如图 8-15、图 8-16 和图 8-17 所示。

图 8-15a)为 CAVs 比例为 0.3 时实施 AVT 方案前路段饱和度的分布情况,颜色深浅表示路段饱和度的高低。图 8-15b)中的黄色路段为 CAVs 比例为 0.3 时的 AVT 方案最优部署位置。通过两张图的对比可以得知,在 CAVs 比例为 0.3 时,AVT 方案部署在饱和度较高的

路段中。这是因为当路段饱和度较高时,增加一个单位的流量对路段出行时间的边际影响更加显著,因此,在较为拥堵的路段部署 AVT 方案是减少系统总出行时间的最佳选择。

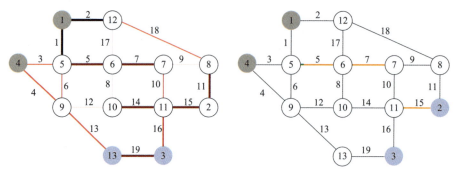

a) 实施 AVT 方案前的路段饱和度　　　　b) AVT 方案部署位置

图 8-15　CAVs 比例为 0.3 时的 AVT 方案部署位置

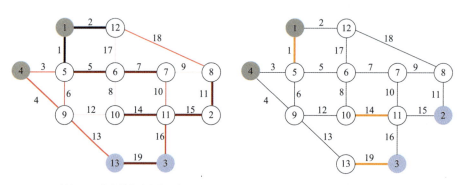

a) 实施 AVT 方案前的路段饱和度　　　　b) AVT 方案部署位置

图 8-16　CAVs 比例为 0.5 时的 AVT 路段部署方案

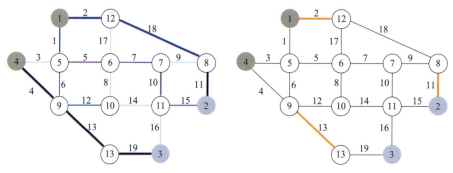

a) 实施 AVT 方案前路段 CAVs 比例的分布　　　　b) AVT 方案部署位置

图 8-17　CAVs 比例为 0.8 时的 AVT 路段部署方案

图 8-16a) 为实施 AVT 方案前路段的饱和度分布情况,颜色深浅表示路段饱和度高低。图 8-16b) 中黄色的路段表示 AVT 方案最优部署位置。通过两张图的对比可以得知,与 CAVs 比例为 0.3 时的情况一样,CAVs 比例为 0.5 时最优的 AVT 方案也是从饱和度较高的路段中选取的。

图 8-17a)为实施 AVT 方案前路段 CAVs 比例为 0.8 的分布情况,颜色深浅表示路段 CAVs 比例的大小。图 8-17b)中黄色的路段表示 AVT 方案的最优部署位置。通过两张图的对比可以得知,当 CAVs 比例为 0.8 时,AVT 方案的部署位置是从 CAVs 比例较高的路段中选取的,这与 CAVs 比例为 0.3 和 0.5 时的策略不同。

基于以上观察,可以了解到,在不同的 CAVs 比例下,系统采用了不同的 AVT 方案部署策略。一般来说,当 CAVs 的比例较低时,系统倾向于在较为拥挤的路段部署 AVT 方案;当 CAVs 比例较高时,系统更倾向于在 CAVs 流量百分比较高的路段上部署 AVT 方案,这些发现可以为实际操作提供参考。

8.4.4 灵敏度分析

为了识别影响 AVT 方案的关键因素,本节对模型中涉及的参数进行灵敏度分析。这些参数包括 CAVs 跟随 HDVs 的饱和车头时距值 h_{mv}、CAVs 跟随 CAVs 的饱和车头时距值 h_{cav} 以及投资预算值。需要注意的是,h_{mv} 与 h_{cav} 可以通过技术优化而得到改变,但 h_{hdv} 取决于驾驶员,因此本章暂不考虑 h_{hdv} 对模型的影响。

1)投资预算值

保持其他参数不变,令投资预算值 S 以 10000 的间隔,从 20000 变化至 90000,得到 CAVs 比例为 0.5 时 AVT 方案下的系统总出行时间减少比例,如图 8-18 所示。

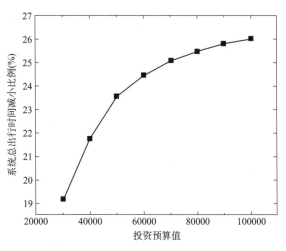

图 8-18 不同投资预算值下的系统总出行时间减小比例

从图 8-18 中可以看出,同一种 CAVs 比例下,投资预算值越大,系统总出行时间的减少比例越小,AVT 方案对改善交通网络性能的效果越好,但 AVT 方案改善交通网络性能的效率逐渐降低。

2)CAVs 跟随 CAVs 的饱和车头时距值 h_{cav}

保持交通网络中其他参数不变,令 h_{cav} 从 8s 以 2s 的间隔变化至 20s,得到实施 AVT 方案后不同 h_{cav} 下的系统总出行时间减小比例,如图 8-19 所示。

从图 8-19 中可以看出,同一种 CAVs 比例下,h_{cav} 的值越大,AVT 方案下系统总出行时间的减少比例越小。这表明,CAVs 跟随 CAVs 的车头时距 h_{cav} 越大,AVT 方案对改善交通网络性能的效果越小。这是因为,AVT 方案的实施在于减少 HDVs 对 CAVs 的干扰,保证 CAVs 性能的充分发挥,当 h_{cav} 的值变大时,CAVs 对路段通行能力的提升较小,因此,交通网络性能的改善程度也变小。

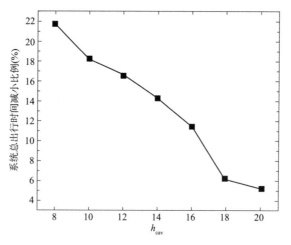

图 8-19　不同 h_{cav} 下的系统总出行时间减小比例

3) CAVs 跟随 HDVs 的饱和车头时距值 h_{mv}

保持交通网络中其他参数不变,令 CAVs 跟随 HDVs 的饱和车头时距 h_{mv} 从 10s 以 2s 的间隔变化至 26s,得到 CAVs 比例为 0.5 时实施 AVT 方案后不同 h_{mv} 下的系统总出行时间减小比例,如图 8-20 所示。

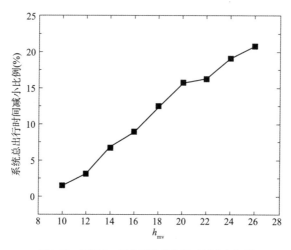

图 8-20　不同 h_{mv} 下的系统总出行时间减小比例

从图 8-20 中可以看出,同一种 CAVs 比例下,h_{mv} 的值越大,系统总出行时间的减少比例越大。这表明,当 CAVs 跟随 HDVs 的饱和车头时距越大时,AVT 方案对改善交通网络性能的效果越大。这是因为 AVT 方案通过分离混合交通流来减小混合行驶时对出行效率带来的负面作用,h_{mv} 的值越大,对出行效率的负面作用越大,则 AVT 方案的效果越显著,证明了

第8章　固定需求下的自动驾驶车辆专用道收费方案设计

本文方案的有效性。

8.5 本章小结

本章提出采用自动驾驶车辆专用道收费方案来改善混合行驶时，HDVs 与 CAVs 之间的干扰带来的出行效率下降问题。重点研究在不同 CAVs 比例下最优的 AVT 部署方案以及效果。

本章将 AVT 方案下的混合交通均衡描述为一个给定外生 CAVs 需求的变分不等式问题，在此基础上，建立一个双层规划模型以求解最优的 AVT 方案部署位置以及收费值。采用遗传模拟退火算法和对角化算法求解双层规划模型，分别对 CAVs 比例为 0.3、0.5 和 0.8 时的情况进行分析。场景分析结果表明，与未实施 AVT 方案时相比，AVT 方案可以吸引更多的 CAVs 流量分布于 AVT 路段上，减少 HDVs 和 CAVs 的混合行驶情形，提升道路通行能力，从而减少系统总出行时间。

AVT 方案的效果在不同 CAVs 比例下有不同的表现，具体为，当 CAVs 比例较低或较高时，AVT 方案的效果较为微弱，只有 CAVs 比例在中等范围内才会获得显著效益。此外，不同 CAVs 比例下最优的 AVT 方案也存在差异。当 CAVs 比例较低时，系统倾向于在饱和度较高的路段部署 AVT 方案；当 CAVs 比例较高时，系统倾向于在 CAVs 流量百分比较高的路段部署 AVT 方案。

最后，对影响 AVT 方案效果的因素进行灵敏度分析，结果表明，在同一种 CAVs 比例下，CAVs 跟随 HDVs 的饱和车头时距越大、CAVs 跟随 CAVs 的饱和车头时距越小、投资预算越大，则 AVT 方案的优化效果越明显。

本章参考文献

[1] WANG J, PEETA S, HE X. Multiclass traffic assignment model for mixed traffic flow of human-driven vehicles and connected and autonomous vehicles[J]. Transportation Research Part B：Methodological,2019,126(12):139-168.

[2] TIENTRAKOOL P, HO Y C, MAXEMCHUK N F. Highway capacity benefits from using vehicle-to-vehicle communication and sensors for collision avoidance[C]. Proceedings of the 74th IEEE Vehicular Technology Conference, San Francisco, IEEE, 2011：1-5.

[3] XIAO L, WANG M, SCHAKEL W, et al. Unravelling effects of Cooperative Adaptive Cruise Control deactivation on traffic flow characteristics at merging bottlenecks[J]. Transportation Research Part C：Emerging Technologies,2018,96：380-397.

[4] CHEN Z, HE F, ZHANG L, et al. Optimal deployment of autonomous vehicle lanes with endogenous market penetration[J]. Transportation Research Part C：Emerging Technologies, 2016,72：143-156.

[5] CHEN Z, HE F, YIN Y, et al. Optimal design of autonomous vehicle zones in transportation networks[J]. Transportation Research Part B: Methodological, 2017, 99:44-61.

[6] CHEN S, WANG H, MENG Q. Designing autonomous vehicle incentive program with uncertain vehicle purchase price[J]. Transportation Research Part C: Emerging Technologies, 2019, 103:226-245.

[7] GHIASI A, HUSSAIN O, QIAN Z S, et al. A mixed traffic capacity analysis and lane management model for connected automated vehicles: A Markov chain method[J]. Transportation Research Part B: Methodological, 2017, 106:266-292.

[8] TALEBPOUR A, MAHMASSANI H S, ELFAR A. Investigating the effects of reserved lanes for autonomous vehicles on congestion and travel time reliability[J]. Transportation Research Record: Journal of the Transportation Research Board, 2017, 2622:1-12.

[9] 刘天亮,欧阳恋群,黄海军. ATIS作用下的混合交通行为网络与效率损失上界[J]. 系统工程理论与实践, 2007, 27(4):6-17.

[10] 张佳翠. 混合行驶环境下城市出行管理:基于网络均衡理论的分析[D]. 北京:北京交通大学, 2022.

CHAPTER 9 | 第 9 章

考虑异质用户出行选择的自动驾驶车辆专用道收费方案设计

第 9 章　考虑异质用户出行选择的自动驾驶车辆专用道收费方案设计

在第 7 章中，研究了给定 HDVs 和 CAVs 外生需求下的最优 AVT 方案部署特征及其对出行效率的优化效果，忽略了在实施 AVT 方案后，出行者对出行成本变化的反应。现有研究表明，出行成本的变化会影响出行者的出行决策，体现为路径选择、方式选择以及是否出行等。一项实地研究表明，在收费方案实施后，使用私家车前往伦敦、斯德哥尔摩和米兰收费区的总行驶里程分别减少了 18%、18% 和 14.2%，使用公共交通出行是私家车里程减少的主要原因。由此，不难推断，在考虑存在 HDVs 和 CAVs 两种车辆的混合交通网络中，部署 AVT 方案后不仅会影响出行者的出行路径，还可能影响出行者的出行方式选择，从而使得路网中 CAVs 的比例发生变化。通过第 7 章的结论可知，不同 CAVs 比例下最优的 AVT 方案部署也不同。因此，为了更准确地预测未来的需求和流量分布格局，在预算有限的条件下实施更加精准的出行管理方案，有必要考虑混合交通网络下 AVT 方案对出行者出行决策的影响。此外，时间价值不同的出行者具有不同的出行选择偏好，因此，用户的异质性是研究出行决策时需要考虑的一个重要因素。

基于此，本章对第 7 章的内容进行扩展，构建了考虑出行时间、车辆购买成本以及 AVT 的出行成本函数，并考虑用户时间价值的异质性，将 AVT 方案下出行者的方式选择和路径选择刻画为带有 CAVs 内生需求的变分不等式问题。在此基础上，构建一个双层规划模型求解以系统总出行时间最小为目标，AV 专用道投资成本预算为约束的最优 AVT 方案部署位置和收费值。最后利用遗传模拟退火和对角化算法求解模型，分析实施 AVT 方案对异质用户出行决策和交通网络性能的影响，并对比出行者具备不同时间价值时的方式划分情况及 AVT 方案优化效果。

9.1　问题描述

本章仍沿用第 7 章的基本假设，并针对本章的研究内容对一部分假设进行调整。本章的问题研究中仍然包含两类决策者，上层决策者确定 AVT 方案；下层决策者首先根据 CAVs 和 HDVs 的广义出行成本选择出行方式，利用 Logit 模型刻画该过程，然后在各出行方式下选择出行成本最小的路径，直到达到 Wardrop 用户均衡状态。本章针对出行者的异质属性和出行方式的广义出行成本具体解释如下：

（1）假设出行者具有不同的时间价值，并且时间价值服从离散型分布，即出行者可以被分为 I 类。根据行为理论，具有不同偏好的出行者会作出不同的出行决策，时间价值高的出行者对时间更加敏感，因此倾向于使用出行时间较小的方式和路径。

（2）假设出行者的广义出行成本包括出行时间、车辆购买费用和 AVT。将 CAVs 高于 HDVs 的购买费用平均转化为 CAVs 每次出行的额外费用，则 CAVs 的出行成本包括出行时间和车辆购买成本两部分；HDVs 出行者的出行成本包括出行时间和 AVT 两部分。

9.2 考虑异质用户出行选择的双层规划模型构建

9.2.1 上层规划模型

1）目标函数

上层规划模型以系统总出行时间最小为目标，求解决策变量 AV 专用道的规划位置以及收费值，如式(9-1)所示：

$$\min_{k,y,f,v,p} F_1(k,y,f,x,p) = \sum_{i \in I}\sum_{a \in A}(v_a^{i,1} + v_a^{i,2})t_a(v_a^{i,1}, v_a^{i,2}) \tag{9-1}$$

式中，$v_a^{i,1}$ 为路段 $a \in A$ 上第 i 类 HDVs 出行者的流量；$v_a^{i,2}$ 为路段 $a \in A$ 上第 i 类 CAVs 出行者的流量。

2）AV 专用道建设成本约束

由于 AV 专用道需要配备路侧设施和通信设施以实现 CAVs 的自动化行驶，因此将现有的道路改建成 AV 专用道需要一定的资金。假设单位长度的 AV 专用道建设成本为 ρ，则整个交通网络的 AV 专用道建设总成本费用 Sy 可以表示为：

$$Sy = \rho\, l_a y_a \tag{9-2}$$

总建设费用不能超过给定的投资预算值：

$$y_a l_a \rho \leq S \tag{9-3}$$

3）收费值约束

考虑收费值的设置范围，如式(9-4)所示：

$$0 \leq k_a \leq \overline{k}_a \tag{9-4}$$

9.2.2 下层综合方式划分和流量分布的多模式交通配流模型

本节提出的多模式交通均衡配流问题需要满足两个均衡条件，一个是交通方式划分的均衡条件，另一个是各交通方式下路径选择的均衡条件。

1）出行成本函数构建

在实际生活中，出行者的一次出行通常包含各种成本损耗，出行方式不同，出行成本的构成也不同。出行成本一般来说是广义的，既包括易量化的金钱花费和出行时间，也包括不易量化的出行方式便捷性和舒适性等因素。CAVs 相比 HDVs 增加了一些新型设备以及先进技术，包括各类传感器、用于实时监测行驶环境的激光摄像机和雷达、用于车辆精准定位的高精度 GPS 系统，以及与自动驾驶控制系统相关的技术等。这些新型设备以及先进技术会导致 CAVs 的购买价格高于 HDVs，显著影响人们的购买支付意愿，从而影响 CAVs 的普及和使用。因此，本章将车辆购买成本考虑在内，构建包含出行时间、AVT 和车辆购买成本的出行成本函数。将 CAVs 高于 HDVs 的购买价格平均转化为 CAVs 每次出行的额外费用，记为 c_0，如式(9-5)所示：

$$c_0 = \frac{C}{L \cdot b} \tag{9-5}$$

式中,C 为 CAVs 高于 HDVs 的购买价格;L 为车辆的使用寿命;b 为一年内使用车辆的次数。

根据以上假设,CAVs 的出行成本包括出行时间和每次出行的额外费用 c_0,HDVs 的成本包括出行时间和使用 AV 专用道被收取的费用。

在以往关于存在 CAVs 和 HDVs 混合交通流的均衡分析中,往往假设出行者是同质的,即具有相同的时间价值。然而,在现实生活中,由于出行特征、经济收入等多方面的差异,导致不同类别的出行者在出行时会产生不同的出行决策。同时,居民经济和生活水平的提升也使出行者呈现多样化的出行需求,因此,考虑出行者异质性的多方式交通均衡和自动驾驶车辆专用道收费研究具有一定实际意义。

根据个人的偏好,出行者通常从货币和时间两个维度对综合出行成本进行考量。时间价值代表出行者在金钱和时间之间的权衡。在出行者时间价值的相关研究中,一般将时间价值的分布分为连续型和离散型两大类,相对应地,出行者被分为无穷类别和有限类别两种情况。根据行为理论,具有不同偏好的出行者会作出不同的出行决策。时间价值高的用户对出行时间更加敏感,倾向于时间较小的路径和方式。由此可知,时间价值的异质性对方式划分和流量分配结果存在一定的影响,这是同质出行者无法反映的。因此,本章考虑时间价值的异质性,令时间价值的分布为离散型,将出行者分为 i 类($I = \{1, 2, \ldots, i\}$),则第 i 类 HDVs 和 CAVs 使用 OD 对 $w \in W$ 之间路径 $r \in R_w$ 的广义出行成本分别如式(9-6)~式(9-7)所示:

$$c_{r,w}^{i,1} = \sum_{a \in A} \left[\beta^{i,1} t_a(v_a^{i,1}, v_a^{i,2}) + y_a k_a \right] \delta_{a,r}^w, \forall a \in A, r \in R, w \in W \tag{9-6}$$

$$c_{r,w}^{i,2} = \sum_{a \in A} \beta^{i,2} t_a(v_a^{i,1}, v_a^{i,2}) \delta_{a,r}^w + c_0, \forall a \in A, r \in R, w \in W \tag{9-7}$$

式中,$\beta^{i,1}$ 为第 i 类 HDVs 出行者的时间价值;$\beta^{i,2}$ 为第 i 类 CAVs 出行者的时间价值;$c_{r,w}^{i,1}$ 为第 i 类 HDVs 出行者的出行成本函数;$c_{r,w}^{i,2}$ 为第 i 类 CAVs 出行者的出行成本函数。

2)出行方式选择均衡条件

假设每个 OD 对之间的总出行需求是给定且固定的,采用 Logit 模型描述 AVT 方案下出行者的出行方式选择问题。此时,OD 对 $w \in W$ 之间第 i 类 HDVs 和 CAVs 的出行需求比例 $p_w^{i,1}$、$p_w^{i,2}$ 是内生的,如果随机误差项服从 Gumbel 分布且相互独立,则基于 Logit 的出行方式选择概率 $p_w^{i,1}$、$p_w^{i,2}$ 可表示为:

$$p_w^{i,1} = \frac{\exp(-\varepsilon u_w^{i,1})}{\exp(-\varepsilon u_w^{i,1}) + \exp(-\varepsilon u_w^{i,2})}, \forall w \in W \tag{9-8}$$

$$p_w^{i,2} = \frac{\exp(-\varepsilon u_w^{i,2})}{\exp(-\varepsilon u_w^{i,1}) + \exp(-\varepsilon u_w^{i,2})}, \forall w \in W \tag{9-9}$$

式中,$u_w^{i,1}$ 为第 i 类 HDVs 出行者在 OD 对 $w \in W$ 之间的最小出行成本;$u_w^{i,2}$ 为第 i 类 CAVs

出行者在 OD 对 $w \in W$ 之间的最小出行成本；ε 为感知误差。

根据流量守恒原则，HDVs 和 CAVs 的出行需求满足如式（9-10）～式（9-14）的约束条件：

$$d_w^{i,1} = p_w^{i,1} \cdot d_w^i, \forall w \in W \tag{9-10}$$

$$d_w^{i,2} = p_w^{i,2} \cdot d_w^i, \forall w \in W \tag{9-11}$$

$$d_w^1 = \sum_{i \in I} d_w^{i,1}, \forall w \in W \tag{9-12}$$

$$d_w^2 = \sum_{i \in I} d_w^{i,2}, \forall w \in W \tag{9-13}$$

$$d_w = d_w^1 + d_w^2, \forall w \in W \tag{9-14}$$

式中，$d_w^{i,1}$ 为第 i 类 HDVs 出行者在 OD 对 $w \in W$ 之间的出行需求；$d_w^{i,2}$ 为第 i 类 CAVs 出行者在 OD 对 $w \in W$ 之间的出行需求；d_w^i 为第 i 类出行者的总需求。

3）出行路径选择均衡条件

本章假设出行者是完全理性的，均使用成本最小的路径达到目的地，当其无法单方面更换路径降低其出行成本时，整个交通网络达到 Wardrop 用户均衡状态，此时，OD 对内所有有出行者分布的路径出行成本最小并相等，无流量分布的路径出行成本大于或等于最小出行成本。则均衡时其出行成本满足以下 UE 条件：

$$(c_{r,w}^{i,1} - u_w^{i,1})f_{r,w}^{i,1} = 0, c_{r,w}^{i,1} - u_w^{i,1} \geq 0, f_{r,w}^{i,1} \geq 0, \forall r \in R_w, w \in W \tag{9-15}$$

$$(c_{r,w}^{i,2} - u_w^{i,2})f_{r,w}^{i,2} = 0, c_{r,w}^{i,2} - u_w^{i,2} \geq 0, f_{r,w}^{i,2} \geq 0, \forall r \in R_w, w \in W \tag{9-16}$$

式中，$u_w^{i,1}$ 为均衡时第 i 类 HDVs 出行者在 OD 对 $w \in W$ 之间的最小出行成本；$u_w^{i,2}$ 为均衡时第 i 类 CAVs 出行者在 OD 对 $w \in W$ 之间的最小出行成本；$f_{r,w}^{i,1}$ 为第 i 类 HDVs 出行者在 OD 对 $w \in W$ 之间路径 $r \in R$ 上的流量；$f_{r,w}^{i,2}$ 为第 i 类 CAVs 出行者在 OD 对 $w \in W$ 之间路径 $r \in R$ 上的流量。

式（9-15）和式（9-16）是互补条件，表示当第 i 类 HDVs 和 CAVs 在路径 l 上有流量时，该路径的出行成本即为最小出行成本。

4）刻画方式划分和出行分布的变分不等式模型

由于 CAVs 流量和 HDVs 流量混合行驶时相互影响，对出行时间函数具有不对称影响，使得出行时间函数的 Jacobian 矩阵呈现不对称性，难以建立交通分配数学规划模型。因此，本章构建变分不等式来描述 AVT 方案下出行者的方式划分和流量分配问题，如式（9-17）所示。即求解 $(f^{i,1}, f^{i,2}, v^{i,1}, v^{i,2}, p^{i,1}, p^{i,2}, p^1, p^2)$：

$$\sum_{w \in W}\sum_{r \in R_w} c_{r,w}^{i,1}(f_{r,w}^{i,1*})(f_{r,w}^{i,1} - f_{r,w}^{i,1*}) + \sum_{w \in W}\sum_{r \in R_w} c_{r,w}^{i,2}(f_{r,w}^{i,2*})(f_{r,w}^{i,2} - f_{r,w}^{i,2*}) +$$

$$\sum_{w \in W} 1/\varepsilon \ln p_w^{i,1}(p_w^{i,1}d_w - p_w^{i,1*}d_w) + \sum_{w \in W} 1/\varepsilon \ln p_w^{i,2}(p_w^{i,2}d_w - p_w^{i,2*}d_w) \geq 0 \tag{9-17}$$

其中，$(f^{i,1}, f^{i,2}, v^{i,1}, v^{i,2}, p^{i,1}, p^{i,2}, p^1, p^2)$ 满足以下关系式：

$$v_a^{i,1} = \sum_{w \in W}\sum_{r \in R_w} f_{r,w}^{i,1} \delta_{a,r}^w \tag{9-18}$$

$$v_a^{i,2} = \sum_{w \in W}\sum_{r \in R_w} f_{r,w}^{i,2} \delta_{a,r}^w \tag{9-19}$$

$$\sum_{r \in R_w} f_{r,w}^{i,1} = p_w^{i,1} d_w^i \tag{9-20}$$

$$\sum_{r \in R_w} f_{r,w}^{i,2} = p_w^{i,2} d_w^i \tag{9-21}$$

$$d_w^1 = \sum_{i \in I} d_w^{i,1} \tag{9-22}$$

$$d_w^2 = \sum_{i \in I} d_w^{i,2} \tag{9-23}$$

$$p^1 = \sum_{w \in W} d_w^1 / d_w \tag{9-24}$$

$$p^2 = \sum_{w \in W} d_w^2 / d_w \tag{9-25}$$

$$d_w = d_w^1 + d_w^2 \tag{9-26}$$

9.3 考虑异质用户出行选择的双层规划模型求解算法

本章中下层模型的决策变量为出行方式比例以及路段流量,在上层中给定 k_a^* 和 y_a^* 后,下层考虑出行者异质性的多模式配流问题求解步骤如下所示:

步骤 1:初始化。

设置初始可行解,令具有第 i 类时间价值的 HDVs 比例和 CAVs 比例分别为 $p^{i,1}(0)$、$p^{i,2}(0)$,则得到初始出行需求 $d_w^{i,1}(0)$、$d_w^{i,1}(0)$。假设初始路段流量为 0,根据 UE 原则对不同时间价值的 HDVs 流量和 CAVs 流量执行全有全无流量分配,得到第 i 类出行者的初始路段流量 $v_{(0)}^i = v_{(0)}^{i,1} + v_{(0)}^{i,2}$,更新路段通行能力 $C_{(0)}$,令初始迭代次数 $n=1$。

步骤 2:对角化。

固定 CAVs 控制的流量 $v_{(n-1)}^2$,计算 HDVs 用户的出行成本,对 HDVs 出行者进行 UE 分配,得到辅助流量集合 $s_{(n)}^{i,1}$,按照 MSA 算法计算得到更新后的路段流量集合 $v_{(n+1)}^{i,1} = v_{(n)}^{i,1} + (s_{(n)}^{i,1} - v_{(n)}^{i,1})/(n+1)$。

步骤 3:对角化。

固定住 HDVs 控制的流量 $v_{(n+1)}^1$,计算 CAVs 的路径出行成本,对 CAVs 流量进行 UE 分配,得到辅助流量集合 $s_{(n)}^{i,2}$,按照 MSA 算法计算得到更新后的路段流量集合 $v_{(n+1)}^{i,2} = v_{(n)}^{i,2} + (s_{(n)}^{i,2} - v_{(n)}^{i,2})/(n+1)$。

步骤 4:更新参数。

更新路段通行能力 $C_a(n)$,并根据式(9-8)和式(9-9)计算每种交通方式出行者的比例,将该出行比例作为辅助出行比例,记为 $z^{i,1}(n)$、$z^{i,2}(n)$,更新出行方式比例 $p_{(n+1)}^{i,1} = p_{(n)}^{i,1} + (p_{(n)}^{i,1} - z_{(n)}^{i,1})/(n+1)$,$p_{(n+1)}^{i,2} = p_{(n)}^{i,2} + (p_{(n)}^{i,2} - z_{(n)}^{i,2})/(n+1)$。

步骤 5:收敛判断。

如果 $\dfrac{\|v_{(n+1)}^{i,1} - v_{(n)}^{i,1}\|}{\|v_{(n)}^{i,1}\|} + \dfrac{\|v_{(n+1)}^{i,2} - v_{(n)}^{i,2}\|}{\|v_{(n)}^{i,2}\|} + \dfrac{\|q_{(n+1)}^{i,1} - q_{(n)}^{i,1}\|}{\|q_{(n)}^{i,1}\|} + \dfrac{\|q_{(n+1)}^{i,2} - q_{(n)}^{i,2}\|}{\|q_{(n)}^{i,2}\|} \leq \varepsilon$,则停止算法;否则令迭代次数 $n = n+1$,返回到步骤 2,继续进行迭代计算。

本节仍采用上一节当中介绍的遗传模拟退火算法求解双层规划模型,此处不做重复介绍,算法流程如图 9-1 所示。

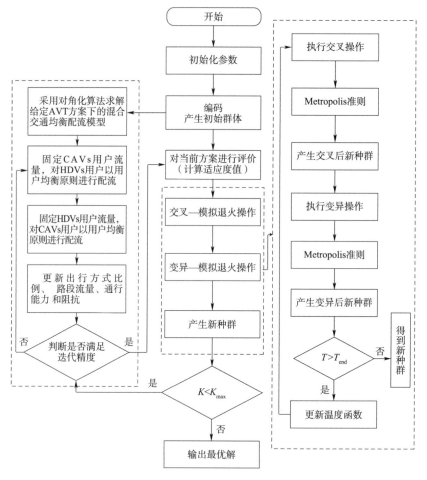

图 9-1　算法流程图

9.4　数值算例

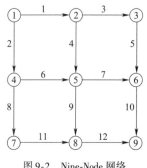

图 9-2　Nine-Node 网络

9.4.1　Nine-Node 网络

本节使用如图 9-2 所示的 Nine-Node 网络来验证模型和算法。该网络包含 1 个 OD 对,12 条路段以及 9 个节点。假设存在两类不同时间价值的用户,第一类出行者 $\beta^1=1$,其出行需求为 450;第二类出行者 $\beta^2=2$,其出行需求为 450。令参数 $\theta=0.1, \alpha=0.15$,$\beta=4, h_{cav}=5s, h_{hdv}=10s, h_{mv}=12s, c_0=15, \bar{k}_a=10, S=2000, \rho=1000, \varepsilon=0.05$。关于网络的其他参数见表 9-1。

第9章 考虑异质用户出行选择的自动驾驶车辆专用道收费方案设计

Nine-Node 网络参数　　　　　表 9-1

路段	t_a^0	路段长度
1	6.66	4.27
2	6.00	3.98
3	7.68	4.71
4	6.36	4.13
5	5.34	3.68
6	4.68	3.38
7	6.66	4.86
8	7.98	3.82
9	5.64	4.27
10	6.66	5.15
11	8.64	3.82
12	5.64	3.98

9.4.2 场景对比

本节分别对以下两种场景进行分析,求解得到交通网络达到均衡时的指标值,包括最优的 AVT 方案、HDVs 和 CAVs 的路段流量分布、CAVs 比例,系统总出行时间以及路段饱和度等指标值。

场景一:未实施 AVT 方案时的多模式交通配流问题,该案例结果作为后续分析的比较基准。

场景二:实施 AVT 方案后的多模式交通配流问题。

以系统总出行时间最小为目标求解得到的最优 AVT 方案如图 9-3 所示。

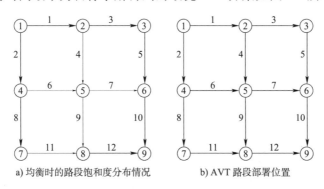

a) 均衡时的路段饱和度分布情况　　b) AVT 路段部署位置

图 9-3　最优 AVT 部署位置

图 9-3a) 为实施 AVT 方案前,路网达到均衡时路段的饱和度情况,颜色深浅表示路段饱

和度高低。图9-3b)中路段2和路段12表示以系统总出行时间最小为目标求解得到的AVT最优部署位置。由图9-3b)可知,AVT的部署位置为路段2和路段12,通过对比两张图,AVT方案是从饱和度较高的路段中选取的。这是因为当路段饱和度较高时,增加一单位的流量对路段出行时间的边际影响更加显著,因此,将较为拥堵的路段转化为AVT路段是减少系统出行时间的最佳选择。相应的收费值大小见表9-2,分别为6.93407和9.7499。

AVT路段收费值 表9-2

AVT部署位置	收费值
路段2	6.93407
路段12	9.7499

两种场景下的路段流量分布见表9-3。可以看出,AVT方案对路段流量的分布产生了显著影响。场景二中CAVs和HDVs流量的分布比场景一中CAVs和HDVs流量的分布更加集中,CAVs出行者只分布在路段2、路段6、路段8、路段9、路段11和路段12上,而HDVs出行者更多地分布在路段1、路段3、路段4、路段5、路段7和路段10上。这表明AVT方案可以减少混合行驶场景的出现,降低了HDVs与CAVs之间的相互干扰情况,使得同一种出行方式分布得更加集中。

两种场景下均衡时的路段流量分布 表9-3

路段	HDVs		CAVs	
	场景一	场景二	场景一	场景二
1	258.56	404.65	132.53	—
2	352.31	46.60	156.59	448.75
3	229.83	326.59	97.02	—
4	28.73	78.06	35.51	—
5	229.83	326.59	97.02	—
6	168.10	21.45	68.53	174.92
7	12.84	57.96	9.24	—
8	184.21	25.14	88.07	273.83
9	183.99	41.55	94.80	174.93
10	242.67	384.55	106.26	—
11	184.21	25.14	88.07	273.83
12	368.20	66.70	182.87	448.75

两种场景下的路段饱和度分布如图9-4所示。场景一中路段饱和度最大值为1.4069,最小值为0.0589;场景二中路段饱和度最大值为1.1411,最小值为0.1796。场景二中饱和度最大值小于场景一中饱和度最大值,饱和度最小值大于场景一中饱和度最小值。这表明,AVT方案使得路网饱和度分布得更加均匀。这是因为AVT方案减少了拥堵路段中的HDVs流量,聚集更多的CAVs,提升了道路通行能力,从而降低了路段饱和度,同时引导更多的

第9章 考虑异质用户出行选择的自动驾驶车辆专用道收费方案设计

HDVs 用户分布在饱和度低的路段,提升了这些路段的利用率,从而提升了出行效率。

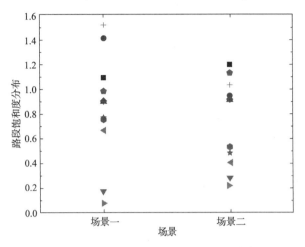

图 9-4 两种场景下均衡时的路段饱和度分布

两种场景下均衡时的系统总出行时间和 CAVs 比例见表 9-4。场景一中 CAVs 的比例为 32.08%,场景二中 CAVs 的比例为 47.16%,相比于场景一增加了 15.08%。这是因为在实施 AVT 方案后,HDVs 均衡时的路径成本有所增加,因此,有一部分出行者选择 CAVs 出行,提升了 CAVs 比例。场景一中交通网络达到均衡后系统总出行时间为 28877.9149,实施 AVT 方案后交通网络达到均衡时系统总出行时间为 25603.1614,相比于实施 AVT 方案前优化了 11.31%。一方面,AVT 方案减少了 HDVs 与 CAVs 的混合行驶,进一步提高了 CAVs 在提高道路通行能力方面的优势,减少了系统总出行时间;另一方面,AVT 方案促使更多出行者使用 CAVs,路网中 CAVs 比例提升,进一步提高了道路通行能力,带来了交通性能改善。

均衡时的系统总出行时间和 CAVs 比例   表 9-4

场景	系统总出行时间	CAVs 比例
场景一	28877.9149	32.08%
场景二	25603.1614	47.16%

9.4.3 出行者时间价值对出行选择及 AVT 方案的影响

本节首先提出 2 个关于不同出行者时间价值假设的算例,以对比考虑出行者异质性与不考虑异质性时的情况。其中,算例 1 中出行者同质,时间价值均为 1.5;算例 2 中的出行者属性设置参考本章 9.2 节的算例,将出行者分为两大类,一类时间价值为 1,一类时间价值为 2。两个算例下实施最优 AVT 方案后均衡时系统总出行时间和 CAVs 比例的变化值见表 9-5。

不同算例中系统总出行时间和 CAVs 比例的变化值   表 9-5

算例	系统总出行时间变化值	CAVs 比例变化值
算例 1	−10.23%	14.65%
算例 2	−11.31%	15.08%

自动驾驶出行管理分析
Travel management analysis for automated driving

通过表 9-5 可以看出，本章提出的 AVT 方案对系统总出行时间以及 CAVs 比例的影响在算例 1 和算例 2 中有着不同的表现。系统总出行时间和 CAVs 比例的变化值在算例 2 中变化情况更为显著。分析结果表明，即使交通网络中的出行者时间价值均值相等，时间价值的异质性也会导致本章提出的 AVT 方案产生不同的效果。

由于算例 2 中出行者的时间价值是异质的，最具有代表性，所以本节对算例 2 进行详细分析，研究不同的出行时间价值对 AVT 方案下出行者路径选择和方式选择的影响。场景三中均衡时的路径出行时间以及不同时间价值的路径流量分布见表 9-6 和表 9-7。

AVT 方案下均衡时的路径出行时间 表 9-6

路径	路径出行时间	路径	路径出行时间
路径 1：1-3-9-10	33.15	路径 4：2-6-7-10	29.66
路径 2：1-4-7-10	33.15	路径 5：2-6-9-12	24.70
路径 3：1-4-9-12	28.19	路径 6：2-8-11-12	24.70

AVT 方案下均衡时的路径流量分布 表 9-7

路径	HDVs		CAVs	
	时间价值为 1	时间价值为 2	时间价值为 1	时间价值为 2
路径 1	206.71	119.95	—	—
路径 2	54.72	5.02	—	—
路径 3	—	23.65	—	—
路径 4	—	6.00	—	—
路径 5	—	9.55	119.43	95.49
路径 6	—	49.98	116.41	93.08

通过表 9-7 可知，不同时间价值的 CAVs 流量在实施 AVT 方案后没有差别，均分布于路径 5 和路径 6 上。而不同时间价值的 HDVs 流量分布具有显著差别，这是因为 CAVs 出行者的出行成本不包含收费，而 HDVs 出行者在出行过程中面临出行时间和收费之间的权衡。具体来看，时间价值为 1 的 HDVs 出行者全部分布在路径 1 和路径 2 上，而时间价值为 2 的 HDVs 出行者分布在所有的路径上。结合表 9-6 可知，实施 AVT 方案后，不包含收费路段的路径 1 和路径 2 的出行时间较大，而包含收费路段的路径 3、路径 4、路径 5 和路径 6 的出行时间较小。时间价值为 1 的出行者对出行时间不敏感，更在意出行过程中的收费，因此均选择路径 1 和 2；而时间价值为 2 的出行者对出行时间的敏感性增大，因此即便被收费，也有出行者愿意选择出行时间较小的路径 3、路径 4、路径 5 和路径 6。

接下来进一步分析 AVT 方案下时间价值对方式选择的影响。实施 AVT 方案后时间价

第9章 考虑异质用户出行选择的自动驾驶车辆专用道收费方案设计

值为1和时间价值为2的出行方式占比见表9-8。

实施 AVT 方案后出行方式占比　　　　　　　　　　　　　表9-8

出行方式	时间价值	比例
时间价值 $\beta^1=1$	HDVs	55.57%
	CAVs	44.43%
时间价值 $\beta^1=2$	HDVs	45.03%
	CAVs	54.97%

通过表9-8可知,实施 AVT 方案后时间价值为1的出行者中使用 HDVs 的比例大于使用 CAVs 的比例,而时间价值为2的出行者中使用 HDVs 的比例小于使用 CAVs 的比例。即,时间价值高的出行者在 AVT 方案下更愿意选择 CAVs 出行,而时间价值低的出行者在 AVT 方案下更愿意选择 HDVs 出行。这是因为,在实施 AVT 方案后,HDVs 更多地分布在出行时间较大的路径上,而 CAVs 分布在出行时间较小的路径上,时间价值高的出行者更在意出行过程中的时间损耗,因此更愿意使用 CAVs,而时间价值低的出行者对收费更为敏感,因此更愿意使用 HDVs。

通过上述分析可知,具有不同时间价值的出行者在均衡状态下表现出不同的路径选择和方式选择偏好,这也解释了为何出行时间价值的均值相同时,考虑存在异质出行者的 AVT 方案与考虑同质出行者的 AVT 方案对系统总出行时间影响也不同。

最后,本节提出三种出行时间价值取值方案,令第一类出行者的时间价值均为1,第二类出行者的时间价值分别为1.5(方案一)、2(方案二)和2.5(方案三),以分析不同的时间价值对 AVT 方案及其效果的影响,三种方案下最优的 AVT 方案见表9-9。

AVT 路段收费值　　　　　　　　　　　　　表9-9

时间价值分布情况	AVT 方案部署位置	收费值
方案一	路段2	5.2274
	路段12	7.5597
方案二	路段2	6.9347
	路段12	9.7499
方案三	路段2	8.8728
	路段12	10.0000

由表9-9可知,三种方案下,AVT 方案的部署位置没有差异,均为路段2和路段12,但收费值存在差异。具体表现在,当出行者的时间价值越大时,最优的 AVT 方案收费值越大。三种方案下实施 AVT 方案后系统总出行时间和 CAVs 比例的变化情况见表9-10。

实施 AVT 方案后系统总出行时间和 CAVs 比例的变化情况　　表 9-10

方案	系统总出行时间	CAVs 比例
方案一	−10.42%	12.52%
方案二	−11.31%	15.08%
方案三	−11.70%	15.73%

由表 9-10 可知,出行者时间价值越大,实施 AVT 方案后 CAVs 比例增加得越多,系统总出行时间减小比例越大。这是因为,出行者的时间价值越大,越倾向于选择出行时间较小的 CAVs,因此,在需求固定的情况下,AVT 方案下 CAVs 比例增加得越多,从而道路通行能力提升得越大,系统总出行时间减小比例也越大。

9.4.4　灵敏度分析

为了识别影响模型的关键因素,本节对以下参数进行灵敏度分析,包括 CAVs 跟随 HDVs 的饱和车头时距值 h_{mv} 和 CAVs 购置成本转换系数 c_0。

本节首先研究在其他网络参数保持不变的情况下,不同 h_{mv} 下 AVT 方案对出行效率提升和出行者出行方式选择的影响。本节令 h_{mv} 的值以 2 的间隔从 14 变化至 28,得到不同 h_{mv} 下实施 AVT 方案后 CAVs 比例变化和系统出行时间减少比例,如图 9-5 所示。

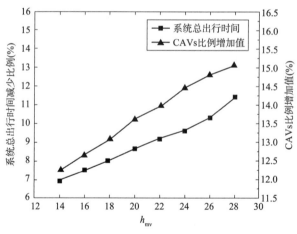

图 9-5　不同饱和车头时距 h_{mv} 下的指标变化值

从图 9-5 中可以看出,饱和车头时距 h_{mv} 的值越大,则均衡时 CAVs 比例增加得越多,系统总出行时间减少比例越大。这是因为,饱和车头时距 h_{mv} 的值越大,则混合行驶中,HDVs 与 CAVs 相互干扰产生的负面影响越大,AVT 方案实施后分离了 HDVs 和 CAVs,则对出行效率的优化效果越明显。因此,给 CAVs 带来了更大的出行效率提升,则有更多的出行者愿意选择 CAVs,从而对系统总出行时间的改善也越大。

本节最后研究不同的 CAVs 购买费用对 AVT 方案实施后,出行效率提升和出行者出行方式选择的影响。保持其他参数不变,令 CAVs 购买费用折算值以 2 为间隔从 11 变化至 21,得到不同 CAVs 购买费用折算值下实施 AVT 方案后,CAVs 比例变化和系统出行时间减少比例,如图 9-6 所示。

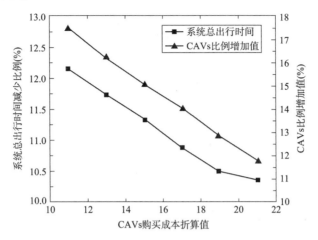

图 9-6　不同 CAVs 购买成本折算值下的指标变化值

从图 9-6 中可以看出,CAVs 购买成本越大,则均衡时 CAVs 的比例增加值越小,系统总出行时间的减少比例也越小。这表明,较高的 CAVs 购买成本会影响出行者对 CAVs 的选择。因此,在 CAVs 普及阶段,政府可以采取一些补贴政策,鼓励更多的出行者购买使用 CAVs,增大 CAVs 的使用比例,从而缓解交通拥堵。

9.5　本章小结

本章进一步考虑 AVT 方案对具有不同时间价值的出行者出行选择的影响,建立一个双层规划模型,其中上层以系统总出行时间最少为目标求解最优的 AVT 方案,下层模型将 AVT 方案下异质出行者的模式选择和路径选择刻画为带有 CAVs 内生需求的变分不等式问题,分析实施 AVT 方案对异质用户出行方式选择和出行效率的影响。场景分析表明,AVT 方案不仅可以通过减少分离 HDVs 与 CAVs 的干扰来提高出行效率,还可以促进更多的出行者选择 CAVs,从而进一步减少系统总出行时间。

本章还对比了出行者具有不同时间价值时的模式划分情况以及 AVT 方案效果。分析结果表明,在 AVT 方案下时间价值高的用户选择 CAVs 出行的比例较大,而时间价值低的用户选择 HDVs 的比例较大;此外,出行者的时间价值越高,最优的 AVT 方案收费值越大,AVT 方案下选择 CAVs 的出行者越多,从而对出行效率的优化效果越明显。

最后,分析了 CAVs 车辆购买成本折算值对于优化方案的影响,结果表明 CAVs 车辆购买成本会显著影响出行者对 CAVs 车辆的选择。

本章参考文献

[1] GOODWIN P B. A review of new demand elasticities with special reference to short and long

run effects of price changes[J]. Journal of Transportation Economics and Policy,1992,26(2):155-169.

[2] HENSHER D A,LI Z. Referendum voting in road pricing reform: a review of the evidence [J]. Transportation Policy,2013,25:186-197.

[3] FAGNANT D J,KOCKELMAN K. Preparing a nation for autonomous vehicles:opportunities, barriers and policy recommendations[J]. Transportation Research Part A:Policy and Practice,2015,77(5):167-181.

[4] CHEN Z,HE F,YIN Y,et al. Optimal design of autonomous vehicle zones in transportation networks[J]. Transportation Research Part B:Methodological,2017,99:44-61.

[5] CHEN D,AHN S,CHITTURI M,et al. Towards vehicle automation:Roadway capacity formulation for traffic mixed with regular and automated vehicles[J]. Transportation Research Part B:Methodological,2017,100(10):196-221.

[6] LEVIN M W,BOYLES S D. A multiclass cell transmission model for shared human and autonomous vehicle roads[J]. Transportation Research Part C:Emerging Technologies,2016,62:103-116.

[7] SHLADOVER S E. Connected and automated vehicle systems:Introduction and overview[J]. Journal of Intelligent Transportation Systems,2018,22(1-6):190-200.

[8] KALRA N,PADDOCK S M. Driving to safety:How many miles of driving would it take to demonstrate autonomous vehicle reliability[J]. Transportation Research Part A:Policy and Practice,2016,94:182-193.

[9] 张佳翠. 混合行驶环境下城市出行管理:基于网络均衡理论的分析[D]. 北京:北京交通大学,2022.

CHAPTER 10 | 第 10 章

面向辅助自动驾驶阶段的城市共享停车优化

第 10 章　面向辅助自动驾驶阶段的城市共享停车优化

面向自动驾驶汽车的共享停车运营管理平台之首要任务是设计有效的分配机制,实现车位供给者和车位需求者之间的有效匹配,并且保障平台的运营收益。针对自动驾驶汽车在不同发展阶段下的共享停车运营管理,需要重点研究车位供给者和车位需求者之间高效匹配,以及确定合理的停车收费策略来保障平台的运营收益。本章针对自动驾驶汽车在辅助驾驶阶段的共享停车位预约分配展开研究,在人工驾驶汽车的共享停车位预约分配研究基础上,提出了一种基于差异化定价的策略共享停车位分配模型,重点讨论了自动驾驶汽车在辅助驾驶阶段的共享停车位分配和定价问题。其次,通过定量分析对比,证明了该运营管理方案的优势和有效性。

10.1　问题描述与模型假设

10.1.1　问题描述

本章节考虑了自动驾驶汽车在辅助驾驶阶段共享停车位预约和分配优化问题,构建了一个由城市中央商务区(CBD)及其周边居住区组成的共享停车场景。虽然自动驾驶车辆在辅助驾驶阶段能够自动停车,但其自动停车功能为乘车型自动停车,仍需要驾驶员单独操控车辆,或者驾驶员与自动驾驶系统共同接管车辆,即车辆的行驶过程中必须有驾驶员操控或者监督。因此,自动驾驶车辆在停车的过程中并不能实现自动变更停车位,故用户的停车需求只能由一个特定的停车位满足。

本章的共享停车场景由车位拥有者(供给者)、停车用户(需求者)和运营管理平台三个利益相关者构成。假设居住区内的居民具有固定的通勤属性(即早出晚归的潮汐特征),他们在上班期间愿意共享其闲置的停车位,以获得一定的共享资源收益并满足附近 CBD 的停车需求(商务业务、展会等)。车位拥有者和停车用户均提前向共享停车平台提交自己的停车位供给和停车位需求信息,包含时间、车位信息、车牌信息等。共享停车平台在收到停车位的供给和用户停车需求信息后,通过设定分配规则和定价规则对停车位供给和需求进行匹配,并在分配结束后将结果告知平台用户。图 10-1 描述了平台视角的共享停车运营场景,其中停车位需求者和供给者的数量分别为 M 和 N。

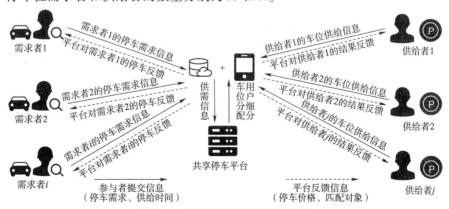

图 10-1　共享停车平台运营场景描述

由于出行目的(通勤、娱乐、商务等)的不同,出行者的停车需求时长会存在较大差异。共享停车平台在收到用户的停车信息后,根据不同用户之间停车时长的差异性,进行差异化停车收费。图 10-2 描述了差异化定价的具体规则,如果用户 i 的停车时长大于等于平台设定的停车时长划分阈值 τ,则该停车需求将采用长时停车需求的计费价格;反之,则采用短时停车需求的计费价格。

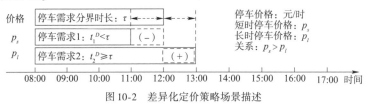

图 10-2　差异化定价策略场景描述

10.1.2　模型假设

根据模型的实际应用场景和限制条件,提出了以下几点假设:

(1)用户对停车场的车位没有特别的偏好。假设停车场内部的多个停车位是同质的,车位的停放方式、距离出口的距离等因素是相同的,用户改变停车位并不能降低其成本,即机会成本为零。

(2)平台参与者提前并如实向平台提交车位的供给和需求信息。假设共享停车位需求者和车位供给者提前向平台提交供需信息,以使平台在充分收集供需信息的情况下,尽可能实现全局最优分配。此外,参与者提交的供需信息均为其真实的车位供需情况。

(3)平台参与者严格遵守其向平台提交的时间信息。假设供需双方准确评估自己的出行计划,并严格遵守时间。不存在超时占用停车位的现象,保证不影响其他用户使用该车位。

(4)车位分配遵从"全有全无"分配原则。假设共享停车平台的车位分配遵循"全有全无"的分配原则,分配结果必须使得需求者的停车时间全部被满足,或者完全不满足,即一个停车需求至多被分配到一个停车位。

(5)假设车辆在停放后不会变更停车位。假设需求用户在停车过程中,不会更改其停车位置,即只由一个停车位来服务其停车需求。

10.2　模型参数及变量定义

假设车位供给者提前向管理运营平台提交自己的停车位可共享的供给时段信息,停车需求者提前在平台进行停车预约(提前一天或几小时),并向平台提交停车需求时段信息。共享停车运营管理平台利用事先收集好的停车位供给和需求信息,根据平台的分配机制进行需求者和供给车位的优化分配。无论用户是否成功匹配到车位,平台都需要及时将分配结果向需求者反馈。这样,可以保证未被分配车位的需求者充分规划其出行时间,预留出足够时间去寻找其他停车资源(路边停车位、商业停车位),避免耽误这些未成功分配到车位的需求者的出行计划。

1)时间参数与变量

考虑到车位供给者的通勤特征(离家和归家时间),假设平台的运营时间为 09:00—17:00。

第10章　面向辅助自动驾驶阶段的城市共享停车优化

为了解决时间窗约束问题并对车位进行精细化分配,将平台的运营时间切分为 T 个等长的时间段。其中,$t=1$ 表示平台运营的第一个时间段,即09:00—10:00,以此类推。

假设共享停车平台已向供给者回购了 N 个停车位,平台接收到停车需求者的数量为 M。停车需求者 i 的开始停车时间和停车结束的时间分别用 t_i^P 和 t_i^L 表示,车位供给者 j 的共享开始时间和结束共享的时间分别用 t_j^O 和 t_j^C 表示。因此,车位需求者的总需求时长 t_i^D 和车位供给者的总服务时长 t_j^R 可以表示为:

$$t_i^D = t_i^L - t_i^P \tag{10-1}$$

$$t_j^R = t_j^C - t_j^O \tag{10-2}$$

考虑到不同需求者之间停车总需求时长 t_i^D 差异较大,引入阈值 τ,试图根据停车总需求时长 t_i^D 的不同对需求进行细分,并采取差异化的收费和分配方案。如果停车总需求时长 t_i^D 大于阈值 τ,那么需求 i 被划分为长时停车需求用户,其单位时间的停车价格为 p_l;反之,需求 i 被划分为短时停车需求用户,其单位时间的停车价格为 p_s。共享停车平台向车位供给者回购停车位的单位时间价格用 p_r 表示。用 φ_i 表示共享停车需求者 i 被划分为的用户种类,其数学表达式可表示为:

$$\varphi_i = \begin{cases} 1, \text{如果 } t_i^D > \tau \\ 0, \text{如果 } t_i^D \leq \tau \end{cases} \tag{10-3}$$

2) 决策变量

引入 0-1 决策变量 x_{ij},它表示停车需求者 i 与停车位供给者 j 的匹配结果。$x_{ij}=1$ 表示停车位供给者 j 被分配给需求者 i;$x_{ij}=0$ 表示需求者 i 与停车位供给者 j 未成功匹配。其数学表达式可以表示为:

$$x_{ij} = \begin{cases} 1, \text{停车位供给者 } j \text{ 被分配给需求者 } i \\ 0, \text{停车位供给者 } j \text{ 未被分配给需求者 } i \end{cases} \tag{10-4}$$

3) 供需参数与变量

为了直观地表示,将用户停车需求转换为多个等长的时间段。用矩阵 $D_{IT}=[d_{it}]$ 来表示所有用户的停车供需要求,矩阵中第 i 行表示需求者 i 的需求信息,矩阵中的 0-1 变量 d_{it} 表示停车用户 i 是否在第 t 个时间段存在停车需求;$d_{it}=1$ 表示停车用户 i 在第 t 个时间段存在停车需求。同理,用矩阵 $S_{JT}=[s_{jt}]$ 来表示停车位供给者的供给信息。具体的转化规则如图 10-3 所示。

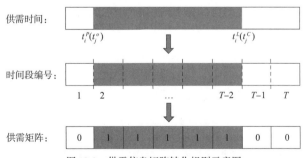

图 10-3　供需信息矩阵转化规则示意图

根据决策变量矩阵 X_{IJ} 和需求者的停车需求矩阵 D_{IT},可以计算得到平台分配决策后共享停车位的状态矩阵 $O_{JT}=X_{IJ}\times D_{IT}$,即停车位的实际占用矩阵。显然,$o_{jt}$ 也是 0-1 变量。其取值规则如式(10-5)所示：

$$o_{jt} = \begin{cases} 1, & \text{停车位 } j \text{ 在 } t \text{ 时刻被占用} \\ 0, & \text{停车位 } j \text{ 在 } t \text{ 时刻未被占用} \end{cases} \quad (10\text{-}5)$$

为了更直观地查阅和区分，对模型中涉及的主要符号和参数进行介绍，见表10-1。

符号和参数说明表　　　　　　　　　　　表10-1

符号	含义
M	停车需求者数量
N	车位供给者数量
I	停车需求用户集合，$I = \{1, 2, \cdots, M\}$
J	车位供给用户集合，$J = \{1, 2, \cdots, N\}$
T	平台共享时段停车时间段集合，$T = \{1, 2, \cdots, t\}$
t_i^P	需求者 i 停车需求开始时间
t_i^L	需求者 i 停车需求结束时间
t_i^D	需求者 i 停车需求时间长度
t_j^O	供给者 j 共享车位的开始时间
t_j^C	供给者 j 共享车位的结束时间
t_j^R	供给者 j 共享车位的时间长度
τ	划分长、短时停车需求的阈值
d_{it}	需求者 i 在时间 t 时的需求状态，$d_{it} = 1$ 表示需求包含该时段
s_{jt}	供给者 j 在时间 t 时的车位可共享状态，$s_{jt} = 1$ 表示车位可共享
p_s	短时停车需求的单位价格
p_l	长时停车需求的单位价格
p_r	平台向供给者回收停车位使用权的单位价格
p_u	单一化定价策略的停车单位价格
x_{ij}	需求者 i 和供给者 j 的匹配状态
$R(I, J)$	以 I 和 J 为基础的平台最大收益
D_{IT}	停车需求矩阵
S_{JT}	车位供给矩阵
X_{IJ}	需求者 i 和供给者 j 的匹配矩阵

10.3　模型构建

1）目标函数

本章节从共享停车运营平台的视角出发，基于差异化定价策略，构建了最大化平台运营收益的目标函数，如式(10-6)所示：

$$\max R(I, J) = \sum_{i \in I} \sum_{j \in J} \sum_{t \in T} p_l \cdot o_{jt} \cdot \varphi_i + \sum_{i \in I} \sum_{j \in J} \sum_{t \in T} p_s \cdot o_{jt} \cdot (1 - \varphi_i) - \sum_{j \in J} \sum_{t \in T} p_r \cdot s_{jt} \quad (10\text{-}6)$$

目标函数中，$R(I,J)$ 表示以集合 I 和 J 为基础的平台最大收益，等式右边第一项表示平台服务长时停车需求用户的收益，第二项表示平台服务短时停车需求用户的收益，第三项表示平台向车位供给者租赁车位的费用。

2) 约束条件

车位分配约束。在模型假设部分，假设停车位的分配遵循"全有全无"分配原则。因此，对于每一个停车请求，至多被分配到一个停车位，如式(10-7)所示：

$$\sum_{j \in J} x_{ij} \leq 1, \forall i \in I \tag{10-7}$$

车位占用约束。在目标函数中，o_{jt} 表示停车位的占用情况，它是由决策变量和停车位需求变量共同决定，具体关系如式(10-8)所示：

$$o_{jt} = \sum_{i \in I} x_{ji} \cdot d_{it}, j \in J, t \in T \tag{10-8}$$

供需关系约束。对于任意时刻 t，平台经过分配而满足的停车需求数量，不应该大于此时的停车位供给数量 s_{jt}，即停车位每时每刻的需求要小于等于其供给，如式(10-9)所示：

$$o_{jt} \leq s_{jt}, j \in J, t \in T \tag{10-9}$$

用户类型划分约束。对于停车需求用户，如果其停车需求总时长 d_{it} 大于平台设定的分配阈值 τ，则该用户需求被划分为长时停车需求；反之，则该用户需求被划分为短时停车需求。具体的数学表达式如式(10-10)所示：

$$\sum_{t \in T} d_{it} \leq \tau \cdot \varphi_i, i \in I \tag{10-10}$$

决策变量约束。式(10-8)中涉及的决策变量，设定其为 0-1 决策变量，即其值只能为 1 或 0。数学表达式如(10-11)所示：

$$x_{ij} \in \{0,1\}, i \in I, j \in J \tag{10-11}$$

10.4 模型评价指标

为评价模型的性能，本文提出了几个平台较关心的指标，包括平台利润、停车场周转率和停车场利用率。平台收益是平台最关心的一个指标，它由平台为长时停车需求和短时停车需求用户提供停车服务所获得的收益之和减去平台回购车位使用权所支出的费用构成。

$$R(I,J) = \sum_{i \in I} \sum_{j \in J} \sum_{t \in T} p_l \cdot o_{jt} \cdot \varphi_i + \sum_{i \in I} \sum_{j \in J} \sum_{t \in T} p_s \cdot o_{jt} \cdot (1-\varphi_i) - \sum_{j \in J} \sum_{t \in T} p_r \cdot s_{jt} \tag{10-12}$$

停车场周转率 μ 是一定时间内停车位平均服务车辆的个数，反映了停车位空间利用效率。停车周转率越高，表明平台服务的停车用户越多。

$$\mu = \frac{1}{I} \times \sum_{i \in I} \sum_{j \in J} x_{ij} \tag{10-13}$$

停车位利用率 η 反映了停车资源的利用效率，是停车场内的车位被停放的总时长和车位供给总时长的比值。

$$\eta = \frac{\sum_{j \in J} \sum_{t \in T} o_{jt}}{\sum_{j \in J} \sum_{t \in T} s_{jt}} = \frac{\sum_{j \in J} \sum_{t \in T} (\sum_{i \in I} x_{ji} \cdot d_{it})}{\sum_{j \in J} \sum_{t \in T} s_{jt}} \tag{10-14}$$

10.5 基于遗传算法的模型求解

本文所构建的基于差异化定价策略的共享停车位静态分配模型属于 0-1 整数规划模型，是一种特殊要求的指派问题。问题的本质是针对 N 个共享停车位和 M 个共享停车请求，制定一套满足严格时间窗约束下的决策分配方案，最大化平台收益。模型的决策变量表示的是停车资源的分配方案，其变量是离散的，该组合优化问题属于 NP-hard 问题。在小规模下，该问题可以利用精确算法求得问题的解析解，如枚举法、分支定界法等。但随着停车位数量和停车请求数量的增加，该问题的求解规模将大幅度增加，计算精确解的时间将呈指数级别上升。本模型采用遗传算法对问题进行求解。

遗传算法最初由 Holland 于 1969 年提出，随后经过 Goldberg 和 DeJong 等学者的梳理，形成了一套模拟进化算法。遗传算法源于进化论、物种选择学说和群体遗传学说，模拟自然界的物种选择和生物进化的思想，形成了一种过程搜索最优解的算法。通过对种群的个体进行选择、交叉和变异等操作，使得个体进行不断的进化，在满足终止条件后选择最优个体作为问题的最优解。该算法的主要求解过程如下：

1）个体编码

常见的遗传算法编码方式有二进制编码、实数编码和浮点编码法等。在该停车位优化分配模型中，决策变量 x_{ij} 表示停车位的分配结果，由于该变量为 0-1 决策变量，所以本文采取二进制编码的方法对个体进行编码。在遗传算法中，每个染色体（个体）代表模型的一个解，且模型中每个决策变量的取值由染色体的基因片段来表示。值得注意的是，如果采用常规的二进制编码方式，每条染色体虽然代表模型的一个解，但是将每个基因片段中的基因进行二进制编码后，其长度 $M \times N \times L$ 会急速增加，且随着问题规模的扩大，染色体的长度将呈现急速增长，使得问题的搜索空间扩大，降低算法的运行效率。其中，L 为十进制数转化为二进制数的长度。

相关文献在研究此类问题时，考虑到决策变量是 0-1 变量，对编码方式进行改进，对染色体基因进行片段化处理，用每段基因的数值表示停车请求 i 的停车位分配结果。其具体编码方式如图 10-4 所示。

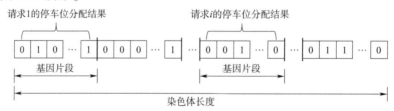

图 10-4 改进的染色体编码方式示意图

从图 10-4 中可以看出，每条染色体表示模型的一个解，染色体中各个基因片段表示一个用户请求的停车位分配结果，并且染色体的长度取决于停车位供给数 N。

2）初始化种群

由于停车需求用户有停车时间窗的要求，停车位供需匹配的结果应该严格满足时间窗 (t_i^P, t_i^L) 和 (t_j^O, t_j^C) 之间的关系约束。此外，考虑到停车位时间容量的限制，每个停车位在任意时刻被分配的用户需求不应该大于其供给量。故其相应的基因值应该在满足式（10-15）和式（10-16）的约束下在 $[0, I]$ 之间随机取整数。值得注意的是，在确定第 i 个基因的值后，应在更新过

第10章 面向辅助自动驾驶阶段的城市共享停车优化

停车位供给信息后确定第 $i+1$ 个基因,如此往复循环,直到完成所有基因的赋值。

$$x_{ij} \cdot t_j^O \leq t_i^P, \forall i \in I, j \in J \tag{10-15}$$

$$\sum_{i \in I} x_{ji} \cdot d_{it} \leq s_{jt}, \forall j \in J, t \in T \tag{10-16}$$

3)计算种群中个体的适应度

适应度函数是对种群中个体进行评价的函数,适应度越高,说明该染色体(个体)越优质,反映出模型解的质量。并且,在接下来的种群选择过程中,种群中个体的适应度值将影响该个体被选择的概率。通常来说,适应度函数一般由模型的目标函数来构造。因此,本文根据模型目标函数所构建的适应度函数如式(10-17)所示:

$$Fitness^k = \sum_{i \in I}\sum_{j \in J}\sum_{t \in T} p_l \cdot x_{ji}^k \cdot d_{it} \cdot \varphi_i + \sum_{i \in I}\sum_{j \in J}\sum_{t \in T} p_s \cdot x_{ji}^k \cdot d_{it} \cdot (1-\varphi_i) - \sum_{j \in J}\sum_{t \in T} p_r \cdot s_{jt}$$

$$\tag{10-17}$$

式中,$Fitness^k$ 表示种群中个体 k 的适应度值;x_{ji}^k 表示种群中个体 k 对应解的决策变量值。

4)个体选择

个体选择就是从当前的种群中选择出优良的个体,使它们有机会遗传到下一代。种群中个体的适应度值越大,其被选中的概率就越高。本文选择遗传算法中常用的"轮盘赌法"对种群中的个体进行选择,具体过程如下所示:

步骤1:根据上述3)中的方法,分别计算种群中每个个体的适应度函数值 $Fitness^k$,$k \in 1,2,\ldots,popsize$,其中 $popsize$ 表示种群的大小;

步骤2:计算种群中每个个体被选中的概率(个体 k 的适应度值/种群中所有个体的适应度值之和),然后计算个体被选中的累积概率 P_k;

$$P_k = \sum_{j=1}^{k} Fitness^k \Big/ \sum_{j=1}^{popsize} Fitness^k, k=1,2,\ldots,popsize \tag{10-18}$$

步骤3:随机生成[0,1]之间的随机数,记为 r_k。在种群中选择出满足 $P_{k-1} < r_k \leq P_k$ 的个体 k;

步骤4:重复循环步骤1~步骤3,直到 $k = popsize$。

5)染色体交叉

染色体交叉操作是指对选择出的父代染色体两两交叉,交换染色体的部分基因片段,并进行重组产生新的个体。本文的交叉算子选择"两点交叉",在两两配对的染色体中随机选择两个交叉点,互相交换两个交叉点之间的基因片段,产生两个新的种群个体。

6)基因变异

基因变异操作的主要目的是保证种群的多样性。随机从种群中选择某个个体,从个体中选择一个点进行基因变异,从而产生更优秀的个体。针对本模型,如果基因突变点的值为1,突变后的结果为0;反之,亦然。

7)寻优操作

针对当前的种群个体,按照适应度大小进行从大到小排列,选择适应度值最大的个体。如果新种群最优个体的适应度值大于上一代的最优个体适应度值,则将该个体保存为当前迭代过程中的最优个体,即当前的最优解。

遗传算法的主要操作步骤如下:

步骤1:输入遗传算法的相关参数。包括种群规模大小 popsize,最大迭代次数 MaxGen,交叉概率 P_c,变异概率 P_m 等。

步骤2:初始化种群。生成规模为 popsize 的种群,即 popsize 条染色体。

步骤3:计算种群个体的适应度。进行选择操作,根据"轮盘赌法"进行选择,得到大小为 popsize 的种群。

步骤4:交叉操作。随机选择种群中的两两个体进行配对,对个体的部分基因进行交叉交换,并保证新个体仍为可行解。

步骤5:变异操作。在种群中随机选择一个个体,选择一点进行变异操作,将基因值进行 0-1 互换。

步骤6:保留最优个体,产生新的一代。根据步骤3~步骤6得到的最优个体,比较其适应度值与上一代最优个体适应度值的大小,保留适应度值大的个体。

步骤7:算法终止条件判断。如果算法的遗传代数小于 MaxGen,则重复步骤3~步骤6。

步骤8:输出最优分配方案。将最终种群中适应度值最大的个体视为问题的最优分配方案,并进行转码操作。

遗传算法的流程如图 10-5 所示。

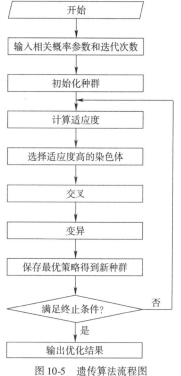

图 10-5 遗传算法流程图

10.6 算例分析

10.6.1 参数确定

根据本文提出的共享停车位差异化定价模型,对居住区停车位共享问题展开数值实验研究,通过数值仿真对上述模型的系统性能进行分析。

假设共享停车运营平台的运营时间为 09:00—17:00,并划分为 $T=8$ 个等长时间窗,并以 $\tau=4h$ 作为长短时停车需求的分界点。假设用户的到达服从泊松分布,停车时间服从负指数分布,平均停车时间为 3h,停车时长分布如图 10-6 所示。平台向业主回购的停车位数量 $N=100$ 个,考虑到业主共享车位的积极性和平台的收益,假设单位时间的回购价格 p_r 为 4 元/时段,短时停车需求价格 p_s 为 8 元/时段,长时停车需求价格 p_l 为 6 元/时段。

根据北京市发展和改革委员会 2018 年颁布的《北京市占道停车收费标准》,一类地区公共停车场临时停车价格为 10 元/h。对于商业停车场而言,每天设定有最大收费上限,如果需求者全天候停车,其平均单位小时停车费用小于正常收费水平,这意味着停车时间越长,价格越优惠。因此,假设长时停车和短时停车之间的价格关系满足 $p_l<p_s$。考虑到平台的收益,平台从共享车位提供者回购车位的单位时间价格应满足 $p_r<p_l<p_s$ 的关系。因此,基于

第10章 面向辅助自动驾驶阶段的城市共享停车优化

上面设定的长短时停车价格,有10种可能价格组合方案。考虑到要体现长时停车和短时停车的差异性,并且要兼顾平台的收益,选取以下3个方案进行比较分析,见表10-2。

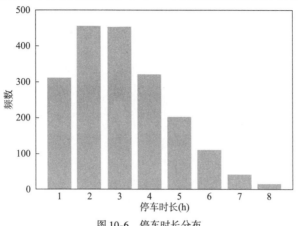

图10-6 停车时长分布

平台运营价格方案(元/时段)　　　　表10-2

方案 I	方案 II	方案 III
$p_s=9, p_l=7, p_r=4$	$p_s=9, p_l=6, p_r=4$	$p_s=8, p_l=6, p_r=4$

10.6.2 结果与分析

1)小规模算例分析

为了刻画模型的优化分配过程,直观地展示分配结果,本文首先对小规模算例展开分析。本算例考虑了10个停车需求者和5个车位供给者的共享停车场景,用户停车需求信息和停车位供给信息见表10-3,且最终分配结果如图10-7所示。

停车需求与车位供给信息　　　　表10-3

请求编号	预约停车时段	请求编号	预约停车时段	车位编号	车位共享时段
1	(3,5)	6	(1,5)	1	(3,8)
2	(6,8)	7	(3,5)	2	(1,8)
3	(3,8)	8	(2,7)	3	(1,4)
4	(1,4)	9	(3,6)	4	(1,6)
5	(1,2)	10	(7,8)	5	(1,5)

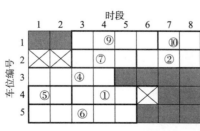

系统评价:
(1) 平台运营利润:66元
(2) 车位周转率:1.6
(3) 车位利用率:89.7%
(4) 请求接受率:80.0%

图10-7 共享停车位分配结果

根据图10-7的分配结果可知,停车请求3和8未成功匹配到停车位。在该算例中,平台运营的总收益为166元,总利润为66元,车位周转率为1.6,车位利用率为89.7%,停车请求接收率为80.0%。

值得注意的是,对比表10-3和图10-7,可以发现停车请求3的预约停车时段为(3,8),而停车请求2和7的预约时段之和正好与请求3的预约时段一致,且停车请求9和10的预约时段也正好和停车请求3的预约时段一致,但是停车请求2和7、停车请求9和10均成功匹配到停车位。通过这一现象我们可以发现,本文所构建的模型能够提高停车平台的周转率和停车请求的接收率,使平台能够满足更多的停车请求,提高用户的服务满意度。

2) 模型评价指标分析

本文构建的模型是在常规的共享停车位分配模型的基础上改进的,常规的模型采用单一化的定价方案,即对所有的用户采用相同的停车价格。与本模型的目标函数相比,常规的分配模型中未对停车用户进行细分,所有的停车需求通过一套分配系统进行停车请求的分配。在模型分析中,固定停车位供给数量 $N=100$ 个为固定值,即供给量固定,停车请求的数量从0个到2000个进行变化,观测模型相关指标的变化情况。

图10-8展示了在不同需求水平下,本文构建的差异化定价模型与常规模型在平台运营收益方面的变化情况。从图10-8中可以看出,差异化定价模型的平台收益始终优于单一化定价模型的平台收益,并且,在平台收益趋于稳定状态时,该模型使共享停车平台的收益提高了13.7%。

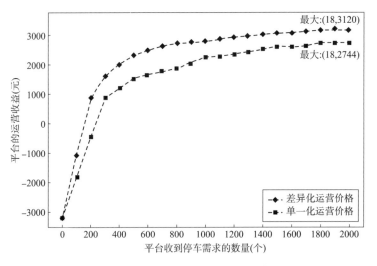

图10-8 差异化价格与单一价格运营下的平台收益变化

图10-9展示了在不同需求水平下,平台收益和停车位利用率的关系,为了便于区分和直观解读,利用停车位闲置率来表示停车位利用率,两者之间的关系为停车位闲置率等于1减去停车位利用率。随着停车需求的增加,平台收益和停车位利用率开始以较快的速度线性增加。当停车需求数量超过200个时,平台收益和停车位利用率的增长速度逐渐降低,最终趋于稳定。值得注意的是,当停车需求数量超过1200个时,车位的闲置率为0并趋于稳定,即停车位资源达到100%的利用率,但是此时平台收益还在缓慢增长,并最终达到稳定值

(需求为1800个时)。

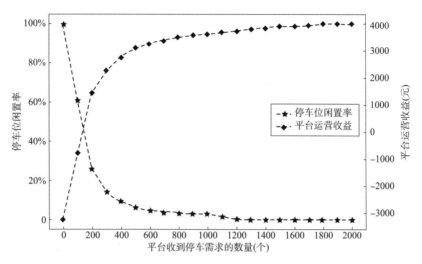

图10-9 车位闲置率和平台收益的变化关系

图10-10展示了停车位平均利用率和平均周转率随停车需求变化的情况。随着停车需求的增加,停车位利用率和周转率也都在不断增加,呈现出三个变化趋势,即快速增长、缓慢增长和趋于稳定。从图10-10中可以看出,停车位的利用率可以达到100%,且停车位的周转率可以到达4辆/车位。当停车需求的数量超过1200个时,停车位已经被充分利用,整个系统没有闲置的停车资源,而此时的车位周转率还在以缓慢的速度增加。综合图10-9和图10-10可以发现,这一现象是由于平台将接收的长时停车请求转换为若干个短时停车请求,才使车位周转率仍以较慢的速度增长。该现象说明,本文所构建的模型更倾向于接收短时停车请求,一方面抑制了长时停车需求,另一方面提高了停车位的周转率。

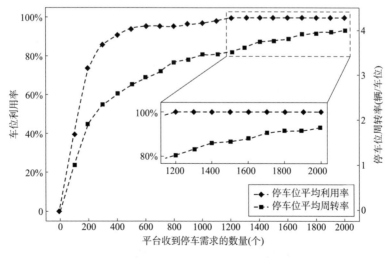

图10-10 车位平均利用率和车位平均周转率的变化

考虑到本文模型提高了车位的平均周转率,可能会增加停车场出入口的负荷。为了定

自动驾驶出行管理分析
Travel management analysis for automated driving

量分析这一问题,本文从停车场出入口进出强度的视角出发,对比分析了两种方案下停车场出入口处的驶出和驶入情况,将第 t 个时段内的停车出入口的驶入驶出数量定义为停车场的驶入驶出强度,并进行定量分析,如图10-11和图10-12所示。

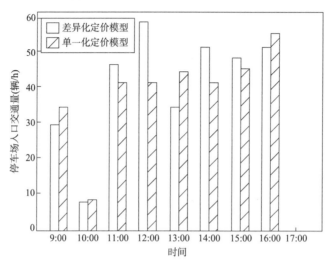

图10-11　各个时刻停车场入口交通量

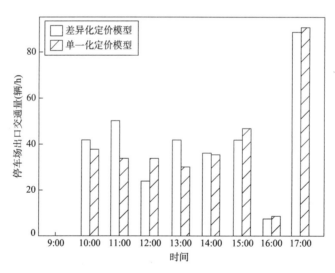

图10-12　各个时刻停车场出口交通量

从图10-11和图10-12中可以看出,两种方案下各个时刻的驶入驶出量相差并不大,且入口处最多相差17辆(图10-11,12:00处),出口处最多相差16辆(图10-12,11:00处)。假设用户在其停车时间开始前5min内均匀到达停车场,在其停车时间结束后的5min内均匀离开停车场,停车场内部的行驶规则为单向循环,且用户在出入口处平均等待时间为5s(减速、抬杆、加速通过),那么在相差量最大的时间点(图10-11,12:00处),每个用户的平均到达时间间隔约为5.08s,大于用户在入口处的平均等待时间5s,故此时并不会造成交通拥堵现象。在停车场出口处,除17:00外,任意时刻的交通量都小于上述分析的入口处12:00时

第10章 面向辅助自动驾驶阶段的城市共享停车优化

的交通量,故每个时刻用户的平均到达时间间隔均大于 5.08s,因此也不会存在交通拥堵的现象。此外,出入口处交通量最大的情况位于出口处 17:00(图 10-12),此时差异化定价方案下的驶出量低于单一化定价方案下的驶出量。因此,与常见的单一化定价方案相比,本文所提出的差异化定价方案并不会造成额外的交通拥堵现象。

10.6.3 灵敏度分析

1)停车价格灵敏度分析

为了分析长、短时停车价格和停车位回购价格对平台收益的影响,本文对停车相关价格的灵敏度进行了分析。定量分析在相同供给的情况下,随着系统需求量的变化,表 10-2 中筛选的三种定价方案的平台收益变化情况,如图 10-13 所示。

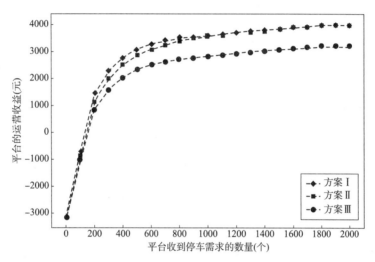

图 10-13 不同定价方案下平台收益的变化

从图 10-13 中看来,在达到收支平衡点之前,三种定价方案的收益相差不大,但是方案 Ⅰ 略优于方案 Ⅱ 和 Ⅲ,且在达到收支平衡点时,平台的请求规模较小。随着平台收到的需求数量增加,方案 Ⅰ 的平台运营收益始终优于方案 Ⅱ 和方案 Ⅲ。

值得注意的是,与方案 Ⅲ 相比,方案 Ⅱ 提高了短时停车的价格,在较小需求下(需求小于 200),其平台运营收益相差不大,但方案 Ⅱ 优于方案 Ⅲ。随着需求的增加,方案 Ⅱ 的平台运营收益显著高于方案 Ⅲ,提高了将近 33%。而方案 Ⅰ 与方案 Ⅱ 相比,提高了长时停车价格,两个方案下平台的收益相差不大,但方案 Ⅰ 略优于方案 Ⅱ。相较于适当提高长时停车价格,提高短时停车价格对平台收益的影响较为明显。因此,为了保障平台的收益,平台应适当的提高短时停车价格。

2)平均停车时长灵敏度分析

为了验证模型的适应性,对共享停车系统中需求用户的停车时间特征进行调整,分析模型对系统中不同用户群体的适应度。调整停车位需求信息,使整个系统的平均停车时长 $\overline{T}$ 在 [2,7] 的区间内调整,从而更新整个系统的供给矩阵。

表 10-4 展示了不同供给特征下模型各项指标的变化情况。随着平均停车时长的增加，该特征下的停车位供给信息发生了变化，平台收益的减少量较大，并且在坏的情况下，平台收益降低了接近 33.25%；同时，车位周转率也发生了变化，变化量最大的情形下，每个车位服务的停车需求数量减半。综合以上表现可以发现，随着平均停车时长的增加，平台运营收益和平均车位周转率的降低是由于停车需求集合中的长时停车需求占比较高，且其单位时间停车价格低于短时停车价格造成的。但是，车位平均利用率的变化量很小，说明该模型能够保证平台停车资源利用率。

不同供给特征下的模型指标性能 表 10-4

平均停车时长(h)	平台运营收益(元)	车位周转率(辆/车位)	车位利用率
$\bar{T}=2$	3200.0	10.98	100.0%
$\bar{T}=3$	3200.0	4.02	100.0%
$\bar{T}=4$	2904.0	3.51	97.0%
$\bar{T}=5$	2608.0	2.81	97.9%
$\bar{T}=6$	2296.0	2.44	98.9%
$\bar{T}=7$	2136.0	2.22	99.63%

3）长短时停车阈值灵敏度分析

为了分析长、短时停车划分阈值对模型评价指标的影响，对阈值 τ 的灵敏度进行了分析。由于平台的总运营时段 $T=8$，故分析了以下几种情况下的系统评价指标的变化情况，见表 10-5。

不同阈值下的模型指标性能 表 10-5

阈值(h)	平台运营收益(元)	车位周转率(辆/车位)	车位利用率
$\tau=1$	1600	3.81	100.0%
$\tau=2$	1944	3.94	100.0%
$\tau=3$	2870	4.27	100.0%
$\tau=4$	3200	4.02	100.0%
$\tau=5$	3200	3.88	100.0%
$\tau=6$	3200	3.86	100.0%

在灵敏度分析的数据集中，停车需求集合的平均停车时间 $\bar{T}=3h$。从表 10-5 中可以看出，随着长短时停车需求划分阈值的增加，车位利用率始终不变，并保持在最大水平 100%，且车位周转率的变化也比较小。平台运营收益的变化主要是由于长短时停车价格的不同造成的。从平台角度来讲，应该保障平台的运营收益，$\tau=4$、$\tau=5$ 和 $\tau=6$ 时平台的运营收益最高。但是，对比这三种阈值下的其他指标，可知 $\tau=4$ 为最优的阈值。虽然较高的阈值能保证平台的收益，但是其车位周转率不是最优的。综上，可以得出结论：阈值的划分应该尽可

能接近系统所有需求的平均停车时长,既能保证平台的收益,也能保证车位的平均周转率和利用率。

10.7 本章小结

为研究共享停车平台的车位预订和优化分配问题,本章以城市居住区为例,对停车用户进行了细分,考虑了差异化定价的方法,以平台运营收益最大化为目标,构建了基于差异化定价策略的共享停车位静态分配模型,解决了共享停车位的分配和定价问题。引入平台运营收益、车位利用率、车位周转率、停车场出入口驶入驶出强度等评价指标,对模型的性能进行评价。根据模型的特点,运用遗传算法对模型进行求解。最后,通过算例分析对模型的相关指标进行了评价,并对停车价格、系统停车供给和长短时需求的划分阈值进行了灵敏度分析,验证了模型的有效性和鲁棒性。

研究发现,在传统汽车的共享停车研究中对停车需求进行细分,采取价格手段调节停车需求,能够有效提高共享停车平台对请求的接收率和车位利用率,并且能够提高平台的运营收益。本章内容进一步丰富了传统汽车背景下共享停车平台的停车位分配问题研究,为共享停车平台的运营管理提供了运营策略和建议,并且响应了政策号召,有效抑制长时停车需求的数量。此外,本章内容为后文的自动驾驶场景下和混合场景下的共享停车问题研究奠定了理论基础。

本章参考文献

[1] SHAO C Y,YANG H,ZHANG Y,et al. A simple reservation and allocation model of shared parking lots [J]. Transportation Research Part C:Emerging Technologies,2016(71):303-312.

[2] 杨博. 基于时间窗约束的居住区共享停车泊位预订分配模型研究[D]. 北京:北京交通大学,2018.

[3] 陈峻,王斌,张楚. 基于时空容量的配建停车资源共享匹配方法[J]. 中国公路学报,2018,31(03):96-104.

[4] HOLLAND J H. Adaptation in natural and artificial systems[M]. Ann Arbor:University of Michigan Press. 1975.

[5] GOLDBERG D E. Genetic Algorithms in Search,Optimization and Machine Learning[M]. Boston:Addison- Wesley Longman Publishing Co. ,1989:32-49.

[6] DEJONG K A. Analysis of the behavior of a class of genetic adaptive systems[D]. Ann Arbor:University of Michigan,1975.

[7] 郁磊,史峰 王辉,等. MATLAB 智能算法30个案例分析. 2版[M]. 北京:北京航空航天大学出版社,2015:17-49.

[8] 张超群,郑建国,钱洁.遗传算法编码方案比较[J].计算机应用研究,2011,28(03):819-822.

[9] 北京市发展和改革委员会.北京市道路停车占道费收费标准有关问题的通知[A/OL].http://www.beijing.gov.cn/zhengce/zhengcefagui/201905/t20190522_61712.html,2018-12-25/2022-04-06.

[10] 廉天翔.面向自动驾驶汽车发展不同阶段的城市共享停车运营优化管理[D].北京:北京交通大学,2022.

CHAPTER 11 | 第 11 章

面向自动驾驶过渡阶段的
城市共享停车优化

第11章 面向自动驾驶过渡阶段的城市共享停车优化

本章主要考虑自动驾驶由辅助驾驶阶段向完全自动驾驶阶段过渡时期的城市共享停车位优化分配,该时期下共享停车平台服务的对象有辅助驾驶汽车和完全自动驾驶的汽车。针对共享停车的运营管理,根据车辆的特性,需要着重解决混合需求下共享停车资源的匹配,分析共享停车平台的收益及各项指标的变化情况。

11.1 问题描述与模型假设

11.1.1 问题描述

本章考虑了自动驾驶车辆由辅助驾驶阶段向完全自动驾驶阶段过渡时期的城市共享停车优化分配,该时期的停车需求对象由辅助驾驶车辆和完全自动驾驶车辆组成。对于具备辅助驾驶功能的自动驾驶车辆,虽然车辆具备自动停车功能,但其自动停车功能为乘车型自动停车。此类具备辅助驾驶功能的自动驾驶汽车仍需要由驾驶员单独或者与自动驾驶系统共同操控车辆,即车辆的行驶过程中必须有驾驶员操控或者监督。因此,自动驾驶车辆在停车的过程中并不能实现自动变更停车位,故每个用户的停车需求只能由一个特定的停车位满足。而对于具备完全自动驾驶车辆功能的车辆,考虑到该发展阶段的自动驾驶车辆具备在无人条件下自主变更停车位的特征,共享停车平台在分配车位时可以考虑将停车用户的需求在时间上进行分割,由一个及以上的停车位来满足用户的停车需求。平台在进行停车供需匹配时,如果现有共享停车位的可利用时间无法严格满足某些停车需求时,可将其需求时间分割为几个连续的时间段,分别由多个停车位连续服务,以满足停车用户的停车需求。

共享停车平台在进行车位分配的过程中,为了最小化完全自动驾驶车辆在停车过程中变更车位的次数,引入惩罚项对车位变更行为进行惩罚。对于辅助驾驶车辆,该惩罚项设置为一个极大值,避免对此类停车需求进行分割,保证车辆只能停靠在一个停车位。而对于完全自动驾驶车辆,取一个适当的值作为惩罚项,使得平台能够在分配的过程中尽量减少对停车需求的不必要分割。

11.1.2 模型假设

本章根据模型的实际应用场景和限制条件,对模型进行了适当的简化,提出了以下几点假设:

(1)用户对停车场的车位没有特别的偏好。假设停车场内部的多个停车位是同质的,车位的停放方式、距离出口的距离等因素是相同的,用户改变停车位并不能降低其成本,即机会成本为零。

(2)平台参与者提前并如实向平台提交车位的供给和需求信息。假设共享停车位需求者和车位供给者提前向平台提交供需信息,以使平台在充分收集供需信息的情况下,尽可能实现全局最优分配。此外,参与者提交的供需信息均为其真实的车位供需情况,即如实汇报信息。

(3)平台参与者严格遵守其向平台提交的时间信息。假设供需双方准确评估自己的出行计划,他们均严格遵守时间,不存在超时占用停车位的现象,保证不影响其他用户使用该车位。

(4)自动驾驶车辆可实现自动变更停车位。假设自动驾驶车辆在停车的过程中可以进行自动变更停车位的操作,使得多个停车位可以利用时间碎片进行合作,以此来满足用户的停车需求。

(5)传统车辆在停车过程中不能进行车位变更。假设传统车辆的拥有者在进行市中心访问任务时,由于距离或时间的原因,不愿意在停车期间对其车辆进行车位转换,即传统车辆的停车服务只能由一个停车位满足。

11.2 模型参数及变量定义

假设共享停车平台回购停车位的单位时间成本为 p_r,共享停车平台出租停车位的单位时间价格为 p_p。考虑到未来自动驾驶汽车具有自动代客停车的功能,平台在对自动驾驶车辆进行停车位匹配时,可能会对其停车需求进行拆分,由多个停车位依次连续服务。为了最小化完全自动驾驶车辆在停车过程中变更停车位的次数,引入惩罚项对停车位变更行为进行惩罚,平台对不同的车辆类型设置一个变更停车位的惩罚项 p_{di},当自动驾驶车辆在停车的过程中每变更一次停车位,则对平台进行一次惩罚。对于辅助驾驶汽车,为了有效避免共享停车平台在分配停车位过程中对此类车辆停车需求的拆分,将其惩罚项 p_d^i 设置为一个极大值。其中,惩罚项矩阵如式(11-1)所示,令 $l_t^{AV}M$ 为完全自动驾驶车辆的车位变更惩罚值,$l_t^{ADV}M$ 为辅助驾驶车辆的车位变更现象惩罚值。

$$P_D = [p_{d1}, p_{d2}, p_{d3}, \ldots, p_{dM}] \tag{11-1}$$

为了便于符号的区分和更直观地查阅,对模型中涉及到的符号和参数进行介绍,见表11-1。其中,部分共有参数定义与第10章和第12章相同,在此处不做重复介绍。

符号和参数说明表　　　　　表11-1

符号	含义
t_i^P	需求者 i 停车需求开始时间
t_i^L	需求者 i 停车需求结束时间
t_i^D	需求者 i 停车需求时间长度
t_j^O	供给者 j 共享车位的开始时间
t_j^C	供给者 j 共享车位的结束时间
t_j^R	供给者 j 共享车位的时间长度

续上表

符号	含义
d_{it}	需求者 i 在时间 t 时的需求状态,$d_{it}=1$ 表示需求包含该时段
s_{jt}	供给者 j 在时间 t 时的车位可共享状态,$s_{jt}=1$ 表示该时段车位可共享
l_t^{ADV}	共享停车需求中辅助驾驶车辆所占比例
l_t^{AV}	共享停车需求中自动驾驶车辆所占比例
p_p	平台出租停车位的单位时间价格
p_r	平台回购停车位的单位时间价格
p_{di}	需求者 i 变更车位的惩罚项
P_D	变更车位惩罚矩阵
x_{ij}^t	t 时刻需求者 i 和供给者 j 的匹配状态
X_{IJ}^T	t 时刻需求者 i 和供给者 j 的匹配矩阵
D_{IT}	停车需求矩阵
S_{JT}	车位供给矩阵
$R(I,J)$	以 I 和 J 为基础的平台最大收益

11.3 模型构建

1）目标函数

本文基于平台运营商的视角,在满足共享停车需求的条件下,以平台运营收益最大化为目标,构建了辅助驾驶车辆和完全自动驾驶车辆混合需求下的共享停车位优化分配模型,如式(11-2)所示。此外,为了尽可能控制不同类型的车辆在停车过程中变更车位的现象,模型中加入了不同车辆类型变更车位的惩罚项。

$$\max R(I,J) = \sum_{i \in I}\sum_{j \in J}\sum_{t \in T} p_p \cdot d_{it} \cdot x_{ij}^t - \sum_{i \in I}\sum_{j \in J}\sum_{k \neq j}\sum_{t=1}^{T-1} p_d^i x_{ij}^t x_{ik}^{t+1} - \sum_{j \in J}\sum_{t \in T} p_r \cdot s_{jt} \quad (11-2)$$

目标函数中,$R(I,J)$ 表示以集合 I 和 J 为基础的平台最大收益,等式右边第一项表示平台服务共享停车需求用户所获得的收益,第二项表示平台对停车过程中车位变更现象的惩罚项,第三项表示平台向车位供给者回购车位的费用。

2）约束条件

车位分配约束。在任意时刻 t,需求者 i 的停车需求至多被一个停车位满足,数学表达式如式(11-3)所示：

$$\sum_{j \in J} x_{ij}^t \leqslant 1, \forall i \in I, t \in T \quad (11-3)$$

供需关系约束。对于任意时刻 t,系统接收的停车需求数量应不大于该时刻的停车位供给量,即停车位每时每刻被分配的需求要小于等于其供给,如式(11-4)所示：

$$\sum_{i \in I} x_{ij}^t \leq s_{jt}, j \in J, t \in T \tag{11-4}$$

分配结果约束。对于任意需求者 i，在时间段 t 时系统对该用户的分配结果，应该等于该时刻的停车需求。该约束能够保证停车需求在拆分的情况下，需求者 i 被拆分的停车需求都能够被分配，数学表达式如式(11-5)所示：

$$\sum_{j \in J} x_{ij}^t = d_{it}, \forall i \in I, t \in T \tag{11-5}$$

决策变量约束。式(11-2)中涉及的决策变量，设定其为 0-1 决策变量，即其值只能为 1 或 0。数学表达式如(11-6)所示：

$$x_{ij}^t \in \{0,1\}, \forall i \in I, j \in J, t \in T \tag{11-6}$$

11.4 模型评价指标

为评价模型的性能，本文提出了几个平台较关心的指标，包括平台利润、停车位周转率和停车位利用率。平台收益是平台最关心的一个指标，它由平台为停车需求用户提供停车服务所获得的收益之和减去完全自动驾驶车辆变更停车位的惩罚和平台回购车位使用权所支出的费用构成。

$$R(I,J) = \sum_{i \in I} \sum_{j \in J} \sum_{t \in T} p_p \cdot d_{it} \cdot x_{ij}^t - \sum_{i \in I} \sum_{j \in J} \sum_{k \neq j} \sum_{t=1}^{T-1} p_d^i x_{ij}^t x_{ik}^{t+1} - \sum_{j \in J} \sum_{t \in T} p_r \cdot s_{jt} \tag{11-7}$$

停车位利用率 η 反映了停车资源的利用效率，是停车场内的车位被停放的总时长和车位供给总时长的比值。

$$\eta = \frac{\sum_{j \in J} \sum_{t \in T} o_{jt}}{\sum_{j \in J} \sum_{t \in T} s_{jt}} = \frac{\sum_{j \in J} \sum_{t \in T} \sum_{i \in I} x_{ij}^t \cdot d_{it}}{\sum_{j \in J} \sum_{t \in T} s_{jt}} \tag{11-8}$$

停车需求接收率 μ 反映了共享停车平台对预约需求分配的确定性，请求的接收率越高，说明用户的预约需求满足率更高，共享停车平台的分配服务质量越高。

$$\mu = \frac{\sum_{i \in I} x_i}{I} \tag{11-9}$$

11.5 算例分析

11.5.1 参数确定

本节拟通过改变城市中心共享停车规模以及辅助驾驶车辆和完全自动驾驶车辆的比例来研究共享运营管理平台的运营收益、请求接收率、车位利用率等相关评价指标的变化情况。

假设平台的运营时间为 09:00—17:00，并划分为 $T=8$ 个连续等长的时间段。假设用户的到达服从泊松分布，停车时间服从负指数分布，平均停车时间 $\overline{T}=3\text{h}$。平台向业主回购的

第11章 面向自动驾驶过渡阶段的城市共享停车优化

停车位数量 $N=100$ 个，停车请求的数量在 0~2000 个之间连续增加。考虑到业主共享车位的积极性和平台的收益，现有的共享停车平台均采用 6:4 的分成比例，故本算例也采取该定价原则。假设平台回购车位的单位时间成本为 4 元/h，平台共享停车位的单位时间价格为 10 元/h。为了便于分析，假设自动驾驶车辆在停车过程中变更车位的惩罚为 2 元/次，传统车辆在停车过程中变更车位的惩罚为 2000 元/次。此外，假设传统车辆和自动驾驶车辆各占停车总需求的 50%，即传统汽车和自动驾驶汽车的需求数量比例为 1:1。此外，调整传统汽车需求数量占总停车需求的比例分别为 0、0.25、0.5、0.75、1，从而进一步比较分析。本算例涉及的基本参数见表 11-2。

算例基本参数　　　　　　　　　　　　　　　　　表 11-2

参数名称	符号	数值
需求者数量	M	0~2000 个之间递增
供给者数量	N	100（个）
平台运营时段数量	T	8（个）
需求者平均停车时间	$\bar{T}$	3（h）
平台出租停车位的单位时间价格	p_p	10（元/h）
平台回购停车位的单位时间价格	p_r	4（元/h）
自动驾驶车辆变更停车位的惩罚	p_d	2 或 2000（元/次）

11.5.2 结果分析

1）小规模算例分析

为了刻画模型的优化分配过程，直观地展示分配结果，本文首先对小规模算例进行分析。本算例中考虑了 10 个停车需求者和 5 个车位供给者的共享停车场景，用户停车需求信息和停车位供给信息见表 11-3。假设前 5 个停车需求为辅助驾驶车辆的停车需求，后 5 个停车需求为完全自动驾驶车辆的停车需求，即混合需求下各类型车辆各占 50%。将共享停车的供需信息代入 11.3 节所构建的共享停车位优化分配模型进行求解，可得到共享停车平台的最终分配结果如图 11-1 所示。

停车需求与车位供给信息　　　　　　　　　　　　　　　表 11-3

请求编号	预约停车时段	请求编号	预约停车时段	车位编号	车位共享时段
1	(3,5)	6	(3,5)	1	(3,8)
2	(6,8)	7	(4,8)	2	(1,8)
3	(1,3)	8	(1,4)	3	(1,4)
4	(1,4)	9	(5,5)	4	(1,6)
5	(1,2)	10	(7,8)	5	(1,5)

自动驾驶出行管理分析
Travel management analysis for automated driving

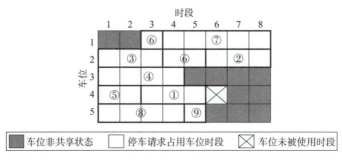

图 11-1 共享停车位分配结果

根据图 11-1 的分配结果可知,除了停车请求 10 未成功匹配到停车位,剩下的所有停车请求均匹配到合适的停车位。对比图 11-1 和表 11-3 可以发现,停车请求 6 的预约停车时段为(3,5),而这一需求被系统进行了拆分,使得请求 6 首先在时段(3,3)停靠在停车位 1 上,随后在时段(4,5)停靠在停车位 2 上,即该停车需求被系统进行了拆分,依次由两个停车位合作来满足完全自动驾驶车辆 6 的停车需求。若将自动驾驶车辆的停车需求 6 转化为辅助驾驶车辆,则这一需求在分配过程中由于没有合适的停车位而被拒绝。通过这一现象我们可以发现,由于自动驾驶车辆在停车过程中能够在无人的情况下进行车位转移,系统在对停车供给和需求进行匹配时,会根据供需信息对停车需求进行分割,使共享停车平台的停车位得到充分利用,并使平台在分配过程中接收更多的停车需求。

2)模型评价指标分析

本算例主要分析传统车辆和自动驾驶车辆在不同比例下,共享停车位分配系统评价指标的变化情况,即平台收益、车位利用率、请求接收率等,相应的结果如图 11-2、图 11-3 和图 11-4 所示。

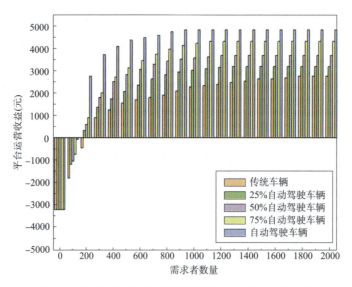

图 11-2 不同比例自动驾驶车辆情况下平台运营收益变化趋势

图 11-2 分析了在不同自动驾驶车辆比例下,共享平台的运营收益随需求者数量的变化

趋势。从图 11-2 中可以看出,自动驾驶车辆的加入有助于共享停车平台在较小需求量下达到收支平衡,且自动驾驶车辆的数量越多,达到收支平衡点所需的停车需求数量越少。此外,自动驾驶车辆的占比越高,平台能够越早得到平台的最优收益,并且在相同供需条件下,平台能够获得更高的运营收益。

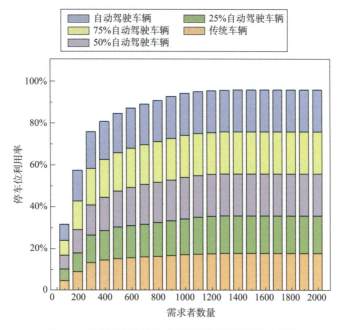

图 11-3　不同比例自动驾驶车辆下车位利用率变化趋势

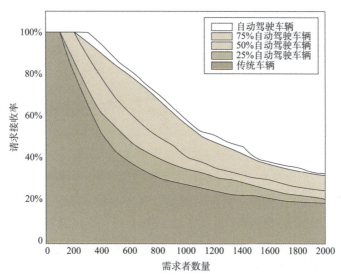

图 11-4　不同比例自动驾驶车辆下停车请求接收率变化趋势

图 11-3 分析了在不同自动驾驶车辆比例下,共享平台的停车位利用率随需求者数量的变化趋势。从图 11-3 中可以看出,自动驾驶车辆的加入有助于共享停车平台在较小需求量下达到较高的车位利用效率。并且随着自动驾驶车辆比例的增加,在相同的需求下,共享停

车平台的车位利用率随自动驾驶车辆比例的增加而增加。值得注意的是,自动驾驶车辆的加入,为共享停车平台充分利用停车位提供了契机,在供不应求时能够使停车位达到100%利用。

图 11-4 分析了在不同自动驾驶车辆比例下,共享平台的停车请求接收率随需求者数量的变化趋势。从图 11-4 中可以看出,自动驾驶车辆的普及率越高,共享停车平台接收停车请求的数量越多。在停车需求达到 700 个左右时,完全自动驾驶环境和传统车辆环境下的请求接收率最大相差约 35%。在相同供给和需求条件下,需求中自动驾驶车辆越多,平台在分配时能够接收越多的停车请求,减少了拒绝用户请求的数量,间接地提高了平台的服务质量。

11.5.3 灵敏度分析

1) 车位变更惩罚值灵敏度分析

为了分析车位变更惩罚值对模型评价指标的影响,对完全自动驾驶车辆变更车位的惩罚值 p_{di} 的灵敏度进行了分析。假设共享停车平台接收的停车请求中辅助驾驶车辆和完全自动驾驶车辆各占 50%。考虑到单位时间停车收费为 10 元/h,故将完全自动驾驶车辆变更车位的惩罚值设置为 1~10,分析了以下几种情况下的系统评价指标的变化情况,如图 11-5 所示。

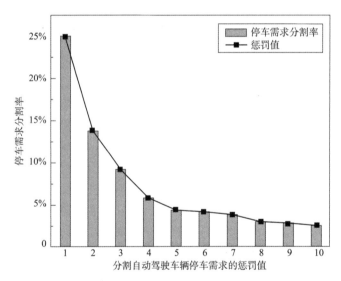

图 11-5　不同惩罚值对自动驾驶停车需求分割率的影响

从图 11-5 中可以看出,随着分割自动驾驶车辆停车需求的惩罚值增加,自动驾驶车辆的停车需求被分割的比例逐渐降低,并且降低了将近 20%。当惩罚值高于 5 元/次时,停车需求的分割率低于 5%,并且以缓慢的速度缓慢降低,逐渐趋于稳定。本算例的停车单位时间价格为 10 元/h,共享停车平台回购停车位的单位时间价格为 4 元/h,故平台出租汽车停车位的单位时间收益为 6 元/h。从图 11-5 中可以看出,当惩罚值接近平台收益时,停车需求分割率处于一个近似稳定状态;当惩罚值大于平台收益时,停车需求分割率会有较小的波动,并逐渐趋于最小值。因此,共享停车平台应该根据停车位的单位时间收益设置适当的惩罚值,有效控制自动驾驶车辆变更车位现象的比例。

第11章　面向自动驾驶过渡阶段的城市共享停车优化

2）平台运营收益灵敏度分析

为了不同变更停车位惩罚值对平台运营收益的影响，对停车过程中自动驾驶车辆变更停车位的惩罚值进行调整。假设共享停车平台接收的停车请求中辅助驾驶车辆和完全自动驾驶车辆各占50%。在上述对车位变更惩罚值灵敏度进行分析时，已经得出惩罚值与停车需求分割率之间的影响关系，考虑到单位时间停车收费为10元/h，故将完全自动驾驶车辆变更停车位的惩罚值分别设置为3元/次、6元/次、9元/次。由于辅助自动驾驶车辆变更停车位的惩罚值为极大值，故不须对其进行调整。

图11-6表明，随着停车需求的增加，自动驾驶车辆变更停车位的惩罚值对平台运营收益的影响较大。从图11-6中可以看出，自动驾驶车辆变更停车位的惩罚值越小，平台的最大运营收益越高。同时，考虑到停车运营收益与惩罚值之间的关系，较高的惩罚值能够抑制平台在分配的过程中对自动驾驶车辆的停车需求进行分割，从而影响了平台的运营收益。此外，惩罚值越小，平台能够在相对较小的停车需求下达到最大收益。

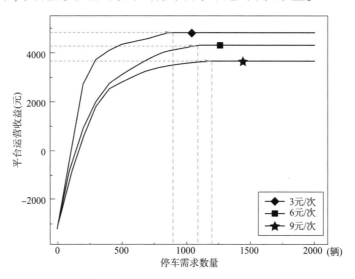

图11-6　不同惩罚值对平台运营收益的影响

11.6　本章小结

本章研究了自动驾驶车辆由辅助驾驶阶段向完全自动驾驶阶段过渡时期的城市共享停车优化分配。首先，考虑到平台在分配过程中，可能为了提高平台收益而对用户的停车需求进行拆分，故针对不同类型的车辆，设置了不同的变更车位惩罚因子。一方面可以使平台在分配的过程中尽量减少对自动驾驶车辆停车需求的不必要拆分；另一方面，将辅助驾驶车辆变更停车位的惩罚因子设置为极大值，避免平台在分配过程中对辅助驾驶车辆的停车需求进行拆分。然后，引入平台运营收益、车位利用率、停车请求接收率等评价指标，通过数值算例对模型的相关评价指标和灵敏度进行分析。进一步分析了自动驾驶车辆在不同市场占有率(0、25%、50%、75%、100%)下的平台运营指标的变化情况。

研究发现,相较于传统人工驾驶车辆的共享停车位分配,随着完全自动驾驶车辆市场占有率的增加,平台能够在相同的供给和需求下提高平台的收益、车位利用率和请求接收率等,并能够在较低的需求水平下达到较高的值。通过对变更车位惩罚值的灵敏度进行分析,发现惩罚值与平台的最大运营收益呈负相关,并且惩罚值越大,平台对停车需求的分割比例越小。本章进一步丰富了自动驾驶汽车由辅助驾驶阶段向完全自动驾驶阶段过渡时期的共享停车位分配问题的研究,为未来城市共享停车服务的车位分配问题奠定了理论基础。

本章参考文献

[1] SHAO C Y, YANG H, ZHANG Y, et al. A simple reservation and allocation model of shared parking lots[J]. Transportation Research Part C: Emerging Technologies, 2016(71): 303-312.

[2] SHOUP D C. Cruising for Parking[J]. Transport Policy, 2006, 13(6): 479-486.

[3] Bahrami S, Roorda M. Autonomous vehicle parking policies: A case study of the City of Toronto[J]. Transportation Research Part A: Policy and Practice, 2022, 155: 283-296.

[4] ZHANG W W, GUHATHAKURTA S, FANG J Q, et al. Exploring the impact of shared autonomous vehicles on urban parking demand: An agent-based simulation approach[J]. Sustainable Cities and Society, 2015(19): 34-45.

[5] XIAO H, XU M. How to restrain participants opt out in shared parking market? A fair recurrent double auction approach[J]. Transportation Research Part C: Emerging Technologies, 2018(93), 36-61.

[6] XIAO H, XU M. Modelling bidding behaviors in shared parking auctions considering anticipated regrets[J]. Transportation Research Part A, 2022(161), 88-106.

[7] XIAO H, XU M, GAO Z. Shared parking problem: A novel truthful double auction mechanism approach[J]. Transportation Research Part B, 2018(109), 40-69.

[8] XIAO H, XU M, YANG H. Pricing strategies for shared parking management with double auction approach: Differential price vs. uniform price[J]. Transportation Research Part E, 2020 (136), 101899.

[9] XU M, INCI E, CHU F, et al. Editorial: Parking in the connected and automated era: Operation, planning, and management[J]. Transportation Research Part C, 2021(127), 103115.

[10] XU S X, CHENG M, KONG X T R, et al. Private parking slot sharing[J]. Transportation Research Part B, 2016(93), 596-617.

[11] 廉天翔. 面向自动驾驶汽车发展不同阶段的城市共享停车运营优化管理[D]. 北京: 北京交通大学, 2022.

[12] 薛秋菊. 自动驾驶风险治理与停车管理优化[D]. 北京: 北京交通大学, 2021.

[13] 肖浩汉. 共享停车的管理机制设计与影响分析[D]. 北京: 北京交通大学, 2020.

CHAPTER 12 | 第 12 章

面向完全自动驾驶阶段的城市共享停车优化

第 12 章　面向完全自动驾驶阶段的城市共享停车优化

在辅助驾驶阶段，车辆虽然具备自动停车功能，但是其应用场景为乘车型自动停车，即需要驾驶员对车辆的运行进行监督或接管。出行者在使用共享停车服务时，由于出行者需求与平台停车位供给在时间上的差异性，导致出行者在使用共享停车服务时可能面临匹配失败的问题。并且，站在平台的角度，由于停车需求时间的不可分割性，即使平台有剩余的停车资源，也无法满足出行者的停车需求。而在完全自动驾驶阶段，自动驾驶车辆可在任何复杂场景下运行，此时无需驾驶员进行监督和接管，即车内所有人员均为乘客。该阶段的自动驾驶汽车具备在无人条件下实现车辆的自动停车和自动变更停车位功能，在共享停车位匹配的过程中可将用户的停车需求在时间上进行分割，使得自动驾驶汽车依次停靠在多个共享停车位，该功能为共享停车平台提高车位利用率和请求接收率提供了契机。

本章以第 10 章构建的辅助驾驶阶段自动驾驶汽车的共享停车为基础，将共享停车服务拓展到完全自动驾驶车辆的停车中，探究未来完全自动驾驶阶段下共享停车服务水平的变化。针对未来完全自动驾驶车辆的共享停车，研究自动驾驶车辆特征对停车服务的影响，重点研究车位分配问题和车辆变更停车位问题，并引入变更停车位次数的惩罚项，保证在车位分配过程中只对出行者的停车需求进行必要的分割。

12.1　问题描述

本章节考虑了完全自动驾驶阶段下居民区的共享停车位预约和分配。城市居住区私家车位拥有者根据自己对停车位的固定使用属性，提前将停车位的闲置时段和位置信息发布到共享停车平台，将停车位在该时段的使用权转让给共享停车平台。因此，可以认为共享停车位的供给是已知的。停车位需求者根据自己的出行计划，通过智能终端设备向共享停车平台提前或临时预约特定时间内、特定时间段的共享停车位，以获得特定停车位的使用权。

在完全自动驾驶场景下，自动驾驶车辆可以在无人条件下自主进行车辆的移动和停车位变更。共享停车平台根据收集到的停车位供需信息进行匹配，如果某些用户的停车需求无法由一个特定停车位满足，可以考虑将停车用户的需求在时间上进行分割，由多个停车位共同服务该用户的停车需求。由于自动驾驶车辆可实现无人代客停车和无人自动驾驶的功能，停车需求被分割的车辆在当前停车位完成停车任务后自动移动到下一个停车位，依次停靠在多个停车位上来满足出行者的停车需求。自动驾驶车辆的无人自动代客停车和无人自动驾驶功能可以使共享停车平台尽可能满足更多停车用户的需求，并进一步提高停车位的利用效率。

本章将共享停车位的供给和需求时间进行分割，以此来反映自动驾驶车辆的停车特性，并从平台运营收益最大化角度出发，构建面向完全自动驾驶汽车的共享停车位预约和分配优化模型。从最小化停车位变更次数的角度出发，引入变更停车位的惩罚项，该惩罚也可以理解为平台的差异化定价，即如果用户的停车需求只被一个车位服务，则采用正常的共享停车价格进行收费;如果用户的停车需求由多个共享停车位依次合作来满足,则采用变更停车位的共享停车价格进行收费。

根据模型的实际应用场景和限制条件,本章继续假设第 11.1.2 节中的假设(1)~(4)成立。

12.2 模型参数及变量定义

假设共享停车平台回购停车位的单位时间成本为 p_r,共享停车平台出租停车位的单位时间价格为 p_p。考虑到未来自动驾驶汽车具有自动代客停车的功能,平台在对自动驾驶车辆进行停车位匹配时,可能会对其停车时间需求进行拆分,由多个停车位依次连续服务。故对平台设置一个变更停车位的惩罚项 p_d,自动驾驶车辆在停车的过程中每变更一次停车位,则对平台进行一次惩罚。该惩罚项也可以理解为对停车需求进行差异化定价,即先按照常规的价格进行收费,再对停车过程中需要变更停车位用户进行补偿(即对平台的惩罚罚款)。考虑到平台的收益,上述的三个定价关系应该满足 $p_d < p_r < p_p$。

为了便于符号的区分和更直观地查阅,对模型中涉及到的符号和参数进行介绍,见表 12-1。其中,部分共有参数定义与第 10 章相同,在此处不做重复介绍。

符号和参数说明表　　　　　　　　表 12-1

符号	含义
t_i^P	需求者 i 停车需求开始时间
t_i^L	需求者 i 停车需求结束时间
t_i^D	需求者 i 停车需求时间长度
t_j^O	供给者 j 共享车位的开始时间
t_j^C	供给者 j 共享车位的结束时间
t_j^R	供给者 j 共享车位的时间长度
d_{it}	需求者 i 在时间 t 时的需求状态,$d_{it}=1$ 表示需求包含该时段
s_{jt}	供给者 j 在时间 t 时的车位可共享状态,$s_{jt}=1$ 表示该时段车位可共享
p_p	平台出租停车位的单位时间价格
p_d	自动驾驶车辆变更停车位时对平台的惩罚
p_r	平台回购停车位的单位时间价格
x_{ij}^t	t 时刻需求者 i 和供给者 j 的匹配状态

续上表

符号	含义
X_{IJ}^{T}	t 时刻需求者 i 和供给者 j 的匹配矩阵
D_{IT}	停车需求矩阵
S_{JT}	车位供给矩阵
$R(I,J)$	以 I 和 J 为基础的平台最大收益

12.3 模型构建

1)目标函数

本文基于平台运营商的视角,在满足共享停车需求的条件下,以平台运营收益最大化为目标,构建了面向自动驾驶车辆的共享停车位优化分配模型,如式(12-1)所示。此外,为了尽可能控制自动驾驶车辆在停车过程中变更停车位的次数,模型中加入了自动驾驶车辆变更停车位对平台的惩罚项。

$$\max R(I,J) = \sum_{i \in I}\sum_{j \in J}\sum_{t \in T} p_p \cdot d_{it} \cdot x_{ij}^t - \sum_{i \in I}\sum_{j \in J}\sum_{k \neq j}\sum_{t=1}^{T-1} p_d x_{ij}^t x_{ik}^{t+1} - \sum_{j \in J}\sum_{t \in T} p_r \cdot s_{jt} \quad (12\text{-}1)$$

目标函数中,$R(I,J)$ 表示以集合 I 和 J 为基础的平台最大收益,等式右边第一项表示平台服务共享停车需求用户所获得的收益,第二项表示平台对停车过程中停车位变更现象的惩罚项,第三项表示平台向车位供给者回购车位的费用。

2)约束条件

车位分配约束。在任意时刻 t,需求者 i 的停车需求至多被一个停车位满足,数学表达式如式(12-2)所示:

$$\sum_{j \in J} x_{ij}^t \leq 1, \forall i \in I, t \in T \quad (12\text{-}2)$$

供需关系约束。对于任意时刻 t,系统接收的停车需求数量应不大于该时刻的停车位供给量,即停车位每时每刻被分配的需求要小于等于其供给,如式(12-3)所示:

$$\sum_{i \in I} x_{ij}^t \leq s_{jt}, j \in J, t \in T \quad (12\text{-}3)$$

分配结果约束。对于任意需求者 i,在时间段 t 时系统对该用户的分配结果,应该等于该时刻的停车需求。该约束能够保证停车需求在拆分的情况下,需求者 i 被拆分的停车需求都能够被分配,数学表达式如式(12-4)所示:

$$\sum_{j \in J} x_{ij}^t = d_{it}, \forall i \in I, t \in T \quad (12\text{-}4)$$

决策变量约束。式(12-1)中涉及的决策变量,设定其为 0-1 决策变量,即其值只能为 1 或 0。数学表达式如式(12-5)所示:

$$x_{ij}^t \in \{0,1\}, \forall i \in I, j \in J, t \in T \tag{12-5}$$

12.4 模型评价指标

为评价模型的性能,本文提出了几个平台较关心的指标,包括平台利润、停车位周转率和停车位利用率。平台收益是平台最关心的一个指标,它由平台为停车需求用户提供停车服务所获得的收益之和减去自动驾驶车辆变更停车位对平台的惩罚以及平台回购车位使用权所支出的费用构成。

$$R(I,J) = \sum_{i \in I} \sum_{j \in J} \sum_{t \in T} p_p \cdot d_{it} \cdot x_{ij}^t - \sum_{i \in I} \sum_{j \in J} \sum_{k \neq j} \sum_{t=1}^{T-1} p_d x_{ij}^t x_{ik}^{t+1} - \sum_{j \in J} \sum_{t \in T} p_r \cdot s_{jt} \tag{12-6}$$

停车位利用率 η 反映了停车资源的利用效率,是停车场内的车位被停放的总时长和车位供给总时长的比值。

$$\eta = \frac{\sum_{j \in J}\sum_{t \in T} o_{jt}}{\sum_{j \in J}\sum_{t \in T} s_{jt}} = \frac{\sum_{j \in J}\sum_{t \in T}\sum_{i \in I} x_{ij}^t \cdot d_{it}}{\sum_{j \in J}\sum_{t \in T} s_{jt}} \tag{12-7}$$

停车需求接收率 μ 反映了共享停车平台对预约需求分配的确定性,请求的接收率越高,说明用户的预约需求满足率更高,共享停车平台的分配服务质量越高。

$$\mu = \frac{\sum_{i \in I} x_i}{I} \tag{12-8}$$

12.5 基于模拟退火算法的模型求解

本文所构建的面向自动驾驶车辆的城市共享停车位优化分配模型属于 0-1 整数规划模型,是一种特殊要求的指派问题。模型的决策变量表示的是停车资源的分配方案,其变量是离散的,该组合优化问题属于 NP-hard 问题,已有的精确求解方法无法对大规模问题进行求解。故本章结合模型解的特点,借鉴文献用模拟退火算法对模型进行求解。

Metropolis 于 1953 年最早提出了模拟退火算法的思想,Kirkpatrick 等于 1983 年首次将该模拟退火算法的思想应用于组合优化领域。固体从高温降温的过程中,固体内部的粒子由无序状态逐渐趋于稳定的平衡态,与组合优化问题寻求最优解的过程相似。考虑到解的结构特点,令 $a(t,i,j)$ 表示 t 时段车辆 i 与停车位 j 的一个匹配结果,该结果对应 $x_{ij}^t = 1$。如果 t 时段车辆 i 没有与停车位 j 匹配,即 $a(t,i,j)$,该结果对应 $x_{ij}^t = 0$。令 I_t 和 J_t 分别表示在 t 时段停车需求和停车位供给集合,$S_t(I_t,J_t)$ 表示在 t 时段满足约束式(12-2)、式(12-3)、式(12-4)和式(12-5)的可行解集合。组合各个时段的可行匹配集合,得到满足约束式(12-2)、式(12-3)、式(12-4)和式(12-5)的匹配图 $A(S_t | t = 1, 2, \cdots, T)$,该匹配图即为模型的一个可行解,并进一步确定可行解的邻域。模拟退火的过程主要包括加温过程、等温过程、冷却

第12章 面向完全自动驾驶阶段的城市共享停车优化

过程三个步骤。

步骤1:取初始问题 T_0 为足够大的值,令 $T=T_0$。设定最大邻域搜索次数 α,降温系数为 β。令当前迭代次数 $k=1$,当前邻域搜索次数 $\theta=0$。

步骤2:生成初始匹配集合。随机生成一个匹配图 $A^{(0)}$,将目前的匹配图用 $A^{(k)}$ 表示,最优匹配图用 $\overline{A}$ 表示,并令 $A^{(k)}=\overline{A}=A^{(0)}$。

步骤3:生成当前匹配图 $A^{(k)}$ 的邻居。如果 $\theta>\alpha$,转到步骤5。否则,令当前邻域搜索次数 $\theta=\theta+1$,并随机选择一个时段 t,随机生成一个 S_t,并更新 $A^{(k)}$ 中在 t 时段的匹配结果,并得到当前匹配图的邻域 $\widetilde{A}^{(k)}$。

步骤4:当前匹配更新。如果 $\widetilde{A}^{(k)}$ 对应的目标函数值大于 $A^{(k)}$ 的目标函数值,则用 $\widetilde{A}^{(k)}$ 替代 $A^{(k)}$,继续执行步骤3。否则,执行步骤4-1、步骤4-2、步骤4-3。

步骤4-1:计算可接收解的概率,基于Metropolis准则计算可接收解的概率 P_a。

步骤4-2:随机生成一个 $(0,1)$ 之间的随机数 ω。

步骤4-3:如果 $\omega<P_a$,则用 $\widetilde{A}^{(k)}$ 替代 $A^{(k)}$。

步骤5:降温过程。令 $T=T_0(1-\beta)^k, k=k+1, \theta=0$。如果 $T\leq 1$,则停止迭代并输出当前的解;否则,继续迭代。

模拟退火算法的求解过程如图12-1所示。

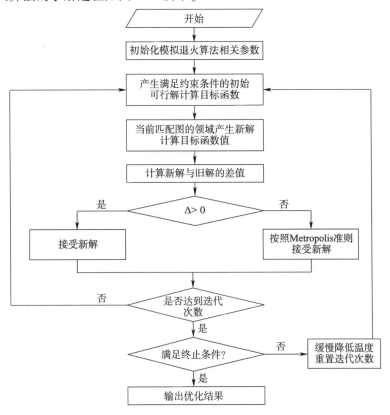

图12-1 模拟退火算法流程图

12.6 算例分析

12.6.1 参数确定

本节拟通过改变市中心共享停车规模来研究共享运营管理平台的运营收益、请求接收率、车位利用率等相关评价指标的变化情况。

假设平台的运营时间为09:00—17:00,并划分为 $T=8$ 个连续等长的时间段。假设用户的到达服从泊松分布,停车时间服从负指数分布,平均停车时间 $\bar{T}=3h$。平台向业主回购的停车位数量 $N=100$ 个,停车请求的数量在 $0\sim2000$ 个之间连续增加。考虑到业主共享停车位的积极性和平台的收益,现有的共享停车平台均采用6:4的分成比例,故本算例也采取该定价原则。假设平台回购车位的单位时间成本为4元/h,平台共享停车位的单位时间价格为10元/h。假设自动驾驶车辆在停车过程中变更停车位对平台的惩罚为1元/次。本算例涉及的基本参数见表12-2。

算例基本参数　　　　　　　　　表12-2

参数名称	符号	数值
需求者数量	M	$0\sim2000$ 个递增
供给者数量	N	100 个
平台运营时段数量	T	8 个
需求者平均停车时间	$\bar{T}$	3h
平台出租停车位的单位时间价格	p_p	10 元/h
自动驾驶车辆变更停车位对平台的惩罚	p_d	1 元/次
平台回购停车位的单位时间价格	p_r	4 元/h

12.6.2 结果与分析

1)小规模算例分析

为了刻画模型的优化分配过程,直观地展示分配结果,本文首先对小规模算例展开分析。本算例考虑了10个停车需求者和5个车位供给者的共享停车场景,用户停车需求信息和停车位供给信息见表12-3,且最终分配结果如图12-2所示。

停车需求与车位供给信息　　　　　　　　　表12-3

请求编号	预约停车时段	请求编号	预约停车时段	车位编号	车位共享时段
1	(3,5)	2	(6,8)	1	(3,8)

第12章 面向完全自动驾驶阶段的城市共享停车优化

续上表

请求编号	预约停车时段	请求编号	预约停车时段	车位编号	车位共享时段
3	(1,3)	7	(3,5)	2	(1,8)
4	(1,4)	8	(2,7)	3	(1,4)
5	(1,2)	9	(4,6)	4	(1,6)
6	(1,5)	10	(7,8)	5	(1,5)

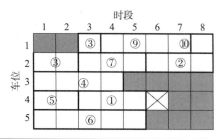

图12-2 自动驾驶车辆共享停车位分配结果

根据图12-2的分配结果可知,停车请求8未成功匹配到停车位。对比图12-2和表12-3可以发现,停车请求3的预约停车时段为(1,3),而这一需求被系统进行了拆分,使得请求3在时段(1,2)由停车位2服务,在最后一个时段由停车位1服务。若将自动驾驶车辆的停车需求3转化为传统的有人驾驶车辆,则这一需求在分配过程中由于没有合适的停车位而被拒绝。通过这一现象我们可以发现,由于自动驾驶车辆在停车过程中能够在无人的情况下更换停车位,故系统在对停车供给和需求进行匹配时,会根据供需信息对停车需求进行分割,使共享停车平台的停车位得到充分利用,并能够使平台在分配过程中接收更多的停车需求。

2) 模型评价指标分析

本章构建的模型是以自动驾驶车辆为载体的共享停车位预约和分配模型,由于自动驾驶车辆具有代客停车的功能,能够在停车过程中自动变更停车位,故允许共享停车平台在车位匹配时对用户的停车需求进行拆分。在模型分析中,固定停车位供给数量 $N = 100$ 个为固定值,即供给量固定,停车请求的数量从0到2000个进行变化,观测模型相关指标的变化情况。平台运营收益随停车需求的变化如图12-3所示。

图12-3表明,随着共享停车市场需求者的加入,平台的运营收益越来越接近理论最大值。在0~200区间内,平台运营收益以较快的速度线性增长,且在需求者数量约为100个时,共享停车运营平台达到收支平衡,随后平台开始盈利。当需求在200~900区间时,平台收益以较为缓慢的速度增长,并逐渐接近平台的最大收益。当停车请求超过900个时,平台的运营收益稳定在4800元,说明此时平台的停车资源已达到100%的利用。相较于常规的分配模型和第11章提出的分配模型,该模型能够在供过于求的情况下就能保证平台处于盈

自动驾驶出行管理分析
Travel management analysis for automated driving

利状态,说明自动驾驶车辆的加入能够提高共享停车平台的收益和车位利用率。

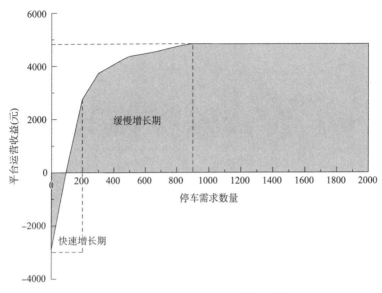

图 12-3　平台运营收益随停车需求的变化

图 12-4 和图 12-5 分别描述了随着停车需求数量的增加,停车位的平均利用率和停车请求的接收率的变化情况。从图 12-4 可以发现,共享停车平台停车位的平均利用率在初期以线性方式增长,表明自动驾驶场景下平台对停车需求的拆分能够有效提高停车位的利用率。从图 12-5 中可以发现,在 200 个停车位供给的场景下,当停车需求数量达到 600 个时,该模型能够保持 80% 以上的请求接收率;当需求数量达到 1500 个时,平台还能够保证 40% 以上的接收率。说明自动驾驶车辆和共享停车服务的融合,能够有效提高平台的车位利用率和请求接收率,提高了共享停车平台的服务质量。

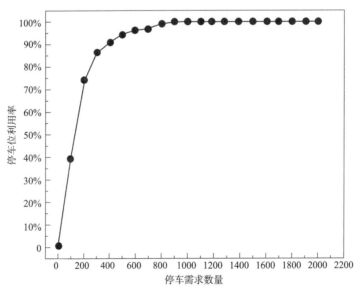

图 12-4　平台停车位平均利用率随停车需求的变化

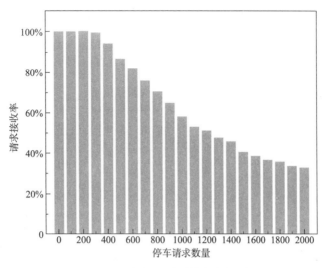

图 12-5　平台请求接收率随停车需求的变化

12.7　本章小结

本章研究了未来完全自动驾驶阶段下,共享停车平台为自动驾驶车辆提供共享停车服务的停车位优化分配。首先,考虑到平台在分配过程中可能为了提高平台收益而过度拆分用户的停车需求,故在模型中添加了停车位变更对平台的惩罚因子(也可以理解为对变更停车位用户的补偿),保证平台在分配的过程中尽量减少对停车时间需求的不必要拆分。引入平台运营收益、车位利用率、停车请求接收率等评价指标,对模型的性能进行评价,并利用模拟退火算法对模型进行求解。最后,通过数值算例对模型的相关评价指标进行分析,分析该模型在平台的各项评价因素的影响及变化特征。

研究发现,未来共享停车平台服务自动驾驶车辆时,在相同的供给和需求条件下,平台能够接收更多的停车请求,并能提高共享停车资源的利用效率,有助于缓解市中心停车难的问题。

本章节内容进一步丰富了自动驾驶发展不同阶段下的共享停车平台对共享停车位的优化分配研究,为未来城市共享停车服务的车位分配奠定了理论基础,并为第 11 章研究自动驾驶汽车由辅助驾驶阶段向完全自动驾驶阶段过渡时期的共享停车优化分配奠定了理论基础。

本章参考文献

[1] SHAO C Y,YANG H,ZHANG Y,et al. A simple reservation and allocation model of shared parking lots [J]. Transportation Research Part C：Emerging Technologies, 2016 (71)：303-312.

［2］何胜学,马思涵,程朝中,等.无人驾驶条件下共享停车匹配模型及算法［J］.交通运输系统工程与信息,2021,21（04）:99-105.

［3］METROPOLIS M,ROSENBLUTH A,ROSENBLUTH W,et al. Equation of state calculations by fast computing machines［J］. The Journal of Chemical Physics,1953,21.

［4］KIRKPATRICK S,GELATT C D,VECCHI M P. Optimization by Simulated Annealing［J］. Science,1983,220:671-680.

［5］XU M,INCI E,CHU F,AND VERHOEF E T. Editorial:Parking in the connected and automated era:Operation,planning,and management［J］. Transportation Research Part C,2021（127）,103115.

［6］廉天翔.面向自动驾驶汽车发展不同阶段的城市共享停车运营优化管理［D］.北京:北京交通大学,2022.

［7］薛秋菊.自动驾驶风险治理与停车管理优化［D］.北京:北京交通大学,2021.

［8］肖浩汉.共享停车的管理机制设计与影响分析［D］.北京:北京交通大学,2020.

CHAPTER 13 | 第 13 章

自动驾驶汽车路内停车行为与建模分析

第13章 自动驾驶汽车路内停车行为与建模分析

传统汽车应用时期,巡航停车行为主要受人类驾驶员个人驾驶风格和外部社会经济因素等影响。而在自动驾驶时期,随着自动驾驶系统的应用,其自动停车功能将改变传统的巡航停车模式。本章在传统汽车巡航停车行为模式的基础上,提出了一种持续空载巡航的不停车行为模式(Cruising instead of parking),并探究导致该行为模式产生的具体原因以及该停车模式下的城市中心道路系统和停车系统的运行状况。其次,通过定量分析不同出行需求规模、自动化水平和停车管理措施对自动驾驶持续空载巡航动机的影响,研究了未来不同场景下自动驾驶汽车停车行为模式的变化特点。为第14章提出对应的城市中心路内停车管理优化策略提供理论基础。

13.1 自动驾驶汽车路内停车行为分析

13.1.1 问题描述

出行者出于通勤、娱乐等目的,需要进入市中心完成一定的访问任务。出行者乘坐自动驾驶汽车进入市中心并行驶至目的地后,自动驾驶汽车(也指其用户)可以启用自动巡航停车功能完成停车任务。图13-1描述了出行者及其拥有的自动驾驶汽车完成市中心访问任务所经历的出行过程。其中,本文重点关注出行者进入市中心区域,完成市中心的出行任务直至乘坐自动驾驶汽车驶离市中心区域的全过程,忽略出行者从出发地(例如居住小区)到达市中心区域的行程。出行者完成访问任务期间,自动驾驶汽车可选择持续空载巡航以等待出行者或传统巡航停车方式(即进行巡航以寻找空余停车位)以等待出行者结束访问任务。因此,在分析自动驾驶时期市中心停车模式时需考虑两种停车行为机制。

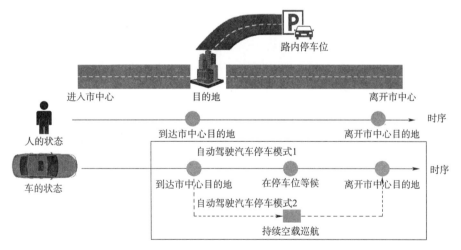

图 13-1 自动驾驶汽车(用户)的市中心全出行过程

(1)自动驾驶汽车停车模式1:自动驾驶汽车选择巡航以寻找停车位,并进行停车等待。自动驾驶汽车可以选择进入巡航停车状态以找到一个空闲的停车位,并等待一定时长直至出行者结束访问任务;随后根据出行者的命令从停车位置返回目的地接载出行者离开市中心。此时选择寻找停车位停车等待所涉及的额外出行成本包含巡航停车的车辆行驶成本(例如燃油消耗成本、车辆折旧成本等)、在停车位处进行停车等待的停车费用以及从停车位置返回目的地而产生的车辆行驶成本和出行者在车外等待的时间价值成本。其中,假设研究时间区段内的道路交通情况不变,且由目的地巡航至停车位和由停车位返回目的地时的过程是对称的,即两过程中速度一致。则该情况下所需支付的停车费用如式(13-1)所示:

$$C_1 = f_r v t_c + f_p \cdot (l - t_c) + (\rho_o + f_r v) \cdot t_c \tag{13-1}$$

式中,C_1 为选择巡航以寻找停车位时的额外成本(元);f_p 为市中心地区的停车费率(元/h);f_r 为车辆行驶单位里程所需的行驶成本(元/km);t_c 为自动驾驶车由目的地巡航到停车位的时间(h);ρ_o 为出行者在目的地等候自动驾驶车的出行时间价值成本(元/h);l 为出行者在市中心完成访问任务所需的访问时长(h);v 为市中心交通路网运行速度,即车辆行驶速度(km/h)。

(2)自动驾驶汽车停车模式 2:自动驾驶汽车选择持续空载巡航以避免支付停车费用。

由于市中心地价较高,停车费持续增长,自动驾驶汽车可以选择在目的地周围持续巡航直至出行者完成目的地访问任务,以避免支付高额的停车成本;但同时,持续空载巡航过程中将产生额外的行驶成本。选择持续空载巡航的自动驾驶汽车所需支付的不停车成本为:

$$C_2 = (f_r v + H) \cdot l \tag{13-2}$$

式中,C_2 为自动驾驶汽车(用户)选择持续空载巡航时所需支付的不停车成本(元);H 为自动驾驶汽车用户选择持续空载巡航时潜在的心理惩罚成本(元/h)。

13.1.2 自动驾驶汽车路内停车行为模型构建

确定自动驾驶汽车在单位时间内的运营成本后,则可计算传统巡航停车行为模式的额外成本(C_1)和持续空载巡航模式的额外成本(C_2)。进一步确定式(13-1)和式(13-2)中市中心停车收费费率、出行者访问时长、单位时间心理惩罚成本的具体数值,则可判定两种选择所需支付费用的大小关系,并随之确定自动驾驶汽车(用户)会选择何种"停车"模式。对于任意理性的自动驾驶汽车用户而言,其停车行为模式选择遵循以下原则:

$$\begin{cases} C_1 > C_2, \text{选择持续空载巡航行为模式} \\ C_1 < C_2, \text{选择传统巡航停车行为模式} \end{cases} \tag{13-3}$$

当 $C_1 = C_2$ 时,会出现两种停车选择可能性相等的临界状况,即:

$$(f_r v + H) \cdot l = f_r v \cdot t_c + f_p \cdot (l - t_c) + (\rho_o + f_r v) \cdot t_c \tag{13-4}$$

不失一般性地,假设出行者在车外等候的出行时间价值高于市中心停车路内停车收费费率,即 $\rho_o > f_p$,可得 $2f_r v - f_p + \rho_o > 0$,计算可得:

$$t_c^* = \frac{(f_r v - f_p + H) \cdot l}{2f_r v - f_p + \rho_o} \tag{13-5}$$

持续空载巡航行为虽然消除了停车费用以及停车位与目的地之间的巡航成本,但造成了额外的空载巡航时间和车辆行驶费用。当市中心停车所需巡航时间为 t_c^* 时,自动驾驶汽车选择传统巡航停车模式不会比选择持续空载巡航不停车模式支付更多的出行成本。则可定义巡航时间 t_c^* 为自动驾驶汽车停车者可以接受的最大巡航时间。具体为:实际巡航停车时间小于 t_c^* 时,自动驾驶汽车会选择传统巡航停车方式进行停车。当所需巡航停车时间大于 t_c^* 时,对于每一个以减小出行成本为目的的出行者而言,会选择故意在目的地进行绕圈巡航,以逃避市中心高额的停车成本。而合理规划市中心停车系统以使实际生活中的停车所需巡航时间小于 t_c^* 时间,有助于避免自动驾驶时期出现持续空载巡航行为,从而产生更多交通拥堵的负面现象。

13.1.3 自动驾驶汽车路内停车行为模型分析

为研究自动驾驶汽车路内停车行为受不同因素的影响效果,将 t_c^* 视作因变量,将其他变量作为自变量,对式(13-5)中逐个自变量求偏导数,计算结果见表13-1。

各变量对 t_c^* 求偏导数及其相关关系　　　　表13-1

模型变量	对 t_c^* 求偏导数	与 t_c^* 的相关关系
单位里程车辆行驶成本(f_r)	$\dfrac{\partial t_c^*}{\partial f_r^*} = \dfrac{(f_p + \rho_o - 2H) \cdot l}{(2f_r v - f_p - \rho_o)^2} > 0$	正相关
市中心停车费率(f_p)	$\dfrac{\partial t_c^*}{\partial f_p^*} = -\dfrac{(f_r v + \rho_o - H) \cdot l}{(2f_r v - f_p + \rho_o)^2} < 0$	负相关
潜在的心理惩罚成本(H)	$\dfrac{\partial t_c^*}{\partial H^*} = \dfrac{(2f_r v - f_p + \rho_o) \cdot l}{(2f_r v - f_p + \rho_o)^2} > 0$	正相关
出行时间价值成本(ρ_o)	$\dfrac{\partial t_c^*}{\partial \rho_o^*} = -\dfrac{(f_r v + H - f_p) \cdot l}{(2f_r v - f_p + \rho_o)^2} < 0$	负相关
市中心访问时长(l)	$\dfrac{\partial t_c^*}{\partial l^*} = \dfrac{f_r v + H - f_p}{2f_r v - f_p + \rho_o}$	不确定
市中心道路运行速度(v)	$\dfrac{\partial t_c^*}{\partial v^*} = \dfrac{f_r l \cdot (f_p + \rho_o - 2H)}{(2f_r v - f_p + \rho_o)^2} > 0$	正相关

由以上计算结果可知,为避免自动驾驶汽车进行持续空载巡航进而加剧市中心交通拥堵,需尽可能提高巡航停车时间临界值;此时,单位里程车辆行驶成本、出行者心理惩罚成本、市中心道路运行速度的增加有助于提高巡航时间临界值;而市中心路内停车费率和出行者出行时间价值的增加则会降低出行者选择持续空载巡航时的巡航时间临界值,造成负面影响。值得注意的是,出行者访问时长与巡航时间临界值取决于市中心道路运行速度状况、市中心路内停车收费率和出行者的心理惩罚成本等因素。例如,市中心路内停车收费过

高,使 $f_r v + H - f_p < 0$ 时,出行者访问时长与巡航停车时间呈负相关关系,意味着访问时间越长越有可能增加出行者选择持续空载巡航的可能性;而当市中心停车收费过低,即 $f_r v + H - f_p > 0$ 时,出行者访问时长与巡航停车时间呈正相关关系,此时更长的出行者访问时间有助于减少持续空载巡航可能性。

此外,随着自动驾驶技术与新能源技术之间的集成发展,车辆单位里程的行驶成本可大幅度降低。结合以上分析,这种以新能源汽车为载体的发展趋势将增加自动驾驶汽车进行持续空载巡航的经济动力。此结论与 Millard-Ball 基于 MatSim 仿真模型所提出的结论(即随着自动驾驶汽车的出现,其逐渐降低的行驶成本将导致自动驾驶车辆持续巡航行为,并进一步增加道路拥堵)相契合。从这方面可看出考虑出行成本因素的自动驾驶汽车停车行为模型的合理性,以及在自动驾驶时期考虑这一特殊停车行为模式的重要性。

13.1.4 算例分析

1)基本参数设置

考虑经济成本因素的自动驾驶路内停车行为模型中需明确的基本参数有:自动驾驶车辆单位里程行驶成本 f_r、城市中心停车收费费率 f_p、市中心道路运行速度 v、自动驾驶汽车用户的出行时间价值成本 ρ_o、市中心访问时长 l 和心理惩罚成本 H。拟分别选取适宜参数以对比传统汽车应用时期与自动驾驶汽车应用时期巡航时间临界值的变化。具体参数设置依据如下所述。

(1)车辆单位里程行驶成本测算依据。

车辆单位里程行驶成本主要包括车辆燃油消耗成本、维护成本、车辆保险购置成本等。关于车辆保险购置成本,以 10 万元左右的燃油汽车为例,按每年缴纳 5000 元汽车商业保险,行驶 2 万 km 进行计算,单位里程保险费用为 0.25 元。同级别的新能源汽车单位里程保险费用大致相等。

关于燃油消耗成本,自动驾驶技术以新能源汽车为主要载体,其主要产物为自动驾驶电动汽车,即使用电能、光能等新能源进行驱动;而传统燃油汽车主要通过内燃机消耗汽油、柴油等进行驱动。对于出行者而言,电动汽车和传统燃油汽车在能源消耗上存在明显的价格差异。此处以荣威 eRX5 纯电动车百公里耗电量(约为 16.52kW)为基准,根据市场电费费率,计算可得自动驾驶电动汽车行驶单位里程动力成本约为 0.25 元;同时,以北京 95 号汽油的近期市场售价 7 元/L、普通车辆百公里综合油耗 10L 为基准进行测算,计算可得传统燃油汽车行驶单位里程预计产生燃油消耗成本约 0.72 元。

关于车辆维护成本,据《中国汽车后市场蓝皮书》调查结果分析显示,消费者每消耗 1 元的购车费用将对应产生 0.65 元的汽车售后服务成本。例如,以每 5000km 进行一次小型汽车维护服务为准,计算可得消费者维护一辆售价 10 万元~20 万元的燃油汽车的单位公里维护成本为 0.16 元。而电动汽车由于结构较为简单,维保成本低于燃油汽车。基于表 13-2 所示的维护费用,以电动汽车维护周期为 1 万 km 进行计算,可得电动汽车单位公里维护成本约为 0.02 元。

第13章　自动驾驶汽车路内停车行为与建模分析

电动汽车维护费用情况　　　　　　　　　　　　　　　　　　　　　　表 13-2

维护类别	维护项目	累计行驶公里数（km）				
		10000	20000	30000	40000	以此类推
A 级维护	全车维护	√		√		√
	高压安全检查	√		√		√
B 级维护	主要项目检查		√		√	
	高压安全检查		√		√	
费用（元/辆）		320	120	320	120	320

综上所述，计算可得传统燃油汽车单位里程使用成本约为 1.13 元，自动驾驶汽车（以电动汽车为主要载体）单位里程使用成本约为 0.52 元。

(2) 城市中心停车收费费率测算依据。

停车收费作为一种有效的交通需求管理工具，被广泛应用于各大城市。近 10 年内，许多城市不断通过调整停车收费机制以调节城市停车的供需关系。近年来，北京、上海、深圳路内停车收费均值见表 13-3。可预期，随着城市小客车拥有量和使用量的持续增长，停车缺口逐渐增大，未来的停车费用将会持续上升以缓解城市交通拥堵。算例选取北京市重点区域停车收费均值，代入计算巡航停车时间临界值。为保守估计自动驾驶时期巡航停车时间临界值，此处假定自动驾驶时期城市路内停车定价水平未变。

城市路内停车收费费率　　　　　　　　　　　　　　　　　　　　　　表 13-3

城市	深圳市重点区域（小型车）	北京市重点区域（小型车）	上海市重点区域（小型车）
2020 年路内停车收费定价均值	12 元/h	15 元/h	20 元/h

来源：各城市停车价格调整方案。

(3) 市中心道路运行速度测算依据。

通常情况下，我们更关注高峰时间段内的巡航停车行为，因为此时停车需求较高，易产生城市交通拥堵。如图 13-2 所示，北京市区中心高峰时期道路运行速度可取 20km/h，代入该值进行测算。

(4) 出行时间价值成本选取依据。

目前应用较为广泛的出行时间价值计算方法包括生产法和收入法。其中收入法反映了出行行程所占用的时间对出行者而言的机会成本，即由于出行过程消耗而导致出行者未能工作所导致的收入折损。收入法可描述利用个人收入支付出行成本的客流群的时间价值，因此，本文基于收入法计算出行时间价值成本 ρ_o，如式(13-6)所示：

$$\rho_o = \frac{W}{T} \tag{13-6}$$

式中，W 为出行者年收入金额(元)；T 为出行者年平均工作时间(h)。

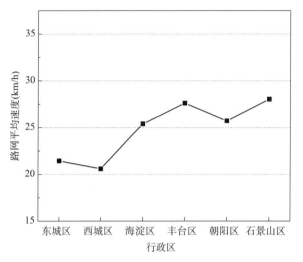

图 13-2　2019 年北京市主要城区路网平均速度

按北京市居民年收入金额 12 万元(即月收入 1 万元)，平均工作时间 160h/月进行计算，出行者出行时间价值约为 62.5 元/h。现有研究已表明出行者在车内的出行时间价值将逐步降低，与此对应可预期，随着未来出行方式越来越便捷，出行者对出行质量要求逐渐提高，其在车外等候的时间价值成本也会提高，这也进一步增加了自动驾驶用户在市中心选择持续空载巡航的可能性。为保守估计自动驾驶时期巡航停车时间临界值，此处假定自动驾驶时期出行者出行时间价值与当前出行时间价值基本一致，即约为 62.5 元/h。

(5) 出行者市中心访问时长选取依据。

本文根据丁浣对北京市海淀区中关村西区的实地停车行为调查数据，得出接近 60% 的出行者在路边停车时长为 1~2h，出行者巡航停车时间主要分布在 0~15min(均值为 5min，图 13-3b)，故设定出行者停车时长为 1.5h。

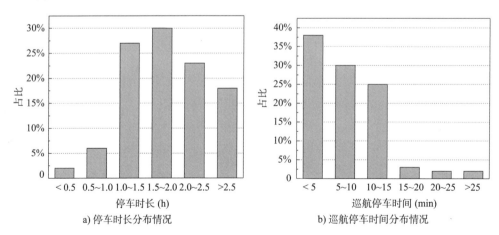

a) 停车时长分布情况　　　　b) 巡航停车时间分布情况

图 13-3　停车时长分布与巡航停车时间分布情况

综上所述，本算例中基本参数设置如表 13-4 所示。

第 13 章 自动驾驶汽车路内停车行为与建模分析

算例基本参数设置情况　　　　　　　　　　　　　　　表 13-4

参数	传统汽车应用时期	自动驾驶汽车应用时期
f_r(元/km)	1.13	0.52
f_p(元/h)	15	15
v(km/h)	25	25
H(元/h)	5	5
ρ_o(元/h)	62.5	62.5
l(h)	2	2

2) 计算结果分析

代入以上参数进行计算,得出基于传统汽车应用时期社会经济参数的巡航停车时间临界值 $t^* = 12.2\text{min}$,大于实际平均巡航时间 5min。说明在现今社会经济因素背景下,选择传统巡航停车方式的停车成本小于选择持续空载巡航成本,所以对于大多数出行者而言,倾向于选择传统巡航停车模式。但是,基于自动驾驶汽车应用时期估计的社会经济参数得到巡航停车时间临界值 $t^* = 0.5\text{min}$。该值明显大于城市目前的巡航停车时间,说明在可预期的自动驾驶社会经济因素背景下,选择传统巡航停车方式的停车费用大于选择持续空载巡航不停车费用。即自动驾驶出行用户会为了节约出行成本而在道路上进行持续空载巡航。

此外,在本算例中,为保守估计自动驾驶时期持续空载巡航动机的可能性,对城市路内停车收费费率及出行者出行时间价值作了一致化处理。为进一步演示未来不同停车收费水平及出行者出行时间价值情况下巡航停车时间临界值的变化趋势,将上述参数代入式(13-5),改变停车收费费率(f_p)和出行者出行时间价值(ρ_o),得到巡航停车时间临界值(t^*)随 f_p 和 ρ_o 的变化趋势图,如图 13-4 所示。

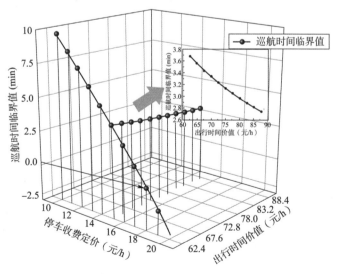

图 13-4　巡航停车时间临界值随市中心停车收费价格和出行者出行时间价值的变化趋势

由图 13-4 分析发现,当其他社会经济参数不变时,随着出行者出行时间价值越来越高,巡航停车时间临界值越来越小,说明随着出行者收入的增加(或者是收入越高的出行者)进行持续空载巡航的可能性越大,但该变化趋势并不显著;同时,随着停车收费水平的提高,巡航停车时间临界值越来越低,意味着停车收费定价的增加可能增强出行者对于持续空载巡航行为的偏好性。其中,停车收费为 18 元/h 的情况下,巡航停车时间临界值 $t^* \approx 0$min,说明若未来路内停车收费为 18 元/h,选择持续空载巡航模式的不停车成本恒小于选择传统巡航停车模式的停车成本,故而对于大多数停车者而言,持续空载巡航成为更为经济的一种不停车模式。

值得注意的是,停车收费与持续空载巡航动机之间的关系在一定程度上挑战了目前城市关于路内停车收费的管理思路。例如,上海市一直遵循路内停车定价高于路外停车定价,随着这些地区公共停车场库收费价格提高,业界普遍支持需提高路内停车定价以减少停车需求,缓解城市交通堵塞。但根据本文分析,自动驾驶汽车应用时期,提高停车收费定价会产生更多的持续空载巡航行为,并造成更多交通拥堵和资源浪费。因此,需结合自动驾驶汽车区别于传统汽车的停车行为方式,进一步考虑未来自动驾驶时代的停车管理策略,避免自动驾驶汽车给城市中心带来更多的道路交通拥堵。

13.2 考虑道路拥堵效应的自动驾驶路内停车行为建模

上述考虑经济杠杆下的自动驾驶汽车路内停车行为模型中,假设道路运行速度是外生变量(即未纳入道路拥堵效应对停车行为的影响),且未考虑传统巡航停车模式下寻找停车位所需的巡航时间与城市停车位容量之间的关系。为进一步贴合现实情况,需关注自动驾驶汽车停车行为特征下,巡航停车与城市中心路内停车系统及道路系统的交互方式,进而了解自动驾驶汽车停车行为对城市中心交通系统的影响。

13.2.1 模型背景描述及基础假设

出行者到达位于城市中心的目的地后,由于市区中心区域停车位紧张而不能立即找到合适的空停车位进行停车,由此产生的巡航行为是造成城市道路拥堵的重要原因之一。在路内停车位有限的情况下,若传统巡航停车模式的总成本高于持续空载巡航不停车模式的总成本,则出行者会选择持续空载巡航以避免支付停车费,从而产生大量巡航车辆占用市区道路资源。这不仅造成停车位利用率下降,还会恶化市中心道路运行状态。

与 13.1 中的模型基础背景描述一致,本节考虑自动驾驶时期私人出行模式下可能出现的持续空载巡航不停车行为模式。为进一步分析市中心道路系统与停车系统之间的耦合关系,将自动驾驶汽车进入市中心的过程主要分解为 3 个过程。3 个过程分别为:

(1) 自动驾驶汽车行驶进入市中心并行驶一定的距离到达出行者目的地,即图 13-5 中的过程 1;

(2) 自动驾驶汽车将出行者送至目的地后,当出行者在目的地开始进行访问任务时自动

第13章 自动驾驶汽车路内停车行为与建模分析

驾驶汽车处于空载巡航状态,并可选择持续巡航以度过访问时长(图 13-5 所示的过程 2a)或者巡航找寻空车位并支付停车费(图 13-5 所示的过程 2b);

(3)选择寻找空停车位的自动驾驶汽车需要从停车位置返回出行者目的地接载出行者离开市中心,如图 13-5 所示的过程 3;而选择持续巡航的车辆由于在目的地周围绕圈巡航,所以在出行者完成目的地访问任务后可立即搭载汽车离开市中心。

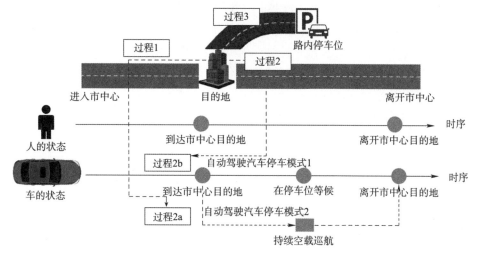

图 13-5 自动驾驶汽车(用户)市中心出行全过程演绎

其中涉及两个重要的函数,分别是:①选择传统巡航停车模式的概率密度函数,选择巡航停车的概率大小与出行者的访问时长、市中心路内停车收费定价、停车位容量、车辆单位里程行驶成本有关;②速度—密度函数,该函数描述了路网平均行驶速度与交通量密度之间的关系。

为简化分析,模型假设如下:

(1)每一位出行者都是同质的、理性的,并基于预期出行成本进行决策;

(2)所有出行者都使用自动驾驶汽车;

(3)出行者每次旅行都是从市中心以外的地方出发,需要在市中心行驶一定距离 m 到达目的地;

(4)出行者的目的地以及停车位均匀分布于市中心地区;

(5)城市道路为分向通行且为双向车道,路内停车设置在道路两侧;

(6)市中心道路可用面积是确定已知的,故道路运行速度仅与某一时间段内道路上的交通流量相关。

13.2.2 考虑道路拥挤效应的自动驾驶路内停车行为模型构建

模型构建按照出行者选择传统巡航停车模式的概率密度函数、速度—密度函数、稳定状态分析三部分分别展开,具体如下:

1)出行者选择传统巡航停车模式的概率密度函数

出行者选择传统巡航停车模式的概率大小主要取决于路内空闲停车位数量,需要进行

停车的巡航车辆总数以及道路的运行速度,即:

$$P_c = P(N^e, N^c, v) \tag{13-7}$$

式中,P_c 为出行者选择传统巡航停车模式的概率;N^e 为市中心道路路内空余的停车位数量(个);N^c 为市中心道路上为寻找空余停车位而处于空载巡航状态的车辆数(pcu);v 为市中心道路运行速度(km/h)。

Arnott 和 Rowse 研究发现车辆在道路上寻找空余停车位的过程是一个马尔可夫随机过程(Markovian process)。基于出行者都是理性人的模型假设,他们总是出于尽可能减少停车成本的目的决定是否使自动驾驶汽车持续巡航,已到达目的地的自动驾驶汽车(用户)在以下两种条件都满足的条件下才会选择传统巡航停车方式:①车辆寻找空置停车位的巡航时间小于出行者在目的地完成访问任务的时长;②选择传统巡航停车模式的停车费用小于持续空载巡航所需的不停车费用。因此,鉴于车辆寻找空置停车位的巡航时间为随机变量,自动驾驶车辆(用户)选择传统巡航停车行为模式的可能性 P_c 如式(13-8)所示:

$$P_c = \left\{ t_c < l, f_r v t_c + f_p \cdot (l - t_c) + (\rho_o + f_r v) \cdot t_c < f_r v l + Hl \right\} \tag{13-8}$$

式中,t_c 为自动驾驶汽车寻找空置停车位所需的巡航时间(h);l 为出行者在市中心目的地所需的访问时长(h);H 为出行者选择持续空载巡航占用道路资源的心理惩罚成本(元/h)。

假设随机变量 t_c 服从参数为 $1/\overline{\omega}_c$ 的指数分布,由此巡航停车时间的概率密度函数为:

$$p(t_c) = \frac{1}{\overline{\omega}_c} \cdot e^{-\frac{t_c}{\overline{\omega}_c}} \tag{13-9}$$

由此可得:

$$P_c = \begin{cases} \int_0^{\min(z,l)} \frac{1}{\overline{\omega}_c} \exp\left(-\frac{t_c}{\overline{\omega}_c}\right) \mathrm{d}t, z > 0 \\ 0, z \leq 0 \end{cases}$$

$$P_c = \begin{cases} 1 - \exp\left(-\frac{\min(z,l)}{\overline{\omega}_c}\right), z > 0 \\ 0, z \leq 0 \end{cases} \tag{13-10}$$

其中:

$$z = \frac{(f_r v - f_p + H) \cdot l}{2 f_r v - f_p + \rho_o} \tag{13-11}$$

$$\overline{\omega}_c = \frac{L_r}{(K - N_p) \cdot v} \tag{13-12}$$

式中,$\overline{\omega}_c$ 为期望的巡航停车时间(h);L_r 为市中心道路总长度(km);K 为市中心路内停车位数量(个);N_p 为一定时间内处于"停车"状态的车辆数(pcu)。

由上式可得,z 是一个关键的巡航时间临界值,在该巡航时间水平下,出行者选择传统巡航停车模式和持续空载巡航不停车模式之间的经济成本没有区别。当巡航时间小于 z,则出行者选择寻找空余停车位并支付停车费用;反之,则会转而选择持续巡航。

对于每个出行者而言,当 $\bar{\omega}_c$ 是确定已知时,P_c 会随着 l 的增大而增大;所以在该模型假设下,具有越长出行访问时长的出行者越有可能保持传统的停车方式,而出行者在市中心访问时间越短越有可能选择持续空载巡航从而制造更多的市中心交通拥堵。同时,当 $z>0$,且 $\bar{\omega}_c,l$ 为已知参数时,市中心停车费率越高,出行者选择空余停车位进行停车的概率越小。

2)速度—密度函数

Geroliminis 和 Daganzo 利用日本横滨市道路网络的交通数据已证明路网平均行驶速度与道路上的车辆密度曲线呈负相关关系。因此,为真实刻画道路运行状况,本文应用宏观基本图论的基本概念将路网运行速度和道路车辆密度联系起来。基于一个各向同性①(isotropic)的路网,可得速度—密度函数为:

$$v = V\left(\frac{d^t}{k_j}\right) \tag{13-13}$$

式中,d^t 为路网单位面积内自动驾驶汽车的数量(pcu);k_j 为拥挤密度;其中,

$$d^t = \frac{N_t + N_c + N_{cp} + Q_g}{A_u + A_p} \tag{13-14}$$

式中,N_t, N_c, N_{cp} 为一定时间段内道路上处于"前往目的地"状态的车辆数、处于"巡航"状态的车辆数、处于"持续空载巡航"状态的车辆数;三者之和代表着占据道路资源的所有运行车辆数(pcu);Q_g 为一定时间内经过市中心的过境车流量;A_u, A_p 为道路上可用于车辆停放、行驶的可用道路面积,即路内停车位占用面积以及行车道占用面积。

假设过境交通需求量是出行者通过市中心区域所用时间的单调递增函数,同时,行车道拥挤密度与完全饱和停车场的停车位密度相同,则可得:

$$Q_g = h\left(\frac{L_g}{v}\right) \tag{13-15}$$

$$d^t = \frac{k_j\left[N_t + N_c + N_{cp} + h\left(\frac{L_g}{v}\right)\frac{L_g}{v}\right]}{A_u k_j - K} \tag{13-16}$$

由以上分析,可得:

$$v = V\left\{\frac{k_j \cdot \left[N_t + N_c + N_{cp} + h\left(\frac{L_g}{v}\right) \cdot \frac{L_g}{v}\right]}{A_u k_j - K}\right\} \tag{13-17}$$

---

① "各向同性"的定义是城市道路上所有组成要素的密度在研究时间段内均匀分布在路网上。

其中,过境交通需求函数用指数函数表示:

$$h\left(\frac{L_g}{v}\right) = Q_g^0 \cdot \exp\left(-\kappa_g \cdot \frac{L_g}{v}\right) \qquad (13\text{-}18)$$

本文基于 Greenshield 所采用的速度函数近似表示宏观基本图下的路网平均运行速度,整理可得:

$$v = v_f \cdot \left[1 - \frac{N_t + N_c + N_{cp} + Q_g^0 \cdot \exp\left(-\kappa_g \cdot \frac{L_g}{v}\right) \cdot \frac{L_g}{v}}{A_u k_j - K}\right] \qquad (13\text{-}19)$$

式中,v_f 为自由流速度(km/h)。

3) 稳定状态分析

根据以上分析,令 Q 表示一定时间内进入市中心的出行需求,N_t 表示一定时间内市中心道路上处于"驾驶前往目的地"的车辆数;N_c 表示一定时间内道路上处于"巡航停车"状态的车辆数,N_p 表示一定时间内选择传统路内停车模式的车辆数,N_{cp} 表示一定时间内选择持续空载巡航的车辆数。基于此,稳定状态下自动驾驶汽车各状态转移过程如图 13-6 所示。

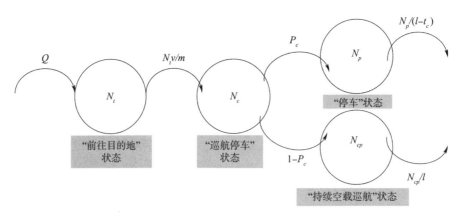

图 13-6 自动驾驶汽车市中心驾驶状态转移过程图解

依次考虑每一状态转移过程,首先"前往目的地"的车辆数变化率等于一定时间内进入市中心的需求量 Q 减去这一状态的退出率 E,即:

$$\dot{N}_t(t) = Q(t) - E(t) \qquad (13\text{-}20)$$

$$E(t) = N_t v / m \qquad (13\text{-}21)$$

式中,t 为时刻。

处于"巡航停车"状态的车辆数变化率 $\dot{N}_c$ 等于这一状态的转入率(与"前往目的地"状态的退出率一致)减去退出这一状态的退出率 Z。

$$\dot{N}_c(t) = E(t) - Z(t) \qquad (13\text{-}22)$$

$$Z(t) = N_c / (P_c \cdot t_c) \qquad (13\text{-}23)$$

第13章 自动驾驶汽车路内停车行为与建模分析

"巡航停车"状态的退出率 Z 等于"停车"状态的总转入率（包括"持续空载巡航"状态的转入率以及"传统巡航停车"状态的转入率），即处于"停车"状态的车辆数变化率 $\dot{N}_p$ 等于"传统巡航停车"状态的退出率 $Z \cdot P_c$ 减去"停车"状态的退出率 Y_p。

$$\dot{N}_p(t) = P_c \cdot Z(t) - Y_p(t) \tag{13-24}$$

$$Y_p(t) = N_p/(l - t_c) \tag{13-25}$$

同时，道路上处于"持续空载巡航"状态的车辆数变化率 $\dot{N}_{cp}$ 等于"持续空载巡航"状态的退出率 $Z \times (1 - P_c)$ 减去退出"持续空载巡航"状态的退出率 Y_{cp}。

$$\dot{N}_{cp}(t) = (1 - P_c) \cdot Z(t) - Y_{cp}(t) \tag{13-26}$$

$$Y_{cp}(t) = N_{cp}/l \tag{13-27}$$

由式（13-20）~式（13-27）计算整理可得，稳定状态下各个状态下的车辆数之间的关系为：

$$Qm = N_t v \tag{13-28}$$

$$\frac{N_t v}{m} = \frac{N_c}{P_c \cdot t_c} \tag{13-29}$$

$$N_p = \min[K, P_c \cdot Q \cdot (1 - t_c)] \tag{13-30}$$

$$(1 - P_c) \cdot \frac{N_t v}{m} = \frac{N_{cp}}{l} \tag{13-31}$$

综上所述，稳定状态下考虑拥挤效应的自动驾驶路内停车行为模型由以下等式组成。需要说明的是，由于本文存在部分公式复用情况，所以在下文中将其直接列出，公式号不变。

$$P_c = \begin{cases} 1 - \exp\left[-\dfrac{\min(z, l)}{\overline{\omega}_c}\right], z > 0 \\ 0, z \leq 0 \end{cases} \tag{13-32}$$

$$\overline{\omega}_c = \frac{L_r}{(K - N_p) \cdot v} \tag{13-33}$$

$$v = v_f \cdot \left[1 - \frac{N_t + N_c + N_{cp} + Q_g^0 \cdot \exp\left(-\kappa_g \cdot \dfrac{L_g}{v}\right) \cdot \dfrac{L_g}{v}}{A_u k_j - K}\right] \tag{13-34}$$

$$Qm = N_t v \tag{13-35}$$

自动驾驶出行管理分析
Travel management analysis for automated driving

$$\frac{N_t v}{m} = \frac{N_c}{P_c \cdot t_c} \tag{13-36}$$

$$N_p = \min[K, P_c \cdot Q \cdot (l - t_c)] \tag{13-37}$$

$$(1 - P_c) \cdot \frac{N_t v}{m} = \frac{N_{cp}}{l} \tag{13-38}$$

其中,

$$z = \frac{(f_r v - f_p + H) \cdot l}{2 f_r v - f_p + \rho_o} \tag{13-39}$$

本文构建的考虑拥挤效应的自动驾驶汽车路内停车行为模型实质上属于非线性混合型方程组,该模型优缺点见表13-5。附录2中详细证明了在合理假设下该非线性混合型方程组解的存在性。需要说明的是,与大多数考虑车辆多状态转移过程的研究相似,本文所提出的非线性模型均衡解通常不是唯一的。

模型优缺点　　　　　　　　　　　　　　　　　　　　　　表 13-5

优/缺点	具体内容
优点	(1) 自动驾驶汽车应用时期的市中心停车场景构建较为细致。 (2) 模型考虑因素较为全面,例如在停车经济成本中考虑了停车收费、出行者出行时间价值、自动化与电动化技术融合趋势等因素的影响;在道路运行状态描述时考虑了四种车辆运行状态的转移(即"前往目的地"状态、"巡航停车"状态、"传统巡航停车"状态和"持续空载巡航不停车"状态)。 (3) 对自动驾驶汽车停车行为、市中心道路交通系统以及市中心停车运营系统的状态描述较为丰富
缺点	该非线性模型的均衡解通常不唯一

13.2.3　算例分析

本节拟通过改变市中心出行需求规模、与自动驾驶技术成熟度相关的车辆单位里程行驶成本和停车管理措施(即停车位容量规划和停车位收费费率),调查不同社会、技术、经济发展背景下自动驾驶车辆持续空载巡航行为对市中心停车系统和道路系统运行情况的影响。本算例基本参数设置见表13-6,结果分析主要分为以下四个部分。

算例基本背景参数设置　　　　　　　　　　　　　　　　　　表 13-6

参数	含义	取值
m	出行者到达市中心目的地所需行驶的距离(km)	2
l	出行者在市中心目的地的访问时长(h)	2
A_u	市中心道路可用面积(km²)	500
k_j	道路拥挤密度(pcu/km·车道)	110

第13章 自动驾驶汽车路内停车行为与建模分析

续上表

参数	含义	取值
H	潜在的心理惩罚成本(元/h)	20
L_r	市中心道路总长度(km·车道)	125
v_f	自由流速度(km/h)	40
ρ_o	出行者出行时间价值(元/h)	100
L_g	背景交通流在市中心平均行驶距离(km)	4
k_g	背景交通流的需求弹性系数(h^{-1})	1

1) 市中心出行需求规模的影响

图 13-7 展示了不同需求规模水平下,自动驾驶汽车选择传统巡航停车模式的概率(图 13-7a)、巡航停车所需时间(图 13-7b)、市中心路网平均速度(图 13-7c)、稳定状态下的停车位占用率(图 13-7d)、处于"前往目的地"状态的车辆数(图 13-7e)以及过境交通流数量(图 13-7f)的变化情况。由以上数据结果分析发现,市中心需求规模的提升将产生更多的持续空载巡航行为,从而恶化市中心的道路运行状况,具体情况阐释如下。

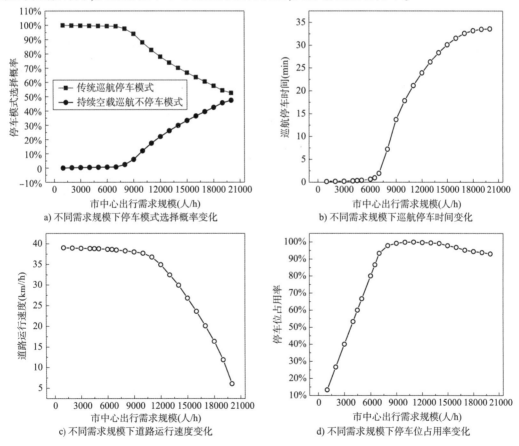

a) 不同需求规模下停车模式选择概率变化
b) 不同需求规模下巡航停车时间变化
c) 不同需求规模下道路运行速度变化
d) 不同需求规模下停车位占用率变化

图 13-7

自动驾驶出行管理分析
Travel management analysis for automated driving

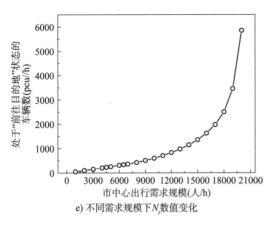
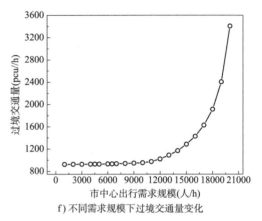

e) 不同需求规模下 N 数值变化　　　　　　　　f) 不同需求规模下过境交通量变化

图 13-7　不同需求规模下自动驾驶汽车有关参数变化

分析图 13-7b) 可知,随着市中心出行需求规模的增加,巡航停车时间不断增加,但在市中心访问需求超过 1.8×10^4 时,该值趋于稳定。分析图 13-7c) 可知,在低出行需求规模下,市中心道路运行速度由最初接近于自由流的速度开始缓慢下降;当需求大于 1.0×10^4 时,道路运行速度迅速减少,继而最后呈现出"极度拥堵"状况;这一现象同样出现在 Millard-Ball 学者利用 MatSim 仿真软件所进行的自动驾驶汽车巡航停车行为研究中。由图 13-7d) 可知,随着市中心出行需求的增长,稳定状态下路内停车位占用率呈现先增长、而后逐渐稳定并进入饱和状态的趋势。这是由于最初需求水平较低,停车需求明显小于市中心停车位供给;但随着需求水平提升至 1.0×10^4,停车位占有率逐渐达到饱和状态。而由图 13-7a) 可看出,市中心道路交通状况的恶化是由于当市中心需求规模较小时,传统巡航停车模式的停车成本低于持续空载巡航不停车模式的成本,所以出行者采用传统巡航停车行为模式;但随着市中心出行需求规模增大,巡航停车所需时间逐渐上升、道路运行速度逐渐减小、用户巡航停车费用加速上升,而此时持续空载巡航不停车模式所需的停车费用下降,导致用户逐渐转向持续空载巡航以减少总停车费用,故而体现为选择传统巡航停车行为模式的概率持续下降。并且,由图 13-7e) 和图 13-7f) 分析可知,随着市中心访问需求规模的不断攀升,逐渐恶化的市中心道路运行状况使越来越多的出行者停滞于"前往目的地"的行驶状态,并使更多的过境交通流停留在市中心区域内,降低了市中心通行效率。

综上所述,市中心拥挤状况可能会反向促进自动驾驶汽车选择持续空载巡航不停车模式,继而制造更多交通拥堵、降低市中心的运行速度,甚至会产生一种"极度拥堵"的交通状况。

2) 车辆单位里程行驶成本的影响

自动驾驶技术、电动化技术的融合与车辆单位里程行驶成本直接相关,即自动化、电动化融合度越高,车辆单位里程行驶成本越低。图 13-8 展示了市中心出行需求规模 $Q = 10000$ 人时,自动驾驶汽车选择传统巡航停车模式的选择概率(图 13-8a)、巡航停车所需时间(图 13-8b)、市中心路网平均行驶速度(图 13-8c)、稳定状态下的停车位占用率(图 13-8d)、处于"巡航停车"和"持续巡航"状态的车辆数(图 13-8e)、处于"前往目的地"状

第13章 自动驾驶汽车路内停车行为与建模分析

态的车辆数以及过境交通流数量随车辆不同单位里程行驶成本的变化情况(图13-8f)。分析以上数据可得,车辆单位里程行驶成本的减少,使自动驾驶汽车持续空载巡航不停车模式的成本越来越低,从而导致出行者选择传统巡航停车模式的可能性逐渐降低(图13-8a);但在这种情况下,传统巡航停车行为偏好性的降低并未大幅度影响道路运行速度(图13-8c)和市中心路内停车位占用率(图13-8d)。对于前者,具体原因是此时巡航停车时间减少(图13-8b),使处于"巡航停车"状态的车辆数显著减少(图13-8e);对于后者,鉴于市中心出行需求规模较大,路内停车场在稳定状态下始终处于饱和状态。此外,由于市中心道路运行速度对单位里程车辆行驶成本不敏感,处于"前往目的地"状态的车辆数以及过境交通流量保持恒定(图13-8f)。

为进一步调查车辆单位里程行驶成本对市中心运行状况的影响,图13-8同时对比了 $l=2h$ 和 $l=2.5h$ 时市中心停车系统和道路系统的运行情况。由对比分析可知,系统稳定状态下,随着出行者访问时间的增加,车辆单位里程行驶成本的减少对自动驾驶汽车停车行为以及道路交通系统状况的影响将进一步加强。具体为:自动驾驶汽车采用传统巡航停车模式的可能性将进一步降低、处于"巡航停车"状态的车辆数将进一步提高、道路运行状态将稳定在一个较低的水平(从33.5km/h降低为28.0km/h),使更多处于"前往目的地"状态的车辆以及为过境而通过市中心的车辆停留在市中心,进一步造成市中心交通拥堵、降低区域通行效率。

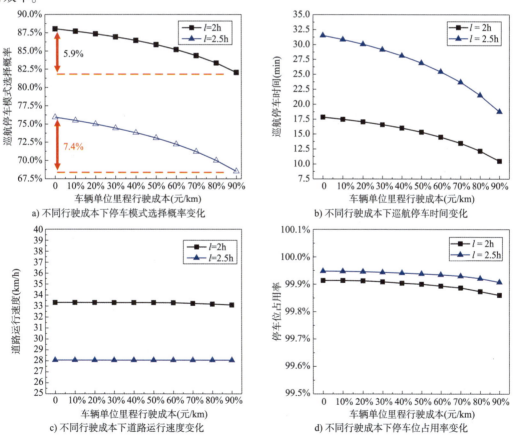

a) 不同行驶成本下停车模式选择概率变化
b) 不同行驶成本下巡航停车时间变化
c) 不同行驶成本下道路运行速度变化
d) 不同行驶成本下停车位占用率变化

图 13-8

自动驾驶出行管理分析
Travel management analysis for automated driving

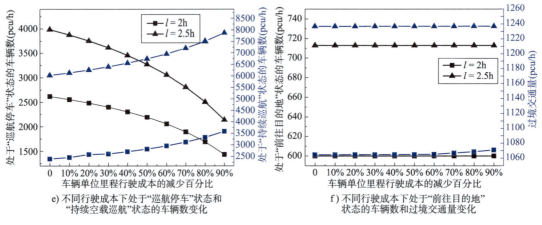

e) 不同行驶成本下处于"巡航停车"状态和"持续空载巡航"状态的车辆数变化

f) 不同行驶成本下处于"前往目的地"状态的车辆数和过境交通量变化

图13-8 市中心停车系统和道路系统的运行情况比较

3) 市中心路内停车位供给量的影响

为研究市中心路内停车容量对自动驾驶出行者的停车行为影响,图13-9展示了不同路内停车位数量下,自动驾驶汽车选择传统巡航停车模式的概率(图13-9a)、巡航停车所需时间(图13-9b)、市中心道路平均运行速度(图13-9c)、稳定状态下的停车位占用率(图13-9d)、处于"前往目的地"状态的车辆数(图13-9e)以及过境交通量(图13-9f)的变化情况。分析以上数据可知,随着市中心路内停车位数量由 1.0×10^4 个增加至 1.9×10^4 个,出行者选择传统巡航停车模式的可能性由72.2%逐渐提升至100%(图13-9a),即通过增加市中心路内停车容量可完全消除持续空载巡航行为。具体分析发现,这是因为巡航停车所需的时间逐渐下降(图13-9b)、道路运行速度逐渐提高(图13-9c),故而出行者选择传统巡航停车模式的停车成本越来越低。同时,由于市中心道路运行状况的显著改善,旅客能够快速到达市中心目的地完成访问任务(图13-9e)、过境交通能够迅速通过市中心(图13-9f);但当市中心停车位容量超过 2.0×10^4 个时,道路运行速度开始下降,路内停车位占用率开始减小,意味着停车位供给过量会造成可用于车辆通行的道路资源不足,从而不利于改善市中心交通状况。

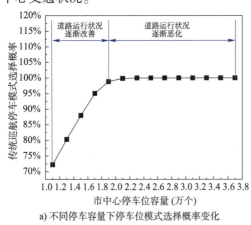

a) 不同停车容量下停车位模式选择概率变化

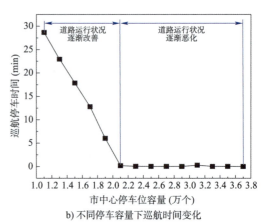

b) 不同停车容量下巡航时间变化

图 13-9

第13章 自动驾驶汽车路内停车行为与建模分析

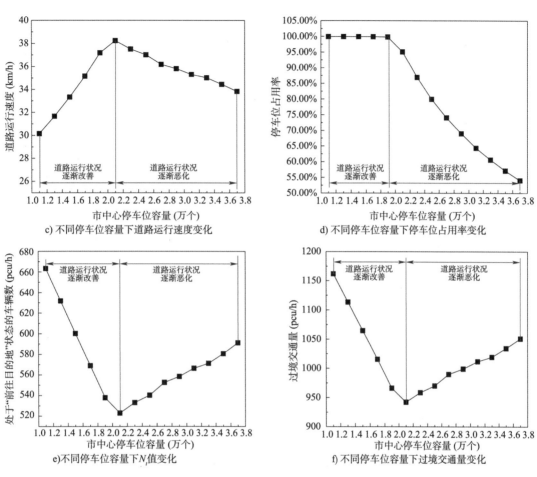

图13-9 市中心路内停车容量对自动驾驶出行者的停车行为影响

综合上述分析可知，停车位容量的增加明显有助于减少持续空载巡航不停车行为的产生，但是过量的停车位供给也可能造成停车位空置、浪费可用道路资源，继而造成交通拥堵。因此需要合理规划市中心可用道路资源配置，以综合改善停车系统和道路系统的运行状况。

4) 市中心停车收费费率的影响

为研究市中心停车定价水平对自动驾驶路内停车行为的影响，图13-10 展示了不同路内停车收费费率情况下，自动驾驶汽车选择传统巡航停车模式的概率（图13-10a）、巡航停车所需时间（图13-10b）、市中心道路平均运行速度（图13-10c）、稳定状态下的停车位占用率（图13-10d）、处于"前往目的地"状态的车辆数（图13-10e）以及过境交通量（图13-10f）的变化情况。分析以上数据发现，随着路内停车收费费率的上升，自动驾驶汽车停车行为模式、道路系统状况和停车系统状况的变化趋势与车辆单位里程行驶成本减少时的变化趋势相似。故在此不再赘述。

为进一步调查停车费用对市中心运行状况的影响，图13-10 同时对比了 $Q=10000$ 和 $Q=20000$ 时市中心停车系统和道路系统的运营情况。由对比分析可知，系统稳定时，随着市中心出行需求的增加，市中心停车成本的上升对出行者停车行为以及道路交通运行状况的影响将进一步加强。具体为:自动驾驶采用传统巡航停车模式的可能性将进一步降低、处于"巡航停车"状态的车辆数进一步提高、道路运行状态将稳定于一个较低的水平(从33.6km/h降低为29.3km/h),使市中心处于"前往目的地"行驶状态的车辆以及为过境而通过市中心的车辆停留在市中心,进一步增加市中心道路拥堵程度。

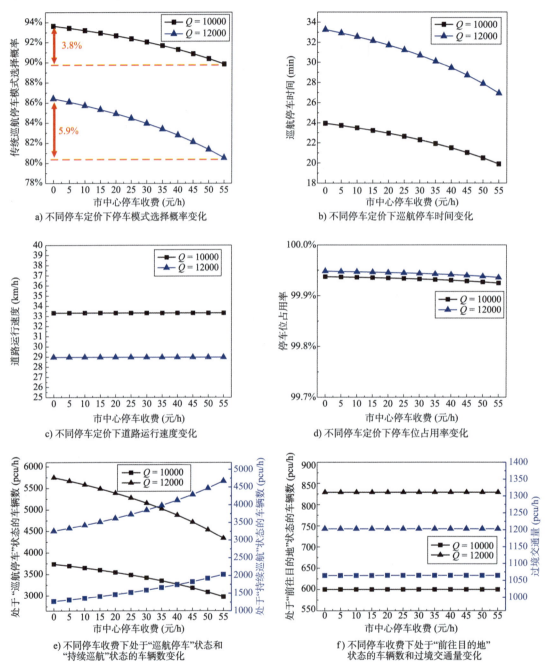

图13-10 市中心停车定价水平对自动驾驶路内停车行为的影响

综合以上分析可知,随着市中心出行需求的升高,提高市中心停车收费水平将促使更多的出行者选择持续空载巡航的不停车行为,但是对道路运行速度的影响却不显著。因为虽然有更多的车辆选择持续巡航,但是为寻找停车位进行低速巡航的车辆数减少了。从模型本身进行分析,传统意义上,停车费用可以有效减少市中心交通拥堵的途径在于通过提高出行者停车成本和减少出行者市中心出行需求。而本章模型中,市中心出行需求量为外生变量,不受成本因素变化,故此处停车收费虽然可以显著影响出行者的停车行为,但是对城市道路运行状况影响却不显著。在本章模型构建和分析的基础上,第 14 章将进一步分析考虑弹性需求的自动驾驶汽车停车行为模型及相关停车管理优化措施。

13.3 本章小结

为研究未来自动驾驶汽车应用对城市交通运营管理的影响,本章以城市停车问题为例,将自动驾驶汽车的停车行为模式分为传统巡航停车模式和持续空载巡航不停车模式。首先,从经济成本的角度,分别计算了不同停车模式下出行者所需支付的总停车成本,继而构建了自动驾驶汽车路内停车行为模型,并通过现实数据合理测算了传统汽车应用时期和自动驾驶汽车应用时期巡航时间临界值的变化。其次,鉴于道路运行情况对出行者停车行为模式选择的影响,提出了停车模式选择的概率密度函数,建立了考虑拥堵效应的自动驾驶汽车路内停车行为模型。研究结果发现,在未来应用时,自动驾驶汽车将倾向于在停车供需关系失衡的市中心采用持续巡航模式代替原有的巡航停车行为模式。此外,市中心出行需求规模以及自动化与电动化融合度的提升将加剧这一停车行为的负面效应。而市中心停车容量的合理规划则有助于消除该持续空载巡航现象。本章内容进一步丰富了目前与自动驾驶汽车相关的交通影响评估研究内涵,并为第 14 章研究自动驾驶时期城市交通需求管理策略奠定了基础。

本章参考文献

[1] ARNOTT R,ROWSE J. Modeling parking[J]. Journal of Urban Economics,1999,45(1):97-124.

[2] SHOUP D C. Cruising for parking[J]. Transport Policy,2006,13(6):479-486.

[3] ARNOTT R,INCI E. An integrated model of downtown parking and traffic congestion[J]. Journal of Urban Economics,2006,60(3):418-442.

[4] 丁浣. 路内停车选择行为特性分析和建模[D]. 北京:北京理工大学,2016.

[5] 宗芳,隽志才,张慧永,等. 出行时间价值计算及应用研究[J]. 交通运输系统工程与信息,2009,3(3):114-119.

[6] 黄臻,施文俊. 上海公共停车收费政策发展回顾与思考[C]. 2020 年中国城市交通规划年会,2020:1267-1275.

[7] GEROLIMINIS N,DAGANZO C F. Existence of urban-scale macroscopic fundamental diagrams:

Some experimental findings[J]. Transportation Research Part B-Methodological, 2008, 42(9): 759-770.

[8] GREENSHIELDS B D, CHANNING W, MILLER H. A study of traffic capacity. Highway research board proceedings. National Research Council (USA)[J]. Highway Research Board, 1935.

[9] 薛秋菊. 自动驾驶风险治理与停车管理优化[D]. 北京:北京交通大学, 2021.

[10] 肖浩汉. 共享停车的管理机制设计与影响分析[D]. 北京:北京交通大学, 2020.

CHAPTER 14 | 第 14 章

面向自动驾驶汽车的
停车管理策略分析

第14章 面向自动驾驶汽车的停车管理策略分析

第13章研究结果发现市中心交通系统运营状况主要取决于市中心停车位的供需关系。其中,市中心路内停车容量持续增加不一定有益于市中心道路运行状况。此外,鉴于停车收费对于调节市中心出行需求的便捷性、可实施性,停车收费管理机制被广泛应用于日常生活。但以上对经济杠杆下巡航不停车行为模型的基础分析提示我们,未来随着自动驾驶汽车停车行为的变化,市中心停车收费可能在抑制市中心出行需求的同时造成持续空载巡航现象,继而导致拥挤隐患。因此,需细致分析自动驾驶汽车停车行为特性,并前瞻性地提出自动驾驶时期城市中心停车规划管理的改善措施,避免潜在的负面影响。

14.1 面向自动驾驶汽车的城市中心路内停车管理策略优化模型

基于有效需求理论,在一定需求水平下,供给侧的服务质量越好,则会诱导更多的服务需求,促使供给量增加。但由于城市中心地价较高且土地资源稀缺,多数情况下,路内停车位供给难以满足日益增长的停车需求。故而需要考虑在短期规划内,路内停车位容量不足时,利用路内停车收费策略调控出行需求;同时,在理想情况下,可通过长期合理规划,利用集停车容量与停车收费定价优化于一体的管理手段来协调市中心区域的停车供需关系。因此,本章考虑两种情形下的停车管理措施优化问题:①短期城市停车管理规划策略,即在市中心停车位供给量有限的条件下,研究如何优化市中心路内停车收费定价;②长期城市停车管理规划策略,即对市中心停车容量以及停车收费定价进行组合优化。

14.1.1 面向自动驾驶汽车的城市中心路内停车管理策略优化模型

本文拟提出市中心停车优化策略以最小化社会总成本。值得说明的是,由于市中心停车费发挥其交通需求管理作用的重要途径即通过增加出行者的出行成本以减少出行需求量,故在构建市中心停车策略优化模型时需考虑随出行成本而变化的市中心出行量,即弹性需求。模型构建过程如下:

1) 自动驾驶时期市中心出行需求分析

第13章所构建的自动驾驶汽车路内停车行为模型核心关注点在于停车成本因素影响下的停车行为模式选择。而市中心总出行需求量与用户市中心总出行成本相关,因此,需分析自动驾驶汽车用户完成市中心访问任务所需支付的出行成本组成。令 Q 表示某一时间段内进入市中心的出行者需求,其随出行者市中心出行总成本变化而变化。出行者在一次前往市中心的行程中所需支付的总出行成本包括以下三项。

(1) 出行者在行驶至目的地的过程中需支付一定的出行时间价值成本和车辆行驶成本:

$$C_3 = \rho_n^{AV} \frac{m}{v} + f_r m \tag{14-1}$$

式中,C_3 为出行者从市区外部行驶至目的地的过程所涉及的出行成本(元/次);ρ_n^{AV} 为自动驾驶汽车用户在车内等候的出行时间价值(元/h);f_r、v 与 m 在上一章节中有所定义。

(2) 自动驾驶汽车(用户)选择持续空载巡航不停车行为模式时涉及的总停车成本,包括车辆行驶成本和潜在的心理惩罚成本：

$$C_4 = f_r v l + H l \tag{14-2}$$

式中，C_4 为出行者选择持续空载巡航不停车行为模式时涉及的总停车成本(元/次)；H 与 l 在上一章中有所定义。

（3）自动驾驶汽车（用户）选择传统巡航不停车行为模式时所需支付的车辆行驶成本、停车费用和出行时间价值成本：

$$C_5 = f_r v t_c + f_p \cdot (l - t_c) + (\rho_o + f_r v) t_c$$

即：

$$C_5 = 2 f_r v t_c + f_p \cdot (l - t_c) + \rho_o t_c \tag{14-3}$$

式中，C_5 为出行者选择传统巡航不停车行为模式时涉及的总停车成本(元/次)。

则自动驾驶汽车用户在市中心平均出行总成本 $C_{\text{sum}}^{\text{AV}}$ 为：

$$C_{\text{sum}}^{\text{AV}} = \left(\rho_n^{\text{AV}} \frac{m}{v} + f_r m \right) + (1 - P_c) \cdot (f_r v + H l) + P_c \cdot [2 f_r v t_c + f_p \cdot (l - t_c) + \rho_o t_c] \tag{14-4}$$

式中，$C_{\text{sum}}^{\text{AV}}$ 为综合考虑自动驾驶汽车传统巡航不停车行为和持续空载巡航行为时的市中心总出行成本(元/次)。

由此，市中心总出行需求量可表示为：

$$Q_a = Q_a^0 \cdot \exp \left\{ \begin{array}{l} -\kappa_a \cdot \left(\rho_n^{\text{AV}} \frac{m}{v} + f_r m \right) + (1 - P_c) \cdot (f_r v + H l) + \\ P_c \cdot [2 f_r v t_c + f_p \cdot (l - t_c) + \rho_o t_c] \end{array} \right\} \tag{14-5}$$

式中，Q_a^0 为一定时间段内市中心的潜在出行需求量(pcu/h)；Q_a 为一定时间段内市中心的实际出行需求量(pcu/h)；κ_a 为市中心出行需求价格弹性系数(元$^{-1}$)。

结合弹性需求下市中心需求量求解式(14-5)，可得弹性需求下自动驾驶汽车路内停车行为模型为：

$$Q_a = Q_a^0 \cdot \exp \left\{ \begin{array}{l} -\kappa_a \cdot \left(\rho_n^{\text{AV}} \frac{m}{v} + f_r m \right) + (1 - P_c) \cdot (f_r v + H l) \\ + P_c \cdot [2 f_r v t_c + f_p \cdot (l - t_c) + \rho_o t_c] \end{array} \right\} \tag{14-6}$$

$$P_c = \begin{cases} 1 - \exp\left(-\frac{\min(z, l)}{\overline{\omega}_c} \right), & z > 0 \\ 0, & z \leq 0 \end{cases} \tag{14-7}$$

$$\overline{\omega}_c = \frac{L_r}{(K - N_p^{\text{AV}}) \cdot v} \tag{14-8}$$

$$v = v_f \cdot \left[1 - \frac{N_t^{\text{AV}} + N_c^{\text{AV}} + N_{cp}^{\text{AV}} + Q_g^0 \cdot \exp\left(-\kappa_g \cdot \frac{L_g}{v} \right) \cdot \frac{L_g}{v}}{A_u k_j - K} \right] \tag{14-9}$$

$$Qm = N_t^{\text{AV}} v \tag{14-10}$$

$$\frac{N_t^{\text{AV}} v}{m} = \frac{N_c^{\text{AV}}}{P_c t_c} \tag{14-11}$$

第14章　面向自动驾驶汽车的停车管理策略分析

$$P_c \cdot \frac{N_t^{AV} v}{m} = \frac{N_p^{AV}}{l - t_c} \tag{14-12}$$

$$N_p^{AV} = \min[K, P_c \cdot Q \cdot (l - t_c)] \tag{14-13}$$

$$(1 - P_c) \cdot \frac{N_t^{AV} v}{m} = \frac{N_{cp}^{AV}}{l} \tag{14-14}$$

其中：

$$z = \frac{(f_r v - f_p + H) \cdot l}{2 f_r v - f_p + \rho_o} \tag{14-15}$$

式中，N_t^{AV} 为自动驾驶汽车场景中处于"前往目的地"状态的车辆数（pcu/h）；N_c^{AV} 为自动驾驶汽车场景中处于"巡航"状态的车辆数（pcu/h）；N_{cp}^{AV} 为自动驾驶汽车场景中选择"持续空载巡航"状态的车辆数（pcu/h）；N_p^{AV} 为自动驾驶汽车场景中选择"传统巡航不停车"状态的车辆数（pcu/h）。

2）目标函数分析

政府相关管理机构指导城市路内停车定价、规划停车位分配的主要目的是实现社会福祉、尽可能减少社会总成本。出于该目的，本模型将目标函数定义为最小化社会总成本。社会总成本即一定时间内所有出行者在市中心出行总成本，涵盖三项组成：①处于"前往目的地"状态的自动驾驶车辆数（用户数）乘以该状态下出行者的时间价值成本和车辆行驶成本；②选择持续空载巡航不停车行为模式的自动驾驶车辆数（用户数）乘以该选择模式下出行者的心理惩罚成本和车辆行驶成本；③选择传统巡航不停车行为模式的自动驾驶车辆数（用户数）乘以该模式下的车辆行驶成本、停车成本和出行者时间价值成本。则有：

$$B_{sum}^{AV} = N_t^{AV} C_2 + N_{cp}^{AV} C_3 + N_p^{AV} C_4$$

计算可得：

$$B_{sum}^{AV} = N_t^{AV}\left(\rho_n^{AV} \frac{m}{v} + f_r m\right) + N_{cp}^{AV}(f_r v + Hl) + N_p^{AV}[2 f_r v t_c + f_p(l - t_c) + \rho_o t_c] \tag{14-16}$$

综合上述分析，基于自动驾驶汽车路内停车行为特征，以社会总成本最小化为目标，本章所构建的城市中心停车策略优化模型转化如下：

$$\mathrm{Min} B_{sum}^{AV} = N_t^{AV}\left(\rho_n^{AV} \frac{m}{v} + f_r m\right) + N_{cp}^{AV}(f_r v + Hl) + N_p^{AV}[2 f_r v t_c + f_p(l - t_c) + \rho_o t_c]$$

s.t.

$$Q_a = Q_a^0 \cdot \exp\left\{\begin{array}{l} -\kappa_a \cdot \left(\rho_n^{AV} \frac{m}{v} + f_r m\right) + (1 - P_c) \cdot (f_r v + Hl) + \\ P_c \cdot [2 f_r v t_c + f_p \cdot (l - t_c) + \rho_o t_c] \end{array}\right\} \tag{14-17}$$

$$P_c = \begin{cases} 1 - \exp\left[-\dfrac{\min(z, l)}{\overline{\omega}_c}\right], z > 0 \\ 0, z \leq 0 \end{cases} \tag{14-18}$$

$$\overline{\omega}_c = \frac{L_r}{(K - N_p^{AV}) \cdot v} \tag{14-19}$$

$$v = v_f \cdot \left[1 - \frac{N_t^{AV} + N_c^{AV} + N_{cp}^{AV} + Q_g^0 \cdot \exp\left(-\kappa_g \cdot \frac{L_g}{v}\right) \cdot \frac{L_g}{v}}{A_u k_j - K} \right] \quad (14\text{-}20)$$

$$Qm = N_t^{AV} v \quad (14\text{-}21)$$

$$\frac{N_t^{AV} v}{m} = \frac{N_t^{AV}}{P_c t_c} \quad (14\text{-}22)$$

$$P_c \cdot \frac{N_t^{AV} v}{m} = \frac{N_p^{AV}}{l - t_c} \quad (14\text{-}23)$$

$$N_p^{AV} = \min \left[K, P_c \cdot Q \cdot (l - t_c) \right] \quad (14\text{-}24)$$

$$(1 - P_c) \cdot \frac{N_t^{AV} v}{m} = \frac{N_{cp}^{AV}}{l} \quad (14\text{-}25)$$

短期停车规划管理情况下：

$$0 \leqslant f_p \leqslant f_p^{\max} \quad (14\text{-}26)$$

长期停车规划管理情况下：

$$0 \leqslant f_p \leqslant f_p^{\max} \quad (14\text{-}27)$$

$$K^{\min} \leqslant K \leqslant K^{\max} \quad (14\text{-}28)$$

式中，$f_p^{\max}$ 为城市中心地区路内停车定价阈值，可根据自动驾驶时期具体的社会经济背景条件及自动驾驶汽车用户特征设定(元/h)；$K^{\min}$ 为城市中心路内停车位供给量下限，根据不同城市经济发展水平情况及城市用地规划建设标准取值(个)；$K^{\max}$ 为城市中心路内停车容量所能达到的最大值，受城市用地规划建设标准限制(个)。

14.1.2 与面向传统汽车的城市中心停车管理策略优化模型对比

与自动驾驶汽车应用时期市中心停车管理策略优化模型构建过程类似，以下分别从模型背景描述、模型构建和目标函数分析三个方面阐释传统汽车应用时期的市中心停车管理策略优化模型搭建过程。

1）模型背景描述

由于传统汽车不具备自主停车和感知、决策功能，一般情况下，其停车行为为：传统汽车用户进入市中心后驾驶汽车，进行低速巡航以寻找空余停车位；而后，出行者从停车位置步行返回目的地；最后，出行者在完成目的地访问任务后步行至停车位处，驾驶汽车离开市中心。其停车具体流程如图14-1 所示。

2）模型构建

模型主要由四部分组成，包括稳定状态分析、速度—密度函数、巡航停车时间表示、传统汽车市中心出行总成本及其对应的交通出行需求量分析、目标函数分析。具体构建过程如下：

（1）稳定状态分析。

根据以上分析，令 Q 表示一定时间段内进入市中心的出行需求，N_t^{TV} 表示一定时间段内市中心道路上处于"前往目的地"状态的车辆数；N_c^{TV} 表示一定时间段内道路上处于"巡航"

状态的车辆数,此外,N_p^{TV} 表示一定时间段内选择路内停车的车辆数。则传统汽车在市中心行驶时的状态转移过程如图 14-2 所示。

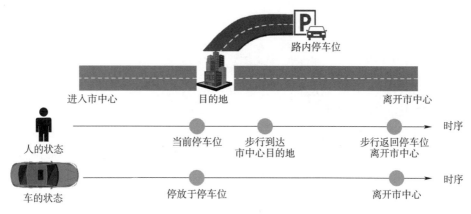

图 14-1　传统汽车用户市中心出行全过程演绎

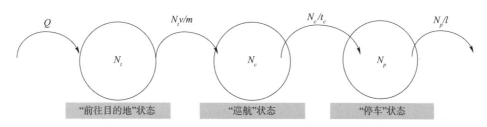

图 14-2　传统汽车市中心驾驶状态转移过程图解

依据稳定状态基本特征,即每一状态的迁入率等于每一状态的迁出率,依次考虑每一状态转移过程,可得:

$$Qm = N_t^{TV} v \tag{14-29}$$

$$\frac{N_t^{TV} v}{m} = \frac{N_c^{TV}}{t_c} \tag{14-30}$$

$$\frac{N_p^{TV} v}{l} = Q \tag{14-31}$$

(2)速度—密度函数。

与第 13.2 节原理一致,基于宏观基本图理论中路网平均速度与道路上的车辆密度关系及 Greenshield 所采用的速度近似函数,传统汽车出行模式下的速度—密度函数可表示为:

$$v = v_f \cdot \left[1 - \frac{N_t^{TV} + N_c^{TV} + Q_g^0 \cdot \exp\left(-\kappa_g \cdot \frac{L_g}{v}\right) \cdot \frac{L_g}{v}}{A_u k_j - K} \right] \tag{14-32}$$

需要说明的是,N_t^{TV},N_c^{TV} 及背景交通流量之和代表了传统汽车出行模式下市中心道路上所有处于运行状态的车辆数。

(3)巡航停车时间表示。

与第 13 章模型一致,传统汽车出行模式下寻找空余停车位的过程为马尔可夫随机过

自动驾驶出行管理分析

程,巡航停车时间 t_c 服从参数为 $1/\overline{\omega}_c$ 的指数分布,则巡航停车时间的概率密度函数为:

$$p(t_c) = \frac{1}{\overline{\omega}_c} \cdot e^{-\frac{t_c}{\overline{\omega}_c}} \tag{14-33}$$

其中,巡航停车时间均值可近似表示为:

$$\overline{\omega}_c = \frac{L_r}{(K - N_p^{TV}) \cdot v} \tag{14-34}$$

式中, N_p^{TV} 为传统汽车出行模式下一定时间内市中心的停车车辆数(pcu)。

(4)传统汽车市中心出行总成本及其对应的交通出行需求量分析。

在传统汽车出行模式下,车辆所处的状态可简化为三个状态,即"前往目的地"状态、"巡航"状态和"停车等待"状态,如图14-2所示。与之对应,传统汽车出行模式下的市中心出行需求量 Q 与传统汽车用户市中心出行总成本相关。传统汽车用户市中心出行总成本包括两项:①出行者到达目的地所需的出行时间价值成本和车辆行驶成本;②以及完成停车取车操作过程中涉及的车辆行驶成本、停车成本和时间价值成本。如式(14-24)所示:

$$C_{sum}^2 = \left(\rho_n^{TV} \frac{m}{v} + f_r m\right) + (f_r v t_c + \rho_n^{TV} t_c) + 2\rho_w t_w + f_p \cdot (l + 2t_w) \tag{14-35}$$

式中, ρ_n^{TV} 为传统汽车用户在车内驾驶的出行时间价值(元/h); ρ_w 为传统汽车用户由停车位步行返回目的地的出行时间价值(元/h); t_w 为传统汽车用户由停车位步行返回目的地所需时间(h)。

由此,传统汽车出行模式下的市中心出行需求可表示为:

$$Q_t = Q_t^0 \cdot \exp\left\{-\kappa_t \cdot \left[\left(\rho_n^{TV} \frac{m}{v} + f_r m\right) + (f_r v t_c + \rho_n^{TV} t_c) + 2\rho_w t_w + f_p \cdot (l + t_w)\right]\right\} \tag{14-36}$$

式中, Q_t 为传统汽车出行模式下一定时间内市中心的实际出行需求量(pcu/h); Q_t^0 为传统汽车出行模式下一定时间内市中心的潜在出行需求量(pcu/h); κ_t 为传统汽车出行模式下市中心出行需求价格弹性系数(元$^{-1}$)。

综合以上分析,传统汽车路内停车行为模型所涉及的稳定状态约束条件为:

$$Q m = N_t^{TV} v \tag{14-37}$$

$$\frac{N_t^{TV} v}{m} = \frac{N_c^{TV}}{t_c} \tag{14-38}$$

$$\frac{N_p^{TV} v}{l} = Q \tag{14-39}$$

$$v = v_f \cdot \left(1 - \frac{N_t^{TV} + N_c^{TV} + Q_g^0 \cdot \exp\left(-\kappa_g \cdot \frac{L_g}{v}\right) \cdot \frac{L_g}{v}}{A_u k_j - K}\right) \tag{14-40}$$

$$\overline{\omega}_c = \frac{L_r}{(K - N_p^{TV}) \cdot v} \tag{14-41}$$

$$Q_t = Q_t^0 \cdot \exp\left\{-\kappa_t \cdot \left[\left(\rho_n^{TV} \frac{m}{v} + f_r m\right) + (f_r v t_c + \rho_n^{TV} t_c) + 2\rho_w t_w + f_p \cdot (l + t_w)\right]\right\} \tag{14-42}$$

第14章 面向自动驾驶汽车的停车管理策略分析

（5）目标函数分析。

传统汽车路内停车管理措施优化模型中的社会总成本为：处于"前往目的地"状态的出行者个数乘以该状态下的出行者时间价值成本和车辆行驶成本，处于"巡航停车"状态的出行者个数乘以该状态下的出行时间价值成本和车辆行驶成本，以及处于"停车状态"的传统汽车数量乘以该状态所需的停车成本与出行者在市中心目的地与停车位之间步行往返涉及的出行时间价值成本，这三项之和代表传统汽车市中心出行所包含的社会总成本，即：

$$B_{sum}^{TV} = N_t^{TV}\left(\rho_n^{TV}\frac{m}{v}+f_r m\right) + N_c^{TV}(f_r v t_c + \rho_n^{TV} t_c) + N_p^{TV}[2\rho_w t_w + f_p(l-t_w)] \tag{14-43}$$

基于自动驾驶汽车路内停车行为特征，以一定时间内社会总成本最小化为目标，本章构建传统汽车应用时期城市中心停车策略优化模型如下：

$$\mathrm{Min}B_{sum}^{TV} = N_t^{TV}\left(\rho_n^{TV}\frac{m}{v}+f_r m\right) + N_c^{TV}(f_r v t_c + \rho_n^{TV} t_c) + N_p^{TV}[2\rho_w t_w + f_p \cdot (l+t_w)]$$

$$Qm = N_t^{TV} v \tag{14-44}$$

$$\frac{N_t^{TV} v}{m} = \frac{N_c^{TV}}{t_c} \tag{14-45}$$

$$\frac{N_p^{TV} v}{l} = Q \tag{14-46}$$

$$v = v_f \cdot \left(1 - \frac{N_t^{TV} + N_c^{TV} + Q_g^0 \cdot \exp\left(-\kappa_g \cdot \frac{L_g}{v}\right) \cdot \frac{L_g}{v}}{A_u k_j - K}\right) \tag{14-47}$$

$$\overline{\omega}_c = \frac{L_r}{(K - N_p^{TV}) \cdot v} \tag{14-48}$$

$$Q_t = Q_t^0 \cdot \exp\left\{-\kappa_t \cdot \left[\left(\rho_n^{TV}\frac{m}{v}+f_r m\right) + (f_r v t_c + \rho_n^{TV} t_c) + 2\rho_w t_w + f_p \cdot (l+t_w)\right]\right\} \tag{14-49}$$

短期停车规划管理情况下：

$$0 \leqslant f_p \leqslant f_p^{\max} \tag{14-50}$$

长期停车规划管理情况下：

$$0 \leqslant f_p \leqslant f_p^{\max} \tag{14-51}$$

$$K^{\min} \leqslant K \leqslant K^{\max} \tag{14-52}$$

综上所述，传统汽车停车行为模式与自动驾驶汽车巡航停车之间的差异主要包括以下5点：

①由于传统汽车不具备自动泊车功能，当用户在目的地时，汽车只能静态停放于停车位，即传统汽车进入市中心后主要包括三个驾驶状态——"前往目的地"状态、"巡航停车"状态、"停车"状态；

②由于传统汽车用户需要担负驾驶任务而自动驾驶汽车用户可在车内进行娱乐、休憩、

工作等活动,故传统汽车内处于"前往目的地"状态时出行者时间价值大于自动驾驶汽车同一状态时的出行者时间价值,即 $\rho_n^{TV} > \rho_n^{AV}$;

③由于传统汽车驾驶员需要驾驶车辆低速巡航以寻找空余停车位,故传统汽车进行巡航停车的成本不仅包括车辆单位里程的行驶成本,还包括出行者时间出行价值成本;而在同一过程中,自动驾驶汽车用户可在目的地完成访问任务,即自动驾驶应用时期该过程中所涉及的用户出行时间价值成本被移除;

④传统汽车找到空余停车位后需要停放的时间等于出行者的访问时间,因为出行者只能在完成停车操作后才能前往目的地开展访问任务;而自动驾驶汽车出行模式下用户与车辆状态的分割意味着车辆的停车时长等于出行者访问时长减去车辆巡航时间;

⑤传统汽车用户需在停放车辆后步行至目的地,产生一定的时间价值成本。而自动驾驶汽车用户只需在原地等待车辆,不产生此项成本。

14.2 求解算法

本文所构建的考虑自动驾驶汽车路内停车行为的市中心停车管理策略优化模型属于非线性混合整数规划问题。考虑到模型性质复杂,难以用确定性方法进行求解,故应用粒子群算法对该模型进行求解。其中,在处理该模型非线性约束时,利用罚函数法将有约束问题转化为无约束问题进行求解。该算法的主要求解过程如下:

1) 粒子表示

情形一中,模型的决策变量为市中心路内停车单位时间费率,未知变量包括传统巡航停车模式选择概率、处于"前往目的地"状态的用户数、处于"巡航停车"状态的车辆数、处于"持续空载巡航"状态的车辆数、道路运行速度、巡航停车时间和市中心实际出行需求量;情形二中,模型的决策变量包括市中心路内停车单位时间费率和市中心路内停车位供应量,未知变量与情形一相同。

2) 粒子适应度值计算

令 x_i 表示第 i 个粒子的位置,则在 D 维的搜索空间中 $x_i = (x_{i1}, x_{i2}, \ldots, x_{iD})$;同时,$f(x_i)$ 表示第 i 个粒子的适应度值,可用于衡量粒子位置的优劣性。本模型目标函数为最小化市中心出行的社会总成本,则 $f(x_i)$ 越大,意味着粒子的位置越好,离最优解越近。

3) 粒子速度、位置更新

粒子位置、速度的更新是算法中的关键步骤,其主要包括两个环节:①粒子速度信息的更新;②粒子位置信息的更新。

令 $v_{iD}^{t+1} = (v_{i1}^{t+1}, v_{i2}^{t+1}, \ldots, v_{iD}^{t+1})$ 表示第 i 个粒子迭代至第 $t+1$ 次时的速度状况,用 $x_{iD}^{t+1} = (x_{i1}^{t+1}, x_{i2}^{t+1}, \ldots, x_{iD}^{t+1})$ 表示第 i 个粒子迭代到第 $t+1$ 次时的位置状况,用 $p_{best_i}^t (i = 1, 2, \ldots, popsize)$ 表示第 i 个粒子在第 t 次迭代时的粒子本身的最优位置信息,用 $g_{best_i}^t (i = 1, 2, \ldots, popsize)$ 表示所有粒子在第 t 次迭代时的群体中所有粒子的最优位置信息。对于第 t 次迭代时的第 i 个粒子,粒子群算法分别依据式(14-53)和式(14-54)来更新该粒子在第 $t+1$ 代时

第14章 面向自动驾驶汽车的停车管理策略分析

的速度和位置信息。

$$v_{id}^{t+1} = \eta v_{id}^t + c_1 r_1 (p_{\text{best}_{id}}^t - x_{id}^t) + c_2 r_2 (g_{\text{best}_d}^t - x_{id}^t) \tag{14-53}$$

$$x_{id}^{t+1} = x_{id}^t + v_{id}^{t+1} \tag{14-54}$$

$$0 \leqslant i \leqslant S, 0 \leqslant d \leqslant D \tag{14-55}$$

式中，η 为惯性权重，用于控制算法的开发和探索能力，其大小代表了对粒子当前速度继承的多少，取值越大则表示全局寻优能力越强，取值越小则表示局部寻优能力越强；c_1、c_2 为加速常数，可以调节向 $p_{\text{best}_{id}}^t$ 和 $g_{\text{best}_d}^t$ 方向飞行的最大步长，分别决定着粒子经验和群体经验对粒子运行轨迹的影响，反映了粒子之间的信息交流过程。一般取 $c_1 = c_2 = 1.5$；r_1、r_2 为在 $[0,1]$ 上的随机系数。

4) 边界条件处理

当某一维或若干维的速度或者位置超过设定值时，采用边界条件处理可以将粒子的位置限制在可行搜索空间内，以避免种群的膨胀和发散、粒子在大范围内盲目搜索，从而提高搜索的效率。本模型中，通过设定最大的速度限制 $v_{\max}$ 和位置限制 $x_{\max}$，当超过最大速度或最大位置时，则在设定范围内随机产生一个数值代替，或者将其设置为最大值。

具体步骤如下：

步骤1：设置种群规模 S、惯性权重系数 η、加速常数 c_1、c_2、位置最大值 $x_{\max}$（最小值 $x_{\min}$）、速度最大值 $v_{\max}$（最小值 $v_{\min}$）等相关参数；

步骤2：设置粒子的初始位置 x_i^0 和初始速度 v_i^0，粒子个体最优位置 x_i 和最优值 p_{best}，粒子群体最优位置 g 和最优值 g_{best}；

步骤3：对初始粒子的适应度值进行计算，对每个粒子根据适应度值进行评价；

步骤4：依据式（14-53）和式（14-54）更新每个粒子的速度信息和位置信息，并进行边界条件处理；

步骤5：计算、更新粒子的适应度值，将每个粒子的适应度值与其历史最优位置 p_{best} 进行比较，若当前适应度值优于 p_{best}，则用该值更新 p_{best}；并根据粒子的当前适应度值更新全局历史最优位置 p_{best}；

步骤6：判断粒子序号是否达到最大种群规模，若小于最大种群规模则回到步骤4；

步骤7：判断迭代次数是否达到最大迭代次数，若不满足，则回到步骤4；

步骤8：结束搜索过程，输出种群中所有粒子的最优位置及其对应的适应度值。

粒子群算法的流程如图 14-3 所示。

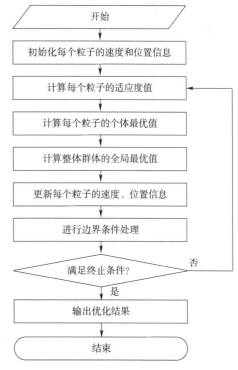

图 14-3 粒子群算法流程图

14.3 算例分析

本节拟通过两个数值算例说明自动驾驶汽车应用时期市中心路内停车管理策略与传统汽车应用时期路内停车管理策略之间的差异;并考虑两种情况下停车收费策略,包括短期停车管理措施(即路内停车泊位容量固定时对市中心路内停车费率进行优化)和长期停车管理措施(即路内停车泊位容量和停车收费费率的协同优化)。表 14-1 给出了本章算例的基本参数设置情况。

算例基本参数设置情况 表 14-1

参数	含义	取值
m	出行者到达市中心目的地所需行驶的距离(km)	2
l	出行者在市中心目的地的访问时长(h)	2
A_u	市中心道路可用面积(km²)	500
k_j	道路拥挤密度(pcu/km·车道)	110
H	潜在的心理惩罚成本(元/h)	0
L_r	市中心道路总长度(km·车道)	125
v_f	自由流速度(km/h)	40
ρ_o	出行者出行时间价值(元/h)	62.5
L_g	背景交通流在市中心平均行驶距离(km)	4
κ_g	背景交通流的需求弹性系数(h⁻¹)	1
ρ_n^{AV}	自动驾驶汽车用户在车内的出行时间价值(元/h)	10
ρ_n^{TV}	传统汽车用户在车内的出行时间价值(元/h)	20
Q_a^0	传统汽车应用时期潜在的市中心出行需求量(pcu/h)	50000
κ_a	传统汽车应用时期市中心出行的需求弹性系数(元⁻¹)	0.015
ρ_w	传统汽车应用时期出行者步行时的出行时间价值(元/h)	62.5
f_p^{max}	城市中心地区路内停车定价阈值(元/h)	62.5
K^{min}	城市中心路内停车位供给量下限(个)	0
K^{max}	城市中心路内停车容量的最大值(个)	50000

14.3.1 短期规划的市中心路内停车收费费率优化情况

为研究自动驾驶时期与传统汽车应用时期的停车收费水平变化,将传统汽车出行模式下的停车定价优化结果作为参照进行对比。在固定停车容量供给水平时,两种出行模式下的城市交通系统运行状况及社会总成本计算结果见表 14-2。

第14章 面向自动驾驶汽车的停车管理策略分析

传统汽车与自动驾驶汽车出行模式下最优停车定价对比 表14-2

出行模式	自动驾驶汽车出行模式	传统汽车出行模式
停车定价(元/h)	46.9	31.4
单位时间社会总成本(元/h)	1999640	2137246
单次行程平均出行成本(元/次)	100	134
巡航停车百分比(%)	68%	/
道路运行速度(km/h)	31	34
单位时间市中心出行需求量(pcu/h)	11034	6679
停车位占用率(%)	99.10%	88.90%

根据对比结果,分析发现:

(1)在给定路内停车容量时,自动驾驶汽车停车定价(46.9元/h)高于传统汽车停车定价水平(31.4元/h);但此时自动驾驶用户单次市中心行程出行成本(100元)低于传统汽车用户的市中心出行平均成本(134元);与此对应,虽然自动驾驶时期定价水平较高,但因自动驾驶汽车用户单次行程成本较低,自动驾驶时期的市中心实际出行需求量(11034pcu/h)仍大于传统汽车时期的市中心出行量(6679pcu/h);

(2)同一停车容量供给水平下,自动驾驶时期虽然征收了更多的停车费用,但由于吸引了更多的市中心出行需求,导致市中心运行速度(31km/h)低于该情况下传统汽车出行模式下的道路运行速度(34km/h);

(3)虽然自动驾驶时期的停车收费水平高于传统汽车应用时期,但由于持续空载巡航不停车模式的出现降低了出行者单次行程平均成本,总体而言,自动驾驶汽车出行模式下的社会总成本小于传统汽车出行模式下的社会总成本;

(4)在停车容量有限时,通过改善停车定价无法消除持续空载巡航现象,见表14-2,即使实行最优停车定价(46.9元/h),市中心传统巡航停车模式的选择比例为68%,即持续空载巡航比例高达32%。

以上分析进一步强调了自动驾驶时期停车位容量规划管理的重要性。市政府应对市中心停车位配比进行合理规划,在满足出行者停车需求的同时保证道路运行的通畅。基于此,下一步继续分析在城市长期规划设计中,停车定价与停车位供给组合规划的情形。

14.3.2 长期规划的市中心路内停车容量及停车费率组合优化情况

在路内停车位容量和停车定价组合优化情形下,将停车收费费率与停车位容量同时作为决策变量进行优化。见表14-3,分析计算结果发现:

(1)对路内停车收费定价和停车位容量进行组合优化时,自动驾驶的停车定价(33.0元/h)高于传统汽车同行模式下的停车定价(24.2元/h);同时需要比传统汽车增加了更多的道路停车位容量(由16540个提升至17159个停车位数)。这说明,自动驾驶时期需要进一步提升市中心路内停车定价并分配更多的道路资源给路内停车场以实现更多的社会福利。

自动驾驶出行管理分析
Travel management analysis for automated driving

(2) 通过引入自动驾驶汽车,未来在允许更多的出行者进入市中心(即市中心出行需求由 8089pcu/h 提升至 17171pcu/h)的同时可降低社会总成本(即一定时间内的社会总成本由 2539577 元/h 下降为 1711223 元/h),这主要是由于出行者行程出行成本由 121.4(元/次)下降为 71.25(元/次)。

(3) 通过引入自动驾驶汽车,未来在允许更多的出行者进入市中心时不会明显影响市中心道路运行速度(市中心道路运行速度由传统汽车出行模式下的 38.1km/h 变化至 37.8km/h)。

(4) 与仅优化停车定价相比,通过对路内停车收费和停车容量同时优化可进一步改善道路运行状况。

传统汽车与自动驾驶汽车最优停车管理策略对比($Q_0 = 50000$) 表 14-3

出行模式	自动驾驶汽车出行模式	传统汽车出行模式
停车定价(元/h)	33.0	24.2
停车位容量(个)	17159	16540
单位时间社会总成本(元/h)	1711224	2539577
单次行程平均出行成本(元/次)	71.25	121.4
巡航停车百分比(%)	100%	/
道路运行速度(km/h)	37.8	38.1
单位时间市中心出行需求量(pcu/h)	17171	8089
停车位占用率(%)	98.30%	97.8%

为研究市中心出行需求强度对停车管理策略的影响,令市中心访问出行需求强度从 $Q_a^0 = 30000$ 提升至 $Q_a^0 = 75000$。其他参数设置情况与上述算例一致。由图 14-4 分析得到,随着需求强度增加,最优停车定价的变化分为两个阶段:在阶段一中,随着需求强度增强,通过提高停车定价的增加可有效抑制市中心出行需求,将该阶段定义为停车收费"有效"阶段;在阶段二中,由于持续空载巡航的存在,停车定价高于一定值便会导致更多的持续空载巡航行为,降低市中心出行成本,从而无法调控市中心出行需求,该阶段定义为停车收费"失效"阶段。

具体情况为:在停车收费"有效"阶段,通过停车收费发挥交通需求调控作用以及停车容量的协同优化(图 14-4a)、图 14-4b),随着市中心出行强度的增加,持续空载巡航不停车模式的选择概率为 0(图 14-4c)。且由于出行者平均出行成本的增加(图 14-4d),虽然潜在出行需求强度增大,但实际出行需求保持稳定(图 14-4e)、市中心道路运行速度保持良好状态(图 14-4f);在停车收费"失效阶段",随着市中心出行强度的增加,为实现社会成本最小化,考虑到持续空载巡航对通行道路资源占用率提高,最优停车位容量需逐渐减小。此时,为控制市中心出行需求量,最优停车收费持续上升(图 14-4a),不可避免地产生较高停车收费进而增加了持续空载巡航不停车模式选择的可能性(图 14-4c)。由于持续空载巡航行为比例的提升,每个出行者的市中心出行成本持续增加但不显著。此时随着潜在出行需求强度增

第 14 章 面向自动驾驶汽车的停车管理策略分析

大,实际出行需求持续增加(图 14-4e),且道路运行速度逐渐下降(图 14-4f)。

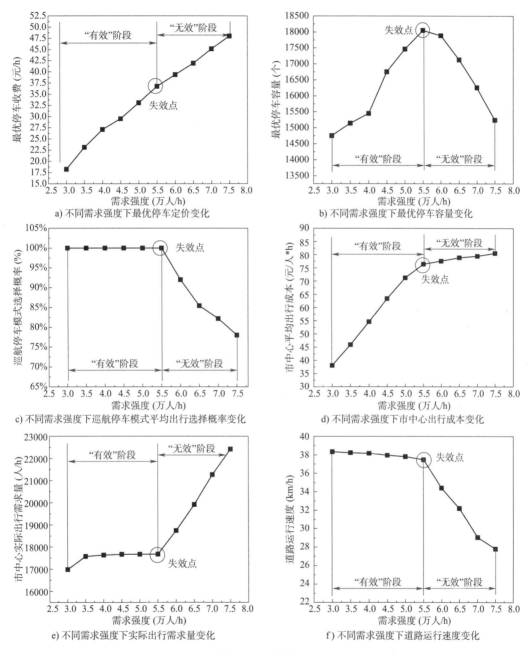

图 14-4 不同需求强度下的各类指标变化

综上所述,自动驾驶应用时期,在一定市中心出行需求强度范围内,停车定价可秉承原有的出行需求调控作用、改善市中心交通系统运行状况;但当需求强度过大时,则会出现停车定价管理手段失效的情况,此时需基于城市出行需求评估,考虑在市中心引入拥挤收费或空驶收费等交通需求管理措施,结合城市交通管理规划实际情况。这意味着未来自动驾驶汽车的出现将使现行交通管理措施体系更为复杂,亟须城市管理者与规划者基于每个城市特定的交通需求特征,精细化处理交通管理工作,尝试运用组合形式的交通管理手段应对新兴出行方式带来的挑战。

14.4 本章小结

本章考虑与出行者出行成本相关的弹性需求,建立了面向自动驾驶汽车的城市停车管理策略优化模型,并以传统汽车应用时期停车管理措施为参照,考虑了短期停车管理规划和长期停车管理规划两种情形下的停车管理策略优化趋势。其中,短期停车管理规划情形下的研究结果发现:

(1)在停车位容量供给有限时,与传统汽车最优停车定价相比,自动驾驶时期需进一步提高停车收费以改善市中心交通系统运行状况;

(2)停车位容量供给有限时,通过调整停车收费无法消除持续空载巡航行为。

长期停车管理规划情形下研究结果发现:

(1)与传统汽车应用时期相比,未来需进一步提高停车收费并分配更多的道路资源用于路内停车,从而改善市中心交通系统运行状况;

(2)在一定的需求强度范围内,提升停车收费可抑制出行需求、缓解城市拥堵,但在需求强度较强时,停车收费可能会出现"失效",未来需考虑在市中心引入拥挤收费或空驶收费等交通需求调控措施,通过交通精细化管理应对自动驾驶汽车可能增加的交通拥堵风险。

本章参考文献

[1] GREENSHIELDS B D, CHANNING W, MILLER H. A study of traffic capacity. Highway research board proceedings. National Research Council (USA) [J]. Highway Research Board, 1935.

[2] FOGEL D B. An introduction to simulated evolutionary optimization[J]. IEEE Transactions on Neural Networks, 1994, 5(1):3-14.

[3] RUNARSSON T P, YAO X. Stochastic ranking for constrained evolutionary optimization [J]. IEEE Transactions on Evolutionary Computation, 2000, 4(3):284-294.

[4] XU M, INCI E, CHU F, et al. Editorial: Parking in the connected and automated era: Operation, planning, and management[J]. Transportation Research Part C, 2021(127), 103115.

[5] 薛秋菊. 自动驾驶风险治理与停车管理优化[D]. 北京:北京交通大学,2021.

[6] 肖浩汉. 共享停车的管理机制设计与影响分析[D]. 北京:北京交通大学,2020.

[7] 吴茜,郑金华,宋武. 改进的粒子群算法求解非线性约束优化问题[J]. 计算机工程与应用,2007(24):61-64.

CHAPTER 15 | 第 15 章

自动驾驶治理的影响调查

第 15 章 自动驾驶治理的影响调查

为发展自动驾驶产业,国家和地方政府制定了相关的监管方案以应对涉及的技术、社会、经济和环境问题。重要的问题包括:如何理解目前关于自动驾驶技术治理进程,以及目前的治理措施是否有助于加强城市交通的可持续发展?为研究该问题,专门设计调查问卷,并邀请相关从事交通规划与管理工作的政府官员、自动驾驶产业专业人士以及相关科研人员。本次专家调查旨在从不同职业群体的角度了解政府对自动驾驶车辆的监管措施和建议,以及对自动驾驶汽车的发展看法和监管建议,从而探索当前自动驾驶治理与城市出行可持续发展之间的关系。本研究基于专家的问卷调查,提出了对政府当前的监管建议,对未来自动驾驶产业发展作出预测。并从国家政府和地方政府的角度,在基础建设、安全、政策法规、技术创新等方面对自动驾驶行业的监管提出未来发展建议。

15.1 调查对象及方法

15.1.1 调查对象

本次专家调查包括从事交通规划与管理工作的政府公务员,自动驾驶产业发展参与者,以及科研人员。

15.1.2 调查方法

本次调查根据监管措施、发展预测、未来建议等方面设计专家调查问卷。问卷分为了四个部分。第一部分围绕被访者的职业角色以及与自动驾驶行业的联系;第二部分围绕目前政府对自动驾驶采取的监管方式以及被访者对相关措施的建议和意见;第三部分是被访者对当前自动驾驶产业发展的看法;第四部分围绕被访者对自动驾驶未来监管的预测。

15.2 调查结果

本次专项调查共发出问卷 10 份,收到问卷 7 份,均为国内自动驾驶行业或者从事自动驾驶研究的资深管理人员或者专家学者。具体问卷设置以及调查结果参见附录 3。

15.3 政府对自动驾驶的监管措施

15.3.1 规范自动驾驶测试,加强安全监管

在安全相关方面,专家普遍指出政府对于自动驾驶实施的安全问题给予了大量关注。

具体包括,北京于2017年提出自动驾驶道路管理政策,成立首个自动驾驶道路测试监管平台,政府已经启动了一些实地测试场地来评估互联自动驾驶技术;工业和信息化部、公安部,及交通运输部于2018年2月发布《北京市自动驾驶车辆道路测试能力评估内容与方法(试行)》及《北京市自动驾驶车辆封闭测试场地技术要求(试行)》都明确对安全相关内容进行规范,并于2018年4月提出了《智能网联汽车道路测试管理规范(试行)》,对无人驾驶测试提出了指导建议。同时,北京市指导北京智能车联产业创新中心建立了全国首个自动驾驶道路测试监管平台,截至2020年3月底,北京市自动驾驶车辆道路测试安全里程超过122万km,测试过程安全无事故。

在交通管理方面,专家普遍提到了政府建设自动驾驶测试场地的举措,具体包括:政府推进建立全国首个车联网与自动驾驶地图试点,在允许自动驾驶车辆行驶的区域内,持有许可证的自动驾驶车辆可以合法行驶;政府对城市示范区、港口作业区、工业园区等自动驾驶汽车测试运行进行了宽松包容政策支持,例如,工业部支持建立国家车联网先导示范区、国家封闭场地测试示范区等。此外,有专家建议,政府应厘清自动驾驶车辆数据提供方、出行平台、政府监管以及交通管理部门等各利益相关部门的责权,通过政策设计和经济手段促进商用车自动驾驶车辆的应用,也有专家提出通过减少、禁止空载运营手段来治理自动驾驶车辆可能造成的拥堵。

15.3.2 降低能源消耗,提升社会效益

在碳排放方面,专家指出,目前国家政府主要鼓励自动驾驶技术优先应用于新能源汽车,以减少碳排放。同时,互联自动驾驶车辆的"列队行驶技术"可以显著降低碳排放和能源消耗。此外,专家建议政府应限制车辆在制造、蓄电池生产和回收过程中产生的碳排放。

在交通公平方面,专家提到,自动驾驶可在一定程度上消除性别歧视,赋予残障人士驾驶的权利,政府应制定适用于行动不便人士和低教育水平或认知能力低等弱势交通群体的自动驾驶服务规范;此外,有学者更加关注混合交通下的通行权问题,建议未来应进一步确认自动驾驶车辆的路权,在有限的范围内设置自动驾驶车辆的优先路权以保证道路资源的公平合理配置;同时加强对自动驾驶车辆相关事故责任明确,通过规范或标准确保自动驾驶行车安全。

15.3.3 规范管理信息安全,加强基础设施建设

在数据管理方面,专家指出,在确保用户隐私的条件下,自动驾驶车辆不仅能提供自身信息,还能提供所感知到的周围环境信息,这对于交通管理以及城市管理及智慧城市建设都至关重要。目前,北京建立全国自动驾驶道路测试监管平台、对自动驾驶汽车信息安全、隐私安全进行规范管理;工业和信息化部、公安部、交通运输部等联合制订发布了《国家车联网标准体系建设指南》;2020年2月24日发布的《智能汽车创新发展战略》提到了建设国家智能汽车大数据云控基础平台,建立安全、开放的云计算中心,以实现车辆、基础设施、交通环境等数据的融合应用。

在城市基础设施、土地利用方面,专家指出,自动驾驶车辆的落地运营有助于减少市中心地区的停车用地,政府可减少市区中心的停车用地规划。目前,政府积极投资、建设高信息化的交通基础设施,具体包括,北京市建成 12km 开放 V2X 测试道路,该道路是全球第一条带有潮汐车道的复杂特大城市 V2X 城市道路,并且已在亦庄核心区域建设完成 40km 的 V2X 测试道路。同时,连接省内杭州和宁波的杭绍甬高速公路正在建设中,预计设计时速将超过 120km/h,该高速公路将全面支持自动驾驶、无线充电等未来技术。

15.3.4 政策引导和经济扶持,发展共享交通

根据问卷信息,在规范公共交通方面,我们了解到目前部分公交公司已实现传统公交车辆自动化,但目前还没有政策来规范自动驾驶公交车辆的运营,对此,专家提出,要着重从票价、自动驾驶公交车辆的时刻表设计以及专用车道和交通信号方面,运用经济和政策手段发展加快公交的自动化驾驶进程、提高自动驾驶车辆的共享化程度、减少自动驾驶车辆的空驶率。

在规范共享交通方面,交通运输部已经出台网约车规范发展指导意见,建立网约车监管平台;各级地方政府也出台了《网络预约出租汽车经营服务管理暂行办法》《网络预约出租汽车监管信息交互平台运行管理办法》等监督管理措施,并且制定了对车况和驾驶员的标准。专家强调,地方政府将逐步认识到互联网创新和社会治理需要同步,在新一轮的 MaaS 等技术发展背景下,地方政府将对共享交通有更大的监管动力。同时,未来规范共享交通应做到实现创新商业模式(如滴滴和 Uber)、传统产业(如出租汽车)、就业机会、交通拥堵等多个目标的平衡。

15.3.5 推进产业发展,营造良好政策支撑

在产业发展策略方面,专家普遍强调国家政府对自动驾驶发展的重视,具体包括:工业和信息化部、北京市、河北省签署《基于宽带移动互联网的智能汽车与智慧交通应用示范》部省合作协议,成立国家智能汽车与智慧交通(京冀)示范区;国家发改委等 11 个部委联合发布《智能汽车创新发展战略》;交通运输部发布《数字交通发展规划纲要》,加快推进自动驾驶技术创新、产业发展、政策支持和安全监管;2019 年 12 月发布的《新能源汽车产业发展规划(2021—2035 年)》(征求意见稿)期望实现高度自动驾驶智能网联汽车在限定区域和特定场景下实现商业化应用。专家总结,这些文件都从顶层设计角度阐明了发展智能网联汽车和无人驾驶技术对建设汽车强国的意义和方向。

在政策措施方面,国家目前已将自动驾驶纳入管理主体,着手于修订道路交通安全管理、交通运输管理、测绘管理、信息安全等法律法规等工作,为自动驾驶创造包容的政策支撑环境。国家发改委、工业和信息化部、公安部、交通运输部、科技部等相关部门制订发布自动驾驶技术研究、产业、测试管理、应用示范、标准规范等国家发展战略,具体包括,《汽车产业中长期发展规划》(2017 年 4 月)、《国家车联网产业标准体系建设指南(智能网联汽车)》(2017 年 12 月)、《车联网(智能网联汽车)产业发展行动计划》(2018 年 12 月)等。同时,各

省、直辖市等也制订发布自动驾驶测试管理和应用示范地方发展战略,以北京为例,包括《北京市自动驾驶车辆道路测试能力评估内容与方法(试行)》(2018年2月),《北京市智能网联汽车产业白皮书(2018年)》(2018年10月)等。

目前,中央和各级地方政府积极扶持自动驾驶汽车的技术创新和产业发展,从政策、资金、人才等多个方面给予重点支持。与此同时,专家也提出了一些监管建议,具体包括:第一,从根本上改善硬件发展,使车辆更加智能化;投资基础设施,使道路更加智能化;第二,评估潜在风险,加强制定安全性和可靠性的法规;第三,规范自动驾驶汽车和传统汽车混合交通路权问题;第四,加强政策引导和财政扶持,促进技术创新、产业落地;第五,制定灵活有效的产业政策,通过技术推动产业扩张,同时也能促进技术发展。第六,积极鼓励技术发展创新,推动汽车产业发展,借助新能源汽车和智能网联汽车发展的机遇,整合国内5G产业的发展优势,在自动驾驶领域坚持车路协同的技术发展路径。

15.4 未来自动驾驶发展情况

考虑到现有的自动驾驶技术水平,我们重点关注自动驾驶技术的发展对可持续出行的影响,主要包括自动驾驶未来普及程度、应用领域、对城市交通出行的作用、经济影响等方面。

15.4.1 短期内自动驾驶更可能以商用落地

对于未来5年自动驾驶的发展,大部分专家认为短期(5年)内自动驾驶更有可能以商业的方式使用,最有可能落地应用的是限定场景的无人驾驶,主要分为三类。第一类是无人出行相关,如共享车辆运营,无人出租汽车,无人小型公交车;第二类是无人物流及配送相关,如高速无人物流车队,末端无人配送;第三类是无人智能车,如无人售货车,无人清扫车等。同时,以特斯拉为例的自动驾驶已经在私家车中较为普及,可以初步实现一定场景下的自动巡航、自适应跟车、超车变道等功能。因此,也有部分专家认为未来5年内从私家车入手逐步普及自动驾驶汽车更为合适。

15.4.2 短期内自动驾驶受城市交通出行多重因素影响

对未来5年自动驾驶对城市交通出行的影响,大多数专家提交的意见都提到了发展自动驾驶对城市交通带来的积极影响和消极影响。部分专家认为自动驾驶车辆缓解城市拥堵情况取决于多重因素影响,如道路基础设施的完善程度、自动驾驶的共享化、智能化程度以及自动驾驶车辆的使用方式。当自动驾驶车辆普及后,将会促进共享出行,并且在定制公交的运营模式和拼车出行的政策引导下,出行效率将会得到提升。然而,也有专家认为目前传统汽车在道路交通中占比依旧较大,汽车拥有量和交通出行量仍处于不断增长的趋势,故短期内自动驾驶对缓解拥堵作用不大,甚至会导致交通拥堵或出现交通安全问题。但经过长期发展,自动驾驶汽车占比接近或超过传统汽车时,现有的交通问题会得到根本性治理,交通出行量会逐渐减少,交通拥挤会逐步缓解,交通事故会显著减少。

15.4.3　短期内自动驾驶对经济没有显著影响

未来 5 年,专家预测,低等级自动驾驶汽车(辅助安全驾驶)将成为汽车行业的标配,实现大规模量产;高等级自动驾驶汽车(无人驾驶汽车)将逐渐进入测试和示范应用,实现小规模量产。专家认为,在初期,自动驾驶的市场渗入率非常低,体现不出对经济的显著影响。但毋庸置疑的是,自动驾驶技术的发展势必会带来新的经济发展机会,车联网及车路协同发展也将拉动新基建的投资,将会拉动 5G 网络,智能车载终端,车载智能传感器,无人驾驶算法,智能路网,高清地图等产业。自动驾驶的发展不仅对于汽车行业产生巨大影响,其他行业如物流、采矿、保险、旅游、能源等也将会发生革命性的变化。同时,也有专家从就业角度分析了自动驾驶产业发展对经济的积极影响,认为未来 5 年自动驾驶将造成劳动力转移的减少,但由于自动驾驶产业对经济的促进作用,大部分因此失去工作的人将很快找到新的工作。从国家和政策的角度来看,自动驾驶技术的收益远远大于成本。

15.5　未来自动驾驶产业的监管建议

15.5.1　短期内政府将更加重视安全监管

对于未来 5 年内政府对自动驾驶车辆的监管,专家一致认为安全问题是至关重要的问题。对此,专家建议,短期内政府监管应该主要注重以下几个方面:
(1)建设联网运营平台,实现对自动驾驶车辆的统一管理;
(2)保障数据安全,确保数据安全并保护个人隐私;
(3)完善功能及安全认证体系,逐步完善自动驾驶分级标准并对其中具体功能模块制定标准,细化自动驾驶功能认证标准和体系;
(4)关注适应自动驾驶出行方式的道路交通治理方案制定,发展规划自动驾驶在开放道路交通出行中的治理法规;
(5)建立自动驾驶汽车生产制造的质量检验认证体系,确保全生命周期安全;
(6)规范道路基础设施的发展。

此外,也有学者从自动驾驶汽车产业的角度认为政府应适度鼓励产业发展,做好宣传工作,提高公众对自动驾驶汽车的认识。同时,应加强科研人员的研究以提高自动驾驶技术的安全性、实用性和便利性。

15.5.2　中长期地方政府将发挥更大作用

据专家预计,自动驾驶汽车于 2035 年将有望实现规模型商业化落地,自动驾驶技术逐

自动驾驶出行管理分析
Travel management analysis for automated driving

步完善,最终实现全场景、全车型的完全无人驾驶,无人驾驶私人乘用车、商用车都会逐步普及。自动驾驶汽车将迎来新业态、新模式,使生产和运营密不可分,共享出行、拼车出行逐步成为一种主流。

未来15年,专家认为国家政府应该更关注整体领域的发展和方向的把控,地方政府则将更注重在具体管理中的落地政策制定和执行。国家政府将会对自动驾驶相关产业进行宏观调控,如市场准入机制、交通法规、保险监管、车辆质检等,而地方政府可能会涉及自动驾驶车辆运营管理的细节,如交通基础设施标准、混合交通管理、自动驾驶车辆牌照发放、充电站规划、车辆价格控制、事故保险理赔等。

同时,有专家从监管责权方面考虑,提出传统汽车、驾驶人监管属于国家事权,由国家统一制定政策法规和监管措施,中央各部门和地方政府按事权分别履行监管职责。专家预计,未来自动驾驶汽车监管仍将基本沿用现有体系,但中央相关部门各管一块、重叠矛盾的现象将得到明显改善;自动驾驶汽车将建立基于大数据、安全信用的监管体系;地方政府将发挥更大作用,自动驾驶汽车车辆注册、运行安全监管职责将主要由地方政府相关部门承担,各地应在全国统一的政策法规框架下,制订实施促进自动驾驶汽车生产制造、测试验证、拥有使用等方面安全监管的措施和技术手段,并且,由于自动驾驶车辆的本地属性会加大,在国家层面的体系建立和运行监管的基础上,地方政府将结合各自交通环境、出行文化的特点,建立自动驾驶本地化的测试评估机构和运行监管平台,针对当地的特殊情况对自动驾驶车辆进行相应的监管工作,完善整体监管机制,确保自动驾驶车辆在各地实际交通运行过程中的安全、高效。此外,也有专家预计,将车、驾驶人、道路、信息融为一体的监管技术和手段将有望替代基于传统汽车的监管技术和手段,仅对汽车研发生产的售前监管将扩展成为对自动驾驶汽车销售后在使用过程中的"全生命周期"监管。

APPENDIX | 附录

附录1 政府与企业就自动驾驶汽车出台的合作治理措施

政府与企业就自动驾驶汽车出台的合作治理措施见附表1。

政府与企业就自动驾驶汽车出台的合作治理措施　　　　附表1

时间	政府级别	治理措施	具体内容
2015-12	沧州市政府和百度公司	直接资金投入/战略合作	投资50亿元打造智慧城市,升级汽车产业
2016-12	唐山市政府和北京图森（TuSimple）互联科技有限责任公司	直接资金投入/战略合作	(1)建立自动驾驶货运车测试基地； (2)实现自动化物流的商业化运营
2017-07	保定市政府和百度	直接资金投入/战略合作	(1)构建智能交通系统； (2)推动形成自动驾驶道路测试标准
2018-04	交通运输部	规划意见	在9个省/直辖市推进智慧公路试点项目
2018-07	交通运输部	标准制定	首次发布《自动驾驶封闭场地建设技术指南》
2018-10	长沙市政府和百度	直接资金投入/战略合作	(1)提供自动出租汽车或自动驾驶公交车出行服务； (2)共同打造车路协同系统
2018-03	苏州市政府和加利福尼亚州库比蒂诺初创公司 PlusAI	直接资金投入/战略合作	基于自动驾驶汽车的发展,建立智慧城市
2019-04	苏州市政府和自动驾驶技术公司 In-Driving		聚焦高速物流、港口物流等场景,推动自动驾驶汽车产业发展
2019-04	襄阳市政府和华为、东风汽车	直接资金投入/战略合作	投入30亿元打造国家智能网联汽车示范区,发展城市智慧出行
2019-07	长春市政府、中国一汽、中国移动	直接资金投入/战略合作	促进长春市汽车产业转型升级,打造智慧城市,提升汽车智能化水平,改善公众出行便捷性、安全性
2019-08	重庆市政府和百度	直接资金投入/战略合作	(1)利用自动驾驶汽车改善城市交通出行服务； (2)保障自动驾驶汽车的合法监管环境
2019-09	长沙市政府和中国一汽	直接资金投入/战略合作	打造自动驾驶出租汽车车队并开始试运营
2019-09	工业和信息化部、交通运输部	标准制定	工业和信息化部、交通运输部联合认定智能网联汽车自动驾驶封闭场地测试基地

续上表

时间	政府级别	治理措施	具体内容
2019-11	沧州市政府和百度	直接资金投入/战略合作	建设智能交通基础设施,帮助促成自动驾驶相关的政策制定进程
2019-09	上海市政府和无人驾驶汽车公司 AutoX	直接资金投入/战略合作	建设自动驾驶出租汽车运营示范区
2019-11	上海市政府和百度		建立智能交通系统和智慧城市
2019-12	银川市政府和百度公司	直接资金投入/战略合作	(1) 共建自动驾驶商用车示范测试道路,打造面向多场景的自动驾驶开放测试道路; (2) 基于自动驾驶与车路协同技术,形成物流一体化解决方案; (3) 推进智能停车项目,建设智慧城市
2020-04	浙江省	直接资金投入(地方)	浙江省发改委正式批复了杭绍甬智慧高速公路杭州至绍兴段工程可行性研究报告
2020-04	郑州市	直接资金投入(地方)	郑州市东三环(北三环东延线—东三环—南三环东延线)L3级智能网联快速公交示范工程可行性研究报告通过批复
2020-07	交通运输部	规划意见	以打造智能出行城市为目的,鼓励在河北省建设自动驾驶高速道路、自动驾驶物流示范应用
2020-10	天津市政府	直接资金投入(地方)	天津市交通委已批复建设天津港港口自动驾驶示范区
2020-11	国务院	直接资金投入(国家)	随着国家新基建推进和国务院对北京市建设国家服务业扩大开放综合示范区的正式批复,规划建设高级别自动驾驶示范区

附录2　考虑拥挤效应的自动驾驶路内停车行为模型均衡解存在性证明

基于布劳威尔不动点定理,证明模型均衡解在不同车辆行驶成本 f_r、出行者特性 (ρ_o, H) 和城市停车管理机制 (f_p, K) 的组合 (f_r, ρ_o, H, f_p, K) 下的存在性。鉴于车辆状态转移过程,以

附录

下证明过程中用 $(1-P_c) \cdot Ql$ 代替 N_{cp} [式(13-31)]。证明思路如下:

首先,在变量空间 (P_c, N_p, v) 上构造一个集合 Ω。首先需证明集合 Ω 为一紧凸集,其次需证明基于式附(1)至式附(7),构建了从变量空间 (P_c, N_p, v) 到其自身的映射。即对于每一元素 $(P_c^b, N_p^b, v^b) \in \Omega$,可利用以下非线性方程式组,即式附(1)、式附(2)、式附(3),求得三个因变量 $(N_t, N_c, \overline{\omega}_c)$。其中式附(1),式附(2),式附(3)分别由式(13-12),式(13-28),式(13-29)转换而来。需证明在给定任意一组变量 (P_c^b, N_p^b, v^b) 时,$(N_t, N_c, \overline{\omega}_c)$ 唯一,且随变量 (P_c^b, N_p^b, v^b) 连续变化。

$$\overline{\omega}_c = \frac{L_r}{(K - N_p) \cdot v} \qquad 附(1)$$

$$N_t = Qm/v^b \qquad 附(2)$$

$$N_c = P_c^b Q t_c \qquad 附(3)$$

接着,需证明变量 $(N_t, N_c, \overline{\omega}_c)$ 可基于以下非线性关系投影至变量 (P_c, N_p, v) 所在变量空间。具体非线性关系如式附(4),式附(5),式附(6),式附(7)所示。式附(4),式附(5),式附(6),式附(7)分别由式(13-10),式(13-11),式(13-19),式(13-30)转化所得。

$$P_c^a = \begin{cases} 1 - \exp\left[-\dfrac{\min(z, l)}{\overline{\omega}_c}\right], z > 0 \\ 0, z \leq 0 \end{cases} \qquad 附(4)$$

其中,

$$z = \frac{(f_r v^b - f_p + H) \cdot l}{f_r v^b - f_p + \rho_o} \qquad 附(5)$$

$$N_p^a = \begin{cases} \min[P_c^b Q \cdot (l - t_c)], 0 < t_c < l \\ 0, l \leq t_c \end{cases} \qquad 附(6)$$

$$\exp\left(\frac{\kappa_g L_g}{v^a}\right) \cdot \left[v_f \cdot \left(1 - \frac{N_t + N_c}{A_u k_j - K}\right) - v^a\right] = \frac{v_f \cdot Q_g^0 \cdot L_g}{A_u k_j - K} \cdot \frac{1}{v^b} \qquad 附(7)$$

根据布劳威尔不动点定理,从某个给定的紧凸子集到其自身的连续映射保证了整个方程组解的存在性。

基于上述证明思路,具体证明过程如下:

命题1 假设 $v_l < v_s$,则存在闭区间 $[v_l, v_s] \in (0, v_f)$ 非空。

证明: 为防止道路陷入极度拥堵状态,假设 $K + N_c + N_t < A_u k_j$。令式附(7)左侧为 $L_1(v^a)$。则:

$$\lim_{v^a \to 0} L_1(v_a) = +\infty \qquad 附(8)$$

$$\lim_{v^a \to v_f} L_1(v_a) < 0 \qquad 附(9)$$

令,

$$L_2(v^a, N_c, N_t, v^b) = \exp\left(\frac{\kappa_g L_g}{v^a}\right) \cdot \left[v_f \cdot \left(1 - \frac{N_t + N_c}{A_u k_j - K}\right) - v^a\right] - \frac{v_f \cdot Q_g^0 \cdot L_g}{A_u k_j - K} \cdot \frac{1}{v^b} \qquad 附(10)$$

令 $N_u = N_t + N_c$，则式附(7)成立等价于 $L_2(v^a, N_u, v^b) = 0$ 有解。又：

$$\lim_{v^a \to 0} L_2(v^a, N_u, v^b) \sim O\left[\exp\left(\frac{\kappa_g L_g}{v^a}\right)\right] = +\infty \qquad 附(11)$$

$$\lim_{v^a \to v^f} L_2(v^a, N_u, v^b) < 0 \qquad 附(12)$$

则可得所有 $N_u \in [0, A_u k_j - K]$，$L_2(v^a, N_u, v^b) = 0$ 对于 v 都有可行解。令 v_l, v_s 分别为 $L_2(v^a, 0, v^b) = 0$，$L_2(v^a, A_u k_j - K, v^b) = 0$ 的最小解。则 $\forall v < v_s$，$L_2(v^a, 0, v^b) > 0$。又因为 $L_2(v^a, 0, v^b) > L_2(v^a, A_u k_j - K, v^b)$，所以 $v_l < v_s$。

令 $v^a = I(N_u, v^b)$，该映射可通过求解 $L_2(v^a, N_u, v^b) = 0$ 获得。则有：

$$\frac{\partial L_2}{\partial v^a} \cdot \frac{\partial I}{\partial v^b} + \frac{\partial L_2}{\partial v^b} = 0 \qquad 附(13)$$

$$\frac{\partial L_2}{\partial v^a} \cdot \frac{\partial I}{\partial N_u} + \frac{\partial L_2}{\partial N_u} = 0 \qquad 附(14)$$

由于 $\partial L_2/\partial v^b < 0$，$\partial L_2/\partial N_u > 0$，及 $\partial L_2/\partial v^a > 0$，可得当 $v^a = I(N_u, v^b)$ 时，$\partial I/\partial v^b > 0$，$\partial I/\partial N_u < 0$，进一步计算可得，当 $v^b \in [v_l, v_s]$ 时，存在以下不等式关系：

$$v^a = I(N_u, v^b) \leq I(0, v_s) = v_s \qquad 附(15)$$

$$v^a = I(N_u, v^b) \geq I(A_u k_j - K, v_l) = v_l \qquad 附(16)$$

综上所述，$\forall v^a, v^b \in [v_l, v_s]$，命题1得证。

由式附(4)，式附(6)，可得 $\forall (P_c^b, N_p^b, v^b) \in \Omega$，其中，$P_c^b \in [0,1]$，$N_p^b \in [0, K]$。结合命题1中 $v^b \in [v_l, v_s]$，可得引理1。

引理1：由式附(5)，式附(6)，对 $\forall (P_c^b, N_p^b, v^b) \in \Omega$，其中，$P_c^b \in [0,1]$，$N_p^a \in [0, K]$；又 $v^b \in [v_l, v_s]$ 且存在闭区间 $[v_l, v_s] \in (0, v_f)$ 非空，则定义集合 Ω 如式附(17)所示，且 Ω 为紧凸集。

$$\Omega = \{(P_c^b, N_p^b, v^b) \mid P_c^b \in [0,1], N_p^b \in [0, K], v^b \in [v_l, v_s]\} \qquad 附(17)$$

命题2 若给定 (P_c^b, N_p^b, v^b)，则式附(1)、式附(2)和式附(3)的解 $(N_t, N_c, \overline{\omega}_c)$ 唯一，且随 (P_c^b, N_p^b, v^b) 连续变化。

证明：由式附(1)和式附(2)和式附(3)，可得给定 (P_c^b, N_p^b, v^b) 时，$(N_t, N_c, \overline{\omega}_c)$ 与 (P_c^b, N_p^b, v^b) 具有一一对应的映射关系。故式附(1)、式附(2)和式附(3)的解 $(N_t, N_c, \overline{\omega}_c)$ 唯一，且随 (P_c^b, N_p^b, v^b) 连续变化。

命题3 若给定 $(\overline{\omega}_c, v^b)$，则可得唯一的 P_c^a 值，且 P_c^a 随 $(\overline{\omega}_c, v^b)$ 变量连续变化。

证明：本文假设 $\rho_o > f_p$，此时，在不同的 (f_r, ρ_o, H, f_p, K) 组合下，存在以下三种情况。

(1) $f_p < H < \rho_o$

$$P_c^a = 1 - \exp\left[-\frac{z(v^b)}{\overline{\omega}_c}\right] \qquad 附(18)$$

(2) $H < f_p < \rho_o$

$$P_c^a = \begin{cases} 1 - \exp\left[-\dfrac{z(v^b)}{\overline{\omega}_c}\right], & v^b > \dfrac{f_p - H}{f_r} \\ 0, & v^b \leq \dfrac{f_p - H}{f_r} \end{cases} \qquad 附(19)$$

(3) $f_p < \rho_o < H$

$$P_c^a = \begin{cases} 1 - \exp\left[-\dfrac{z(v^b)}{\overline{\omega}_c}\right], v^b > \dfrac{H - \rho_0}{f_r} \\ 1 - \exp\left(-\dfrac{l}{\overline{\omega}_c}\right), v^b \leqslant \dfrac{H - \rho_0}{f_r} \end{cases} \quad \text{附(20)}$$

可证对 $\forall (f_r, \rho_o, H, f_p, K)$，给定 $(\overline{\omega}_c, v^b)$，有 P_c^a 的唯一解，且 P_c^a 随 $(\overline{\omega}_c, v^b)$ 连续变化。

命题 4 若给定 (N_c, N_t, v^b)，则可得唯一的 v^a 值，且 v^a 随 (N_c, N_t, v^b) 变量连续变化。

证明：基于式附(8)，式附(9)，又 $L_1(v^a)$ 随 v^a 严格单调递减且令式附(7)的右侧是一个正常数，故存在唯一的 $v^a \in (0, v^f)$ 满足该等式。则 v^a 随 (N_c, N_t, v^b) 变量连续变化。

命题 5 若给定 $(P_c^b, \overline{\omega}_c)$，则可得唯一的 N_p^a 值，且 N_p^a 随 $(P_c^b, \overline{\omega}_c)$ 变量连续变化。

证明：由式附(6)，可知给定 $(P_c^b, \overline{\omega}_c)$ 时，可得唯一的 N_p^a 值，且 N_p^a 随 $(P_c^b, \overline{\omega}_c)$ 变量连续变化。

由命题 2-5 可得引理 2。

引理 2：若给定 (f_r, ρ_o, H, f_p, K)，则式附(1)至式附(7)定义了一个从 (P_c^b, N_p^b, v^b) 到 (P_c^a, N_p^a, v^a) 的连续映射。

由引理 1 和引理 2，可得定理 1。

定理 1：在不同车辆行驶成本 f_r、出行者特性 (ρ_o, H) 和城市停车管理机制 (f_p, K) 的组合 (f_r, ρ_o, H, f_p, K) 下，考虑道路拥堵效应的自动驾驶路内停车行为模型存在均衡解。

附录3　关于中国自动驾驶治理及可持续出行的专家调研

为进一步理解自动驾驶相关治理工作对我国自动驾驶的发展和应用，以及可持续出行的影响。我们希望了解自动驾驶行业的相关参与者对自动驾驶未来发展的看法。例如，他们认为相关治理工作将如何进行，会产生什么影响，以及他们对于自动驾驶治理的相关建议。

本次调研是国家自然科学基金委员会与欧洲城市化联合研究计划合作项目《城市公共管理与服务革新：新型的城市移动管理与政策（UPASS）》的重要研究内容。以不记名方式进行调查。

注意事项：

（1）区别于无人驾驶，本次调研问题围绕自动驾驶，包括自动驾驶发展的五个阶段（辅助驾驶、部分自动化、有条件自动化、高度自动化、完全自动化），而无人驾驶仅指自动驾驶的完全自动化阶段。

（2）与当前从事自动驾驶及可持续出行治理和监管的相关从业者进行交流，了解他们的看法，对本研究具有重要的意义。本调研无具体人数要求，重点在于从不同的视角获得见解。

自动驾驶出行管理分析

Travel management analysis for automated driving

调查问题清单

1. 您主要的工作职责是什么？
2. 您认为自动驾驶车发展及其可能的用途与您的工作有怎样的关系？
3. 您认为目前国家政府正在对自动驾驶车实施怎样的监管方式？

(1) 与安全相关的监管；

(2) 与碳排放相关的监管；

(3) 与交通管理相关的监管(例如,治理提出减少/禁止空载运营来治理自动驾驶车可能造成的拥堵)；

(4) 与数据管理相关的监管；

(5) 与公共交通或共享交通政策制定相关的监管；

(6) 与产业发展策略相关的监管；

(7) 与交通公平相关的监管(例如,残障人士若拥有使用自动驾驶车的权利,将有助于促进交通公平)；

(8) 与城市基础设施/土地利用相关的监管(例如中国推行车路协同方案发展自动驾驶车、积极投资、建设高信息化的交通基础设施；另外,自动驾驶车有助于减少市中心地区的停车用地,政府可减少市区中心的停车用地)。

4. 您认为目前中央政府或地方政府是否正在规划针对自动驾驶车的政策措施或法规？
5. 您认为中央或地方政府对自动驾驶车的发展有什么看法？您为什么会产生这样的想法？
6. 目前,中央政府或地方政府是否正在规范共享交通(例如拼车出行)？
7. 请您谈谈您对未来 5 年自动驾驶车发展和使用的看法？

例如：

(1) 自动驾驶车的使用场景是私人乘用车(私家车)还是商用车(例如,应用于物流或者作为共享汽车的一部分)？

(2) 拼车现象会越来越普遍吗？

(3) 自动驾驶车会导致更严重的交通拥堵,还是会减少交通出行量,或两者兼而有之,视情况而论？

8. 您认为未来 5 年,自动驾驶车的发展和使用将对经济有何影响？
9. 您认为国家或地方政府未来 5 年内可能会采取什么措施来监管自动驾驶车发展？
10. 您能谈谈您对未来 15 年自动驾驶车的发展和使用情况的看法吗？

例如：

(1) 自动驾驶车的使用场景是私人乘用车(私家车)还是商用车(例如,应用于物流或者作为共享汽车的一部分)？

(2) 拼车现象会越来越普遍吗？

(3) 自动驾驶车会导致更严重的交通拥堵,还是会减少交通出行量或两者兼而有之,视情况而论；

(4)自动驾驶车会如何影响经济发展?

11. 根据您对第 10 个问题的回答,您认为国家在未来 15 年内可能会采取什么措施来监管自动驾驶车辆?

12. 根据您对第 10 个问题的回答,您认为地方政府在未来 15 年内可能会采取什么措施来监管自动驾驶车辆?

13. 谢谢您的耐心回答! 您还有什么想补充的意见或者想问的问题吗?

问卷 1　F1-UPASS 调研资料(高校)

1. 请你说说你的职业角色。

我是公共管理学教授,专门研究公共政策和合作治理。

2. 请你说说自动驾驶车的发展和潜在的使用与你的工作有什么关联?

或许可以准确计算一下你从家到工作地点所需的出行时间。

[注意事项]　问题 1 和 2 是非常开放的问题,这很重要,原因有几个。首先,它的目的是打开对话,因为它并不难回答,而且它使受访者能够决定他们想如何表现自己。这也意味着我们可以深入了解被访者的观点——这对分析很重要。

3. 你认为目前国家政府对 AV 的监管采取了什么方式?

[说明]理想情况下,答案将包括对以下子问题的回答:

(1)与安全有关的监管;

(2)与碳排放有关的法规;

(3)与交通拥堵和交通管理有关的规章制度;

(4)与数据管理有关的条例;

(5)公共交通或共享交通的法规或政策;

(6)与工业战略有关的条例。

4. 你认为城市或地区政府目前是否有计划采取任何政策措施或监管 AV?

是的,我认为有。据我所知,北京、深圳、长沙等地都在起草 AV 的路测实施细则。

5. 你认为城市或地区政府对车联网的发展有什么看法? 请你详细介绍一下你为什么这么认为?

我认为地方政府在推动这项技术创新的同时,不妨认真评估这项新技术带来的潜在风险。对此,各级政府可以制定有关这种新技术的安全性和可靠性的法规。

6. 目前,城市或地区政府是否对共享交通(乘车)进行监管?

对不起,我不知道。我不知道这方面的情况。

7. 请你谈谈对未来 5 年内自动驾驶汽车的发展和使用可能发生的变化的看法。

[备注]理想情况下,答案将包括对以下子问题的回答:

(1)你认为人们是否会私自拥有自动化车辆?

我想,这取决于价格。

(2)你认为乘车共享会变得更加普遍吗?

不,我不这么认为。我不认为像AVs这样的新技术会导致更多的乘车共享。

(3)你认为AV会导致更多的交通拥堵,还是会减少交通量(或者两者兼而有之——如果答案是"这要看情况")?

这真的要看情况。如果道路设施建设完善,影音技术成熟,可以预期道路拥堵会因为更多智能利用道路空间而减少。否则,就不能。

8. 您认为未来5年,AV的开发和使用可能会对经济产生怎样的影响?

也许会促进另一个购车高峰,或旧车的更换。

9. 您认为未来5年内,国家政府可能会实施哪些与AV相关的监管方式?

主要是安全问题和税收问题。

10. 请你谈谈你对未来15年内自动驾驶汽车的发展和使用可能发生的变化的看法?

[备注]理想情况下,答案将包括对以下子问题的回答:

(1)你认为人们是否会拥有自动驾驶汽车?

(2)你认为人们是否会私自拥有自动化车辆?

是的,我认为是的,但取决于AV的安全性和智能性。

(3)你认为乘车共享会变得更加普遍吗?

不,我认为是的。

(4)你认为AV会导致更多的道路拥堵,还是会减少交通量(或者两者兼而有之如果答案是"这取决于会发生什么")?

这真的要看情况。如果道路设施建设完善,影音技术成熟,可以预期道路拥堵会因为更多智能利用道路空间而减少。否则,就不能。

(5)你认为AV可能对经济有什么影响?

是的,它或许会促进另一个购车高峰,或旧车的更换。

11. 鉴于你对问题10的回答,你认为国家政府在未来15年内可能会实施哪些与AVs相关的监管方式?

AV的安全法规。

12. 给出你对问题10的答案,你认为城市或地区政府在未来15年内可能会实施什么方式来监管AVs?

AVs的道路测试法规。

谢谢你,我们的问题就到此为止。您还有没有其他的意见要补充,或者您想问的问题?

你想看看我们在研究报告完成后将会产生的报告吗?

解释一下,我们需要一些时间来制作。

问卷2 F2-UPASS调研资料(高校)

1. 请您说一下您的专业角色?

我是交通工程专业的副教授。

2. 请你说说 AVs 的发展和潜在的使用与你的工作有何关联？

我的研究与交通大数据分析和公共交通系统建模有关。特别是，我目前正在进行一个关于互联和自主车辆（CAV）技术如何革新公共交通部分的项目。

3. 您认为目前国家政府对 AV 的相关监管采取什么方式？

[备注]理想情况下，答案将包括对以下子问题的回答：

(1) 与安全有关的监管（请提供一些详细的内容）。

中国政府已经启动了几个室外试验台来评估 CAV 技术。只有通过这些严格的测试才能购买 CAV，以确保安全。

(2) 与碳排放相关的法规（请提供一些详细信息）。

CAV 技术的潜在优势之一是车辆排队可以显著降低碳排放和能源消耗。中国政府应该降低电动汽车等 CAV 车辆的排放税。

(3) 交通管理方面的法规（请提供部分细节）。

有一些指定区域允许 CAVs 行驶。交通信号灯和路边的设备可以与 CAVs 沟通。在这些区域内，持有许可证的 CAV 可以合法行驶。

(4) 有关资料管理的规定（请提供一些详情）。

在中国，已经发布了一些标准来规范 CAV 的数据格式。

(5) 关于公共交通或共享交通的法规或政策（请提供一些细节）。

部分公交公司正在将现有的传统公交车自动化，但目前还没有政策来规范自主驾驶公交车和共享交通。

(6) 与产业策略有关的措施。

中国政府推出了一系列补贴策略，鼓励汽车企业投资 CAV 技术。

(7) 与社会公平有关的法规（请提供一些细节）。

应该取消对装有 CAV 的车辆号码限制。

(8) 与交通基础设施/土地使用有关的法规（请提供一些细节）。

其中一项可能的规定是，先规划特定的土地用途，然后逐步扩大到其他土地用途。

(9) 有关其他方面的规定（请提供一些详情）。

没有。

4. 你认为目前各城市或地区政府是否有计划对 AV 进行政策措施或监管？

是的，要落实上述政策，肯定要考虑一些细节问题。比如在规范社会公平性的时候，政府应该考虑如何放开对 CAV 的车牌号限制。

5. 你认为城市或地区政府对发展 AV 有什么看法？请你详细说明你为什么这样认为？

政府花费了大量的资源投资 CAV 产业，包括建设新的试验场地和提供补贴。然而，大部分资源都是流向本地交通机构。要促进 CAV 的发展，仅仅提供软件层面的设施是不够的，比如允许特定区域进行 CAV 测试。我们还需要从根本上改善硬件发展，使我们的车辆更加智能化。此外，我们还应该投资路侧的基础设施，让我们的道路更加智能化。

6. 目前，城市或地区政府是否对共享交通（乘车）进行监管？

是的，目前已经有一些法规来规范滴滴的电子运载服务。

自动驾驶出行管理分析

Travel management analysis for automated driving

7. 请你谈谈你对未来 5 年自动驾驶车辆的发展和使用可能发生的变化的看法？

[备注]理想情况下,答案将包括对以下子问题的回答：

(1)你认为人们会不会私自拥有 AVs？还是你认为 AVs 将以私人或公共/商业的方式使用(例如应用于乘车或物流)？

在不久的将来,AVs 更有可能用于乘车和物流。

(2)你认为乘车共享会变得更加普遍吗？

肯定会的。

(3)你认为 AV 会导致更多的交通拥堵,还是会减少交通量(或者两者兼而有之——如果答案是"这要看情况")。

很难说。如果 AV 更多的是用于乘车,那么交通拥堵可能会减少。但是,如果 AV 更多用于私家车,那么很可能会拥堵,因为大多数乘客会被吸引去购买 AV。

8. 你认为 AVs 的发展和使用对未来 5 年的经济会有什么影响？

未来 5 年,中国的经济将发生重大变化。不仅仅是汽车行业,其他行业如物流、采矿、保险、旅游、能源等都会发生革命性的变化。

9. 您认为国家/地区政府在未来 5 年内可能会实施哪些与车联网相关的监管办法？

要规范路边基础设施的发展,我们不能只提高单个车辆的智能化,完善基础设施是非常必要的。

10. 请你谈谈对未来 15 年内 AV 的发展和使用可能发生的变化的看法。

[备注]理想情况下,答案将包括对以下子问题的回答：

(1)你认为人们会不会私自拥有 AVs？还是你认为 AVs 会以私人或公共/商业的方式使用(例如应用于乘车或物流)？

更多人可以私人拥有 AV。

(2)你认为乘车共享会变得更普遍吗？

肯定会的。

(3)你认为 AV 会不会导致更多的交通拥堵,还是会减少交通量(或者两者兼而有之——如果答案是"视情况而定")。

很难说。如果 AV 更多的是用于乘车,那么交通拥堵可能会减少。但是,如果 AV 更多地用于私家车,那么很可能会造成道路拥堵,因为大多数乘客会被吸引去购买 AV。

(4)你认为 AVs 对经济的影响如何？

未来 5 年,中国的经济将发生重大变化。不仅仅是汽车行业,其他行业也将发生革命性的变化,如物流、采矿、保险、旅游和能源。

11. 鉴于你对问题 10 的回答,你认为国家政府在未来 15 年内可能会实施哪些与 AV 相关的监管方式？

要规范路边基础设施的发展,我们不能只提高个体车辆的智能化,完善基础设施是非常必要的。

**12. 鉴于你对问题 10 的回答,你认为未来 15 年内,城市或地区政府可能会实施哪些与

AV相关的监管方式?

要规范路边基础设施的发展,不能只提高个体车辆的智能化程度,改善基础设施是非常必要的。

13. 谢谢—我们对您的提问就到这里。您还有没有其他的意见要补充,或者说您想问的问题?

没有了。

问卷3　F3-UPASS调研资料(高校)

1. 请你说说你的职业角色?

运输网络建模;公共交通;大数据分析;城市道路拥堵定价。

2. 请你谈谈AV的发展和潜在的使用与你的工作有何关联?

AV技术的爆发式发展,正在为提高出行机动性,重塑城市交通系统的运行和管理铺平道路。我在交通和公共交通建模方面工作了几年。AV的行驶行为与传统车辆有很大不同,这就需要对AV进行新的建模和管理手段。

3. 您认为目前国家政府对AV的相关监管采取什么方式?

[备注]理想情况下,答案将包括对以下子问题的回答:

(1)与安全有关的监管(请提供一些细节)。

a. 车辆安全标准。

b. 软件稳定性。

c. 驾驶监控系统。

d. V2V,V2X通信协议。

e. 个人数据安全。

(2)与碳排放有关的法规(请提供一些细节)。

a. 限制车辆制造和设备制造期间产生的碳排放。

b. 车辆蓄电池的生产和回收。

(3)与交通管理有关的规章制度(请提供一些细节)。

a. 管理混合交通。

b. 交通信号识别和通信。

c. 专用AV车道建设的必要性。

d. 电动视听充电站规划与管理。

(4)与数据管理有关的条例(请提供一些细节)。

a. 私人数据安全。

b. 数据存储。

(5)公共交通或共享交通的法规或政策(请提供一些细节)。

a. 票价政策。

b. 自动驾驶车辆占总规模的比率。

c. 自动驾驶公交车的时刻表设计。

自动驾驶出行管理分析
Travel management analysis for automated driving

d. 自动驾驶专用车道和交通信号的必要性。

(6) 与工业战略有关的条例(请提供一些细节)。

a. AV 的贸易标准。

b. 车辆蓄电池的贸易标准。

(7) 与社会公平有关的法规(请提供一些细节)。

a. AV 的车牌问题。

b. AV 的价格。

c. 视听设备采购的折扣和其他奖励措施。

d. 混合交通中的自动驾驶车辆通行权。

(8) 与交通基础设施/土地使用有关的法规(请提供一些细节)

a. 充电站的位置。

b. V2I:智能信号、智能停车。

c. V2N:流量更新、媒体流。

(9) 有关其他方面的规定(请提供一些细节)。

4. 你认为城市或地区政府目前是否计划采取任何政策措施或对视听设备进行监管?

是的,AV 的快速发展促使政府从战略层面为这一未来趋势做准备。

5. 你认为城市或地区政府对 AVs 的发展有什么看法?请您详细介绍一下为什么这么认为?

首先,政府最关心的一个重要问题是 AV 的安全问题。在一些城市,当车辆自主驾驶时,驾驶员是可以坐在车里的。这说明政府对 AV 的安全问题还是比较谨慎的。其次,假设 AV 可以在实践中应用。AV 和传统车辆的路权应该是另一个值得关注的问题。

6. 目前,城市或地区政府是否对共享交通(乘车)进行监管?

有,对车况(如车龄、里程、价格)和驾驶员(如乘车专用驾驶证、车龄、历史纪录)都有一些规定。

7. 请你谈谈你对未来 5 年 AV 的发展和使用可能发生的变化的看法?

[备注]理想情况下,答案将包括对以下子问题的回答:

(1) 你认为人们会不会私自拥有 AVs?或者你认为 AVs 会以私人或公共/商业的方式使用(例如应用于乘车或物流)?

(2) 你认为共享乘车会变得更普遍吗?

你认为 AV 会导致更多的交通拥堵,还是会减少交通量(或者两者兼而有之——如果答案是"这要看情况")?

AV 被认为是未来最有前途的交通方式,但我对未来 5 年 AV 的应用持保守态度。驾驶安全是未来 5 年内最需要解决的问题之一。

一开始 AV 更有可能以公共/商业的方式使用,然后公众可以私人拥有 AV。而后公众可以私下拥有 AV。由于 AV 中嵌入了人工智能技术,协调的智能交通环境可以有效减少拥堵。

8. 您认为未来 5 年,AV 的开发和使用可能会对经济产生怎样的影响?

AV 产业及相关领域将获得最大的投资潜力,如智能交通系统、汽车制造、智能交通基础设施、大数据分析、汽车感知等。

9.你认为国家/区域政府在今后5年内可能会实施何种反车辆管理办法?

AV政策的实施应该是循序渐进的。首先,政府应该对测试路段或区域做一个全面的规划,然后引入混合交通环境来测试AV的安全性。

10.请你谈谈对未来15年AV的发展和使用的看法。

[备注]理想情况下,答案将包括对以下子问题的回答:

(1)你认为人们是否会拥有AV?

(2)你认为人们会不会私自拥有AVs?或者你认为AVs将以私人或公共/商业的方式使用(例如应用于乘车或物流)?

(3)你认为共享乘车会变得更普遍吗?

(4)你认为AV会导致更多的交通拥堵,还是会减少交通量(或者两者兼而有之——如果答案是"这要看情况")?

(5)你认为AVs会如何影响经济?

我对未来15年内自动驾驶车辆的应用持肯定态度。经过15年的实验和更新,大部分关于AV的关键问题都有可能得到解决。

人们可以私人拥有AV,而AV在公共/商业领域也扮演着重要的角色。

AV相关产业可能成为新的经济增长点。

11.鉴于你对问题10的回答,你认为国家政府在未来15年内可能会对AVs实施什么样的监管方式?

国家政府可能会对AV相关产业进行宏观调控,如市场准入机制、交通法规、保险监管、车辆质检等。

12.鉴于你对问题10的回答,你认为未来15年内,城市或地区政府可能会实施哪些与AV相关的监管方式?

区域政府可能会涉及到AV运营管理的细节,如交通基础设施标准、混合交通管理、AV牌照发放、充电站规划、车辆价格控制、事故保险理赔等。

13.谢谢你——我们要问你的问题就这么多。你还有没有其他的意见要补充,或者你想问的问题?

没有了。

14.您是否愿意看到我们这次调研后产生的报告?

是的,我愿意看到最终的报告。

问卷4 F4-UPASS调研资料(行业)

1.您主要的工作职责是什么?

交通安全科研、自动驾驶汽车运行安全科研。

2.您认为自动驾驶车发展及其可能的用途与您的工作有怎样的关系?

自动驾驶汽车最终将成为主要的交通运载工具,加强安全预防和监管技术研发应用,解决好它的安全运行对于交通安全至关重要。

自动驾驶出行管理分析
Travel management analysis for automated driving

3. 您认为目前国家政府正在对自动驾驶车实施怎样的监管方式？

[备注]请在以下选项选出您认为正在实施的监管，并提供相关细节：

(1) 与安全相关的监管。

对自动驾驶汽车道路测试和示范工作进行规范和指导，例如，工业和信息化部、公安部、交通运输部联合发布实施《智能网联汽车道路测试管理规范》。

(2) 与碳排放相关的监管。

(3) 与交通管理相关的监管（例如，治理提出减少/禁止空载运营来治理自动驾驶车可能造成的交通拥堵）。

对城市示范区、港口作业区、工业园区等自动驾驶汽车测试运行进行宽松包容政策支持，例如，工业和信息化部支持建立国家车联网先导示范区、国家封闭场地测试示范区等。

(4) 与数据管理相关的监管。

对自动驾驶汽车信息安全、隐私安全进行规范管理，例如，工业和信息化部、公安部、交通运输部等联合制订发布《国家车联网标准体系建设指南》等。

(5) 与公共交通或共享交通政策制定相关的监管。

(6) 与产业发展策略相关的监管。

国家发改委等11个部委联合发布《智能汽车创新发展战略》，交通运输部发布《数字交通发展规划纲要》，加快推进自动驾驶技术创新、产业发展、政策支持和安全监管。

(7) 与交通公平相关的监管（例如，残障人士若拥有使用自动驾驶车的权利，将有助于促进交通公平）。

(8) 与城市基础设施/土地利用相关的监管（例如积极投资、建设高信息化的交通基础设施有助于实现自动驾驶车的落地运营；另外，自动驾驶车有助于减少市中心地区的停车用地，政府可减少市区中心的停车用地规划）。

(9) 其他方面的监管：＿＿＿＿＿＿＿＿＿＿＿＿＿＿＿＿＿＿＿＿＿＿＿＿＿＿＿。

4. 您认为目前中央政府或地方政府是否正在规划针对自动驾驶车的政策措施或法规？

国家正在修订道路交通安全管理、交通运输管理、测绘管理、信息安全等法律法规，将自动驾驶纳入管理主体，创造包容的政策支撑环境。国家发改委、工业和信息化部、公安部、交通运输部、科技部等相关部门制订发布自动驾驶技术研究、产业、测试管理、应用示范、标准规范等国家发展战略，各省、直辖市、经济单列市等制订发布自动驾驶测试管理和应用示范地方发展战略。

5. 您认为中央或地方政府对自动驾驶车的发展有什么看法？您为什么会产生这样的想法？

发展自动驾驶汽车有利于加速汽车产业转型升级，培育数字经济，壮大经济增长新动能；有利于保障生命安全，提高交通效率，促进节能减排，增进人民福祉。正基于此，中央和各级地方政府积极扶持自动驾驶汽车的技术创新和产业发展，从政策、资金、人才等多个方面给予重点支持，期待自动驾驶汽车早日迎来量产化、商业化的春天。

自动驾驶是一种新经济、新业态、新模式，必将推动工业革命，只有顺应发展，才能适应大势，也将成为中国汽车行业在国际上实现弯道超车的重要引擎。中国自动驾驶技术正处于技术突破、应用模式创新、社会接受提升的产业化前夜,强化国家和地方政策和资金支持,将十分有利于缩短这一进程,加快推进技术创新、产业落地。

6. 目前,中央政府或地方政府是否正在规范共享交通(例如拼车出行)?

网约车、拼车出行、共享单车是出行即服务交通新模式,是解决城市交通拥堵的有益尝试,但发展过程中仍存在交通安全、人身安全、企业安全信用等隐患,政府和主管部门负有引导和监管责任,只有行业规范了,才能可持续发展,目前交通运输部已经出台网约车规范发展指导意见,建立网约车监管平台。各级地方政府也出台了一些促进共享交通发展政策和加强监督管理措施。

7. 请您谈谈您对未来 5 年自动驾驶车发展和使用的看法?

例如:

(1) 自动驾驶车的使用场景是私人乘用车(私家车)还是商用车(例如,应用于物流或者作为共享汽车的一部分)?

(2) 拼车现象会越来越普遍吗?

(3) 自动驾驶车会导致更严重的交通拥挤,还是会减少交通出行量,或两者兼而有之,视情况而论?

自动驾驶汽车尤其是无人驾驶汽车还需要较长时间的技术进化和产品迭代,预计未来 5 年,仍将是一个小众产品,在交通工具中占比还只是小部分,对于传统汽车占大部分的道路交通,汽车拥有量和交通出行量还会不断增长,交通拥堵、交通事故仍会处于高危状态。此阶段自动驾驶汽车处于与人类驾驶汽车共驾状态,少量的自动驾驶汽车与大量的传统汽车处于混驾状态,无论对于交通拥堵,还是交通安全的影响都不会太大,甚至还会引起局部的上升。只有经过更长时间的积累,当自动驾驶汽车占比接近或超过传统汽车时,现有的大城市交通拥堵问题才会得到根本性治理,交通出行量会逐渐减少,交通拥挤会逐步缓解,交通事故会显著减少。

未来一段时间,自动驾驶汽车由于技术的缺陷,还不可能实现全场景适用,做不到完全的无人驾驶,因此最快、最有可能落地应用的是限定场景的无人驾驶,即城市小区内的无人物流车、港口内的无人集装箱运输车、专用道路的公共汽车等,拼车、集约用车无人驾驶将不断增多。以后随着技术完善,无人私人乘用车(私家车)会逐步走入寻常百姓家。

8. 您认为未来 5 年,自动驾驶车的发展和使用将对经济有何影响?

自动驾驶汽车将会成为一种新业态、新经济,将逐步替代传统汽车和驾驶人,具有巨大的市场成长空间。未来 5 年,低等级自动驾驶汽车(辅助安全驾驶)将成为汽车的一个标配实现大规模出厂前装备;高等级自动驾驶汽车(无人驾驶汽车)将逐渐进入测试和示范应用,实现小规模量产。

9. 您认为国家或地方政府未来 5 年内可能会采取什么措施来监管自动驾驶车发展?

自动驾驶汽车人车一体化、自主运行,逐步甚至由机器代替人驾驶,其性能、功能、信息安全至为关键,关乎个人生命、关乎社会安全,因此必须建立完整的、系统的安全监管体系。未来 5 年,可以预计国家和地方政府将不会失责、缺位,有必要建立自动驾驶汽车生产制造的质量检验认证措施、测试应用的运行安全监测检测措施等来确保全生命周期安全。

10. 您能谈谈对未来 15 年自动驾驶车的发展和使用情况的看法吗？

例如：

（1）自动驾驶车的使用场景是私人乘用车（私家车）还是商用车（例如，应用于物流或者作为共享汽车的一部分）？

（2）拼车现象会越来越普遍吗？

（3）自动驾驶车会导致更严重的交通挤塞，还是会减少交通出行量或两者兼而有之，视情况而论；

（4）自动驾驶车会如何影响经济发展？

预计未来 15 年，自动驾驶汽车将逐步成为一个大众产品，在交通工具中占比将达到或超过传统汽车，汽车拥有量和交通出行量将从高峰转向下降，交通拥堵、交通事故将不断减少。

未来 15 年，自动驾驶汽车技术逐步完善，最终实现全场景、全车型的完全无人驾驶，无人驾驶私人乘用车（私家车）、商用车都会逐步普及，丰富百姓生活。自动驾驶汽车将带来新业态、新模式，生产和运营将密不可分，共享出行、拼车出行将逐步成为一种主流。

11. 根据您对第 10 个问题的回答，您认为国家在未来 15 年内可能会采取什么措施来监管自动驾驶车？

未来 15 年，随着自动驾驶汽车逐步替代传统汽车，现立足于传统汽车的设计、开发、制造、测试、使用和维护的完整政策法规、技术标准将会被更新，逐渐建立形成适用于自动驾驶汽车的政策法规以及全新的技术标准体系。现在针对传统汽车的车、驾驶人、道路、数据相对独立的监管技术和手段将被车、驾驶人、道路、信息融合一体的监管技术和手段所替代，大数据、人工智能将发挥重要的技术监管作用。传统汽车、驾驶人监管属于国家事权，由国家统一制定政策法规和监管措施，中央各部门和地方政府按事权分别履行监管职责。预计，未来自动驾驶汽车监管仍将基本沿用现有体系，但中央相关部门各管一块、重叠矛盾的现象将得到明显改善，地方政府的监管作用也将得到加强。

12. 根据您对第 10 个问题的回答，您认为地方政府在未来 15 年内可能会采取什么措施来监管自动驾驶车？

未来 15 年，自动驾驶汽车将建立基于大数据、安全信用的监管体系，其中地方政府将发挥更大作用，自动驾驶汽车车辆注册、运行安全监管职责将主要由地方政府相关部门承担，各地应在全国统一的政策法规框架下，制订实施促进自动驾驶汽车生产制造、测试验证、拥有使用等方面安全监管的措施和技术手段。

13. 谢谢您的耐心回答。您还有什么想补充的意见或者想问的问题吗？

无。

问卷 5　F5-UPASS 调研资料（高校）

1. 请你说说你的职业角色。

我是××大学交通工程系的教授，我的研究兴趣包括 AV 的运动规划，驾驶员行为，交通流理论，交通仿真，智能交通系统。

2. 请你说说自动车的发展和潜在的使用与你的工作有什么关联?

(1)我们与百度、华为、腾讯、上汽以及德国博世、大陆等企业合作,利用我们研究的驾驶行为模型、交通流仿真模型,给 AV 自主行驶的危险场景分析、虚拟测试提供技术支撑;反过来根据 AV 自主决策行为、虚拟测试需求,促进我们研究更高精度的驾驶行为模型、场景分析方法以及交通流仿真模型。

(2)针对未来 AV 与 MV 混行的交通流环境,我们在研究有限 AV 混入率下的交通流建模与系统控制问题,包括轨迹重构、状态参数估计、新的 ICT 影响下的交通流模型、个体出行路径重构、基于 AV 轨迹数据的交通管理与控制等。

(3)我们也在考虑未来通过奖励刺激管理 AV 的微观交互行为、宏观出行行为等,以提升交通安全、促进社会公平等。

3. 你认为目前国家政府对 AV 的监管采取了什么方式?

[备注]理想的答案将包括对以下子问题的回答:

(1)与安全有关的监管。

a. 确保 AV 相关事故责任明确。

b. 通过规范或者标准确保 AV 能显著改善交通流运行安全。

(2)与碳排放有关的法规。

不熟悉。

(3)与交通拥堵和交通管理有关的规章制度。

a. 保障 AV 提供服务的公平性和包容性。

b. 厘清 AV 数据提供方、出行平台、政府监管、交通管理部门等各利益相关部门的责权利。

c. 通过政策设计和经济手段,促进商用车 AV 的应用。

(4)与数据管理有关的条例。

a. 在确保用户隐私的条件下,AV 不仅能提供自身信息,还能提供所感知到的周围环境信息,这不仅对交通管理,对城市管理及智慧城市建设至关重要。

b. 确保 AV 的信息安全。

(5)与公共交通或共享交通政策制定相关的监管。

a. 通过政策设计和经济手段,加速公交的自动驾驶进程。

b. 通过政策设计和经济手段,提高 AV 的共享使用程度。

c. 通过政策设计和经济手段,减少 AV 的空车巡游程度。

(6)与产业发展策略相关的监管。

无评论。

(7)与交通公平相关的监管。

制定促进行动不便人士的 AV 服务标准;制定低教育水平或认知能力低等弱势交通群体的 AV 服务规范。并可通过政策或经济手段调控。

(8)公共交通或共享交通的法规或政策。

a. 通过政策设计和经济手段,加速公交的自动驾驶进程。

b. 通过政策设计和经济手段,提高 AV 的共享使用程度。

c. 通过政策设计和经济手段,减少 AV 的空车巡游程度。

(9)与城市基础设施/土地利用相关的监管(例如中国推行车路协同方案发展自动驾驶车,积极投资、建设高信息化的交通基础设施;另外,自动驾驶车有助于减少市中心地区的停车用地,政府可减少市区中心的停车用地)。

制定高清地图标准;制定基础设施(含附属设施)数字化标准。

4. 您认为目前中央政府或地方政府是否正在规划针对自动驾驶车的政策措施或法规?

(1)北京、上海等多个地方政府已经或者正在开展 AV 封闭场地测试规范。

(2)多个地方政府在制定 AV 公开道路测试牌照发放标准、商用牌照发放标准。

(3)多个地方政府在制定 AV 车辆运营规范及准入标准。

(4)也有政府在考虑制定 AV 基础设施(道路、通信、地图、定位)等标准。

5. 您认为中央或地方政府对自动驾驶车的发展有什么看法?您为什么会产生这样的想法?

汽车产业是规模效应极大的产业,AV 更是可以带动更多高新技术发展的产业。地方政府都有很大的"技术饥渴症",因此对 AV 的发展抱有极大的热情。从中国各地遍地开花的 AV 测试场建设即可看出这种趋势,严重供大于求。

6. 目前,中央政府或地方政府是否正在规范共享交通(例如拼车出行)?

地方政府在与出行平台公司的博弈中,逐步认识到互联网创新和社会治理需要同步。对于共享交通,前期法规、制度缺失,导致信息收集不全,管理相对被动。因此在新一轮的 MAAS 等技术发展背景下,地方政府会有更大的监管动力。

7. 请您谈谈您对未来 5 年自动驾驶车发展和使用的看法?

例如:

(1)自动驾驶车的使用场景是私人乘用车(私家车)还是商用车(例如,应用于物流或者作为共享汽车的一部分)?

(2)拼车现象会越来越普遍吗?

(3)自动驾驶车会导致更严重的交通拥堵,还是会减少交通出行量,或两者兼而有之,视情况而论?

按照 SAE 的标准,私人将拥有 L3 级的 AV。部分物流园区、科技园区等最后一公里的 L4 级的商用也会到来。

首先是前后一公里会到来,特别是相对封闭的园区,公交可达性差的地方。

如果没有共享化、智能化的 AV 有可能加剧阻塞;反之,可能会减少。

8. 您认为未来 5 年,自动驾驶车的发展和使用将对经济有何影响?

未来 5 年,AV 的市场渗入率会非常低,短期并不能看出对经济的影响有多大。

9. 您认为国家或地方政府未来 5 年内可能会采取什么措施来监管自动驾驶车发展?

(1)AV 安全性测试认证,确保 AV 被公众接受;

(2)相关运行和运营数据提供,确保政府掌握相关数据;

(3)AV 事故责任划分,确保商业可行。

10. 您能谈谈对未来 15 年自动驾驶车的发展和使用情况的看法吗？

例如：

(1)自动驾驶车的使用场景是私人乘用车(私家车)还是商用车(例如，应用于物流或者作为共享汽车的一部分)？

私人拥有 L4 级 AV，L2 级及以上乘用车市场占有率超过 30%；商用车 L2 级及以上 50%。

(2)拼车现象会越来越普遍吗？

是的。

(3)自动驾驶车会导致更严重的交通拥堵，还是会减少交通出行量或两者兼而有之，视情况而论；

如果没有共享化、智能化的 AV 有可能加剧交通拥堵；反之，可能会减少。

(4)自动驾驶车会如何影响经济发展？

AV 相关产业将对区域经济带来较大影响。以上海而言，有可能会达到现在汽车产业占 GDP 比例的一半。

11. 根据您对第 10 个问题的回答，您认为国家在未来 15 年内可能会采取什么措施来监管自动驾驶车？

我国已经制定了《交通强国建设纲要》和《智能汽车创新发展战略》，预计相关的政策配套和行动计划会相继出台。除了以上的政策性文件，政府会根据 AV 技术的发展，制定政策和策略，提高 AV 的共享化水平、降低物流成本、促进 AV 核心技术自主可控、保证信息共享和多功能复用。

12. 根据您对第 10 个问题的回答，您认为地方政府在未来 15 年内可能会采取什么措施来监管自动驾驶车？

地方政府更多地在中央的政策框架下，出台更多的优惠措施或者禁限措施，促进 AV 相关的发展、部署和应用。

13. 谢谢您的耐心回答！ 您还有什么想补充的意见或者想问的问题吗？

无。

问卷 6　F6-UPASS 调研资料(行业)

1. 您主要的工作职责是什么？

世界经济论坛成立于 1971 年，是致力于促进公共领域和私营领域的利益相关方合作的国际组织。论坛是一个中立组织，不介入任何政治、党派或国家利益，它与所有主要国际组织有着密切的合作关系。论坛致力于彰显企业家精神，造福全球公众利益，同时坚持最高的治理标准。道德公正和学术诚信是论坛一切工作的核心。

很多领域的发展是无法由一家企业或机构单独完成。我们希望通过公私合作，开展行业共同探讨交流，并利用试点项目来测试政策及法律法规对行业的鼓励和引导来推动行业进步。

我在世界经济论坛负责中国地区汽车与无人驾驶出行领域。主要负责与汽车和未来新出行领域的企业、行业机构，与相关政府部门合作，针对的方向包括传统汽车市场，新能源汽

自动驾驶出行管理分析
Travel management analysis for automated driving

车,无人驾驶技术,以及共享出行等。在交通出行领域我们的核心诉求是推动安全(safety),可持续(sustainability),高效(efficiency),及包容(inclusiveness)的出行体系。

2. 您认为自动驾驶车发展及其可能的用途与您的工作有怎样的关系?

自动驾驶技术是未来交通出行领域的主要技术发展方向,在不同的场景下都有很大的应用前景,例如在无人出租汽车(robo-taxi)及无人小型公交车(driverless shuttle bus),无人配送(unmanned delivery)等。

据统计,超过90%的交通事故是由驾驶员人为因素造成。在特定场景下的成熟无人驾驶技术对安全的提升将毋庸置疑。另外,在近期新冠疫情下,无人驾驶技术在末端配送,无人消杀等领域都有突出的表现。长期来看,实现无人出租汽车及末端配送等,在提高交通出行效率、降低运营成本的同时,也可以更好地为可持续交通出行提供有力的技术支持。这些优势都与世界经济论坛在"塑造交通出行的未来"领域的核心诉求相吻合。

新技术对未来的行业发展将带来很大的帮助,但同时为政策制定者和管理部门也带来了前所未有的挑战。我所做的工作就是通过与该领域相关方共同合作,来更好地探索技术治理手段,使技术的发展和政策的进步能够并驾齐驱,推动行业的发展。

3. 您认为目前国家政府正在对自动驾驶车实施怎样的监管方式?

(请在以下选项中选出您认为正在实施的监管,并提供相关细节)

(1) 与安全相关的监管。

工业和信息化部,公安部,及交通运输部于2018年4月发布了《智能网联汽车道路测试管理规范(试行)》,对无人驾驶测试提出了指导建议。该规范主要依据《中华人民共和国道路交通安全法》与《中华人民共和国公路法》等法律法规制定,要求在中华人民共和国境内进行智能网联汽车道路测试须遵守该规范,依据各地方实施细则取得路测资质,否则属于违法行为。同时,规范邀请各地负责机构定期联合发布智能网联汽车道路测试相关信息。

各个试点城市以该规范为指导文件,相继推出对应具体管理措施,规划了测试场地和道路(包括封闭场地及开放道路)。

以北京为例,2017年底,北京市经济和信息化局,北京市公安局公安交通管理局,北京市交通委员会首次发布了《北京市关于加快推进自动驾驶车辆道路测试有关工作的指导意见(试行)》,《北京市自动驾驶车辆道路测试管理实施细则(试行)》,并于2018年8月更新发布。另外,于2018年2月发布的《北京市自动驾驶车辆道路测试能力评估内容与方法(试行)》及《北京市自动驾驶车辆封闭测试场地技术要求(试行)》都明确对安全相关内容进行规范。例如其中对符合条件的测试主题要求包括:整车、系统运营商、零部件制造、互联网服务商科研院所/高校等;对自动驾驶测试人要求有自动驾驶训练证明,能在危险场景及时接管车辆,并有50h以上自动驾驶系统操作时长。

(2) 与碳排放相关的监管。

(3) 与交通管理相关的监管(例如,治理提出减少/禁止空载运营来治理自动驾驶车可能造成的拥堵)。

(4) 与数据管理相关的监管。

在相关测试规范及指导细则中,对测试主体要求定期提交测试报告,在三部委发布的

《智能网联汽车道路测试管理规范(试行)》中,要求具备车辆状态记录、存储及在线监控功能,能实时回传车辆控制模式、车辆位置、速度、加速度、运动状态等信息,并自动记录和存储下列各项信息在车辆事故或失效状况发生前至少90s的数据,数据存储时间不少于3年。在今年2月底发布的《智能汽车创新发展战略》中,提到了建设国家智能汽车大数据运控基础平台,建立安全、开放的云计算中心,实现车辆、基础设施、交通环境等数据的融合应用。

另外,在2016年11月正式发布的《中华人民共和国网络安全法》中,第三十七条对数据的监管提出了明确要求"关键信息基础设施的运营者在中华人民共和国境内运营中收集和产生的个人信息和重要数据应当在境内存储。因业务需要,确需向境外提供的,应当按照国家网信部门会同国务院有关部门制定的办法进行安全评估;法律、行政法规另有规定的,依照其规定"。

(5)与公共交通或共享交通政策制定相关的监管。

(6)与产业发展策略相关的监管。

2017年4月发布的《汽车产业中长期发展规划》,2019年12月发布的《新能源汽车产业发展规划(2021—2035年)》(征求意见稿),2020年2月发布的《智能汽车创新发展战略》等,都从顶层设计角度阐明了发展智能网联汽车和无人驾驶技术对建设汽车强国的意义和方向。

其中《智能汽车创新发展战略》中提出了鼓励国内外企业加强产业合作,联合开展基础研究,技术开发和市场化应用,鼓励深化国际交流与合作。在《新能源汽车产业发展规划(2021—2035年)》(征求意见稿)中,对智能网联汽车在新车销量中的占比也提出30%的推广目标,并期望实现高度自动驾驶智能网联汽车在限定区域和特定场景下实现商业化应用。

(7)与交通公平相关的监管(例如,残障人士若拥有使用自动驾驶车的权利,将有助于促进交通公平)。

(8)与城市基础设施/土地利用相关的监管(例如积极投资、建设高信息化的交通基础设施有助于实现自动驾驶车的落地运营;另外,自动驾驶车有助于减少市中心地区的停车用地,政府可减少市区中心的停车用地规划)。

(9)其他方面的监管。

4. 您认为目前中央政府或地方政府是否正在规划针对自动驾驶车的政策措施或法规?
是,其中一些政策及法规有:
中央政府:
《汽车产业中长期发展规划》(2017年4月)。
《国家车联网产业标准体系建设指南(智能网联汽车)》(2017年12月)。
《智能网联汽车道路测试管理规范(试行)》(2018年4月)。
《车联网(智能网联汽车)产业发展行动计划》(2018年12月)。
《新能源汽车产业发展规划(2021—2035年)》(征求意见稿)(2019年12月)。
《智能汽车创新发展战略》(2020年2月)。
地方政府(以北京为例):
《北京市自动驾驶车辆道路测试能力评估内容与方法(试行)》(2018年2月)。

自动驾驶出行管理分析

Travel management analysis for automated driving

《北京市自动驾驶车辆封闭测试场地技术要求(试行)》(2018年2月)。
《北京市关于加快推进自动驾驶车辆道路测试有关工作的指导意见(试行)》(2018年8月)。
《北京市自动驾驶车辆道路测试管理实施细则(试行)》(2018年8月)。
《北京市智能网联汽车产业白皮书(2018年)》(2018年10月)。

5. 您认为中央或地方政府对自动驾驶车的发展有什么看法?您为什么会产生这样的想法?

我认为政府致力于积极鼓励技术发展创新,推动汽车产业发展,借助新能源汽车和智能网联汽车发展的机遇把中国发展成为世界汽车大国强国,并且通过政府各部委发布的政策规划中都可以体现。中国在自动驾驶领域坚持车路协同的技术发展路径,整合了国内5G产业的发展优势,相较单车智能的技术路径更具体产业化落地优势。

6. 目前,中央政府或地方政府是否正在规范共享交通(例如拼车出行)?

国家针对共享交通出台了一系列政策及管理措施,对网约车和共享出行进行规范。同时,一些城市也对未来机动车总体保有量及在城市交通出行中所占的比例提出了长期要求,如:北京在2020年底将全市机动车保有量控制在630万辆以内,等等。以下列举出一些国家出台的针对网约车和共享交通出行的政策法规:

《网络预约出租汽车经营服务管理暂行办法》(2016年7月)。
《关于促进小微型客车租赁健康发展的指导意见》(2017年8月)。
《网络预约出租汽车监管信息交互平台运行管理办法》(2018年2月)。

各地区在管理网约车方面有具体政策,例如对顺风车主每日合乘次数,北上广要求不超过2次,郑州规定不超过4次。

7. 请您谈谈您对未来5年自动驾驶车发展和使用的看法?

例如:

(1)自动驾驶车的使用场景是私人乘用车(私家车)还是商用车(例如,应用于物流或者作为共享汽车的一部分)?

(2)拼车现象会越来越普遍吗?

(3)自动驾驶车会导致更严重的交通拥堵,还是会减少交通出行量,或两者兼而有之,视情况而论?

首先可以将自动驾驶分为部分自动驾驶(L3级或以下),例如目前以特斯拉为例的自动驾驶,已经在私家车中较为普及,可以初步实现一定场景下的自动巡航,自适应跟车,超车变道等。这些场景将主要应用在私家车中。其他商用场景的无人驾驶则可有多种应用。

未来5年高级自动驾驶主要场景展望:

(1)无人出行相关:停车,共享车辆运营,无人出租汽车,无人小型公交车。
(2)无人物流及配送相关:高速无人物流车队,末端无人配送。
(3)人工智能车:无人贩卖车,无人清扫车,无人消杀车等。

当无人共享车辆普及后,将对共享出行带来一定的促进,将按需定制小型公交车(on demand shuttle bus)类似的运营模式,标准的运营路线,规范的车辆管理等,同时配合政策的鼓励及引导,将鼓励拼车出行,提高交通出行效率,为未来城市交通出行带来提升。

针对自动驾驶对交通出行的影响,要视情况而定。短期内,自动驾驶由于技术的不确定性,会给交通出行带来一定影响。例如,初期道路上自动驾驶车辆及传统车辆的混行也将给交通管理部门带来挑战。中长期看,自动驾驶在出行领域的应用可以更好地实现交通管理,包括道路资源分配,交通供需协调等,将会给交通出行带来积极影响。

8. 您认为未来 5 年,自动驾驶车的发展和使用将对经济有何影响?

未来 5 年,自动驾驶出行对个人购车影响将逐渐显现,也将极大推动新能源汽车的发展。但由于尚未实现大规模部署和应用,对经济的影响只是初见端倪。

自动驾驶结合共享出行将对目前的网约车和分时租赁商业模式带来影响,随着技术的发展和大规模的部署,运营成本将会被降低,长期来看,经济性甚至会优于驾驶员驾驶。过去,有大量研究通过针对不同人群出行需求分析,从整体拥有成本(Total Cost of Ownership)角度验证,无人出租汽车对出行需求较低的人群成本要远低于私家车。

自动驾驶运营车辆的规模型部署将对乘用车新车销量产生一定影响,主要有两种作用机制:第一,便利的可按需预约获取的自动驾驶车辆将使一部分群体放弃购车意愿,从而使用共享自动驾驶车辆满足日常的出行需求;第二,部分对拥有私家车有明确需求的人群,自动驾驶出租汽车将替换掉一部分的出行里程,从而拉长私家车的置换周期,降低新车需求。而对于自动驾驶运营车辆来说,大部分研究表明,由于更高车辆的利用率,新增需求无法抵消以上两种作用机制的负面影响,整体将减少新车市场规模。

除汽车消费的影响以外,新技术的发展势必会带来新的经济发展机会。车联网及车路协同发展也将拉动新基建的投资,对 5G 网络,智能车载终端,车载智能传感器,无人驾驶算法,智能路网,高清地图等产业带来拉动作用。同时,新的产业也会创造出更多的劳动就业机会。

9. 您认为国家或地方政府未来 5 年内可能会采取什么措施来监管自动驾驶车发展?

未来 5 年对自动驾驶的监管主要可能针对以下几个方面:

(1)建设联网运营平台:实现对自动驾驶车辆的统一管理;

(2)保障数据安全:确保数据安全并保护个人隐私;

(3)完善功能及安全认证体系:逐步完善自动驾驶分级标准并对其中具体功能模块制定标准,细化自动驾驶功能认证标准和体系;

(4)道路交通治理等:发展规划自动驾驶在开放道路交通出行中的治理法规。

10. 您能谈谈对未来 15 年自动驾驶车的发展和使用情况的看法吗?

例如:

(1)自动驾驶车的使用场景是私人乘用车(私家车)还是商用车(例如,应用于物流或者作为共享汽车的一部分)?

(2)拼车现象会越来越普遍吗?

(3)自动驾驶车会导致更严重的交通拥堵,还是会减少交通出行量或两者兼而有之,视情况而论?

(4)自动驾驶车会如何影响经济发展?

从未来 15 年的尺度来看,自动驾驶到 2035 年将有望实现规模型商业化落地。具体趋势与第 7、8 个问题中所述相同,但影响将更为深远。尤其是在个人车辆应用上,由于技术成本下降,可以使更多技术在私家车中实现推广和普及。同时,对交通出行的正面影响要大过负面影响。

11. 根据您对第 10 个问题的回答,您认为国家在未来 15 年内可能会采取什么措施来监管自动驾驶车?

从国家政府的角度会更关注整体领域的发展和方向的把控,例如体系、标准、等等。未来 15 年的自动驾驶车辆监管措施与第 9 题相同,但由于应用规模更大,将会进一步细分对不同应用领域的监管,例如乘用自动驾驶车辆与无人配送车辆的监管,普通城市道路和高速道路的场景等。

12. 根据您对第 10 个问题的回答,您认为地方政府在未来 15 年内可能会采取什么措施来监管自动驾驶车?

从地方政府的角度,将更注重在具体管理中的落地政策制定和执行。以交通管理为例,未来较长时期内,传统有人驾驶车辆与无人驾驶车辆将存在混行,在传统的物理世界对车辆的交通管理的同时,也会引入在虚拟系统中对自动驾驶车辆的调度、引导、管理等需求。城市可能利用城市交通的数字孪生(Digital Twin of Urban Mobility)来实现物理世界和虚拟世界的交通管理,如:通过车辆实时更新道路状况,通过向车辆推送道路临时管理措施来引导自动驾驶车辆的行驶路线等等。

13. 谢谢您的耐心回答。您还有什么想补充的意见或者想问的问题吗?

从城市交通出行的角度,自动驾驶为一项具体技术,当与共享出行、新能源汽车等相结合成为 SEAM(SEAM,Shared Electric Automated Mobility)时,可以更好推动未来新出行方式,给城市可持续出行带来最大化的好处,帮助实现 2050 年气候变化的目标。

问卷7　F7-UPASS 调研资料(高校)

1. 请你说说你的职业角色?

我是××。

2. 请您谈谈 AVs 的发展和潜在的使用与您的工作有何关联?

我的一个与 AVs 发展和潜在使用相关的研究项目是自动驾驶电动汽车在线共享出行的供需平衡和系统优化上的达成。

此外,我们还构建了大路网时空异构动态交通供需预测与调控策略的优化模型。

共享自动驾驶电动汽车(SAEV)是按需乘车服务、AV、电动汽车的结合体,可以预见它将成为未来城市交通的发展方向。为了研究 SAEV 的运营场景,笔者带领浙江大学交通数据与仿真优化实验室(TDSO Lab),开发了面向未来的 SAEV 场景的基于代理的建模与仿真(ABMS)。它建立了车辆与乘客之间的高效匹配与调度算法,以及车辆与充电站的实时匹配算法。该模型模拟了按需乘车服务平台、乘客、SAEV、充电站之间复杂的匹配关系和信息交互。

通过测试不同的仿真场景,我们发现车队规模、SAEV 蓄电池续航里程和充电速度是显著影响仿真结果的三个基本因素。目前,基于该仿真平台的持续研究在浙江大学 TDSO 实

3. 您认为目前国家政府对AV的相关监管采取什么方式？

[备注]理想情况下，答案将包括对以下子问题的回答：

(1)与安全有关的监管(请提供一些细节)。

在路权分配方面，应确认AV的路权，在有限的范围内设置AV的优先路权，适当限制自动驾驶汽车的路权，保证道路资源的合理配置。此外，AV可以减少因疲劳驾驶造成的交通事故。

(2)与碳排放相关的法规(请提供一些细节)。

自动驾驶汽车仅限于电动化或将其他新能源应用于AV，以减少碳排放。

(3)与交通管理有关的法规(请提供一些细节)。

对行驶过程中的问题车辆进行实时检测和监管，可以减少交通事故，从而缓解交通拥堵。

(4)有关数据管理的规定(请提供一些细节)。

为了实现各种功能，确保AV的安全和舒适，监督应确保传感器数据的准确性。

(5)公共交通或共享交通的法规或政策(请提供一些细节)。

公共交通领域的自动驾驶与自动驾驶共享汽车的监管方式类似。

(6)与产业战略有关的监管(请提供一些细节)。

一些经济不景气的地区可以通过部署自动驾驶来促进其产业发展。

(7)与社会公平有关的法规(请提供一些细节)。

自动驾驶可以消除性别歧视，促进交通公平。

(8)与交通基础设施/土地使用有关的监管(请提供一些细节)。

政府主管部门可与互联网、人工智能、云计算、大数据等巨头合作，提高基础设施的信息化水平。

(9)有关其他方面的监管(请提供一些详细信息)。

4. 您认为目前各市、区政府是否有规划对AV的政策措施或监管？

对于浙江省来说，政府已经实施了交通强国建设方案的意见，要建设高水平的交通强省，而"智能化"已经成为未来交通发展的重点方向之一。

据有关人士介绍，连接省内杭州和宁波的杭绍甬高速公路正在建设中，预计设计时速将达到120km/h。它将全面支持自动驾驶、无线充电等未来技术。

5. 你认为城市或地区政府对发展AV有什么看法？请你详细介绍一下你认为的原因？

对于浙江省来说，政府已经实施了交通强国建设方案的意见，要建设高水平的交通强省，而"智能化"已经成为未来交通发展的重点方向之一。

据有关人士介绍，连接省内杭州和宁波的杭绍甬高速公路正在建设中，预计设计时速将达到120km/h。它将全面支持自动驾驶、无线充电等未来技术。

6. 目前，城市或地区政府是否对共享交通(乘车)进行监管？

有。监管按需乘车服务(如Uber和滴滴)需要平衡多个竞争目标：鼓励创新商业模式(如滴滴)、维持传统产业(如出租汽车)、创造新的就业机会、减少交通拥堵。这项研究的动机是中国政府在2017年实施的一项监管政策,以及纽约市议会在2018年批准的一项类似政策,这些政策对注册Uber/滴滴驾驶员的"最高"数量进行了规定。我们研究了这些政策对不同利益相关者(即消费者、出租汽车驾驶员、按需乘车服务公司和独立车辆驾驶员)福利的影响。通过分析涉及这些利益相关者的两期动态博弈,我们发现,在没有政府干预的情况下,按需乘车服务平台可以在一定条件下将传统出租汽车行业挤出市场。相对于没有监管和完全禁止政策,精心设计的监管政策可以更好地平衡多个竞争目标。最后,如果政府可以通过调整出租汽车运价来改革出租汽车行业,那么降低出租汽车运价而不是对按需乘车服务实行严格的政策,可以提高社会总福利。

7. 请你谈谈你对未来5年AV的发展和使用可能发生的变化的看法?

理想的答案是包括以下几个子问题的回答:

(1)你认为人们会不会私自拥有AVs?或者你认为AVs会以私人或公共/商业的方式使用(例如应用于乘车或物流)?

(2)你认为共享乘车会变得更普遍吗?

(3)你认为AV会导致更多的交通拥堵,还是会减少交通量(或者两者兼而有之——如果答案是"这要看情况")?

(4)你认为人们会私人拥有AVs吗?还是您认为AV将以私人或公共/商业的方式使用(如应用于乘车或物流)?

笔者认为,在未来5年内,私家车使用自动驾驶方面,机动车保有量的快速增长是我国经济社会发展的必然结果。但是,由于土地利用有限,人口密集,城市交通供需矛盾突出,能够智能出行的自动驾驶汽车最终会受到用户的青睐。但由于自动驾驶技术不成熟,公众认知度不高,暂时不适合普及。随着中国汽车市场的目标受众越来越年轻化,对自动驾驶接受度较高的90后、00后将成为购车主力。因此,从私家车入手,在未来5年内逐步普及自动驾驶汽车最为合适。

(5)你认为共享乘车会越来越普遍吗?

是的,因为共享有助于环保、缓解交通拥堵、减少乘客消费。

(6)你认为AV会导致更多的拥堵,还是会减少交通量(或者两者兼而有之——如果答案是"这要看情况而定")。

(7)你认为人们会私人拥有AVs吗?还是您认为AV将以私人或公共/商业的方式使用(如应用于乘车或物流)?

笔者认为,在未来5年内,私家车使用自动驾驶方面,机动车保有量的快速增长是我国经济社会发展的必然结果。但是,由于土地利用有限,人口密集,城市交通供需矛盾突出,能够智能出行的自动驾驶汽车最终会受到用户的青睐。但由于自动驾驶技术不成熟,公众认知度不高,暂时不适合普及。随着中国汽车市场的目标受众越来越年轻化,对自动驾驶接受度较高的90后、00后将成为购车主力。因此,从私家车入手,在未来5年内逐步普及自动驾驶汽车最为合适。

(8)你认为共享乘车会越来越普遍吗?

是的,因为共享有助于环保、缓解交通拥堵、减少乘客消费。

(9)你认为AV会导致更多的拥堵,还是会减少交通量(或者两者兼而有之——如果答案是"这要看情况而定")。

自动驾驶汽车当然可以实现智能出行。但由于未来5年内自动驾驶技术的不成熟和基础设施设备的不完善,自动驾驶无法实现100%的智能控制。甚至可能因为技术上的失误,导致交通拥堵,甚至出现交通安全问题。但随着自动驾驶技术、管理和配套基础设施的完善,在不久的将来,自动驾驶一定会解决很多交通问题。

8. 您认为未来5年,AVs的发展和使用会对经济产生怎样的影响?

AVs具有很多催化创新的作用,对经济的积极影响将是广泛的。未来5年,首先AVs将引起劳动力转移的减少。但估计在21世纪30~40年代,将对劳动力产生严重影响,这种影响将在30年内逐步扩散。

同时,由于AVs对经济增长的促进作用,大部分因AVs而失去工作的人将很快找到新的工作。另一方面,政府的公共政策和工人再培训计划可以减少劳动力变化带来的负面影响。

根据《美国劳动力与自动驾驶未来》报告,自动驾驶技术可能会以前所未有的方式影响我们的工作和生活。未来5年,自动驾驶将与我们每个人的变化纠缠在一起。但从国家和政策的角度来看,自动驾驶技术的好处远远大于成本。我们需要关注的是,在技术替代劳动力的过程中,如何通过社会手段将转型成本降到最低,同时为未来的劳动力市场打下基础。

9. 您认为国家/地区政府在未来5年内可能会实施哪些与AV相关的管理办法?

从城市形态来看,中国人口密度高、人口规模大的特点最适合自动驾驶技术的应用,这也是中国自动驾驶发展的先天优势。中国城市的循环发展形态和城市化进程也将为我国自动驾驶提供很大的发展空间。但由于自动驾驶技术尚未完全成熟,在公众认可度方面还有很长的路要走,预计未来5年,政府会鼓励自动驾驶汽车产业的发展,但只是适度鼓励。同时,要做好宣传工作,提高公众对自动驾驶汽车的认识。最重要的是组织科研人员研究和提高自动驾驶技术的安全性、实用性和便利性。

10. 请你谈谈对未来15年自动驾驶汽车的发展和使用可能发生变化的看法。

[备注]理想情况下,答案将包括对以下子问题的回答:

(1)你认为人们会不会私自拥有AVs?或者你认为AVs将以私人或公共/商业的方式使用(例如应用于乘车或物流)?

(2)你认为共享乘车会变得更普遍吗?

(3)你认为AV会导致更多的交通拥堵,还是会减少交通量(或者两者兼而有之——如果答案是"这要看情况")?

(4)你觉得AV会对经济有什么影响?

11. 请你对未来15年自动驾驶的发展和使用可能发生的变化发表看法?

[说明]理想的答案将包括对下列次级问题的答复:

(1)你认为人们会不会私自拥有AVs?或者你认为AVs将以私人或公共/商业的方式使用(例如应用于乘车或物流)?

(2)你认为共享乘车会变得更普遍吗?

自动驾驶出行管理分析

Travel management analysis for automated driving

(3) 你认为 AV 会导致更多的交通拥堵,还是会减少交通量(或者两者兼而有之——如果答案是"这要看情况")?

(4) 你觉得 AV 会对经济有什么影响?

(5) 你认为人们会私人拥有 AVs 吗?还是你认为 AV 会以私人或公共/商业的方式使用(例如应用于乘车或物流)?

私家车和商用车。车辆数量的快速增长是我国经济社会发展的必然结果。但由于土地利用有限,人口密集,城市交通供需矛盾突出,能够智能出行的自动驾驶汽车最终会受到用户的青睐。由于技术和设备的完善,自动驾驶技术最终将应用于所有车辆,从而实现全社会的智能交通。

(6) 您认为共享乘车会越来越普遍吗?

是的,因为乘车共享不仅有利于环保,缓解城市交通拥堵,还有利于乘客节约出行成本,再加上各种政策法规的支持。乘车共享最终会成为一种长期的出行模式。

(7) 你认为 AV 会导致更多的拥堵,还是会减少交通量(或者两者兼而有之——如果答案是"看情况而定")?

从最终的效果来看,AV 最终会减少交通量。通过智能调控,可以避免车辆拥堵,减少出行时间,达到加速出行的目的,从而减少道路上的车辆数量。

(8) 您认为 AVs 可能会对经济产生怎样的影响?

总的来说,AVs 的发展将推动经济增长。首先,AV 将减少车辆出行的时间和成本。在这个社会,时间成本的降低是另一种经济的消费开源。其次,AVs 的大规模推广将带动这一产业的快速发展,形成新的经济产业带。

12. 鉴于你对问题 10 的回答,你认为我国在未来 15 年内可能会实施哪些与 AV 相关的管理办法?

未来 15 年,在国家支持 AV 发展和普及的前提下,需要成立一个技术部门,对自动驾驶技术进行持续研究和维护,解决技术问题,保证技术安全。

同时,应成立市场监督部门,支持和控制自动驾驶汽车经济市场的发展,避免市场混乱。

13. 鉴于你对问题 10 的回答,你认为在未来 15 年内,城市或地区政府可能会实施哪些,与 AV 相关的监管方式?

在国家大力支持 AVs 发展和普及的情况下,地方政府主管部门应因地制宜调整措施,根据当地经济和基础设施条件优化国家政策,实施 AVs 的推广,更安全地使用 AVs。

14. 谢谢——我们对您的提问就到这里。您还有什么其他的意见想补充,或者想问的问题吗?

(1) 现在的自动驾驶汽车并未在市场上普及,那么作为未来运营的试点方案,需要满足哪些要求?

(2) 如今的自动驾驶汽车并未市场化,那么将来作为投放运营的试点选择需要满足些什么条件?

(3) 在 AV 的普及过程中,会经历传统汽车和自动驾驶汽车的共同使用。在这一阶段,国家以及地方政府需要采取哪些政策来管理交通工程?

(4)自动驾驶的普及过程中,必将经过传统汽车与自动驾驶汽车的共同使用,国家以及地方政府需要采取什么政策措施来管理这一阶段的交通工程?

15.你是否希望看到我们在这项研究完成后编写的报告?

是的,我期待着它。

问卷8 F8-UPASS 调研资料(行业)

1.您主要的工作职责是什么?

本人就职于北京××科技股份有限公司,这是一家主营交通信息化(ITS)、物联网设备与智能视觉(IOT & Camera)的公司。本人负责技术研究院的工作,主要研究关注的领域是:下一代智能交通系统、车联网、自动驾驶测试评价等方向。

在自动驾驶与车联网测试评价方向,牵头成立了一个专注于自动驾驶测试与服务领域的公司。该平台通过支撑城市管理部门制定自动驾驶与车联网相关政策和标准法规,以及服务产业内企业开展自动驾驶与车联网测试评估、应用示范和政策技术咨询等工作,促进自动驾驶与车联网技术发展与产业落地。

2.您认为自动驾驶汽车发展及其可能的用途与您的工作有怎样的关系?

通过自动驾驶汽车的产业化,研究下一代智能交通系统的技术与产业发展趋势,研制研发关键新产品、新解决方案与新运营服务,并探索新商业模式。

新产品:智能交通基础设施、云化服务化交通管理业务系统;

新解决方案:智慧高速、智能道路与城市交通大脑;

新服务:交通运营服务、车联网运营服务,自动驾驶与车联网测试评估检测认证服务。

3.您认为目前国家政府正在对自动驾驶汽车实施怎样的监管方式?

(请在以下选项中选出您认为正在实施的监管,并提供相关细节)

(1)与安全相关的监管。

北京市在全国率先探索自动驾驶相关管理机制创新,设立北京市自动驾驶测试管理联席工作小组,实现跨部门协作支持产业创新,保障北京市自动驾驶产业以"安全第一,有序创新"为原则,稳步健康发展。

北京市在2017年发布全国首套自动驾驶道路测试管理政策,为行业安全稳步发展保驾护航。

同时,北京市指导北京智能车联产业创新中心建立了全国首个自动驾驶道路测试监管平台,在测试过程中及时发现道路测试隐患并纠正测试问题,有力保障自动驾驶道路测试工作安全有序推进。截至2020年3月底,北京市自动驾驶车辆道路测试安全里程超过122万km,测试过程安全无事故。

(2)与碳排放相关的监管。

不了解。

(3)与交通管理相关的监管(例如,治理提出减少/禁止空载运营来治理自动驾驶汽车可能造成的拥堵)。

北京市在2017年发布的全国首套自动驾驶道路测试管理政策,即是为保障自动驾驶车

自动驾驶出行管理分析
Travel management analysis for automated driving

辆在开放道路上的有序测试。后续,北京市于 2019 年继续支持企业由技术验证向产品化示范转变,出台政策支持载人、载物、编组等多形式产品验证测试,同步推进建立全国首个车联网与自动驾驶地图试点,全方位支持自动驾驶在未来智慧交通框架下的健康稳步发展。

(4)与数据管理相关的监管。

北京市建立的全国首个自动驾驶道路测试监管平台,能够准确、客观、公正地记录自动驾驶车辆在实际道路测试中的行为,通过对监管数据的溯源、挖掘、分析,为北京市自动驾驶政策的改进与优化提供数据支撑,以此来保障自动驾驶车辆道路测试安全可控。

(5)与公共交通或共享交通政策制定相关的监管。

(6)与产业发展策略相关的监管。

2016 年 1 月,工业和信息化部、北京市、河北省签署《基于宽带移动互联网的智能汽车与智慧交通应用示范》部省合作协议,成立国家智能汽车与智慧交通(京冀)示范区。

2016 年 10 月,为落实工业和信息化部与北京市、河北省签署的框架协议,在北京市相关部门的指导下,依照新兴产业创新主体模式,由北京千方科技股份有限公司牵头,联合汽车、通信、互联网、交通的多家龙头企业联合出资成立北京智能车联产业创新中心,打造市级自动驾驶产业服务平台,支撑、服务北京市自动驾驶产业稳步健康发展。

(7)与交通公平相关的监管(例如,残障人士若拥有使用自动驾驶汽车的权利,将有助于促进交通公平)。

(8)与城市基础设施/土地利用相关的监管(例如积极投资、建设高信息化的交通基础设施有助于实现自动驾驶汽车的落地运营;另外,自动驾驶汽车有助于减少市中心地区的停车用地,政府可减少市区中心的停车用地规划)。

北京市持续推进自动驾驶相关测试环境的建设工作。2017 年 6 月,北京市建成 12km 开放 V2X 测试道路,是全球第一条带有潮汐车道的复杂特大城市 V2X 城市道路;当前,已在亦庄核心区域建设完成 40km 的 V2X 测试道路。

2018 年,北京市指导北京智能车联产业创新中心建成并开展运行两大封闭测试场,测试场面积达 57 万 m^2,覆盖京津冀地区 85% 城市交通场景以及 90% 高速公路与乡村交通情景;其中的国家智能汽车与智慧交通(京冀)示范区亦庄基地是全国首个 T5 级别封闭测试场。

同时,北京市已推动开放 4 个区 151 条道路作为自动驾驶开放测试道路,共 503.68km 自动驾驶车辆测试道路,成为国内开放测试道路最长的城市;并提出全国首个自动驾驶道路分级选定规范。

(9)其他方面的监管:_____。

4. 您认为目前中央政府或地方政府是否正在规划针对自动驾驶汽车的政策措施或法规?

是的。

我国高度重视自动驾驶产业发展,已经上升到国家战略高度。工业和信息化部、交通运输部、科学技术部、发展改革委、公安部等部委出台一系列规划及政策推动我国自动驾驶产业发展。

国家层面在 2018 年即制定《国家车联网产业标准体系建设指南(总体要求)》,全面推进自动驾驶产业标准体系建设。

2020年2月,发改委等11个国家部委联合制定发布《智能汽车创新发展战略》,明确了建设中国标准智能汽车体系的战略愿景目标。

北京市作为国内自动驾驶工作推进的先行者,在2017年发布全国首套自动驾驶道路测试管理政策,并于2019年继续支持企业由技术验证向产品化示范转变,出台政策支持载人、载物、编组等多形式产品验证测试。

未来,在中国标准智能汽车体系建设的战略目标下,中央政府和各地方政府将会进一步突破现有政策难题,落实并细化推进自动驾驶产业发展的相关政策法规和标准。

5. 您认为中央或地方政府对自动驾驶汽车的发展有什么看法?您为什么会产生这样的想法?

自动驾驶持续受到国家重视。2019年9月,中共中央、国务院印发了《交通强国建设纲要》,明确提出要"加强智能网联汽车(智能汽车、自动驾驶、车路协同)研发,形成自主可控的完整产业链"。

2020年2月,发改委等11个国家部委联合制定发布《智能汽车创新发展战略》,明确了建设中国标准智能汽车体系的战略愿景目标;到2025年,中国标准智能汽车的技术创新、产业生态、基础设施、法规标准、产品监管和网络安全体系基本形成。到2050年,中国标准智能汽车体系全面建成、更加完善,安全高效绿色文明的智能汽车强国愿景逐步实现。此外,公布了中国标准智能汽车发展的6大战略体系,共计20项战略任务。

这些战略任务,北京市自2016年起已有序开展,尤其在突破关键基础技术、完善测试评价技术、开展应用示范试点、健全法律法规、完善技术标准等方面,取得了一系列突破性成果,在推进智能化道路基础设施规划建设等方面也取得了瞩目的成绩,有效的推进了产业技术发展。

6. 目前,中央政府或地方政府是否正在规范共享交通(例如拼车出行)?

不太了解。

7. 请您谈谈您对未来5年自动驾驶汽车发展和使用的看法?

(1)到2025年,是高度自动驾驶汽车在中国商业化的关键年,在此之前,高度自动驾驶汽车将在特定场景,如:高速公路货运无人驾驶,城市局部区域的Robotaxi,特定线路接驳车,无人巡游客车,矿山的无人矿车,停车场的无人自主停车等,开展商业化。

(2)非常同意清华大学教授、汽车安全与节能国家重点实验室主任李克强的观点:汽车的发展到了自动驾驶时代,特别是到了智能时代,本地属性要求更加强烈,换句话说,将来的自动驾驶产品一定有每个国家工况的自动驾驶产品。一方面中国的自动驾驶是"网联式自动驾驶",首先要适应中国的基础设施,包括中国的道路基础设施、信息基础设施,这些完全是具有本地属性。其次,网联式自动驾驶一定会有一个联网的运行平台,需要符合中国联网运营标准要求。另一方面未来的汽车产品架构会发生改变,也会形成中国的汽车电子电气等标准。

(3)中国将会成为高度自动驾驶产业化落地很快的地区。由于中国在互联网,移动互联网领域的产业化领先于世界其他国家,大众对新事物的接受程度较高,同时,中国政府的推动力度也比较高。

8. 您认为未来 5 年,自动驾驶汽车的发展和使用将对经济有何影响?

自动驾驶产业作为汽车、交通、互联网、通信多产业融合的新兴市场,是大数据、AI、5G 相关前沿技术应用落地的重要领域,是形成广泛共识的产业"风口",将在未来成为全球经济发展重要推动力。

然后,经过前期发展的"喧嚣",2019 年的自动驾驶产业发展开始变得"冷静"。未来,在实现量产之前,自动驾驶产业仍旧面临诸多挑战,产业界意识到要实现高度自动驾驶的产业化,还需要相当长的时间,产业发展进入"持久战"阶段。

自动驾驶关键技术仍需突破,产业化时间周期过长,投资市场萎缩。可盈利的商业模式仍需探索。在自动驾驶技术尚未完全成熟的情况下,如何自我造血,如何探索出可靠的商业模式,是横亘在每一个自动驾驶公司面前的难题。

同时,自动驾驶产业发展过程分化明显,企业分层显著。从北京道路测试情况来看,截至 2019 年底,有 13 家企业拿到北京道路测试资格,有测试里程的 12 家。其中,百度以近 90 万 km 测试里程遥遥领先,其次是小马智行的 12 万 km。中国领头企业与国外领头企业差距逐步缩小。

另一方面,仍有很多法律法规制约了我国自动驾驶汽车道路测试、示范运营以及商业化的进一步开展。如在更多公开道路(特别是高速公路)上测试自动驾驶汽车仍然缺乏法律依据,阻碍了技术测试的进度。

因此,从长期看自动驾驶产业对于全球经济的强大推动效果依然明显;但是短期来看还需要自动驾驶自身的稳步健康发展,并协调政府、社会解决发展过程中的关键难题,在当前经济低迷的大环境下积蓄力量、砥砺前行。

9. 您认为国家或地方政府未来 5 年内可能会采取什么措施来监管自动驾驶汽车发展?

国家层面将会稳步推进自动驾驶政策法规和标准体系建设,为国内自动驾驶产业的发展完善顶层设计。

地方层面将在各地示范区的工作框架内,推进自动驾驶测试以及应用工作,并扩大示范范围,持续探索自动驾驶商业模式的落地工作。

10. 您能谈谈对未来 15 年自动驾驶汽车的发展和使用情况的看法吗?

预计 L3 以上级别的自动驾驶汽车将在 2015 年前后启动大规模的量产,自动驾驶作为未来智能交通的重要组成部分,会在交通运行中扮演重要的推动作用。

在中国标准智能网联标准体系下,自动驾驶车辆只是智能网联体系("车、路、云、网、图")中的一员,将通过网络与其他智能网联的组成部分一同来支撑整个智慧交通的运行。

不同于当前私人购车,未来自动驾驶出行的智慧交通时代,政府机构或出行公司将代替私人成为自动驾驶车辆的购买者和所有者,消费者将通过购买出行服务而替代当前直接地购买车辆。随着自动驾驶的广泛应用落地,智慧交通模式的建立,整体交通出行效率将大大提高。

此外,自动驾驶车辆将成为继居家、办公室之后的"第三空间",释放乘坐人员出行过程在车辆里的时间,从而为社会创造新的重大产业机遇,多维度助推全球经济发展。

11. 根据您对第 10 个问题的回答,您认为国家在未来 15 年内可能会采取什么措施来监管自动驾驶汽车?

随着自动驾驶产业的落地,交通出行继人力出行、畜力出行、机械力出行后,将迎来智慧出行的划时代变化。国家层面对自动驾驶车辆的监管方式,也将从仅对汽车研发生产的售前监管,扩展到对自动驾驶汽车销售后在使用过程中的"全生命周期"监管,以确保自动驾驶车辆在智慧交通体系中正常运行,保障人民出行生活的安全高效。

相应的,国家将会在完善的自动驾驶车辆政策标准体系的基础上,建立自动驾驶车辆运营监管平台,肩负自动驾驶车辆在日常的安全运行监管。

12. 根据您对第 10 个问题的回答,您认为地方政府在未来 15 年内可能会采取什么措施来监管自动驾驶汽车?

自动驾驶时代中,自动驾驶车辆的本地属性会加大。在国家层面的体系建立和运行监管的基础上,国内各地将结合各自交通环境、出行文化的特点,建立自动驾驶本地化的测试评估机构和运行监管平台,针对当地的特殊情况对自动驾驶车辆进行相应的监管工作,完善整体监管机制,确保自动驾驶车辆在各地实际交通运行过程中的安全、高效。

13. 谢谢您的耐心回答。您还有什么想补充的意见或者想问的问题吗?

没有,谢谢。